명품 HTM
CSS
Jav
웹 프로그래밍

저자소개

황기태

1986년 서울대학교 컴퓨터공학과를 졸업하고, 서울대 대학원 컴퓨터공학과에 입학하여 1988년에 석사, 1994년에 박사 학위를 취득하였다. 1993년 뉴욕에 있는 IBM Watson Research Center에서 방문 연구원을 지내고 1994년부터 현재까지 한성대학교 컴퓨터공학과 교수로 재직 중이다. 1990년 비트교육센터의 초기 센터장으로 1994년까지 조현정 회장과 함께 대한민국 최고의 비트교육센터 신화의 토대를 만들었다. 2000년에는 미국 얼바인에 있는 캘리포니아 대학에서, 2011, 2015년에는 플로리다 대학에서 방문 교수를 지냈다.

저서(역서)

비트프로젝트1, 2(1994, 비아이티출판)
어드밴스 윈도우 NT(1996, 대림출판사, 번역)
자바스크립트 웹프로그래밍(2000, 대림출판사)
DHTML+자바스크립트(2003, 대림출판사)
명품 JAVA Programming(개정4판, 2018, ㈜생능출판사)
명품 C++ Programming(개정판, 2018, ㈜생능출판사)
명품 자바 에센셜(개정판, 2018, ㈜생능출판사)
명품 운영체제(2021, ㈜생능출판사)

명품 HTML5 + CSS3 + Javascript 웹 프로그래밍 개정판

초판발행 2017년 1월 16일
제2판3쇄 2024년 2월 14일

지은이 황기태
펴낸이 김승기
펴낸곳 (주)생능출판사 / **주소** 경기도 파주시 광인사길 143
출판사 등록일 2005년 1월 21일 / **신고번호** 제406-2005-000002호
대표전화 (031)955-0761 / **팩스** (031)955-0768
홈페이지 www.booksr.co.kr

책임편집 신성민 / **편집** 이종무, 최동진 / **디자인** 유준범, 노유안
마케팅 최복락, 김민수, 심수경, 차종필, 백수정, 송성환, 최태웅, 명하나, 김민정
인쇄 · 제본 (주)상지사P&B

ISBN 978-89-7050-545-9 93000
정가 30,000원

– 본 연구는 한성대학교 교내 학술연구비를 지원받았음 –

명품 HTML5+
CSS3+
Javascript 개정판
웹 프로그래밍

황기태 지음

　1997년, 전기의 광명을 처음 본 사람처럼 저자는 넷스케이프를 사용하면서 정말 즐거웠습니다. 그때 이미 웹의 전쟁이 시작되고 있었고, 웹의 존재를 일반인에게 전파한 넷스케이프는 윈도우 운영체제에 끼워 배포한 익스플로러에 웹 땅을 내어주고 말았지요. 2000년대 초 대한민국은 온통 홈페이지 만들기에 빠져있었고, 저자는 <자바스크립트 웹프로그래밍>, <DHTML+자바스크립트 프로그래밍> 책을 출간하고, www.webprogramming.co.kr 사이트를 운영하면서 대한민국 웹프로그래밍 기술 전파에 나름대로 기여했던 것 같습니다.

　웹 프로그래밍, 소위 HTML 페이지 제작은 HTML 태그를 이용하여 페이지를 만들고 CSS3로 모양을 꾸미고, 자바스크립트로 사용자 인터페이스나 응용프로그램을 작성하는 과정으로 이루어집니다. 이 3가지 지식이 모두 필요하므로 웹 프로그래밍은 쉬운 것 같으면서 알아야 할 것이 많은 분야입니다.

　벌써, 웹은 오래된 옷을 벗고 HTML5라는 새 옷으로 갈아입은 지 몇 년이 지났습니다. HTML5는 검색 엔진이 좋아하는 가치 있는 웹 페이지를 만들 수 있도록 시맨틱 태그를 표준화하고, PC나 모바일 단말기 등 기기에 관계없이 작동되는 웹 애플리케이션을 만들 수 있도록 자바스크립트 API를 표준화하였습니다. 이로써 HTML5는 웹 페이지가 정보를 교류하던 문서에서 웹 응용프로그램이 되도록 지평을 넓혔습니다. 그 내용을 보면, 캔버스 그래픽, 웹 스토리지, 위치 정보 서비스, 멀티태스킹을 위한 웹 워커, 오디오 비디오 멀티미디어 제어 등 다양한 표준 자바스크립트 API를 제공하였습니다. 그리고 플래시나 자바 애플릿과 같은 플러그인을 쫓아내어 브라우저마다 달리 개발해야했던 개발자의 어려움을 완벽히 해소하였습니다. 특히 자바스크립트 언어의 거듭된 발전으로 인해 데스크톱에서만 실행되던 많은 응용프로그램들을 웹 응용프로그램으로도 작성할 수 있게 되어 웹이 이제 진정한 정보 소통의 장이 되었습니다. 이것이 바로 웹 전문가와 기업들이 "HTML5!"라고 외치는 이유입니다.

　그렇기 때문에 HTML5의 공부가 HTML 태그와 CSS3를 이용한 웹 문서 제작에 머무른다면, 기존의 HTML 공부와 별반 다르지 않습니다. 저자는 HTML5 기술을 제대로 전달하기 위해 HTML5 태그, CSS3, 자바스크립트를 모두 아우르도록 내용을 구성하고, 특히 자바스크립트 API로 HTML5 웹 응용프로그램을 작성하는 지식을 예제와 실습 중심으로 저술하였습니다.

웹에 대한 공부는 특별히 실습이 중요합니다.

그래서 저자는 www.webprogramming.co.kr 사이트를 만들어 교수님들이 강의 시간에 바로 활용하고, 학생들은 언제 어디서나 예제를 실행해보고 수정하여 연습 해볼 수 있도록 하였습니다.

본 개정판에서 수정 보완한 부분은 크게 다음과 같습니다.
- ES6의 자바스크립트 표준에 따라 자바스크립트에서 변수를 선언하는 방법을 var 대신 let으로 모든 코드를 수정하였습니다.
- 예제 등의 실행 화면을 갱신하였습니다.
- 12장 HTTP 통신과 쿠키에 대한 내용을 최신 정보에 맞게 수정하였습니다.
- 13장 2절 Geolocation을 보완하여 위치와 지도에 대한 실습이 가능하도록 하 였습니다.
- 본문에 넣기 힘든 세 부분을 부록(A. 아파치 웹 서버 설치 및 활용, B. 2차원 배열, C. 비정형 표 만들기)으로 작성하였습니다.

초판과 수정판으로 통해 많은 교수님들과 독자님들의 사랑을 받았습니다. 이에 감사드립니다. 지금은 최고의 개발자로 우뚝 서있으며 책의 홈페이지에 많은 기여 를 한 제자 이세인, 그리고 개정판을 위해 홈 페이지 수정 등 많은 도움을 준 조민 화 학생에게 감사를 드립니다. 아낌없는 사랑을 주는 원선, 수연, 수련, 수희가 있 어 지칠 때도 행복합니다. 모든 영광은 하나님께 돌립니다.

2022. 1. 21.
황기태

이 책을 효과적으로 공부하기 위한 방법을 소개합니다.

www.webprogramming.co.kr 사이트 활용

www.webprogramming.co.kr 사이트는 저자가 만든 것으로, 로그인 없이 이 책의 모든 예제를 직접 실행해보고, 수정하면서 학습할 수 있는 사이트입니다. 교수님들과 학생들은 수업 시간에 이 사이트에 접속하여 예제를 실행해보고, 교수님의 지시에 따라 수정해보면서 웹 프로그래밍을 쉽고 재밌게 공부할 수 있습니다. 그림1은 www.webprogramming.co.kr 사이트에 접속한 화면입니다.

그림1 www.webprogramming.co.kr 사이트

사이트의 오른쪽 Code/Example 메뉴를 클릭하면 그림2와 같이 웹 페이지 소스와 실행 결과를 보면서 예제를 실행해볼 수 있습니다.

다만 www.webprogramming.co.kr 사이트는 이 책의 학습을 돕는 보조적이고 선택적인 것으로 상황에 따라 제공되지 않을 수 있음을 알기 바랍니다.

그림2 Code/Example 메뉴를 선택하고, 9장의 예제 9-15를 선택한 경우

그림2는 예제 9-15를 선택하고 '실행하기' 버튼을 누른 경우입니다. 이곳에서 웹 페이지 소스를 수정하고 다시 '실행하기' 버튼을 누르면 수정한 결과를 바로 확인할 수 있습니다.

또한 www.webprogramming.co.kr 사이트는 Link 메뉴에서 책의 각 장의 학습에 필요한 웹 사이트를 방문하여 정보를 얻을 수 있도록 하였으며, Board 메뉴에서는 Q&A 등 학습에 필요한 요소들이 구비되어 있습니다.

브라우저는 구글 크롬

현재 HTML5 표준을 가장 잘 지키는 브라우저는 구글 크롬(Chrome)으로 알려져 있고 개발자 도구가 잘 만들어져 있어 웹 프로그래밍 개발자들 사이에 많이 사용되고 있습니다. 저자는 이 책을 공부하는 동안 구글 크롬을 사용할 것을 권합니다.

웹브라우저에 따라 HTML5 표준을 완벽히 지원하지 못할 때는 이 책의 어떤 예제들이 작동하지 않거나 어설픈 모양으로 출력되기도 합니다.

그림3은 예제 3-15를 실행한 화면으로, 사용자로부터 달, 날짜, 시간 정보를 입력받기 위해 HTML5 표준에 도입된 시간 정보 <input> 태그를 파이어폭스와 크롬에서 실행한 모양을 비교하여 보여줍니다. 파이어폭스에서는 사용자가 숫자를 직접 입력해야 하는 반면, 크롬에서는 달력을 출력하여 사용자 입력이 쉽도록 해 줍니다.

파이어폭스에서 예제 3-15를 실행한 경우　　　　크롬에서 예제 3-15를 실행한 경우

그림3　HTML5에서 도입된 <input> 태그의 출력 모양. 파이어폭스와 크롬 비교

UTF-8 코드로 웹 페이지 파일 저장하기

여러 종류의 웹 페이지 저작 도구들이 있지만, 간단해서 메모장을 이용하는 경우가 간혹 있습니다. HTML5에서는 UTF-8 코드를 디폴트 문자 셋으로 사용하기 때문에, 메모장뿐 아니라 다른 저작 도구에서도, HTML 파일이나, CSS3 스타일 시트, 자바스크립트 파일을 저장할 때 UTF-8 코드로 저장할 필요가 있습니다. 그림4는 메모장에서 UTF-8 코드로 저장하는 방법을 보여줍니다.

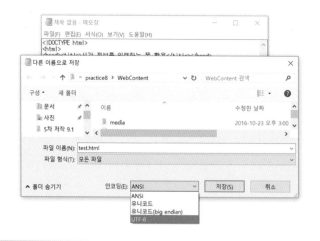

그림4　메모장에서 HTML 파일을 UTF-8 코드로 저장하는 경우

정상적인 한글 출력을 위해 웹 페이지에 <meta charset="utf-8"> 태그 사용

HTML 파일이나 CSS 파일, 그리고 자바스크립트 파일이 모두 UTF-8 코드로 저장되었다고 하더라도, 브라우저나 설정 상황에 따라 한글이 잘 출력되지 않는 경우가 있습니다. 어떤 상황에서도 어떤 브라우저에서도 한글이 잘 출력되게 하려면, 웹 페이지, CSS파일, 자바스크립트코드 모두 UTF-8 인코딩으로 저장하고, HTML 파일의 <head></head> 사이에 <meta charset="utf-8"> 태그를 넣으면 됩니다.

간단한 웹 서버 설치

웹 프로그래밍 공부를 처음 시작하는 분들은, 보통 자신의 컴퓨터 특정 폴더에 웹 페이지를 작성한 뒤 탐색기로 클릭하여 웹 브라우저와 함께 웹 페이지를 출력합니다. 하지만, 웹 서버를 설치하면 더욱 효과적이고 재미있게 웹 프로그래밍을 학습할 수 있습니다. 예를 들어 자신의 컴퓨터에 여러 웹 페이지들을 만들어 놓고 친구들이 방문하여 볼 수 있게 하는 것입니다. 그림5는 웹 서버를 설치하고 웹 서버를 통해 HTML 파일을 출력한 예제 2-21의 결과입니다.

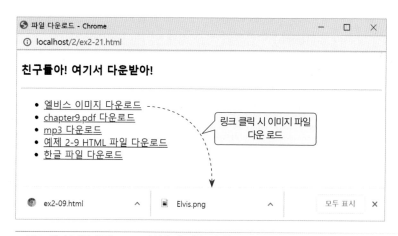

그림5 웹 서버를 통해 HTML 파일을 출력한 예제2-21의 결과

  그림5에서 웹 페이지의 주소에 localhost가 있는데 이것은 이 컴퓨터에 웹 서버를 설치하고 ex2-21.html 웹 페이지를 출력하였기 때문입니다. 관심 있는 독자들을 위해 부록에 아파치(Apache) 웹 서버를 설치하는 방법을 자세히 소개해 놓았습니다. 이 책의 몇몇 예제에서도 그렇지만, 어떤 자바스크립트 API는 웹 서버 없이 작동하지 않는 경우도 있습니다. 웹 서버를 설치하지 않는 경우 주의하기 바랍니다.

이 책의 구성

한 학기 15주 강의를 기준으로 13장의 강의를 구성하였습니다. 14장은 학생이 연습하는 장입니다.

1. 이 책의 범위

이 책은 HTML5, CSS3, 자바스크립트 언어, HTML5 API를 이용한 웹 애플리케이션을 다룹니다. HTML5의 표준 기술을 전반적으로 학습할 수 있는 내용을 갖추고 있습니다.

2. HTML5 태그와 CSS3로 홈페이지 만들기 연습

2~5장까지 open challenge 문제를 매주 연속하여 연습하도록 구성하였습니다. 2장 open challenge에서 학생은 자신만의 주제를 정하고, 각 장이 끝날 때 그 장에서 배운 내용을 토대로 웹 페이지를 완성해가면 됩니다. 2~5장의 open challenge는 다음과 같습니다.

- HTML 페이지 만들기(2장 open challenge) – 컴퓨터 기술 소개 웹 페이지 만들기
- HTML5로 문서 구조화하기(3장 open challenge) – 2장에서 만든 웹 페이지 구조화
- CSS3로 웹 페이지 꾸미기(4장 open challenge) – 3장에서 만든 웹 페이지 꾸미기
- CSS3의 배치 스타일로 꾸미기(5장 open challenge) – 4장에서 만든 웹 페이지를 배치 스타일 시트로 꾸미기

open challenge를 통해 학생들은 자신의 웹 페이지를 만들어 볼 수 있습니다.

3. 자바스크립트를 포함한 웹 프로그래밍 응용 연습

14장은 강의를 위한 장이기보다는, 웹 프로그래밍을 모두 배우고 난 뒤 학생 스스로 학습할 과제로 주어진 장입니다. 그림판 만들기와 숨은 강아지 찾기의 2가지 웹 프로그래밍 주제로 기말 과제에 적합합니다.

4. www.webprogramming.co.kr 사이트 활용

www.webprogramming.co.kr 사이트를 활용하면 강의와 연습을 언제 어디서든 쉽게 할 수 있습니다. 직접 예제를 실행하고 수정해 볼 수 있습니다. 또한 Q&A 게시판을 통해 질문과 답을 나눌 수 있습니다.

5. 연습문제

연습문제에는 그 장에서 배운 내용을 학습할 수 있는 다양한 이론 실습 문제가 있습니다. 문제가 모호하지 않도록 명확히 출제하였습니다.

6. 과제와 시험 문제

연습문제의 이론문제와 실습문제는 과제나 시험 문제로도 적절합니다.

7. 강의 분량

강의 내용 중 9장의 분량이 다소 많은 경우 뒷부분 일부는 건너뛰어도 됩니다. 한 학기 강의 진도에 어려움이 생기면 12장에서 쿠키는 개념만 이해하고 웹 스토리지를 다루는 것이 좋습니다. 웹 스토리지의 응용 사례는 open challenge와 연습 문제를 통해 익히도록 하세요.

8. 정답이 공개된 연습문제는 출판사 홈페이지에서 다운 받을 수 있습니다.

강의 계획

주	장	내용
1주	1장 웹 프로그래밍과 HTML5 개요	웹과 HTML5의 중요성. HTML5 웹페이지 작성의 기본
2주	2장 HTML5 기본 문서 만들기	HTML5 태그로 웹 페이지 만들기
3주	3장 HTML5 문서 구조화와 웹 폼	HTML5 웹 페이지의 구조화 기법 및 폼 문서 만들기
4주	4장 CSS3로 웹 페이지 꾸미기	CSS3 스타일 시트 작성. 웹 페이지 꾸미기
5주	5장 CSS3 고급 활용	CSS3의 배치와 관련된 스타일 만들기, 리스트와 폼 꾸미기 응용, CSS3로 애니메이션 만들기
6주	6장 자바스크립트 언어	자바스크립트 언어. 변수, 조건문, 반복문, 함수 만들기 등
7주	7장 자바스크립트 코어 객체와 배열	자바스크립트의 가장 기본적인 객체의 활용. Date, Array, String, Math와 사용자 객체 만들기
8주		중간고사
9주	8장 HTML DOM과 Document	HTML 웹 페이지의 DOM 모델과 문서를 표현하는 document 객체 다루기. DOM을 이용한 HTML 페이지 동적 제어 기법
10주	9장 이벤트 기초 및 활용	이벤트 개념과 이벤트를 처리하는 자바스크립트 코드 작성. 마우스 이벤트 등 다양한 이벤트 응용 자바스크립트 코드 작성
11주	10장 윈도우와 브라우저 관련 객체	BOM 객체에 대한 설명. window 객체를 이용한 새 윈도우 열기 및 타이머 활용. location, navigator, screen, history 객체 다루기
12주	11장 HTML5 캔버스 그래픽	캔버스 API를 이용한 그래픽 그리기 기초와 마우스로 캔버스에 그림 그리는 응용 만들기
13주	12장 HTTP와 쿠키, 웹 스토리지	HTTP 프로토콜을 자세히 다루고, 쿠키의 개요 및 쿠키 읽기/쓰기. 웹 스토리지의 개념과 웹 스토리지 API를 이용한 웹 스토리지 읽고 쓰기
14주	13장 오디오 비디오 제어 및 위치 정보 서비스, 웹 워커	오디오 비디오 API 활용. geolocation API를 이용한 위치 정보 서비스, 그리고 웹 워커 API로 백그라운드 태스크 만들기
자율	14장 웹 프로그래밍 응용 과제	그림판 웹 페이지 만들기와 숨어 있는 강아지 찾기 게임 만들기 응용 사례
15주		기말고사

웹 프로그래밍 학습 홈페이지
학습한 내용을 웹 프로그래밍 홈페이지
(www.webprogramming.co.kr)에서 바
로 실습하고 궁금한 점은 게시판을 통해 질
문할 수 있습니다.

잠깐! 속성 값은 반드시 이중 인용 부호("")로 묶어야 하는가?

HTML5에서 속성 값은 반드시 이중 인용 부호로 묶을 필요는 없다. 다음과 같이 단일 인용 부호를 사용해도 되고, 인용
부호를 사용하지 않아도 된다.

<img src=heart.jpg> <img src='heart.jpg'> <img src="heart.jpg">

다만, 다음과 같이 속성 값에 빈칸이 들어가는 경우 반드시 인용 부호를 사용해야 한다.

<div src="images/video images/funny.jpg">

단일 인용 부호를 사용하든 이중 인용 부호를 사용하든 일관성이 중요하다. 저자는 이중 인용 부호를 사용할 것을 강력
히 권한다. 참고로 XHTML과 XML에서는 이중 인용 부호를 사용한다.

잠깐!
지나치기 쉬운 내용들을 환기시키기 위해
주의 사항 등을 설명하였습니다.

요약 09
SUMMARY

Q 웹 페이지에서 이벤트란 무엇인가?
A 이벤트는 사용자가 마우스로 입력하거나 키보드로 입력하거나 체크 박스를 선택하는 등의 행위를 브라우저가 자바스
크립트 코드에게 알려주는 통지이다. 이 외에도 다른 태스크로부터 메시지가 오거나 네트워크 연결이 오
는 경우에도 이벤트가 발생한다.

Q 이벤트 리스너란 무엇인가?
A 이벤트를 처리하기 위해 만든 자바스크립트 코드이다. 예를 들어 마우스를 누르는 이벤트는 mousedown
이고 이를 처리하는 이벤트 리스너는 onmousedown()이다.

Q 이벤트 리스너로 사용할 자바스크립트 코드는 어디에 작성하면 되는가?
A HTML 태그 내에 간단히 작성하기도 하고, 함수로 만들고 DOM 객체의 이벤트 리스너 프로퍼티에 직접
등록하거나, 이벤트가 발생하면 처리하고자 하는 DOM 객체의 addEventListener() 메소드를 호출하여
등록한다.

Q 이벤트 객체는 어떤 정보를 담은 객체인가?
A 현재 발생한 이벤트에 관한 여러 정보를 담은 객체이다. 마우스 관련 이벤트의 경우, 이벤트 객체에는
이벤트 타겟, 마우스 포인터의 위치, 눌러진 마우스 버튼 등이 저장되어 이벤트 리스너에게 전달된다.

Q 이벤트 타겟이란 무엇인가?
A 이벤트를 발생시킨 대상 객체를 말한다. 예를 들어 마우스로 버튼을 클릭하였다면 버튼이 click 이벤트
의 이벤트 타겟이다.

Q 이벤트가 흘러간다는 뜻은 무엇이며, 이벤트 캡처와 이벤트 버블은 무엇인가?

요약
주요 용어를 중심으로 배운 내용을 요약하
였습니다. Q&A를 통하여 학생들이 꼭 알아
야 될 부분을 확인할 수 있습니다.

Open Challenge

도전해 볼 만한 문제로 그 장에서 학습한 내용을 응용하여 웹 페이지나 자바스크립트 애플리케이션을 작성할 수 있도록 하였습니다.

연습문제

배운 내용을 정확히 이해하고 있는지 스스로 검토할 수 있는 '이론 문제'와 이론을 바탕으로 실전 응용프로그램을 작성하도록 하는 '실습 문제'를 수록하였습니다. 실습 문제는 단계별로 학습할 수 있습니다.

본문을 쉽게 이해하도록 돕는 그림과 삽화

내용을 쉽게 이해하고 재미를 더해주는 그림과 삽화를 다양하게 사용하였습니다.

차례

02 Chapter | HTML5 기본 문서 만들기

Chapter 03 | HTML5 문서 구조화와 웹 폼

Chapter 04 | CSS3로 웹 페이지 꾸미기

Chapter 05 | CSS3 고급 활용

Chapter 06 | 자바스크립트 언어

| Chapter | 07 | 자바스크립트 코어 객체와 배열

|08| HTML DOM과 Document

Chapter | 09 | 이벤트 기초 및 활용

Chapter 10 윈도우와 브라우저 관련 객체

Chapter 11 HTML5 캔버스 그래픽

Chapter 12 | HTTP와 쿠키, 웹 스토리지

Chapter 13 | 오디오 비디오 제어 및 위치 정보 서비스, 웹 워커

Chapter 14 | 웹 프로그래밍 응용 과제

01

웹 프로그래밍과 HTML5 개요

01 | 웹 프로그래밍과 HTML5 개요

1. 웹 개요

웹의 기본 목적과 구성

웹의 기본 목적은 한 컴퓨터에서 만든 문서(document)를 다른 컴퓨터에서 쉽게 볼 수 있도록 하는 것이다. 특별히 이 문서를 웹 문서라고 부른다. 이 목적을 달성하기 위해 인터넷으로 전 세계의 컴퓨터들을 거미줄처럼 연결하고 웹 문서를 쉽게 주고받을 수 있도록 시스템을 만들고 WWW(World Wide Web), 간단히 줄여 웹(Web)이라고 부른다.

서버
클라이언트

웹은 컴퓨터의 기능을 서버와 클라이언트로 나누었다. 웹 서버는 문서나 이미지, 동영상 등의 데이터를 저장하며, 웹 클라이언트는 웹 서버로부터 데이터를 다운받아 사용자에게 보여주거나 사용자 데이터를 웹 서버에 업로드하는 사용자 인터페이스의 역할을 한다. 그림 1-1은 웹의 구성을 보여준다. 인터넷에는 많은 웹 서버가 있으며, 사용자는 웹 브라우저를 통해 웹 서버에 접속한다. 웹 서버가 되기 위해서는 웹 서버 소프트웨어를 탑재해야 하며, 웹 클라이언트로 작동하기 위해서는 인터넷 익스플로러(Internet Explorer) 같은 웹 브라우저(Web Browser)가 있으면 된다.

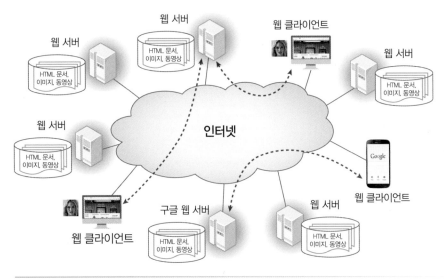

그림 1-1 웹 서버와 웹 클라이언트로 이루어진 웹

웹 서버에는 많은 웹 페이지와 데이터베이스들을 가지고 웹 사이트(web site)가 만들어진다. 웹 사이트

구글(www.google.com), 네이버(www.naver.com), 아마존(www.amazon.com) 등은 대표적인 웹 사이트이다.

인터넷과 웹은 다르다

사람들은 웹을 인터넷(Internet)과 동일시하는 오류를 범하기도 한다. 이 둘은 엄연히 다르다. 인터넷은 모든 컴퓨터가 다음과 같이 4개의 숫자로 이루어진 IP 주소를 부여받고 이 주소로 서로 연결하는 통신의 기본 체계로 웹이 나오기 훨씬 전부터 있었다.

```
113.198.80.208
```

1969년 미 국방성 고등 연구 계획국(ARPA)이 여러 대학들과 계약 업체 사이의 컴퓨터를 연결 하면서 시작되었고, 1990년대 초 인터넷이라는 이름으로 활용되기 시작하여, 오늘날 전 세계 수 억 개의 컴퓨터가 연결된 네트워크가 되었다. 그리고 지금까지 인터넷에는 다음과 같은 다양한 서비스가 개발되어 활용되고 있다.

인터넷

- 전자우편(e-mail)
- 뉴스(news)
- 파일 전송(ftp)
- 채팅(Internet Relay Chat)
- 메신저(Messenger)
- P2P(Peer to Peer)
- 스트리밍 서비스(Streaming Service)
- 인터넷 전화기(Internet Phone)
- 월드 와이드 웹(World Wide Web)

한편, 월드 와이드 웹이라고 불리는 웹(www)은 여러 인터넷 서비스 중의 하나로, 문서를 서버 컴퓨터에 올려놓고 인터넷을 통해 클라이언트 컴퓨터에서 읽거나 쉽게 주고받을 수 있도록 만든 서비스이다. 오늘날 인터넷에서 가장 많이 활용되는 서비스가 웹 서비스이다 보니, 자칫 전공자 들까지도 인터넷이 웹이고, 웹이 인터넷이라는 잘못된 생각을 하게 된다.

월드 와이드 웹

정리하면, 나라 전역에 펼쳐진 고속도로가 인터넷이라면, 웹은 고속노로방을 이용한 물류 산 업이라고 보면 된다.

웹 브라우저

웹 브라우저는 웹 서버에 접속해서 웹 페이지, 이미지, 동영상, 음악 등 다양한 데이터를 다운받아 보여주는 소프트웨어이다. 그림 1-2는 마이크로소프트 엣지(Microsoft Edge), 오페라(Opera), 파이어폭스(Firefox), 크롬(Chrome) 등 대표적인 웹 브라우저의 모양을 보여준다.

그림 1-2 다양한 웹 브라우저

팀 버너스리 경(Sir Tim Berners-Lee, 1955년 6월 8일 ~)은 영국의 컴퓨터 과학자이다. 1989년 월드 와이드 웹의 하이퍼텍스트 시스템을 고안하고 개발했다. 인터넷의 기반을 닦은 여러 공로로 웹의 아버지라고 불리는 인물 중 하나이다. URL, HTTP, HTML 최초 설계도 그가 한 것이다. 현재 그는 차세대 웹 기술인 시맨틱 웹 기술의 표준화에 힘쏟고 있다.

팀 버너스리는 웹과 자신이 고안해낸 다른 여러 가지 기술들을 특허도 내지 않고 무료로 이용할 수 있도록 하였고, 이것은 당장 자신의 형편보다는 앞으로의 자유로운 인터넷 발전을 위해서 한 행동이었으며, 그로 인해 인터넷이 더 빨리 발전할 수 있었고, 이러한 공로로 2004년 영국 왕실에서는 기사 작위도 수여받았다. 1994년 월드 와이드 웹 컨소시엄(W3C)을 만들었고 현재도 활발히 활동 중이다.

출처: 위키피디아(wikipedia)

웹 브라우저 역사

웹 브라우저가 진화해온 역사를 간단히 알아보자. 그림 1-3은 대표적인 웹 브라우저의 타임 라인을 보여준다.

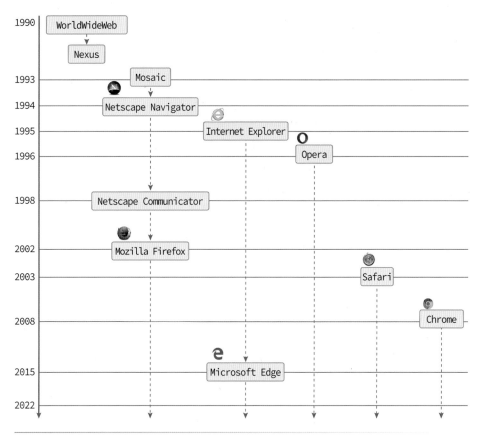

그림 1-3 대표적인 웹 브라우저의 타임 라인

● **최초의 웹 브라우저, WorldWideWeb**

WorldWideWeb은 웹(WWW)의 개념을 창시한 **팀 버너스리**(Tim Berners-Lee)가 최초로 만든 웹 브라우저다. 이것은 그가 1990년 유럽핵물리입자연구소(CERN)에서 비정규직으로 일할 당시 인터넷상에서 정보를 공유하고 최신 정보로 갱신할 수 있는 기능을 가진 시스템을 제안하고, 이 개념과 기능을 증명하기 위해 웹 서버(CERN HTTPd)와 함께 만든 소프트웨어이나. 당시 웹 브라우저의 이름을 월드와이드웹(WorldWideWeb)으로 지었지만, 후에 넥서스(Nexus)로 개명하였다. 그림 1-4는 월드와이드웹(WorldWideWeb) 브라우저의 실행 화면을 캡쳐한 것이다.

팀 버너스리

WorldWideWeb

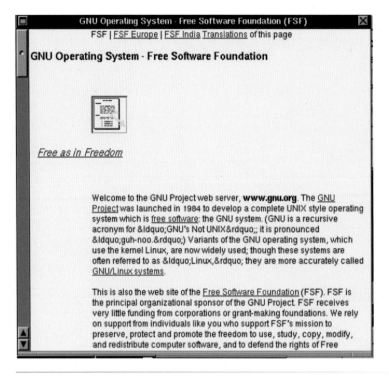

그림 1-4 팀 버너스리가 만든 최초의 웹 브라우저, WorldWideWeb

출처: 위키피디아(Wikipedia). WorldWideWeb FSF GNU.png 일부

● 넷스케이프 내비게이터(Netscape Navigator)

1993년 마크 앤드리슨(Marc Andreessen)은 NCSA(National Center for Supercomputing Applications, 전미 슈퍼컴퓨터 응용 연구소)에서 일반인도 사용하기 쉽도록 GUI 환경을 갖춘 모자익(Mosaic)이라는 웹브라우저를 발표했다. 그 후 그는 넷스케이프(Netscape) 사를 창업하고, 1994년 넷스케이프 내비게이터(Netscape Navigator)를 세상에 내놓아 순식간에 세계에서 가장 많이 사용되는 웹 브라우저로 주목받았다. 모자익과 넷스케이프 내비게이터는 1990년 초기, 대학이나 연구소의 컴퓨터 전문가들만 사용하였던 인터넷을 대중에게 보급하여 오늘날 인터넷 세상을 여는데 지대한 공헌을 하였다.

● 인터넷 익스플로러(Internet Explorer)

1995년 마이크로소프트는 추격을 시작하여 인터넷 익스플로러(Internet Explorer)를 세상에 내놓았다. 인터넷 익스플로러를 윈도우 운영체제에 끼워 배포하였기 때문에 세계 시장을 호령하던 넷스케이프 내비게이터가 순식간에 인터넷 익스플로러에 의해 시장을 잠식당하게 되고, 인터넷 익스플로러는 2000년대 초반까지 세계 시장의 90% 이상을 점유하면서 웹을 지배하였다. 특히 한국에서는 윈도우 운영체제의 점유율이 압도적이어서 인터넷 익스플로러가 시장을 거의 지배하였다. 하지만 최근 들어 모바일 시장의 확대와 구글 크롬 브라우저의 등장으로 인해 인터넷 익스플로러의 점유율이 30% 이하로 떨어지고 있다.

● 오페라(Opera)

1994년부터 오페라 소프트웨어사에 의해 개발이 시작되어 1996년에 세상에 나오게 되었다. 다른 웹 브라우저보다 프로그램 크기가 작고 화면출력 속도가 빠르다고 알려졌지만, 현재 사용은 미미하다.

● 사파리(Safari)

애플은 1997년까지 자사의 매킨토시(Apple Macintosh) 컴퓨터에 넷스케이프 내비게이터를 탑재하였지만, Mac OS 8 버전 이후부터는 인터넷 익스플로러를 탑재하였다. 독자적인 웹 브라우저를 갖고 싶었던 스티브 잡스(Steve Jobs)는 2003년 7월 Mac OS에서만 실행되는 사파리(Safari)를 세상에 내놓았고, 2007년 아이폰(iPhone) 출시와 함께 모바일 운영체제인 iOS에도 사파리를 도입하였다.

● 모질라 파이어폭스(Mozilla Firefox)

마이크로소프트와의 웹 브라우저 전쟁에서 패배한 넷스케이프는 결국 1998년 3월 넷스케이프 커뮤니케이터(Netscape Communicator, 넷스케이프 내비게이터의 최신 버전)의 소스 코드를 공개하여 대응하고, 오픈 소스를 관리하는 모질라(Mozilla) 재단을 만들었다. 모질라 재단은 2002년 오픈 소스인 파이어폭스(Firefox)를 세상에 내놓았다. 파이어폭스는 W3C(World Wide Web Consortium)의 표준 권고안을 가장 충실히 따라 만들어진 것으로 알려져 있다.

● 구글 크롬(Google Chrome)

2008년 드디어 새로운 웹 브라우저 강자가 나타났다. 구글은 크롬(Chrome)이라고 부르는 무료 웹 브라우저를 내놓았으며, 크롬은 PC, 데스크톱, 모바일 기기 등 세계 시장에서 빠르게 점유율을 높혀가고 있다. 크롬은 현재 가장 많이 사용되는 웹 브라우저로 평가받고 있다.

● 마이크로소프트 엣지(Microsoft Edge)

마이크로소프트는 2015년부터 인터넷 익스플로러의 업그레이드를 멈추고, 윈도우 10부터 새로 개발한 웹 브라우저 마이크로소프트 엣지(Microsoft Edge)를 탑재하였다.

웹 브라우저의 시장 점유율

인터넷 기술의 여러 통계를 주로 다루는 넷마켓쉐어(netmarketshare, www.netmarketshare. com) 사이트에서 조사한 웹 브라우저의 세계 시장 점유율은 그림 1-5와 같이 나타난다. 데스크톱 분야에서는 윈도우 운영체제의 높은 점유율에 영향을 받아 강세를 보였던 인터넷 익스플로러가 계속 추락하여 2016년 3월을 기점으로 구글 크롬에 추월당했으며 2019년 7월 현재 10% 이하로 떨어졌고, 크롬의 점유율은 60%를 넘어섰다. 모바일/태블릿 분야에서도 안드로이드의 영향으로 크롬이 강세이다.

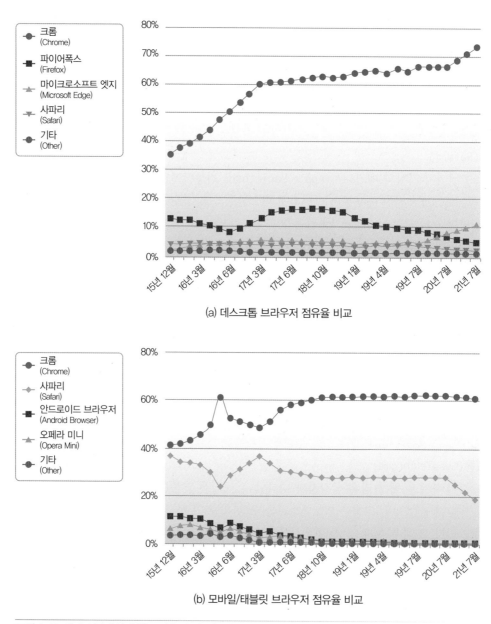

(a) 데스크톱 브라우저 점유율 비교

(b) 모바일/태블릿 브라우저 점유율 비교

그림 1-5 세계 시장에서의 웹 브라우저 점유율 비교

웹 서버와 웹 사이트

웹 사이트의 구축은 웹 서버로 사용할 컴퓨터에 웹 서버 소프트웨어를 설치하고, 작성한 웹 페이지들을 저장하고, 동영상, 이미지 등의 파일과 데이터베이스를 설치하는 것을 말한다. 또한 사용자에게 다양한 서비스를 제공하는 웹 응용 프로그램을 개발하여 설치하는 것을 포함한다. 그림 1-6은 웹 서버 컴퓨터에 구축된 웹 사이트의 전형적인 모양을 보여준다.

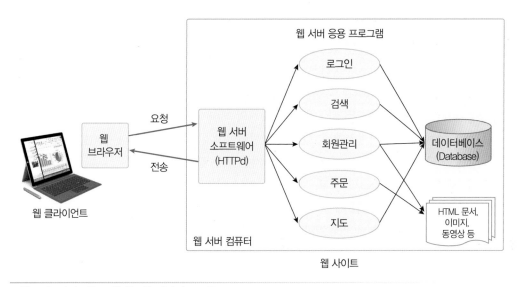

그림 1-6 사이트를 구성하는 웹 서버의 요소들

웹 서버 소프트웨어

웹 서버 소프트웨어는 웹 브라우저로부터 요청을 해석하여 웹 문서를 전달하거나 적절한 웹 응용 프로그램을 작동시키고 실행 결과를 다시 전송하는 소프트웨어이다. 여러 종류가 있지만 대표적인 것은 다음과 같고, Apache가 현재 가장 많이 사용되고 있다.

* Apache 사에서 만든 Apache
* 마이크로소프트 사에서 만들고 Windows NT에서만 실행되는 IIS
* NGINX 사에서 만든 nginx
* 구글에서 만들고 구글 사이트에서 실행되는 GWS(Google Web Server)

웹 서버 응용프로그램

'서버 소프트웨어를 개발한다'라고 하면 바로 이 웹 서버 응용프로그램을 작성한다는 뜻이나. 사용자에게 제공하는 다양한 서비스는 바로 웹 서버 응용프로그램의 몫이다. 웹 서버 응용프로그램은 C/C++, 자바(Java Servlet), JSP(Java Server Page), 서버용 자바스크립트(Node.js), PHP, Perl, Python 등 많은 언어들로 개발할 수 있다. 참고로 구글 검색 사이트의 하단부는 C++로 작성되어 있고, Gmail은 자바로 작성되어 있다.

웹 문서와 전자 문서의 차이

그림 1-7을 보면서 웹 문서와 전자 문서의 차이를 알아보자. 워드(MS Word)나 한글, 메모장 (Notepad) 등으로 작성된 문서를 종이 문서와 구분하여 전자 문서(electronic document)라고 부르며, 컴퓨터에서 문서라고 하면 전자 문서를 지칭한다.

전자 문서

전자 문서는 그림 1-7의 왼쪽 '웹 보고서'처럼 여러 페이지로 구성되지만 보통 하나의 파일에 저장된다. 또한 문서 파일 내에 텍스트, 이미지, 그래픽 등이 통합되어 저장된다. 그러므로 전자 문서를 보낼 때 문서 파일 하나만 있으면 된다.

웹 문서

한편, 웹 문서는 HTML(HyperText Markup Language) 언어로 작성하며, 간단히 HTML 문서라 고 부르고 다음과 같이 전자 문서와 다른 여러 특징을 가진다.

첫째, 웹 문서는 그림 1-7의 오른쪽과 같이 페이지 단위로 분할된다. 웹 문서의 기본 단위는

웹 페이지

웹 페이지(web page)라고 부르는 페이지이다. 10개의 페이지로 구성되는 문서가 있다면 웹 문서 로 만들 경우 10개의 웹 페이지 파일로 나누어 작성되어야 한다. 페이지마다 주제를 정하고 주제 에 맞는 내용을 담는다. 그러므로 웹 페이지의 크기는 모두 같지 않다.

둘째, 웹 페이지에는 텍스트만 담고, 텍스트가 아닌 이미지, 동영상, 오디오 등의 멀티미디어 데이터는 별도 파일로 만들어 웹 페이지에서 파일의 이름이나 주소로 연결한다. 그림 1-7에는 웹 페이지가 이미지나 동영상 등을 이름이나 주소로 연결하고 있는 것을 보여준다.

하이퍼링크

셋째, 웹 페이지 사이의 연결은 하이퍼링크(hyperlink)를 이용한다. 하이퍼링크는 다른 웹 페이지나 이미지 등의 주소를 가진 텍스트이다. 웹은 같은 서버에 있는 웹 페이지뿐 아니라 다른 웹 서버의 웹 페이지를 하이퍼링크로 연결하여 웹 문서를 만들 수 있도록 지원한다. 웹 페이지들 이 하이퍼링크로 연결되어 웹 문서를 이루기 때문에 웹 문서를 하이퍼텍스트(hypertext)라고 부른다. 전 세계의 웹 페이지들은 하이퍼링크로 거미줄(web)처럼 서로 연결되며, 웹 브라우저는 하이퍼링크를 따라 세계 어디에 있든 웹 페이지를 읽어올 수 있다. 이런 식으로 사용자가 하이 퍼링크를 따라 인터넷이라는 정보의 바다를 누비는 것을 내비게이션(navigation)이라고 부른 다. 거미줄을 뜻하는 웹(Web)으로 이름 지어진 이유가 바로 여기에 있다. 웹은 World Wide Web, WWW, W3라고도 부른다.

읽는 순서

넷째, 전자 문서의 경우 문서를 읽는 순서를 문서 작성자가 정하지만, 웹 문서의 경우 사용자 가 정한다. 다시 말하면 종이 문서나 한글 파일과 같은 전자 문서는 사용자가 첫 페이지부터 읽 기 시작하여 순서대로 페이지를 읽는다. 문서를 만든 사람이 읽는 순서를 정한 것이다. 하지만, 웹 문서는 사용자가 한 페이지를 보다가 하이퍼링크를 따라 다른 웹 페이지로 이동하면서 원하 는 페이지를 선택하여 읽는다. 웹 문서에서 웹 페이지는 순서가 명료치 않으며 문서를 읽는 사용 자가 읽는 순서를 정한다.

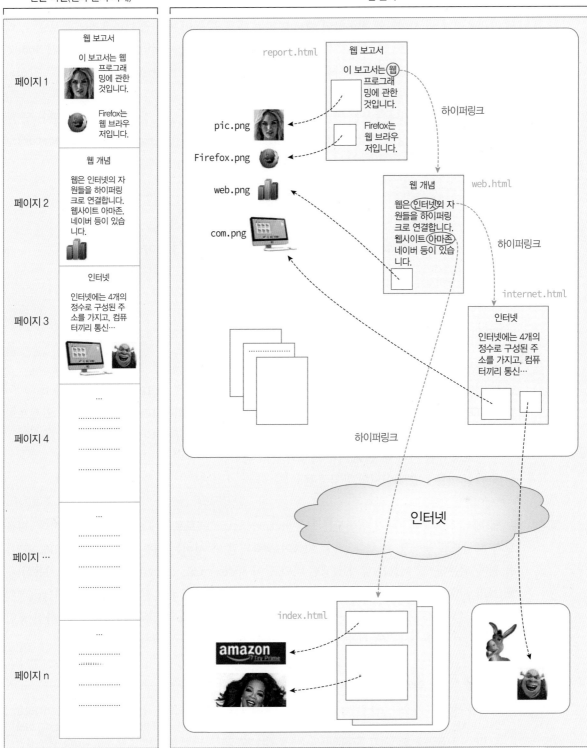

하나의 파일에 모든 요소가 저장되는 전자 문서와 페이지 단위로 분리하여 페이지들을 하이퍼링크로 상호 연결한 웹 문서를 비교하여 보여준다.

그림 1-7 전자 문서와 웹 문서

웹 페이지의 주소, URL

웹 브라우저가 웹 사이트에 접속하면 웹 사이트는 대표 웹 페이지를 웹 브라우저에게 보낸다. 대표 웹 페이지를 디폴트 웹 페이지라고도 부르며, 그 이름은 웹 서버의 설정 사항으로서 index.html, default.html 등이 주로 사용된다. 웹 페이지는 확장자가 .html인 텍스트 파일로 작성되며 2장부터 자세히 다룬다.

웹 페이지의 이름이나 주소는 웹 서버의 주소와 웹 페이지 파일의 경로명으로 구성된다. 웹 페이지는 이미지, 동영상 등 인터넷 자원의 주소를 표현하는 URL(Uniform Resource Locator)로 표현하며 사례는 그림 1-8과 같다.

그림 1-8 웹 페이지 주소 URL 구성

URL의 각 요소를 간단히 설명하면 다음과 같다.

- 프로토콜 – http, https, file, ftp, telnet, mailto, news 등
- 서버주소 – 웹 페이지를 가진 컴퓨터의 이름 혹은 인터넷 주소(IP 주소)
- TCP/IP 포트 번호 – 서버가 브라우저로부터 접속을 기다리는 TCP/IP 포트 번호. 프로토콜마다 다르며 http의 경우 80, telnet은 23
- 경로명 – 웹 서버 내 웹 페이지 파일의 폴더 경로
- 파일 이름 – 웹 페이지의 파일 이름

80 포트 웹 페이지를 액세스하기 위해서는 보통 http나 https 프로토콜에 80 포트를 사용한다. 디폴트가 80이므로 생략할 수 있다. 파일 이름이 생략되면 웹 서버는 디폴트 파일(대표 HTML 파일)을 찾게 되는데, 그 이름은 앞서 설명한 바와 같이 index.html, default.html을 많이 사용한다. 웹 브라우저는 HTML 문서 보기뿐 아니라, ftp(파일 전송), telnet(원격 로그인), mailto(메일 보내기), file(로컬 파일 읽기) 등의 서비스도 제공한다. http와 달리 https를 사용하면 보안을 강화하기 위해 웹 브라우저는 웹 서버에 접속할 때 전자 인증서를 사용한다.

잠깐! TCP/IP 포트란?

은행에는 전담 창구가 있다. 1번 창구는 대출, 2번 창구는 통장, 3번 창구는 외환 등 전담 은행원이 고객을 기다리고 있다. 고객은 원하는 서비스에 따라 전담 창구로 가야 한다. 서버 컴퓨터(은행) 역시 여러 서비스를 제공하는데, 여러 TCP/IP 포트(창구)를 열어 놓고 클라이언트의 접속을 기다리고 있다. 포트에 따라 서비스가 서로 다르다. 예를 들면 80번 포트는 웹 서비스(http), 20번 포트는 파일 전송(ftp), 23번 포트는 원격 로그인(telnet) 서비스 등이다.

웹 브라우저와 웹 서버 사이의 통신, HTTP

웹 브라우저와 웹 서버는 웹 페이지나 이미지 등의 자원을 주고받기 위해 HTTP(HyperText Transfer Protocol)라고 부르는 그들만의 통신 방법을 가지고 있다. HTTP 통신은 웹 브라우저가 요청하고 웹 서버가 응답하는 방식으로 작동한다.

기본적인 HTTP 통신 과정을 간략히 알아보자. 그림 1-9는 사용자가 오라클 사이트(http://www.oracle.com/index.html)를 방문하는 과정을 사례로, 웹 브라우저가 오라클 웹 서버로부터 index.html 페이지를 받아오는 과정을 보여준다.

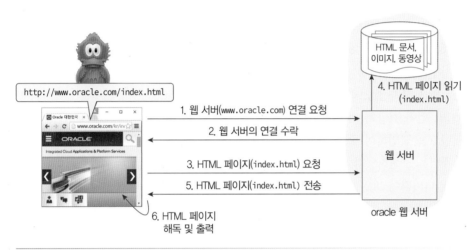

그림 1-9 웹 브라우저가 웹 서버로부터 HTML 페이지를 받아오는 HTTP 통신 과정

먼저 웹 브라우저는 사용자가 입력한 URL에서 서버의 주소 www.oracle.com을 알아내고 서버 컴퓨터에 접속한다. 그리고 웹 페이지 index.html를 요청한다. 오라클 웹 서버는 index.html 파일을 찾아 웹 브라우저로 전송한다. 웹 브라우저는 index.html 파일을 해석하여 그래픽으로 화면에 출력한다. 1~5 사이의 과정을 <mark>HTTP 세션</mark>이라고 부른다. 하나의 HTTP 세션동안 오직 하나의 HTML 파일만 전송된다.

HTTP 세션

HTML 파일뿐 아니라, 이미지, 동영상, 자바스크립트 파일, CSS 스타일 파일, 오디오 파일 등은 모두 웹 서버가 가지고 있고 한 번의 HTTP 세션 동안 하나의 파일만 전송되므로, 10개의 이미지를 가진 HTML 페이지를 출력하기 위해서는 웹 브라우저는 11번(HTML 파일을 위해 1번, 10개의 이미지 파일에 대해 10번) 웹 서버와 HTTP 통신을 수행해야 한다. HTTP 프로토콜은 12장에서 더 자세히 설명한다.

2. 웹의 시작과 성공

웹의 시작

웹은 스위스에 있는 유럽핵물리입자연구소인 CERN에서 비정규 계약직으로 일하던, 영국 출신의 과학자 **팀 버너스리**(Tim Berners-Lee)의 아이디어에서 시작되었다. 1980년 CERN에서는 약 10,000명의 연구원이 서로 다른 하드웨어, 소프트웨어 환경에서 일하고 있었고, 정보를 교환하기 위해 e-mail과 파일 전송(ftp)이라는 불편한 방법을 사용하고 있었다. 이때 팀 버너스리는 정보 교환을 편리하게 해주는 인콰이어(ENQUIRE) 소프트웨어를 개발하였다.

팀 버너스리

1989년 그는 잠시 CERN을 떠났다가 다시 돌아와서, 정보를 쉽게 공유하고 관리할 수 있는 웹의 개념을 제안하고, 급기야 1990년에 WorldWideWeb이라고 불리는 프로젝트(그림 1-10 참고)를 시작하였다. 이 프로젝트에서 서버-클라이언트로 동작하는 HTTP 모델과 HTML 언어를 개발하고, 세계 최초로 웹 서버와 웹 브라우저를 개발하였다.

웹 문서를 HTML 언어 기반의 텍스트 파일로 만들고, 파일 내에 인터넷 주소로 다른 문서를 연결하는 하이퍼링크를 삽입하여 웹 브라우저가 하이퍼링크를 클릭하면 해당 문서를 볼 수 있는 하이퍼텍스트 개념을 구현하였다. 더 나아가 HTML 파일에 멀티미디어 파일의 주소를 기재하면, 웹 브라우저가 멀티미디어 파일을 가지고 와서 텍스트와 함께 출력하도록 하였다. 이렇게 함으로써, HTML 파일을 텍스트, 하이퍼링크, 멀티미디어를 모두 포함하는 소위 **하이퍼텍스트**(Hypertext)로 발전시켰다.

하이퍼텍스트

팀 버너스리가 CERN에서 최초로 개발한 웹 서버 소프트웨어를 NeXT 컴퓨터에 설치 운용하고, 최초의 웹 브라우저 월드와이드웹(WorldWideWeb)을 개발하는데 이용하였다.

그림 1-10 팀 버너스리가 CERN에서 사용하던 NeXT 컴퓨터

참조 : https://en.wikipedia.org/wiki/World_Wide_Web

웹의 성공

웹이 1990년 세상에 나온 이래 인터넷의 기본 플랫폼으로 성공하게 된 근본 이유는 무엇인가? 기술적 관점에서 세 가지 요인만 정리해보자.

● 만들기 쉬운 HTML 문서

HTML 태그는 매우 단순하고 직관적이어서 사람이 보고 쉽게 이해하여 금방 웹 페이지를 만들 수 있다. 또한 HTML 태그는 텍스트이므로 아무 텍스트 편집기로 HTML 문서를 편집할 수 있다.

● 효율적인 HTTP 통신

사용자가 웹 브라우저로 웹 페이지를 보고 있는 동안, 웹 브라우저와 웹 서버는 연결을 유지하고 있을까? 대부분의 경우 아니다. 하나의 HTTP 세션 후 웹 서버는 웹 브라우저와 연결을 끊고 다른 웹 브라우저의 요청을 처리한다. 하나의 HTTP 세션에 걸리는 시간이 매우 짧아서 많은 수의 웹 브라우저가 웹 서버에 동시 접속하더라도 큰 문제가 되지 않는다.

● 클라이언트와 서버의 작업 분담

웹 서버는 웹 브라우저로부터 요청받은 문서나 이미지, 사운드, 동영상 등을 단순히 보내줄 뿐이다. 이를 해석하여 사용자 화면에 그리거나 오디오 및 동영상을 재생하는 것은 웹 브라우저의 몫이다. 만일 웹 서버가 웹 브라우저로부터 요청받은 웹 페이지를 그래픽 이미지로 다 완성하여 웹 브라우저로 보내주고, 웹 브라우저는 받은 이미지를 스크린에 출력하기만 한다면, 웹 서버의 작업 부담이 너무 커서 많은 동시 사용자를 수용하는데 문제가 생길 것이다.

모든 곳에 웹이 있다

현재 웹은 정보 통신을 위한 기본 플랫폼이다. 정보를 제공하는 곳에는 작든 크든 거의 모두 웹 서버를 갖추고 있다. 기업들은 물론이고, 사람들은 무슨 단체만 결성해도 웹 사이트부터 만들고 본다. 정보 소통을 위해 웹을 사용하는 것은 너무나 자연스러운 현실이 되었다.

TV에도, 셋톱박스에도, 장난감에도, 손바닥보다 작은 무선 와이파이 공유기(AP)에도 웹 서버가 작동한다. 크든 작든 인터넷에 연결되는 장치를 만들게 되면, 이 장치를 가장 쉽게 제어하는 방법은 이 장치에 웹 서버를 설치하고 웹 브라우저를 이용하여 제어하는 것이다. 무선 공유기 사례를 보면 사용자는 웹 브라우저로 무선 공유기 내부에 설치된 웹 서버에 접속하여 공유기 설정을 변경한다. 무선 공유기

우리 주위의 모든 곳에 웹이 있다. 더욱이 점점 확산되는 IoT(Internet of Things) 기술로 인해 아주 작은 인터넷 장치들까지도 웹 서버를 설치하고 웹을 이용하여 서로 정보를 교환하게 될 것이다. 우리 주위의 모든 곳에 웹이 있다. IoT

3. 웹 페이지 구성

웹의 사용이 너무나 보편적이어서 화성에서 온 사람이 아닌 다음에야 웹 브라우저를 사용해본 적이 없는 독자는 거의 없을 것이다. 웹 브라우저를 통해 보는 웹 페이지는 화려하고 멋지다. 마우스를 움직이면 글자가 움직이고 색이 변하고 없는 메뉴가 나타나기도 한다.

혹시 좋은 웹 페이지를 만드는 특별한 방법이 있을까?

웹 페이지 구성 3요소
웹 페이지에는 다음 3요소가 결합되어 있다.

- 웹 페이지의 구조와 내용 – HTML 태그로 작성
- 웹 페이지의 모양 – CSS(Cascading Style Sheet)로 작성
- 웹 페이지의 행동 및 응용 프로그램 – Javascript로 작성

첫 번째 요소는 웹 페이지의 문서 구조와 내용이다. 웹 문서에는 제목과 본문이 있고, 본문은 1장, 2장 등 장으로 구분하고, 각 장은 다시 1절, 2절 등 절로 구분된다. 본문은 여러 문단으로 나뉘며, 문단은 텍스트, 이미지, 표 등을 포함한다. 문서에는 머리말이나 꼬리말, 주석 등을 달기도 한다. 이들은 모두 **HTML 태그**로 작성한다.

HTML 태그

두 번째 요소는 웹 페이지의 출력 모양이다. 웹 페이지의 제목, 장, 절의 글자 크기와 색, 배경색 등을 지정하고, 중요한 부분에는 밑줄을 치고, 어떤 부분은 이탤릭체로 만들고, 어떤 문단은 배경색을 넣고, 표의 외곽선은 점선으로 하는 등 웹 페이지가 브라우저 창에 출력되는 모양을 표현하는 부분으로, **CSS 언어**로 작성된다.

CSS 언어

세 번째 요소는 웹 페이지의 행동이나 응용프로그램 부분이다. 웹 페이지가 출력된 브라우저 화면에 사용자의 마우스 클릭이나 키 입력 등을 처리하는 코드나, 여러 가지 계산, 차트, 게임, 지도, 위치 서비스, 그래픽 등 다양한 종류의 응용프로그램은 **자바스크립트**(Javascript) 언어로 작성된다.

자바스크립트

3요소를 분리하여 웹 페이지 개발
웹 페이지를 3개의 구성 요소(구조와 내용, 모양, 행동 및 응용프로그램)로 분리하여 작성하는 것이 매우 중요하다. 그림 1-11을 참고하여 웹 페이지를 집을 짓는 것에 비유해보자. 웹 페이지의 3요소는 '집의 구조', '인테리어', '집에 설치된 기능'에 대응된다. 집을 건축하면, 주인에 따라 다양한 모양의 인테리어로 집을 꾸민다. 그리고 주인에 따라 집에 설치하는 기능도 다를 수 있다. 같은 구조를 가진 집이라도 사는 사람에 따라 인테리어와 집에 설치한 기능이 모두 다를

수 있다.

또 다른 사례로 마네킹의 경우를 보자. 벌거벗은 마네킹에 계절에 따라 다른 의상을 입힌다. 이것은 마네킹과 의상을 분리하여 만들었기 때문에 가능하다. 만일 처음부터 마네킹과 의상이 붙어있게 만들었더라면 마네킹에 다른 옷을 입힐 수 없다.

웹 페이지를 만들 때도 '웹 페이지 구조와 내용', '웹 페이지 모양', '웹 페이지 행동 및 응용 프로그램'을 분리하여 작성하는 것이 중요하다. 문서의 구조와 내용을 바꾸지 않고 출력 모양을 바꾸거나 기능만 변경하는 등 쉽게 변화를 줄 수 있기 때문이다.

그림 1-11 구조와 내용, 모양, 행동 및 기능(응용 프로그램)으로 분리하는 사례들

HTML, CSS, Javascript

웹 페이지를 구성하는 3요소는 각각 다음 언어를 이용하여 작성한다.

- HTML – 웹 페이지의 구조와 내용
- CSS – 웹 페이지의 모양
- Javascript – 웹 페이지의 동적 변경 및 응용 프로그램 작성

1996년 이전 HTML 2.0까지는 웹 페이지의 구조와 내용을 모양과 분리하여 표현하는 개념이 없었다. 그러므로 HTML 태그로 문서의 구조와 내용, 모양을 동시에 표현하였다. 하지만, 1996년 HTML3.0과 함께 CSS1.0, Javascript가 개발되어 웹 페이지의 3요소를 따로 작성하게 되었다.

HTML 언어는 웹 페이지의 구조를 표현하기 위해 사용된다. <head>, <body>, <img>, <table> 등 HTML 태그를 이용하여 헤더, 본문, 꼬리말, 제목, 장, 절, 문단의 시작과 끝, 본문 텍스트를 지정하며, 어떤 이미지가 출력될 것인지 등을 지정한다. HTML

CSS(Cascading Style Sheet) 언어는 웹 페이지가 화면에 출력되는 모양을 지정하는 데 사용 CSS 된다. 예를 들어, 글자 폰트나 크기, 배경색, 글자색, 문단의 여백(margin), 외곽선의 굵기와 형

태 등 다양한 모양을 지정한다.

자바스크립트   **자바스크립트**(Javascript) 언어는 사용자의 마우스나 키보드 입력에 따라 웹 페이지를 동적으로 변화시키거나 게임 등 웹 페이지를 하나의 응용프로그램으로 만드는 데 이용된다.

HTML, CSS, Javascript로 분리된 웹 페이지 만들기
지금부터 HTML, CSS, Javascript로 분리하여 웹 페이지를 작성하는 사례를 잠깐 맛보기로 하자.

HTML 태그로 문서의 구조와 내용 만들기
메모장을 이용하여 그림 1-12와 같이 test1.html을 작성한다. 그림 1-12는 크롬 브라우저로 test1.html을 출력한 결과를 보여준다. 현재 test1.html 페이지에는 문서의 구조와 내용만 담겨 있다.

CSS로 문서 모양 만들기
이제 CSS 언어로 test1.html이 출력되는 모양을 만들어보자. CSS로 작성된 코드를 CSS 스타일 시트라고 부른다. 그림 1-13은 test1.html 문서에 <style></style>로 CSS 스타일 시트를 삽입하고 test2.html로 저장하였다. CSS 스타일 시트를 가진 test2.html은 그림 1-13과 같이 출력된다. 문서가 옷을 입었다.

CSS는 4~5장에서 다루지만, 이해를 위해 <style> 태그에 들어 있는 CSS 스타일 시트 중 다음한 가지만 설명해보자.

```
body { background-color:linen; color:green; margin-left:40px; margin-right:40px; }
```

이것은 <body> 태그 즉 브라우저의 배경색은 linen, 글자색은 green, 왼쪽/오른쪽 여백은 모두 40픽셀로 꾸밀 것을 지시하는 CSS 코드이다.

Javascript 코드로 사용자 인터페이스 처리
마지막으로 그림 1-14와 같이 test2.html에 <script></script>로 자바스크립트 코드를 삽입하여 test3.html로 저장한다. 그리고 이미지를 출력하기 위해 다음 HTML 태그를 삽입한다.

```
<div><img id="fig" src=""></div>
```

또한 <h3>Elvis Presley</h3> 태그를 다음과 같이 수정한다.

> Elvis Presley 글자 위에 마우스를 올리면 show() 함수를, 내리면 hide() 함수 호출

```
<h3 onmouseover="show()" onmouseout="hide()">Elvis Presley</h3>
```

추가된 부분은 브라우저에서 Elvis Presley가 출력된 영역 위에 마우스를 올리면 show() 함수를 실행하고, 마우스를 내리면 hide() 함수를 실행하도록 지시하는 자바스크립트 코드이다. 처음에는 엘비스의 이미지가 보이지 않지만, Elvis Presley 글자 위에 마우스를 올리면 엘비스의 사진이 나타난다. 마우스를 내리면 사진은 다시 사라진다.

```
<!DOCTYPE html>
<html>
<head>
<meta charset="utf-8">
<title>웹 페이지의 구성 요소</title>
</head>
<body>
<h3>Elvis Presley</h3>
<hr>
He was an American singer and actor. In November
1956, he made his film debut in <span>Love Me
Tender</span>. He is often referred to as
"<span>the King of Rock and Roll</span>".
</body></html>
```

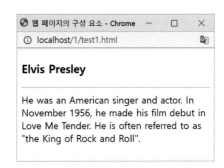

그림 1-12 HTML 태그로만 구성된 웹 페이지 : test1.html

```
<!DOCTYPE html>
<html>
<head>
<meta charset="utf-8">
<title>웹 페이지의 구성 요소</title>
<style>
    body { background-color : linen; color : green;
           margin-left : 40px; margin-right : 40px;}
    h3 { text-align : center; color : darkred;}
    hr { height : 5px; border : solid grey;
           background-color : grey }
    span { color : blue; font-size : 20px; }
</style>                    CSS로 문서의 모양(스타일) 코딩
</head>
<body>
<h3>Elvis Presley</h3>
<hr>
He was an American singer and actor. In November
1956, he made his film debut in <span>Love Me
Tender</span>. He is often referred to as
"<span>the King of Rock and Roll</span>".
</body></html>
```

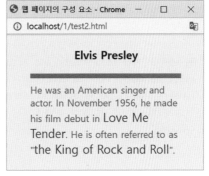

그림 1-13 CSS로 모양을 꾸민 웹 페이지 : test2.html

```
<!DOCTYPE html>
<html>
<head>
<meta charset="utf-8">
<title>웹 페이지의 구성 요소</title>
<style>
    body { background-color : linen; color : green;
        margin-left : 40px; margin-right : 40px;}
    h3 { text-align : center; color : darkred;}
    hr { height : 5px; border : solid grey;
        background-color : grey }
    span { color : blue; font-size : 20px; }
</style>
<script>
    function show() { // <img>에 이미지 달기
        document.getElementById("fig").src="ElvisPresley.png";
    }
    function hide() { // <img>에 이미지 제거
        document.getElementById("fig").src="";
    }
</script>
</head>
<body>
<h3 onmouseover="show()" onmouseout="hide()">
        Elvis Presley</h3>
<hr>
<div><img id="fig" src=""></div>
He was an American singer and actor. In November
1956, he made his film debut in <span>Love Me
Tender</span>. He is often referred to as
"<span>the King of Rock and Roll</span>".
</body>
</html>
```

자바스크립트 코드 추가

텍스트에 마우스를 올리면 show() 함수 호출

Elvis Presley 이미지가 출력될 공간

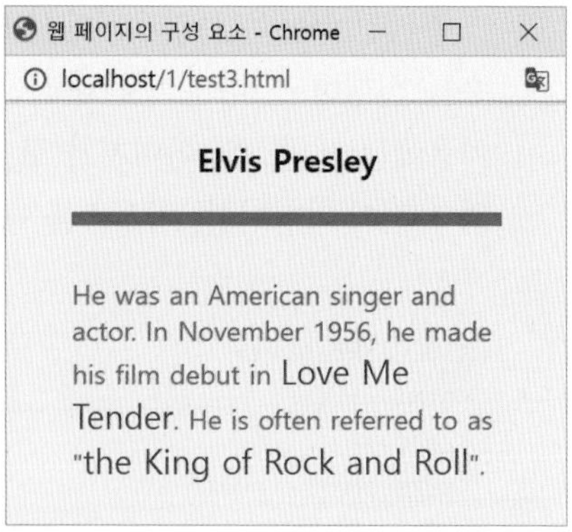

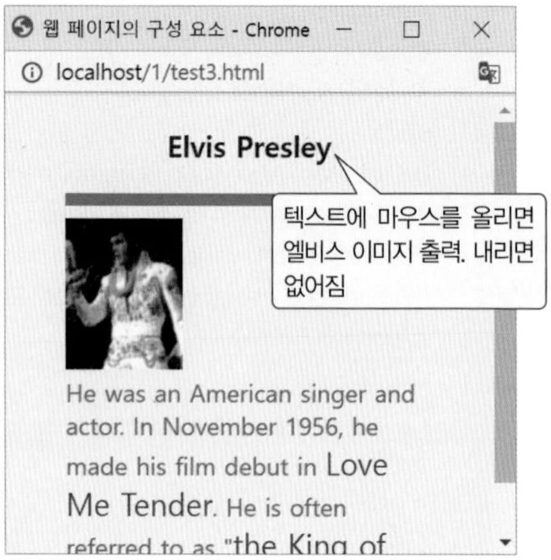

텍스트에 마우스를 올리면 엘비스 이미지 출력. 내리면 없어짐

ElvisPresley.png
파일이 test3.html과
같은 폴더

이 코드를 실행하기 위해서는 ElvisPresley.png 파일이 test3.html과 같은 폴더에 있어야 한다.
Elvis Presley 글자 위에 마우스를 올리면 엘비스 프레슬리의 사진이 보이고 마우스를 내리면 사라진다.

그림 1-14 자바스크립트 코드를 추가하여 작성된 test3.html

잠깐! HTML 페이지는 웹 브라우저마다 다르게 그려질 수 있다.

웹 페이지에 CSS 스타일이 지정되지 않은 경우, 웹 브라우저들은 각자 디폴트 폰트와 크기로 출력한다. 그러므로 같은 HTML 페이지가 브라우저마다 다른 모양으로 나타날 수 있다.

4. HTML5

HTML 언어의 역사

HTML 언어는 물리학자인 팀 버너스리가 1990년에 정의한 것으로, 표준화된 태그로 웹 페이지를 작성하는 언어이다. 그러므로 웹 페이지를 HTML 페이지 혹은 HTML 문서라고도 부른다. 그 뒤 HTML 언어는 태그의 숫자를 늘리면서 발전했다. 그림 1-15는 HTML 언어를 포함하여 CSS와 Javascript, 웹 브라우저의 발전 과정을 한눈에 보여준다. 그림에 보이는 연도는 기술이 표준화된 시점이지만 기술은 그 이전부터 제안되고 수정되는 과정을 겪어왔다.

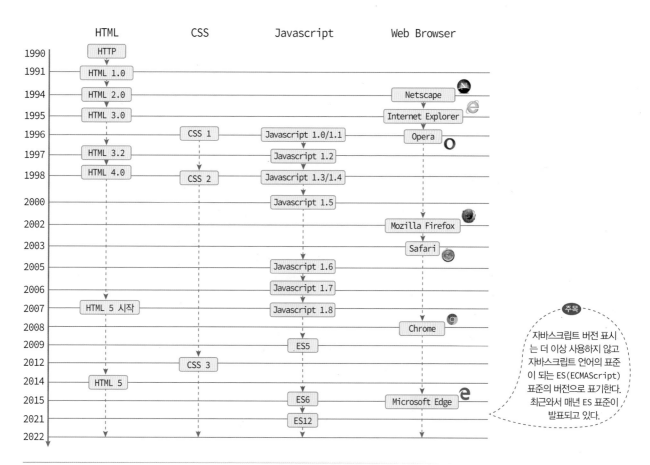

그림 1-15 HTML, CSS, Javascript, 웹 브라우저의 타임 라인

HTML5의 출현 배경

HTML5의 출현 배경을 이해함으로써 웹 기술 발전 과정과 문제점을 이해하고 미래의 웹 기술 방향을 예측할 수 있다.

비표준 기술의 혼재, 웹 브라우저의 비호환성

1990년대 초기 HTML의 등장과 함께, 웹 브라우저의 전쟁이 시작되었다. 넷스케이프사의 넷스케이프 내비게이터와 마이크로소프트사의 인터넷 익스플로러 사이의 시장 점유를 위한 경쟁이 치열하게 전개되었다. 이 전쟁은 인터넷 익스플로러의 승리로 끝나긴 했지만, 이 과정에서 W3C의 규정을 무시하고, 오디오, 비디오 등 멀티미디어를 웹 페이지에 삽입하기 위해 플러그인(Plug-in), Active-X 등의 비표준 기술을 마구잡이로 도입하고, 웹 브라우저마다 상호 다른 자바스크립트 기능을 추가하여 웹 페이지의 웹 브라우저 호환성은 무너지게 되었다.

플러그인 Active-X

비표준 기술

그 후 지금까지 Adobe Flash, MS Silverlight, Sun JavaFX 플러그인 등 다양한 비표준 기술이 웹 브라우저에 혼재되어 사용되고 있다. 2000년대 이후 다양한 웹 브라우저가 속속 등장하여 웹 페이지들은 더욱 호환성을 잃게 되었다. 웹 개발자들은 브라우저 종류별로 혹은 브라우저의 버전마다 다른 코드를 작성하는 등 어려움을 겪고 있다.

인터넷 기기의 다양화

모바일과 통신 기술의 발전으로 그림 1-16과 같이 인터넷에 접근하는 기기가 다변화되어 PC와 데스크톱에 의해 독점되던 인터넷이 이제는 이동성을 장점으로하는 모바일 장치와 태블릿이 지배할 정도로 변화되었다.

하지만 PC나 데스크톱용으로 개발된 플러그인을 모바일이나 태블릿에서 사용할 수 없으므로, PC나 데스크톱의 웹 브라우저에서 보이도록 작성된 기존의 웹 페이지들이 모바일 장치나 태블릿에서 제대로 출력되지 않는 상황에 놓여 있다. 그래서 많은 웹 사이트들은 모바일 혹은 태블릿용 웹 페이지를 따로 만들고 있다.

모바일 기기

Galaxy　　Bada　　iPhone　　BLackberry　　Window Phone

태블릿 PC

스마트 TV, 게임기 등 다양한 기기

Gear VR　　Play Station

그림 1-16　인터넷에 접속하는 다양한 기기

새로운 범용 웹 표준의 필요성

Active-X나 플러그인, 플래시 등의 비표준 기술에 의존하는 PC 위주의 기존 웹 방식으로는 폭발적으로 시장 지배력을 넓혀가고 있는 스마트폰과 태블릿 장치 등의 모바일 기기를 수용할 수 없기 때문에, 프로그램 다운로드나 설치가 필요 없이 모바일과 PC에서 동시에 사용할 수 있도록 하는 범용 웹 표준을 개발할 필요성이 강력히 대두되었다.

HTML5 표준과 의의

W3C와 하이퍼텍스트 워킹 그룹(WHAT WG, Web Hypertext Application Technology Working Group)은 공동으로 HTML5의 표준을 제정하였다. 웹 페이지를 구조와 내용(Structure), 모양(Presentation), 행동(Behavior)을 명확히 분리하여 개발할 수 있도록, HTML 태그에서 문서의 모양과 관계된 태그나 속성을 폐기하였다. 또한 문서 구성을 명확히 하는 태그를 도입하여 웹 문서 구성의 편의성, 명확성을 확보하고 외부 플러그인 없이 그래픽, 오디오, 비디오 등의 미디어를 사용하고 오류 처리가 수월하며 자바스크립트 작성이 쉬우며 문서의 개념을 넘어 웹 애플리케이션을 작성할 수 있는 기능도 포함하였다. 그리하여 PC, 모바일 등을 막론하고 어떤 인터넷 장치에든 사용할 수 있는 웹 표준을 만드는 것을 목적으로 한 HTML5의 표준을 제정하였다.

HTML5의 표준

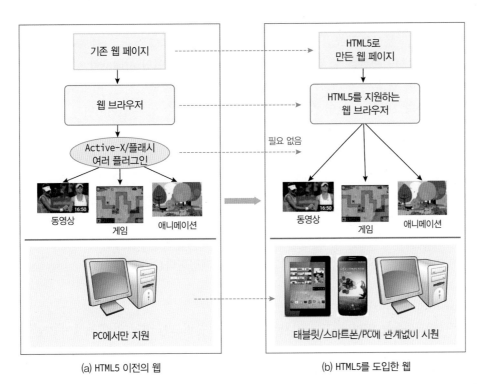

(a) HTML5 이전의 웹   (b) HTML5를 도입한 웹

HTML5를 사용하면 Active-X/플래시 등의 플러그인 없이 작동하며, PC 외의 다양한 종류의 장치에서도 웹 페이지는 동일하게 출력된다.

그림 1-17 HTML5 이전의 웹과 HTML5를 도입한 웹의 비교

그러므로 HTML5는 플랫폼이나 장치에 대한 의존성이 없다. 현재 안드로이드, iOS 등 대부분 모바일 장치의 앱(네이티브 애플리케이션, native application)은 플랫폼 전용 개발 도구를 이용하기 때문에 개발이 어렵고 상호 호환성도 없다. 하지만 HTML5로 개발된 웹 애플리케이션은 HTML5 웹 브라우저만 있으면 PC뿐 아니라 어떤 모바일 플랫폼에서도 실행된다. 심지어 웨어러블 장치에도 쉽게 적용할 수 있다.

그림 1-17은 기존 HTML을 사용하는 웹 방식과 HTML5를 사용하는 웹을 비교하여 보여준다. 이 그림은 HTML5로 만든 웹 페이지가 HTML5 브라우저에서 실행되면 텍스트뿐 아니라, 동영상, 게임, 애니메이션 등 웹 애플리케이션을 실행하는 데 Active-X나 플러그인이 필요없으며, PC나 데스크톱뿐 아니라 태블릿, 모바일 등 기기와 관계없이 실행 가능함을 설명한다.

HTML5의 기능

HTML5의 전체 기능은 크게 두 부분으로 나눌 수 있다.

- 웹 문서 작성을 위한 HTML 태그 셋
- 웹 애플리케이션 작성을 위한 API

HTML5는 이전 HTML 태그를 계승하였지만, 문서의 모양을 표현하는 HTML 태그와 속성들은 과감히 청산하였다. 그리고 문서의 구조를 명확히 표현하는 시맨틱 태그(3장 참조)를 추가하였다.

웹 애플리케이션 또 다른것으로, HTML5의 출현은 웹 문서 시대에서 웹 애플리케이션의 시대로의 변화를 뜻한다. 그것은 기존 HTML이 웹 문서를 만들기 위한 언어 역할밖에 할 수 없었지만, HTML5는 나아가 웹 브라우저상에서 플러그인의 도움 없이 웹 애플리케이션을 만들 수 있는 언어이면서 플랫폼을 자바스크립트 API 갖추었다는 뜻이다. 이를 위해, HTML5 웹 브라우저는 웹 애플리케이션을 개발할 수 있는 자바스크립트 API(Application Programming Interface)를 표준화하였다. 자바스크립트 API(간단히 API)는 HTML5 표준을 갖춘 어떤 웹 브라우저에서도 지원되므로, 웹 개발자들은 API를 이용하여 자바스크립트 프로그램을 작성하기만 하면 된다. HTML5의 세부 기능을 간단히 정리해보자.

웹 폼(Web Form)
사용자로부터 입력을 받기 위한 다양한 HTML 태그와 속성을 제공한다(3장).

오디오, 비디오(Audio/Video)
오디오나 비디오를 재생하는 HTML 태그를 지원하며, 별도의 플러그인 설치 없이 재생이 가능하다(2장). 또한 자바스크립트 코드를 이용하여 오디오, 비디오의 재생, 중지 등을 제어할 수 있다 (13장). 세계적인 비디오 스트리밍 기업인 넷플릭스(Netflix)는 이미 HTML5로 비디오 스트리밍 서비스를 제공하고 있다.

캔버스(Canvas)

Canvas는 \<canvas> 태그와 자바스크립트를 이용하여 웹 브라우저상에서 동적으로 2, 3차원 그래픽을 그릴 수 있는 API이다. 이 기능을 이용하면 차트, 애니메니이션, 게임 등 GUI 기반의 웹 애플리케이션을 만들 수 있다(11장).

SVG(Scalable Vector Graphics)

XML로 표현하는 2차원 벡터로 그래픽을 그리는 API이다.

웹 스토리지(Web Storage)

웹 스토리지는 웹 브라우저가 실행되는 로컬 컴퓨터에 데이터를 저장하는 API이다. 이 기능으로 쇼핑몰, 게임 등에서 발생하는 데이터를 사용자 컴퓨터에 저장하여 웹의 성능을 높이거나 웹 서버와 연결되지 않은 상황(off-line)에서도 웹 애플리케이션을 실행할 수 있다(12장).

웹 SQL 데이터베이스(Web SQL Database)

웹 브라우저가 실행되는 로컬 컴퓨터에 DB를 두고 표준 SQL로 활용할 수 있는 API이다.

인덱스 데이터베이스(Indexed Database API)

웹 브라우저가 실행되는 로컬 컴퓨터에 대용량의 데이터를 저장하고, 인덱스를 이용하여 검색하는 API이다. 이 기능으로 데이터를 다루는 광범위한 웹 애플리케이션을 구현할 수 있다.

파일 입출력(File I/O)

로컬 컴퓨터의 파일을 읽고 쓸 수 있는 API이다.

위치 정보 API(Geolocation API)

구글 맵이나 지도 앱을 이용하지 않고, 웹 브라우저 사용자의 위치를 알아내거나 사용자의 위치를 계속 추적하여 변경되는 위치를 알려주는 API이다(13장).

웹 워커(Web Worker)

백그라운드 작업을 만들 수 있는 API이다. 시간이 오래 걸리는 작업을 백그라운드 작업(자바스크립트 코드)으로 만들어 웹 브라우저의 사용자 인터페이스가 느려지지 않도록 할 수 있다(13장).

웹 소켓(Web Socket)

웹 브라우저에서 실행되는 웹 애플리케이션이 웹 서버에서 실행되는 응용프로그램과 직접 통신할 수 있도록 지원하는 API이다.

오프라인 웹 애플리케이션(Offline Web Application)

인터넷에 연결되지 않는 상황에서도 웹 애플리케이션이 정상적으로 실행될 수 있도록 지원하는 API로 애플리케이션 캐시와 데이터 캐시로 구성된다.

5. HTML5 웹 프로그래밍 개발 과정

HTML5 문서 편집

HTML5 문서의 편집기는 크게 2가지 종류로 나뉜다.

- 텍스트 편집기
- WYSIWYG(What You See Is What You Get) 편집기

주목
메모장으로 저장
할 때 저장 다이알
로그에서 인코딩을
UTF-8로 저장

HTML5 문서는 텍스트 파일이므로 메모장(notepad) 등 아무 텍스트 편집기나 사용하면 되고 UTF-8 형식의 .html 확장자로 저장하면 된다. 텍스트 편집기 중에는 에디트플러스(EditPlus), 이클립스(Eclipse), 서브라임 텍스트(Sublime Text) 등과 같이 HTML 태그와 속성, CSS 스타일, 자바스크립트 코드를 다른 색으로 보여 주어 HTML5 문서 작성을 쉽게 해주는 텍스트 편집기들도 있다. 그림 1-18은 서브라임 텍스트 편집기의 편집 사례를 보여준다.

WYSIWYG 편집기는 웹 브라우저에 의해 출력되는 모양을 함께 보면서 웹 페이지를 편집할 수 있는 편집기이다. 이런 종류의 편집기를 이용하면 HTML5에 관한 지식이 부족하여도 쉽게 웹 페이지를 만들 수 있다. Adobe의 드림위버(Dreamweaver), 커피컵(CoffeeCup), CKEditor 등의 편집기들이 이에 속한다.

그림 1-18 HTML5 문서 편집기, 서브라임 텍스트

크롬 브라우저 설치

이 책은 크롬을 웹 브라우저를 사용하므로 다음 사이트에서 크롬 브라우저를 다운 받아 설치하라.

```
https://www.google.co.kr/chrome
```

문서편집기(서브라임 텍스트) 설치

서브라임 텍스트(Sublime Text)를 사용하여 문서를 편집해보자. 서브라임 텍스트는 다음 사이트에서 다운받아 설치할 수 있다.

```
https://www.sublimetext.com
```

웹 페이지 작성

이제 웹 페이지를 작성해보자. 먼저 웹 페이지를 저장하기 위해 C:\web 폴더를 미리 만들어둔다. web 폴더를 만들었으면 그림 1-19와 같이 서브라임 텍스트를 실행하고 HTML 문서를 작성한다.

그림 1-19 서브라임 텍스트 실행 후 HTML 문서 작성

File/Save 메뉴를 선택하고 그림 1-20과 같이 미리 만들어둔 web 폴더에 hello.html 이름으로 저장한다. 서브라임 텍스트는 hello.html을 utf-8 코드로 자동 저장한다.

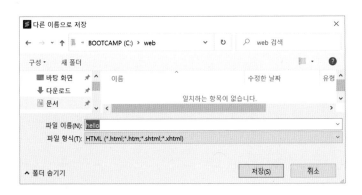

그림 1-20 C:\web\hello.html로 저장

저장 후, 서브라임 텍스트의 창은 그림 1-21과 같고, 탐색기를 열고 C:\web 폴더로 이동하면 그림1-22와 같이 hello.html 파일을 볼 수 있다.

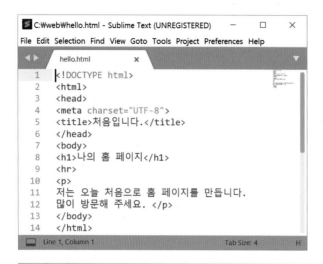

그림 1-21 C:\web\hello.html로 저장 후 서브라임텍스트 창

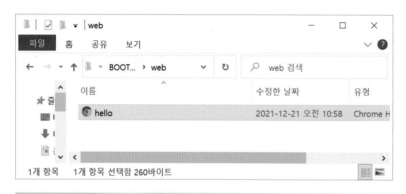

그림 1-22 C:\web 폴더에 hello.html 파일 저장됨

여기서, hello.html 파일을 클릭하면 그림 1-23과 같이 크롬 브라우저가 hello.html 파일을 출력한다.

그림 1-23 크롬 브라우저에서 hello.html 출력

검증(validation)

HTML5 페이지를 표준에 맞게 작성하는 것이 일차적으로 중요하다. 하지만 현재 웹 페이지의 HTML5 태그, CSS3, 자바스크립트 코드가 표준에 적합하게 작성되어 있는지 모두 검사하는 도구는 없어 각각 다른 도구로 검사가 이루어지고 있다.

- HTML5 태그 검사: https://validator.nu
- CSS3 스타일 시트 검사: http://www.css-validator.org/validator.html.ko
- 자바스크립트 코드 오류 검사: 자바스크립트 오류를 검사하는 도구는 현재 Eclipse, JSLint 등 몇 개뿐으로 알려져 있다.

디버깅

개발자들은 HTML 페이지 작성 과정에서 많은 오류 수정을 거치는데, 이 과정을 디버깅(debugging)이라고 부른다. 대부분의 웹 브라우저들은 HTML 페이지의 잘못 작성된 부분을 알려주거나, 자바스크립트 코드의 실행되는 과정을 보면서 디버깅할 수 있는 도구를 지원한다. 그중에서 크롬 브라우저가 HTML5 표준을 잘 준수하고 좋은 디버깅 도구를 제공한다고 알려져 있다.

크롬에서는 디버깅 도구를 '개발자 도구'라고 부르며, 그림 1-24와 같이 브라우저 바탕에 마우스 오른쪽 버튼을 누르고 '검사' 메뉴를 클릭하면 '개발자 도구'를 열 수 있다. 그림 1-25는 '개발자 도구'에서 'Sources' 메뉴를 선택하여 로드된 HTML 페이지의 소스를 보여준다.

개발자 도구

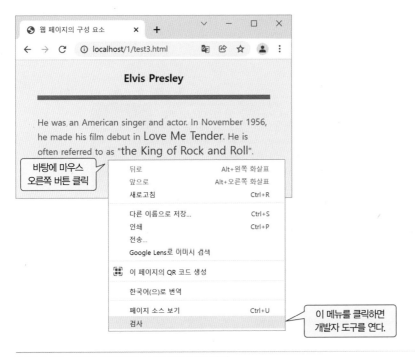

그림 1-24 크롬 브라우저에서 개발자 도구 열기

디버깅 과정을 간단히 알아보자. 라인 16은 'Elvis Presley'에 마우스를 올릴 때 엘비스 프레슬리의 이미지를 출력하는 코드이며, 라인 19는 마우스를 내리면 이미지를 감추는 코드이다.

그림 1-26과 같이 라인 19에 마우스를 클릭하여 break point(중단점)을 설정한다. 그리고 Elvis Presley 글자 위에 마우스를 올리고 내려, 중단점에 프로그램 실행을 멈추는지 확인하도록 하라. 개발자 도구는 독자들이 스스로 학습하기 바란다.

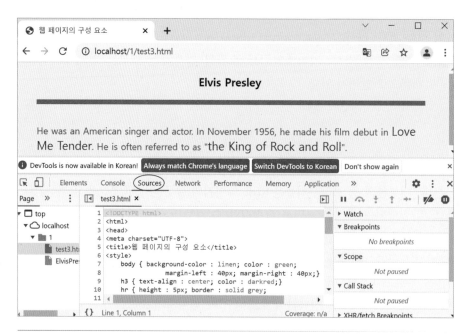

그림 1-25 크롬 브라우저의 개발자 도구에서 Sources 메뉴로 소스 보기

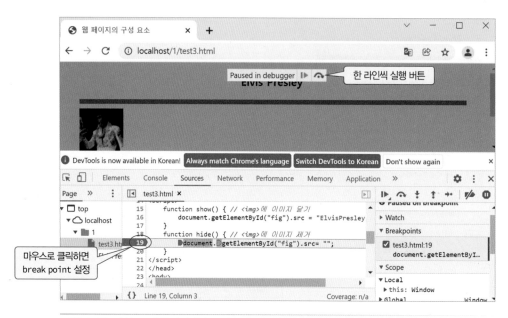

그림 1-26 라인 19의 중단점에서 브라우저의 실행을 멈춘 화면

Q 웹의 이름이 뜻하는 바가 무엇인가?

A 웹(web)은 사전적으로 거미줄이다. 거미줄처럼 연결된 인터넷에서 정보를 서로 교환한다는 뜻으로, 인터넷을 이용한 정보 교류 시스템이다. www(world wide web) 즉, 세상의 전체 컴퓨터를 연결하는 거미줄을 줄여 웹이라고 부른다.

Q 인터넷은 무엇이며 웹과 다른 것인가?

A 결론부터 말하면, 웹과 인터넷은 기본적으로 다르다. 인터넷은 고속도로망에, 웹은 고속도로망을 이용한 택배 서비스로 비유할 수 있다. 인터넷은 전 세계의 모든 컴퓨터가 220.1.8.19와 같이 IP 주소로 불리는 인터넷 주소를 가지고 상대에게 데이터를 전송할 수 있도록 만든 기본 통신망이다. 웹은 이 통신망 위에서 이루어지는 서비스 중 하나로, 웹 서버에 다수의 클라이언트 컴퓨터가 연결하여 상호 정보를 교류하는 시스템이다. 인터넷은 웹 이전부터 만들어진 데이터 통신의 기본 망이다.

Q 웹의 개념은 누가 세상에 내놓았는가?

A 유럽핵물리입자연구소(CERN)의 연구원인 팀 버너스리(Tim Berners-Lee)가 연구원들끼리 인터넷 상에서의 문서 공유 시스템으로 만든 것이다.

Q 일반인도 사용하기 쉽도록 최초로 만들어진 웹 브라우저는 무엇인가?

A 일반인도 사용하기 쉬운 GUI 웹 브라우저 Mosaic이 1993년에 최초로 등장하고, 1994년 넷스케이프(Netscape Navigator)로 이름을 바꾸어 대중에게 보급되었다.

Q 업계에서는 HTML5에 거는 기대가 크다. 기존의 HTML과 어떤 면에서 다른가?

A 기존에 HTML 페이지는 여러 사람들이 볼 수 있도록 웹 서버에 올려놓고 정보(문서)를 전달하는 것이 목적이었다. 이것에 대해 HTML5는 3가지 방식으로 변화를 주도한다. 첫째, 표준화된 시맨틱 태그를 삽입하여 HTML 문서가 구조화되도록 하고, 이를 통해 검색 엔진이 찾기 쉬운 웹 페이지를 만들게 한다. 둘째, 플러그인 없이 미디어를 재생할 수 있도록 하여 웹 페이지가 브라우저의 종류나 PC, 모바일 단말기 등 기기의 종류에 관계없이 작동하도록 표준화한다. 셋째, 웹 페이지를 웹 애플리케이션으로 만들 수 있도록 다양한 자바스크립트 API를 제공한다.

Q HTML5에서 웹 페이지는 어떻게 만들어야 하는가?

A 웹 페이지의 구조와 내용은 HTML5 태그로, 출력되는 모양은 CSS3 스타일 시트로 작성하고, 사용자 입력을 처리하거나 웹 애플리케이션을 작성하는 것은 자바스크립트로 나누어 만들어야 한다.

Q 웹 페이지가 잘 작성되었는지 검사하는 방법은 있는가?

A HTML5 태그와 CSS3 스타일 시트의 오류는 다음 사이트에서 각각 검사할 수 있다.

```
https://html5.validator.nu
http://www.css-validator.org/validator.html.ko
```

Open Challenge 01 | 자기 소개 HTML 페이지 만들기

본문의 그림 1-12, 1-13, 1-14를 참고하여 자신을 소개하는 HTML 페이지를 간단히 작성하라. 자기 이름 위에 마우스를 올리면 사진이 나타나도록 하라. 마우스를 내리면 사라진다. 난이도 3

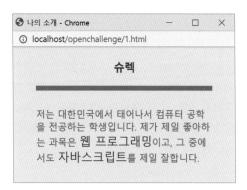

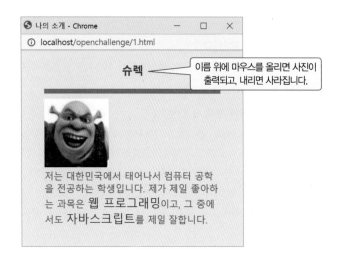

이름 위에 마우스를 올리면 사진이 출력되고, 내리면 사라집니다.

연습문제

이론문제

1. 인터넷에 대한 설명 중 맞는 것은?

   ① 인터넷은 PC를 통해서만 연결할 수 있다.
   ② 인터넷은 서버-클라이언트로 작동한다.
   ③ 인터넷에 연결되는 컴퓨터는 210.1.1.2와 같이 4개의 숫자로 구성되는 IP 주소를 가진다.
   ④ 인터넷은 컴퓨터가 개발될 당시부터 시작되었다.

2. 웹에 대한 설명 중 틀린 것은?

   ① 웹은 인터넷에서 여러 웹 서버와 웹 클라이언트들이 연결되는 정보 소통 세상이다.
   ② 키보드, 마우스, 모니터가 없는 웹 서버 컴퓨터는 없다.
   ③ 인터넷이 고속도로라면, 웹은 고속도로를 이용한 물류 서비스이다.
   ④ 웹의 개념을 처음으로 제안한 사람은 팀 버너스리(Tim Berners-Lee)이다.

3. 웹 브라우저들이 세상에 나온 순서를 시간 순으로 나열하라.

Netscape Navigator, Safari, WorldWideWeb, Opera, Internet Explorer, Chrome, Firefox

4. 처음으로 웹 브라우저를 만든 사람은?

   ① 팀 버너스리(Tim Berners-Lee)
   ② 빌 게이츠(Bill Gates)
   ③ 제임스 고슬링(James Gosling)
   ④ 스티브 잡스(Steve Jobs)

5. 최초로 만들어진 웹 브라우저의 이름은 무엇인가?

6. 웹 페이지를 작성할 때 다음 언어의 역할은 무엇인가?

   HTML _____
   CSS _____
   Javascript _____

7. hwp, doc, ppt 등의 전자 문서와 html 웹 문서의 차이점을 설명한 것 중 틀린 것은?

① 전자 문서는 여러 페이지를 하나의 파일에 저장하지만, 웹 문서는 페이지 별로 파일에 저장한다.
② 전자 문서는 전자 문서 파일 내에 텍스트와 이미지를 모두 저장하지만, 웹 문서의 경우 텍스트만 저장하고 이미지는 별도 파일에 저장한다.
③ 하이퍼링크 개념은 전자 문서에서 시작되었다.
④ 전자 문서는 일반적으로 전용 편집기를 이용하지만, 웹 문서는 아무 텍스트 편집기나 이용해도 된다.

8. 웹 브라우저에 다음과 같은 URL을 입력하였을 때, 웹 브라우저가 처리하는 과정을 설명하고자 한다. 다음 빈칸을 적절히 채워라.

```
http://www.univ.ac.kr/score.html
```

과정 1) 웹 브라우저는 ＿＿＿＿＿＿＿＿＿＿＿＿ 에 접속한다.
과정 2) 웹 브라우저는 ＿＿＿＿＿＿＿＿＿＿＿＿ 를 보내 줄 것을 웹 서버에 요청한다.
과정 3) 웹 브라우저는 받은 웹 페이지를 해독하여 화면에 출력한다.

9. 웹의 기본적인 성공 요인에 해당하지 않는 것은?

① HTML 문서는 만들기 쉽기 때문이다.
② 웹 서버는 웹 브라우저로부터 요청이 없을 때 연결을 끊어 다른 웹 브라우저의 요청을 처리하도록 효율적으로 동작하기 때문이다.
③ 웹 서버와 웹 브라우저 사이에 작업 분담이 잘되어 웹 서버의 부담이 적기 때문이다.
④ 웹 브라우저들이 저마다 플러그인을 만들어서 경쟁하기 때문이다.

10. HTML5가 출현하게 된 배경이 아닌 것은?

① HTML4가 지원하지 못하였던 이미지와 동영상을 지원할 필요가 있었다.
② 웹 브라우저 사이의 치열한 경쟁으로 플러그인 등 호환성이 없는 비표준 기술이 난립하였다.
③ 웹에 접근하는 기기들이 PC에서 스마트폰, 인터넷 TV 등으로 다양화되어, 어떤 기기에서도 작동하는 웹 페이지와 웹 애플리케이션의 새로운 표준이 필요하였다.
④ 웹 문서를 구조, 모양, 사용자 인터페이스로 명확히 분리하여 작성할 수 있도록 새로운 표준을 만들 필요가 있었다.

11. 음악을 연주하는 HTML5 문서에 대해 잘못 말한 것은?

① HTML5 표준을 따르는 모든 브라우저에서 연주된다.
② 음악 연주를 위한 특별한 플러그인이 필요 없다.
③ PC의 웹 브라우저에서 연주되도록 작성되었으면 스마트폰에서는 들을 수 없다.
④ 오디오 연주는 HTML5의 기본 기능이다.

1. 다음 HTML5 페이지는 HTML 태그에 2개, CSS에 1개의 간단한 오류를 포함하고 있다. https://html5.validator.nu/와 http://www.css-validator.org/validator.html.ko 사이트를 활용하여 오류를 수정하라.

```
<DOCTYPE html>
<html>
<head>
<meta charset="utf-8">
<title>오류를 찾으세요</title>
<style>
    h3 { text-align : center; color : darkred; }
    span { color = blue; font-size : 20px; }
</head>
<body>
<h3>Elvis Presley</h3>
He was an American singer and actor. In November 1956,
he is often referred to as "<span>the King of Rock and Roll</span>".
</body>
</html>
```

2. 다음 HTML5 페이지는 HTML 태그에 2개, CSS에 1개의 간단한 오류를 포함하고 있다. https://html5.validator.nu/와 http://www.css-validator.org/validator.html.ko 사이트를 활용하여 오류를 수정하라.

```
<!DOCTYPE html>
<html>
<body>
<meta charset="utf-8">
<title>오류를 찾으세요</title>
<style>
    h3 { text-align : center color : darkred; }
    span {color : blue; font-size : 20px; }
</style>
</head>
<body>
<h3>Elvis Presley</h>
He was an American singer and actor. In November 1956,
he is often referred to as "<span>the King of Rock and Roll</span>".
</body>
</html>
```

3. 본문에 있는 그림 1-13의 test2.html을 수정하여 다음과 같이 <span> 태그에 둘러싸인 글자색을 violet으로 수정하고 <hr> 태그에 의해 출력되는 수평선의 두께를 10px로 변경하라.

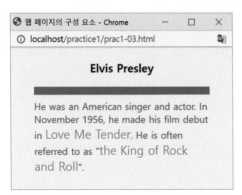

4. 본문에 있는 그림 1-14의 test3.html을 자세히 들여다보고 <span>Love Me Tender</span>에 의해 출력된 텍스트 위에 마우스를 올리면 엘비스 프레슬리의 사진 대신 자신의 사진이 출력되도록 수정하라. 사진 이미지는 test3.html 파일이 있는 폴더에 두면 된다.

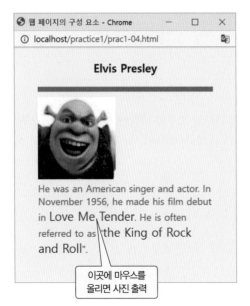

02

HTML5 기본 문서 만들기

02 | HTML5 기본 문서 만들기

1. HTML5 개요

HTML 페이지 기본

HTML(HyperText Markup Language)은 웹 문서를 작성하는 태그 언어이다. HTML 태그로 만든 문서를 HTML 문서라고 부르며, 이는 여러 페이지로 구성되는데 각 페이지를 웹 페이지 혹은 HTML 페이지라고 부른다. 웹 브라우저는 한 번에 하나의 HTML 페이지를 화면에 출력한다.

<!DOCTYPE>   HTML5에서 HTML 페이지는 다음과 같이 **<!DOCTYPE>** 선언과 주석문, 그리고 헤드 부분과 바디 부분으로 구성된다.

```
<!DOCTYPE html>
<!--이 부분은 주석문입니다. 웹 브라우저는 주석을 화면에 출력하지 않습니다.-->
<html>
    <head>
        문서 제목, 자바스크립트 코드, CSS 스타일 정의, 메타 데이터 정의
    </head>
    <body>
        문서의 본문 텍스트, 이미지, 테이블, 자바스크립트 코드, 동영상 등
    </body>
</html>
```

<html>, <head>, <title>, <body> 태그는 HTML5 문서의 필수 태그들이다.

<!DOCTYPE html>

<!DOCTYPE html>은 HTML5 문서임을 브라우저에 알리는 지시어로서 반드시 첫 줄에 나와야 한다. 이것은 HTML 태그가 아니며 소문자 doctype으로 써도 된다.

<!-- 주석문 -->

HTML 문서 내에 간단한 설명을 다는 주석문으로 브라우저에 의해 출력되지 않는다. 주석문은 페이지 내 아무 곳에나 만들 수 있다.

헤드 부분

<head></head>로 둘러싼 부분으로 문서의 제목, 본문을 설명하는 메타 태그들, 자바스크립트 코드와 CSS 스타일 시트 등을 포함하며 문서의 본문은 포함되지 않는다.

바디 부분

문서의 본문으로 <body></body>로 둘러싼다. 이곳은 자바스크립트 코드를 포함할 수 있다. 헤드와 바디 사이에는 아무것도 들어갈 수 없다.

HTML 태그

HTML 문서의 구성 원소는 태그들이다. 태그는 <html>, <head>, <title>, <h1>, <img>, <figure>, <object>, <footer>, <div> 등 100여 개가 있으며, 목적에 따라 적합한 태그로 문서를 작성한다.

태그 구성

태그는 그림 2-1과 같이 태그 이름과 여러 속성들(attribute)로 구성되며, 하나의 속성은 속성 이름과 값으로 구성된다. 그림 2-1은 heart.jpg 이미지를 100×50 크기로 문서에 포함하도록 <img> 태그를 사용하는 사례이다.

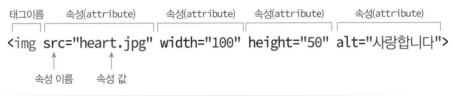

그림 2-1 HTML 태그 구성

시작 태그와 종료 태그

태그에 따라서는 <img> 태그처럼 종료 태그가 없는 경우도 있지만, 대부분의 경우 다음과 같이 시작 태그와 종료 태그로 구성된다.

```
<html> ... </html>
<title>문서의 제목입니다</title>
<body> ... </body>
```

이 경우 종료 태그가 생략되면 오류로 처리되어 정상적으로 화면에 출력되지 않는다. 종료 태그가 없어도 출력되는 경우가 종종 있지만 종료 태그를 붙이는 습관을 들이는 것이 좋다.

태그와 속성은 대소문자 구분 없음

태그와 속성은 대소문자를 구분하지 않는다. 다음 예는 정상적인 코드이다.

```
<HTML> ... </html>
<img Src="heart.jpg" width="100" height="50" alt="사랑합니다">
```

> HTML이나 html은 동일
> Src는 src와 동일

속성 값에 불필요한 공백 문자가 들어가면 HTML5 표준에 어긋남

속성 값에 불필요한 빈칸을 작성하는 오류를 범하는 경우가 있다. 예를 들면 다음 코드에서 100 앞에 빈칸이 들어 있는 경우이다.

```
<img Src="heart.jpg" width=" 100" height="50" alt="사랑합니다">
```

이런 경우 HTML5 표준에 어긋나며 브라우저에 따라서는 오류로 처리된다.

잠깐! 속성 값은 반드시 이중 인용 부호("")로 묶어야 하는가?

HTML5에서 속성 값은 반드시 이중 인용 부호로 묶을 필요는 없다. 다음과 같이 단일 인용 부호를 사용해도 되고, 인용 부호를 사용하지 않아도 된다.

```
<img src=heart.jpg> <img src='heart.jpg'> <img src="heart.jpg">
```

다만, 다음과 같이 속성 값에 빈칸이 들어가는 경우 반드시 인용 부호를 사용해야 한다.

```
<div src="images/video images/funny.jpg">
```

단일 인용 부호를 사용하든 이중 인용 부호를 사용하든 일관성이 중요하다. 저자는 이중 인용 부호를 사용할 것을 강력히 권한다. 참고로 XHTML과 XML에서는 이중 인용 부호를 사용한다.

---

2. HTML 기본 문서 만들기

타이틀 달기, 〈title〉

HTML 페이지의 타이틀은 페이지의 제목으로, 브라우저의 타이틀 바에 출력된다. 타이틀은 〈title〉 태그를 이용하며 〈head〉 내에서만 작성되어야 한다.

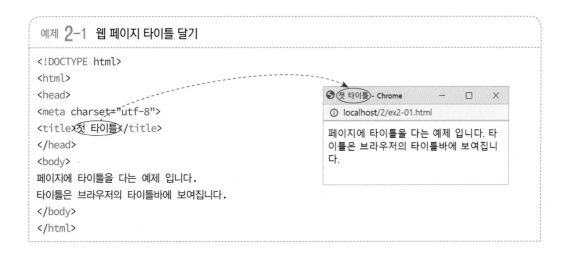

```
<!DOCTYPE html>
<html>
<head>
<meta charset="utf-8">
<title>첫 타이틀</title>
</head>
<body>
페이지에 타이틀을 다는 예제 입니다.
타이틀은 브라우저의 타이틀바에 보여집니다.
</body>
</html>
```

문단 제목(장, 절, 소제목 등) 달기, ⟨h1⟩, ⟨h6⟩

일반적으로 보고서 등의 문서는 장, 절, 문단 등으로 구조화하고, 알아보기 쉽도록 장이나 절의 제목 크기를 달리한다. HTML은 <h1>, <h2>, ..., <h6>의 6개의 태그를 제공하여 문단에 제목을 붙일 수 있도록 한다.

h는 제목을 뜻하는 heading의 줄임말이며, <h1>이 가장 큰 제목이고 <h6>가 가장 작은 제목이다. <hn> 태그에 의해 출력되는 제목의 글자 크기는 브라우저가 결정하며, CSS 스타일 시트를 이용하여 개발자가 변경할 수 있다.

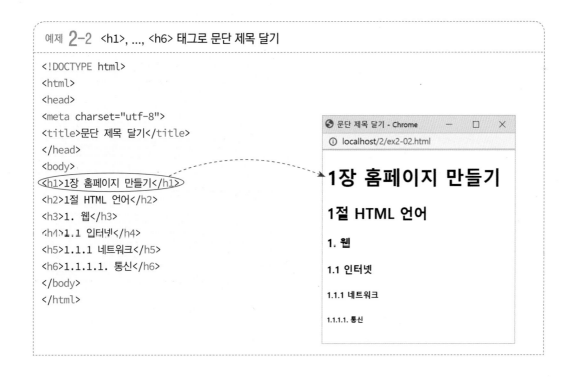

```
<!DOCTYPE html>
<html>
<head>
<meta charset="utf-8">
<title>문단 제목 달기</title>
</head>
<body>
<h1>1장 홈페이지 만들기</h1>
<h2>1절 HTML 언어</h2>
<h3>1. 웹</h3>
<h4>1.1 인터넷</h4>
<h5>1.1.1 네트워크</h5>
<h6>1.1.1.1. 통신</h6>
</body>
</html>
```

툴팁 달기, title 속성

페이지의 본문에 마우스가 올라갈 때 설명문(툴팁)이 출력되게 할 수 있다. 툴팁(tooltip) 문자열은 태그의 title 속성에 지정하며 모든 태그는 title 속성을 가진다.

```
<h1 title="h1태그로 작성하였습니다.">1장 홈페이지</h1>
```

예제 2-3 title 속성으로 툴팁 달기

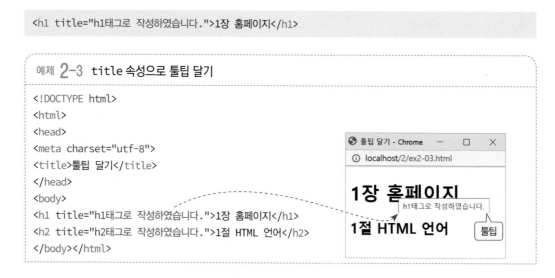

```
<!DOCTYPE html>
<html>
<head>
<meta charset="utf-8">
<title>툴팁 달기</title>
</head>
<body>
<h1 title="h1태그로 작성하였습니다.">1장 홈페이지</h1>
<h2 title="h2태그로 작성하였습니다.">1절 HTML 언어</h2>
</body></html>
```

단락 나누기, ⟨p⟩

HTML에서 문단은 여러 단락(paragraph)으로 나눌 수 있으며 하나의 단락은 <p> 태그로 표현한다. CSS 스타일을 사용하면 단락 단위로 내어쓰기, 들여쓰기를 제어할 수 있다. <p> 태그는 문단을 표현하기 때문에 </p>로 끝나는 문단 다음에는 자동으로 빈 줄이 생긴다.

예제 2-4 <p>로 단락 나누기

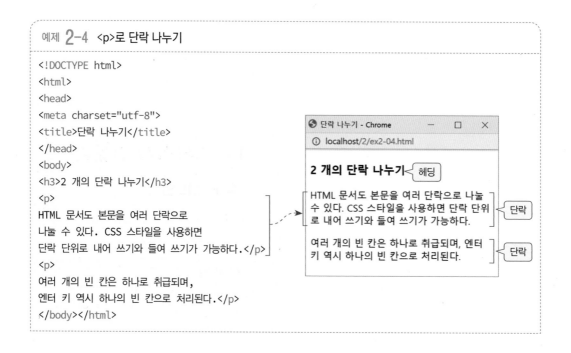

```
<!DOCTYPE html>
<html>
<head>
<meta charset="utf-8">
<title>단락 나누기</title>
</head>
<body>
<h3>2 개의 단락 나누기</h3>
<p>
HTML 문서도 본문을 여러 단락으로
나눌 수 있다. CSS 스타일을 사용하면
단락 단위로 내어 쓰기와 들여 쓰기가 가능하다.</p>
<p>
여러 개의 빈 칸은 하나로 취급되며,
엔터 키 역시 하나의 빈 칸으로 처리된다.</p>
</body></html>
```

수평선 긋기, 〈hr〉

문단 내에서 내용의 전환이 필요한 곳에 수평선을 삽입하여 시각적 효과를 만들 수 있다. 수평선은 <hr> 태그를 사용한다. <hr> 태그는 종료 태그가 없다.

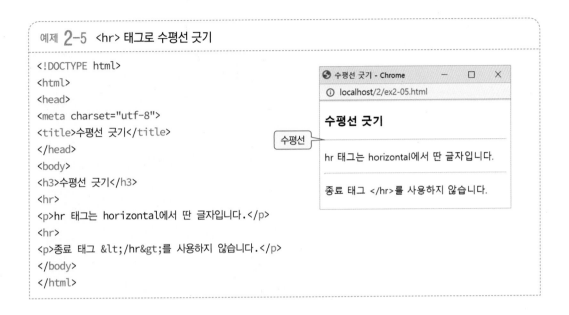

예제 2-5 <hr> 태그로 수평선 긋기

```
<!DOCTYPE html>
<html>
<head>
<meta charset="utf-8">
<title>수평선 긋기</title>
</head>
<body>
<h3>수평선 긋기</h3>
<hr>
<p>hr 태그는 horizontal에서 딴 글자입니다.</p>
<hr>
<p>종료 태그 &lt;/hr&gt;를 사용하지 않습니다.</p>
</body>
</html>
```

새로운 줄로 넘어가기, 〈br〉

HTML 페이지에 <Enter> 키를 여러 개 입력해도 한 개의 빈칸으로 처리되어 다음 줄로 넘어가지 않는다. 새로운 줄로 넘기고자 하면
 태그를 사용해야 한다.

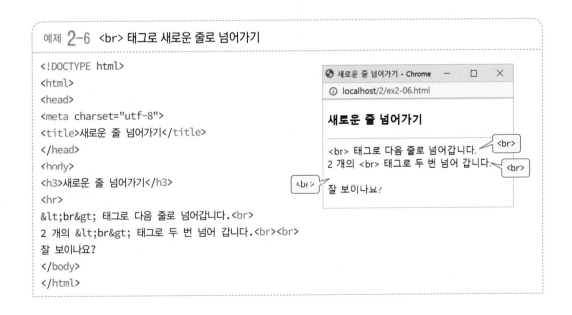

예제 2-6
 태그로 새로운 줄로 넘어가기

```
<!DOCTYPE html>
<html>
<head>
<meta charset="utf-8">
<title>새로운 줄 넘어가기</title>
</head>
<body>
<h3>새로운 줄 넘어가기</h3>
<hr>
&lt;br&gt; 태그로 다음 줄로 넘어갑니다.<br>
2 개의 &lt;br&gt; 태그로 두 번 넘어 갑니다.<br><br>
잘 보이나요?
</body>
</html>
```

문자, 기호, 심볼 입력

UTF-8
HTML 문서에서 문자들은 유니코드 **UTF-8** 코드체계로 작성되는 것이 표준이므로 html 파일을 저장할 때 UTF-8 코드체계로 저장한다(메모장에서는 저장 다이얼로그의 하단부에 인코딩을 UTF-8로 지정). UTF-8은 현재 가장 다양한 종류의 문자, 기호, 심볼을 표현할 수 있는 코드 체계이다. 키보드만 허락된다면, 웹 개발자는 한글, 영어, 일어 등 어떤 나라의 문자라도 표현할 수 있다.

하지만 '<'나 '>'와 같이 HTML 언어에서 예약어로 사용하고 있는 문자나, Σ, ∞ 등 키보드로 입력할 수 없는 기호, 심볼, 글자들은 다음 두 방법으로 입력할 수 있다.

```
&엔터티; 혹은 &#코드값;
```

엔터티
코드
표 2-1은 HTML5의 몇 가지 기호에 대한 **엔터티**와 **코드**를 보여주며, 예를 들면 다음과 같다.

```
<    →   &lt;    혹은 &#60;
©    →   &copy;  혹은 &#169;
Σ    →   &sum;   혹은 &#8721;
```

엔터티나 코드를 사용하여 기호나 심볼을 포함하는 텍스트를 만든 사례를 보면 다음과 같다.

```
2 < 3   →   2 &lt; 3
10 ÷ 2  →   10 &divide; 2
y = Σx  →   y = &sum;x
```

브라우저는 HTML 페이지에 있는 연속된 여러 개의 빈칸을 한 개의 빈칸으로 처리하므로, 빈칸을 강제로 삽입하고자 하면   엔터티를 삽입하면 된다. 예제 2-7을 참고하라.

웹 개발자들이 엔터티 이름이나 코드 값을 모두 기억할 수 없는 것은 당연하다. 이 책의 홈페이지 www.webprogramming.co.kr을 방문하여 support/Link 메뉴를 열면 2장에서 엔터티를 볼 수 있는 링크(http://dev.w3.org/html5/html-author/charref)가 있다.

표 2-1 문자나 기호의 엔터티와 코드 표현 사례

문자	엔터티표현	코드표현	문자	엔터티표현	코드표현
"	&quot;	&#34;	£	&pound;	&#163;
'	&apos;	&#39;	√	&radic;	&#8730;
<	&lt;	&#60;	∞	&infin;	&#8734;
>	&gt;	&#62;	↑	&uarr;	&#8593;
&	&amp;	&#38;	÷	&divide;	&#247;
빈칸			Σ	&sum;	&#8721;

예제 2-7 특수 문자, 기호, 심볼 삽입

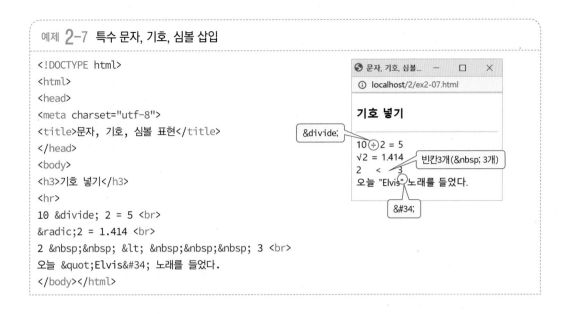

```
<!DOCTYPE html>
<html>
<head>
<meta charset="utf-8">
<title>문자, 기호, 심볼 표현</title>
</head>
<body>
<h3>기호 넣기</h3>
<hr>
10 &divide; 2 = 5 <br>
&radic;2 = 1.414 <br>
2    &lt;     3 <br>
오늘 &quot;Elvis&#34; 노래를 들었다.
</body></html>
```

개발자 포맷 그대로 출력하기, 〈pre〉

브라우저는 개발자가 HTML 문서의 모양을 포맷하기 위해 삽입한 여러 개의 빈칸(' ', 탭)이나
<Enter>를 모두 하나의 빈칸으로 처리하므로, 개발자가 의도한 모양대로 출력되지 않는다. 이때
<pre></pre>로 둘러싸면 개발자가 입력한 포맷 그대로 출력된다.

예제 2-8 〈pre〉 태그로 개발자의 포맷 그대로 출력

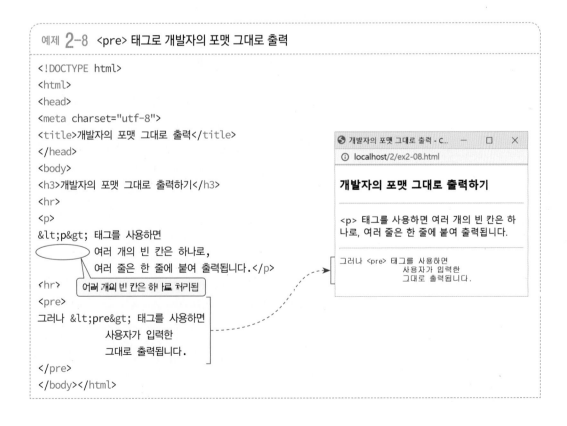

```
<!DOCTYPE html>
<html>
<head>
<meta charset="utf-8">
<title>개발자의 포맷 그대로 출력</title>
</head>
<body>
<h3>개발자의 포맷 그대로 출력하기</h3>
<hr>
<p>
&lt;p&gt; 태그를 사용하면
           여러 개의 빈 칸은 하나로,
           여러 줄은 한 줄에 붙여 출력됩니다.</p>
<hr>
<pre>
그러나 &lt;pre&gt; 태그를 사용하면
           사용자가 입력한
           그대로 출력됩니다.
</pre>
</body></html>
```

텍스트 꾸미기

HTML은 강조하는 단어이거나, 삭제 문자를 뜻하거나, 아래 첨자나 위 첨자임을 표시하는 등 텍스트에 의미를 부여할 수 있다. 예를 들어 <strong>텍스트</strong>은 텍스트를 문서에서 강조하고 있음을 나타낸다. 이탤릭체로 출력하든, 굵게 출력하든 빨간색으로 출력하든 <strong>으로 꾸며진 텍스트의 출력 모양은 브라우저가 결정한다. 예제 2-9는 텍스트를 꾸미는 다양한 태그 사례를 보여준다.

예제 **2-9** 텍스트 꾸미기

```
<!DOCTYPE html>
<html>
<head>
<meta charset="utf-8">
<title>텍스트 꾸미기</title>
</head>
<body>
<h3>텍스트 꾸미기</h3>
<hr>
<p>
<b>진하게</b><br>
<strong>중요한</strong><br>
<em>강조</em><br>
<i>이탤릭으로 강조</i><br>
<b><i>진하게 이탤릭으로 강조</i></b><br>
보통 문자 <small>한 단계 작은 문자</small><br>
<del>삭제</del><br>
<ins>추가</ins><br>
보통문자의 <sup>윗첨자</sup><br>
보통문자의 <sub>아래첨자</sub><br>
<mark>하이라이팅</mark><br>
</p>
</body></html>
```

블록 태그와 인라인 태그

HTML 태그들은 블록 태그(block)와 인라인(inline) 태그로 나뉜다.

```
블록 태그 사례 : <p>, <h1>, <div>, <ul>
인라인 태그 사례 : <strong>, <a>, <img>, <span>
```

블록 태그는 항상 새 라인에서 시작하고 브라우저의 왼쪽 끝에서 오른쪽 끝까지 블록 공간을 차지한다. 반대로 인라인 태그는 블록에 삽입되어 블록 콘텐트의 일부를 표현하는 데 이용된다. 자세한 것은 5장 1절을 참고하라.

많이 사용하는 블록 태그, `<div>`

`<div>`는 `<p>`와 함께 블록을 구성하기 위해 가장 많이 사용된다. `<p>` 태그는 문단을 만들기 위해 사용되지만, `<div>`는 특별한 의미 없이 여러 HTML 태그들을 블록으로 묶는 컨테이너로 이용된다. 예를 들어 `<div>` 블록 전체에 동일한 CSS 스타일을 적용하거나 자바스크립트로 블록을 하나의 단위처럼 다루고자 할 때이다.

많이 사용하는 인라인 태그, `<span>`

`<span>` 태그는 텍스트 일부분에 특별한 모양을 주거나, 자바스크립트 코드로 텍스트 일부분을 제어하고자 할 때 사용한다.

예제 **2-10** `<div>` 블록과 `<span>` 인라인

```
<!DOCTYPE html>
<html>
<head>
<meta charset="utf-8">
<title>&lt;div&gt;블록과 &lt;span&gt;인라인</title>
</head>
<body>
<h3>사랑</h3>
<hr>
<div style="background-color:skyblue;padding:20px;">
내가 사람의 방언과 천사의 말을 할지라도
<span style="color:red">사랑</span>이 없으면
소리 나는 구리와 울리는 꽹과리가 되고,
<span style="color:red">사랑</span>이 없으면 아무
것도 아니라.
</div>
<p>~우리 서로 사랑하며 살아요~</p>
</body>
</html>
```

배경색을 파란색으로 꾸미는 CSS3 스타일

HTML 메타 데이터 삽입

메타 데이터란 데이터를 설명하는 데이터이다. 예를 들어, 사진의 경우 찍은 장소와 시간 데이터가 메타 데이터이고, WAV, MP3 등 오디오 파일의 경우 재생 시간, 채널 수가 메타 데이터이며, JPEG, BMP 등 이미지 파일의 경우, 이미지 폭과 높이, 컬러 해상도 정보가 메타 데이터이다.

메타 데이터

  HTML에서도 다음과 같이 HTML 페이지에 대한 메타 정보를 표현하는 여러 태그들을 두고 있다.

`<base>`, `<link>`, `<script>`, `<style>`, `<title>`, `<meta>`

<style>은 HTML 페이지에 CSS 스타일 시트를 담는 태그로서 4장에서 설명하며, <script>는 자바스크립트 코드를 담는 태그로서 6장에서 설명하고 HTML 페이지에 다른 자원을 연결하는 태그로서 <link> 태그는 4장에서 다시 설명한다.

웹 페이지의 베이스 URL, <base>

<base> 태그는 웹 페이지들이 담겨 있는 기본 URL과 웹 페이지가 출력될 윈도우를 지정하기 위해 사용된다. 예를 들어 math.html과 science.html 웹 페이지가 http://www.mysite.com/score/에 저장되어 있다면 <base> 태그의 href를 이용하여 베이스 URL을 다음과 같이 지정한다.

```
<head>
    <base href="http://www.mysite.com/score/">
</head>
```

그리고 웹 페이지에 대한 경로는 다음과 같이 간단히 파일 이름만 명시하면 된다. 웹 페이지의 실제 경로명은 <base> 태그의 href 속성에 지정된 '베이스 URL'에 대한 상대 경로명으로 해석되기 때문이다.

```
<a href="math.html">수학</a>
<a href="science.html">과학</a>
```

> 브라우저는 math.html을
> http://www.mysite.com/score/math.html로
> 처리한다.

또한 <base> 태그에서 target 속성을 이용하여 웹 페이지가 출력될 윈도우를 지정하기도 한다. target 속성은 5절에서 자세히 설명한다. <base> 태그는 <head> 태그 내에서만 사용되며 한 번만 허용된다.

메타 데이터, <meta>

name
content

<meta> 태그는 웹 페이지의 저작자, 문자 인코딩 방식, 문서 내용 등 다양한 메타 데이터를 표현하기 위해 사용된다. 메타 데이터는 **name**과 **content**의 속성 쌍으로 구성된다. 예를 들어 보자.

- 웹 페이지의 저작자가 "황기태"임을 표기하는 사례

```
<meta name="author" content="황기태">
```

- 웹 페이지의 내용 설명

```
<meta name="description" content="입학 요령에 대한 자세한 사항">
```

- 웹 페이지의 키워드(검색 엔진에 의해 잘 발견되도록 하기 위함)

```
<meta name="keywords" content="컴퓨터, 소프트웨어, 스마트폰">
```

또한 다음 charset 속성으로 웹 페이지에 사용된 문자의 인코딩 방식을 지정할 수 있다.

```
<meta charset="utf-8">
```

HTML5에서는 utf-8이 디폴트이므로 이 `<meta>` 태그는 생략해도 되지만 다양한 브라우저 환경에서 utf-8로 처리하기 위해 두는 것이 좋다. (물론 HTML 파일, CSS 파일, 자바스크립트 파일 모두 utf-8로 저장되어 있어야 한다.)

3. 고급 문서 만들기

지금까지 기초적인 HTML 문서를 만드는 방법을 다루었다. 이 절에서는 이미지, 리스트, 테이블 등을 만드는 고급 기능을 알아본다.

이미지 삽입, ⟨img⟩

`<img>` 태그를 이용하면 HTML 문서에 이미지를 삽입할 수 있다. 표 2-2는 `<img>` 태그의 속성들을 보여주며 src 속성으로 지정할 수 있는 이미지 종류는 다음과 같다.

```
BMP, GIF, PNG, JPG(JPEG), animated-GIF
```

src 속성에 다른 웹 사이트의 이미지 주소를 주어 다른 웹 사이트의 이미지를 출력할 수도 있다. 예제 2-11을 통해 확인하라.

표 2-2 `<img>` 태그

```
<img    src="이미지 파일의 URL"
        alt="문자열"
        width="이미지 폭"
        height="이미지 높이">
```

- src : 이미지 파일의 URL. 필수 속성.
- alt : 이미지가 없거나 손상되는 등 이미지를 출력할 수 없는 경우 출력되는 문자열. 필수 속성.
- width : 이미지가 출력되는 너비로, 생략되면 원본 이미지의 폭. 픽셀 수.
- height : 이미지를 출력되는 높이로, 생략되면 원본 이미지의 너비. 픽셀 수.

태그 속성을 잘못 사용하면, 혼란을 낳을 수 있다. 다음과 같이 <img> 태그의 src에는 호랑이 사진(tiger.jpg)을, alt에는 '사자 사진'으로 작성한 경우를 보자.

```
<img src="tiger.jpg" alt="사자 사진">
```

이때, 검색 사이트에서 '사자 사진'을 검색하면, 검색 엔진은 이 웹 페이지에서 alt 속성에 적힌 '사자 사진'을 발견하고 tiger.jpg를 검색 결과로 반환할 것이다. 하지만 이것은 잘못된 검색 결과를 초래한다.

예제 2-11 <img> 태그로 이미지 삽입

<img>로 이미지를 출력하는 세 가지 경우를 보여준다. 엘비스의 사진을 150×200 크기로 출력한 경우, 'kitae.jpg'가 없을 때 alt에 지정된 텍스트가 출력된 경우, 카카오 웹 사이트의 이미지를 출력한 경우 등이다.

```html
<!DOCTYPE html>
<html>
<head>
<meta charset="utf-8">
<title>이미지 삽입</title>
</head>
<body>
<h3>이미지 삽입</h3>
<hr>
<p> 엘비스 프레슬리의 사진입니다.</p>
<img src="media/Elvis1.jpg" width="150"
     height="200" alt="Elvis">
<img src="media/kitae.jpg" width="80"
     height="100" alt="황기태사진없음">
<img src="https://t1.kakaocdn.net/kakaocorp/
     kakaocorp/admin/service/453a624d017900001.png"
     alt="사진 주소 변경됨" width="100"
     height="100">
</body>
</html>
```

150×200 크기로 출력

사진이 없는 경우 alt에 지정된 텍스트 출력

카카오 사이트의 주소로 연결한 이미지

리스트 만들기, ⟨ol⟩, ⟨ul⟩, ⟨dl⟩

리스트는 데이터를 나열할 때 사용되며 종류는 다음 3가지이다.

- 순서 있는 리스트(ordered list) – <ol></ol>
- 순서 없는 리스트(unordered list) – <ul></ul>
- 정의 리스트(definition list) – <dl></dl>

리스트의 각 아이템은 `<li>` 태그를 사용하며 `</li>`는 생략할 수 있다. `<ol>`, `<ul>`, `<li>` 태그의 사용법은 표 2-3, 2-4, 2-5와 같다. 아이템에는 예제 2-12의 결과에 보이는 바와 같이 A, B, C, D 등 아이템을 나타내는 마커(marker)가 출력된다.

마커(marker)

표 2-3 `<ol>` 태그

```
<ol type = "1"|"A"|"a"|"I"|"i"|
    start = "value">
    <li>아이템</li>
    <li>아이템</li>
</ol>
```
> type, start 속성 대신 CSS3 스타일을 사용할 것을 권함

- type : 마커 종류
         type="1" (디폴트) 1, 2, 3, ...
         type="A" A, B, C, ...
         type="a" a, b, c, ...
         type="I" I, II, III, ...
         type="i" i, ii, iii, ...
- start : 마커의 시작 값
         예) start="5"   5, 6, 7, ... (5부터 시작)
> start 속성은 숫자에 대해서만 적용

표 2-4 `<ul>` 태그

```
<ul>
    <li>아이템</li>
    <li>아이템</li>
</ul>
```

표 2-5 `<li>` 태그

```
<li type = "1"|"A"|"a"|"I"|"i">아이템</li>
```
- type : 마커 종류. `<ol>` 태그에 대해서만 유효

잠깐! 리스트와 아이템 꾸미기

HTML5에서는 리스트나 아이템을 꾸미는 모든 작업은 CSS3 스타일로 작성하도록 하고 있다. 5장에서는 CSS3를 이용하여 리스트 색 꾸미기, 아이템의 마커 꾸미기 등 자세한 내용을 소개한다.

<ol>과 <ul>

<ol>은 라면을 끓이는 법과 같이 순서가 있는 각 과정을 나열할 때 사용하며, <ul>은 순서 없이 아이템을 나열할 때 사용한다. 예제 2-12는 <ol> 태그를, 예제 2-13은 <ul> 태그를 사용하는 웹 페이지 사례를 보여준다.

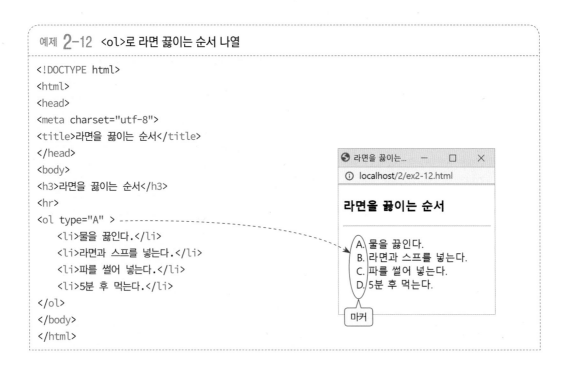

예제 **2-12** <ol>로 라면 끓이는 순서 나열

```
<!DOCTYPE html>
<html>
<head>
<meta charset="utf-8">
<title>라면을 끓이는 순서</title>
</head>
<body>
<h3>라면을 끓이는 순서</h3>
<hr>
<ol type="A" >
    <li>물을 끓인다.</li>
    <li>라면과 스프를 넣는다.</li>
    <li>파를 썰어 넣는다.</li>
    <li>5분 후 먹는다.</li>
</ol>
</body>
</html>
```

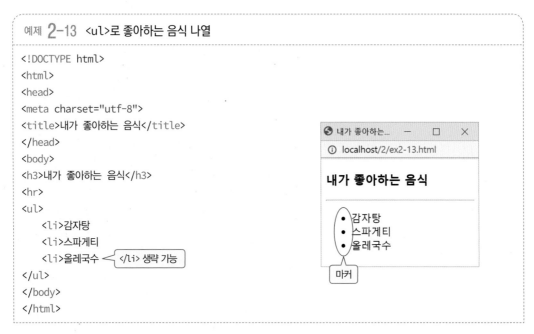

예제 **2-13** <ul>로 좋아하는 음식 나열

```
<!DOCTYPE html>
<html>
<head>
<meta charset="utf-8">
<title>내가 좋아하는 음식</title>
</head>
<body>
<h3>내가 좋아하는 음식</h3>
<hr>
<ul>
    <li>감자탕
    <li>스파게티
    <li>올레국수
</ul>
</body>
</html>
```

중첩 리스트 만들기

리스트 안에 다른 리스트를 중첩할 수 있다. 예제 2-14는 중첩 리스트를 만든 사례를 보여준다.

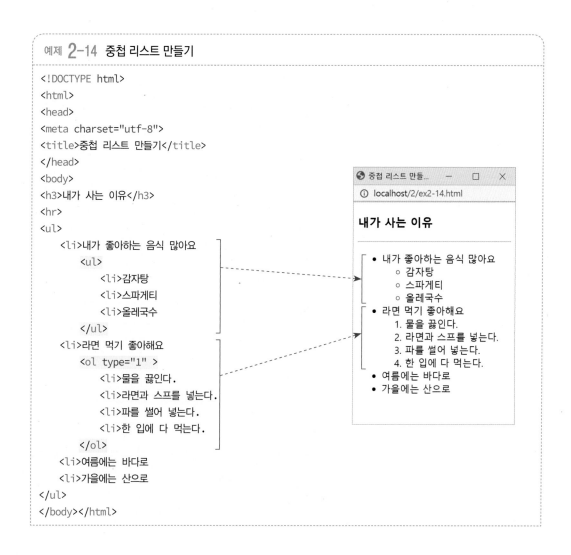

예제 **2-14** 중첩 리스트 만들기

```
<!DOCTYPE html>
<html>
<head>
<meta charset="utf-8">
<title>중첩 리스트 만들기</title>
</head>
<body>
<h3>내가 사는 이유</h3>
<hr>
<ul>
    <li>내가 좋아하는 음식 많아요
        <ul>
            <li>감자탕
            <li>스파게티
            <li>올레국수
        </ul>
    <li>라면 먹기 좋아해요
        <ol type="1" >
            <li>물을 끓인다.
            <li>라면과 스프를 넣는다.
            <li>파를 썰어 넣는다.
            <li>한 입에 다 먹는다.
        </ol>
    <li>여름에는 바다로
    <li>가을에는 산으로
</ul>
</body></html>
```

정의 리스트 만들기

정의 리스트는 (용어, 설명)을 하나의 아이템으로 나열하는 리스트이다. 정의 리스트 전체는 <dl>을 사용하며, 각 아이템에서 용어는 <dt>로, 설명은 <dd>로 표현한다.

```
<dl>
    <dt>용어</dt>
    <dd>설명</dd>
</dl>
```

</dt>와 </dd> 모두 생략할 수 있다.

예제 **2-15** 정의 리스트 만들기

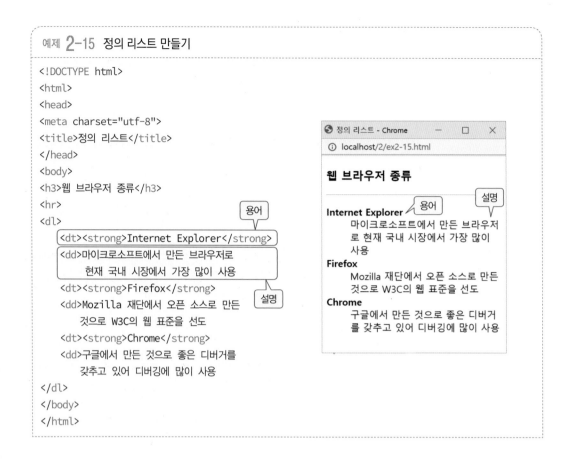

표 만들기, ⟨table⟩

HTML5에서 그림 2-2의 태그들을 함께 이용하여 표를 작성할 수 있으며, 그림 2-2는 표를 작성한 사례와 표를 구성하는 각 요소를 대비하여 보여준다. 표 전체는 ⟨table⟩ … ⟨/table⟩로 감싸며 이곳에 표제목, 헤드, 바디, 바닥을 모두 포함한다.

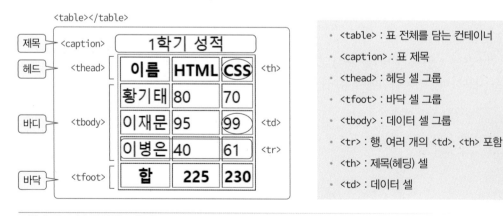

* ⟨table⟩ : 표 전체를 담는 컨테이너
* ⟨caption⟩ : 표 제목
* ⟨thead⟩ : 헤딩 셀 그룹
* ⟨tfoot⟩ : 바닥 셀 그룹
* ⟨tbody⟩ : 데이터 셀 그룹
* ⟨tr⟩ : 행. 여러 개의 ⟨td⟩, ⟨th⟩ 포함
* ⟨th⟩ : 제목(헤딩) 셀
* ⟨td⟩ : 데이터 셀

그림 2-2 표를 구성하는 태그들

표 전체 구성

표는 그림 2-2에 보이듯이 제목, 헤드, 바디, 바닥으로 구성되며, 전형적인 모양은 다음과 같다.

```
<table>
    <caption>표제목</caption>
    <thead> ... </thead>
    <tfoot> ... </tfoot>
    <tbody> ... </tbody>
</table>
```

<caption>은 표의 제목을 나타내는 태그로 <table>에 반드시 첫 번째로 작성되어야 한다.

행과 열 만들기

표는 <tr> 태그를 이용하여 행 단위로 표현하며, 헤딩(제목) 정보를 가진 셀은 <th>로, 데이터 정보 셀은 <td>로 표현한다. 그림 2-2 표의 일부분을 구현한 예를 들면 다음과 같다. <thead>, <tbody>, <tfoot>에는 여러 개의 <tr> 태그로 여러 행을 만들 수 있다.

```
<thead>
    <tr><th>이름</th><th>HTML</th><th>CSS</th></tr>
</thead>
<tbody>
    <tr><td>황기태</td><td>80</td><td>70</td></tr>
    <tr>...</tr>
</tbody>
```

잠깐! 비정형 표 만들기 ◦

다음과 같이 여러 셀이 합쳐진 모양의 표를 만드는 방법은 홈페이지에서 다운로드하기 바란다.

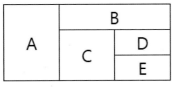

잠깐! 표 만들 때 팁 ◦

<caption>, <thead>, <tbody>, <tfoot> 태그를 사용하지 않고 <tr>로만 표를 만드는 경우가 있는데 바람직하지 않다. 왜냐하면 검색 엔진은 표의 의미(시맨틱)를 파악하기 위해, <caption>, <thead>, <tbody>, <tfoot> 태그를 찾기 때문이다. 또한 <tfoot>은 <tbody> 전에 나오는 것이 좋다. 웹 페이지가 프린트될 때 <tbody>에 들어 있는 내용이 길어 여러 페이지에 걸쳐지게 될 때, 헤드와 바닥을 각 페이지마다 위아래에 출력하기 위함이다.

예제 2-16 기본 표 만들기

```
<!DOCTYPE html>
<html>
<head>
<meta charset="utf-8">
<title>기본 테이블 만들기</title>
</head>
<body>
<h3>기본 구조를 가진 표</h3>
<hr>
<table border="1">
    <caption>2017년 1학기 성적</caption>
    <thead>
        <tr><th>이름</th><th>HTML</th><th>CSS</th></tr>
    </thead>
    <tfoot>
        <tr><th>합</th><th>225</th><th>230</th></tr>
    </tfoot>
    <tbody>
        <tr><td>황기태</td><td>80</td><td>70</td></tr>
        <tr><td>이재문</td><td>95</td><td>99</td></tr>
        <tr><td>이병은</td><td>40</td><td>61</td></tr>
    </tbody>
</table>
</body></html>
```

1픽셀 테두리. CSS3로 나타내는 것이 바람직함(5장 3절)

예제 2-17 이미지를 가지는 표 만들기

3개의 셀에 각각 이미지를 삽입한 표를 작성하라. 테두리 굵기를 0으로 하여 테두리가 보이지 않게 하라.

```
<!DOCTYPE html>
<html>
<head>
<meta charset="utf-8">
<title>표에 이미지 삽입</title>
</head>
<body>
<h3>표에 이미지 삽입</h3>
<hr>
<table>
    <caption>좋아하는 과일</caption>
    <tbody>
        <tr>
            <td><img src="media/apple.jpg"></td>
            <td><img src="media/banana.jpg"></td>
            <td><img src="media/mango.jpg"></td>
        </tr>
    </tbody>
</table>
</body></html>
```

디폴트 굵기(0)로 하여 테두리 제거. 굵기 조절은 CSS3(5장 3절)로 하는 것이 바람직

4. 하이퍼링크와 항해

웹 사이트는 여러 개의 HTML 페이지를 가지고 페이지들이 상호 연결하는 방식으로 전체를 구성한다. HTML 페이지에서 다른 HTML 페이지를 연결하는 고리를 하이퍼링크(hyperlink)라고 부른다. 하이퍼링크는 텍스트나 이미지에 다른 웹 페이지의 주소를 달아서 만든다. 하이퍼링크는 같은 사이트에 다른 HTML 페이지뿐 아니라, 다른 사이트에 있는 웹 페이지를 연결하기도 한다. 하이퍼링크를 따라 다른 웹 페이지로 이동하는 것을 항해 혹은 내비게이션(navigation)이라고 부른다. 하이퍼링크는 줄여 링크로 부르기도 한다.

하이퍼링크

하이퍼링크 만들기, ⟨a⟩

하이퍼링크는 ⟨a⟩ 태그의 href 속성으로 만들며 표 2-6은 ⟨a⟩ 태그의 속성들을 보여준다.

표 2-6 ⟨a⟩ 태그 속성

```
<a  href="URL" | "URL#앵커이름" | "#앵커이름"
    target="윈도우이름"
    download>
텍스트 혹은 이미지
</a>
```
- href : 이동할 HTML 페이지의 URL 혹은 HTML 페이지 내 앵커 이름
- target : 링크에 연결된 HTML 페이지가 출력될 윈도우 이름 지정
- download : 링크가 클릭되면 href에 지정된 파일이 다운로드 됨

href 속성

하이퍼링크로 이동할 HTML 페이지의 URL은 ⟨a⟩ 태그의 href 속성에 지정한다. 같은 사이트의 HTML 페이지를 연결하는 경우, href에는 다음과 같이 HTML 파일의 경로명만 지정하면 된다.

```
<a href="picturepage.html">클릭하면 사진 페이지로 이동합니다.</a>
<a href="student/register.html">학생 등록 페이지로 이동합니다.</a>
```

다른 웹 사이트를 연결하는 경우 href에 "http://"로 시작하는 웹 사이트의 주소를 지정한다. 다음은 네이버 사이트를 연결하는 링크를 만든 사례이다. '네이버'를 클릭하면 www.naver.com이 연결된다.

```
<a href="http://www.naver.com">네이버</a>
```

href에 웹 사이트의 주소를 지정하는 것은 그 웹 사이트의 디폴트 HTML 페이지를 지정하는 것과 같다. 그러므로 앞에서 사용자가 '네이버'를 클릭하면, 브라우저는 네이버 사이트의 디폴트 HTML 페이지를 전송받아 화면에 출력한다. 디폴트 HTML 파일은 대부분의 경우 index.html이나 default.html이다.

다음과 같이 링크에 HTML 파일명을 명확히 줄 수도 있다.

```
<a href="http://www.site.com/login.html">사이트 로그인</a>
```

이미지에 하이퍼링크 만들기

이미지에도 링크를 만들 수 있는데 다음은 naver.png 이미지를 화면에 출력하고 이미지를 클릭하면 네이버 사이트에 연결하는 링크를 만든 사례이다.

```
<a href="http://www.naver.com">
    <img src="naver.png" alt="네이버사이트">
</a>
```

링크 텍스트의 색

standard link   링크 텍스트는 사용하는 과정에서 3가지 색으로 변경된다. 처음 링크(standard link)는 밑줄과
visited link   함께 blue 색으로, 방문이 이루어진 링크(visited link)는 purple 색으로, 마우스로 링크를 누
active link   르고 있는 동안(active link)은 red 색으로 출력된다. 이러한 링크의 디폴트 색은 CSS3를 이용하여 변경할 수 있다(표 4-1과 연습문제 참고).

> **잠깐!** **방문한 링크의 색을 초기화하는 방법**
>
> 방문 후 링크는 purple 색으로 바뀐다. 이것을 방문하지 않은 것처럼 되돌릴 수 없을까? 브라우저의 메뉴에서 히스토리 리스트를 지우면 방문 기록이 사라져 처음처럼 blue 색으로 되돌릴 수 있다.

예제 **2-18** 하이퍼링크 만들기

이 예제는 텍스트와 이미지를 링크로 만든 3가지 경우를 보여준다.

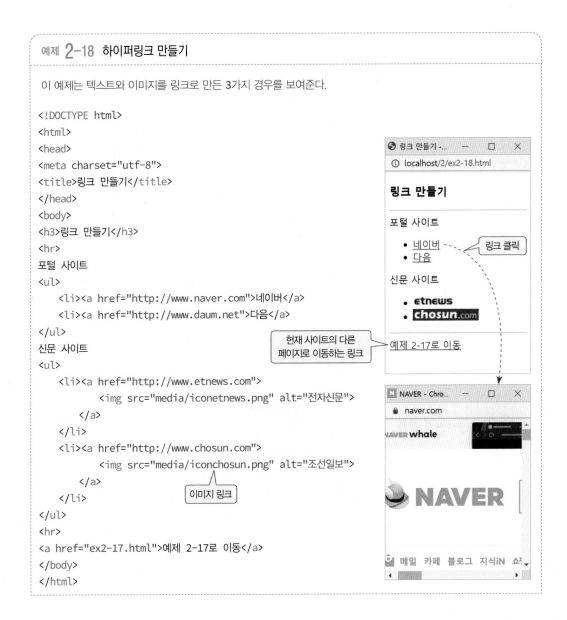

```
<!DOCTYPE html>
<html>
<head>
<meta charset="utf-8">
<title>링크 만들기</title>
</head>
<body>
<h3>링크 만들기</h3>
<hr>
포털 사이트
<ul>
    <li><a href="http://www.naver.com">네이버</a>
    <li><a href="http://www.daum.net">다음</a>
</ul>
신문 사이트
<ul>
    <li><a href="http://www.etnews.com">
            <img src="media/iconetnews.png" alt="전자신문">
        </a>
    </li>
    <li><a href="http://www.chosun.com">
            <img src="media/iconchosun.png" alt="조선일보">
        </a>
    </li>
</ul>
<hr>
<a href="ex2-17.html">예제 2-17로 이동</a>
</body>
</html>
```

target 속성

target 속성은 링크에 연결된 웹 페이지가 출력될 윈도우(탭)를 지정하는 것으로, 사용할 수 있는 값은 _blank, _self, _parent, _top, 윈도우 이름의 5가지이다.

target 속성을 이용하여 네이버 사이트를 새 윈도우(탭)에 출력하는 링크를 만들면 다음과 같다.

```
<a href="http://www.naver.com" target="_blank">네이버</a>
```

target 속성은 5절의 인라인 프레임에서 다시 설명한다.

예제 2-19 링크의 target 속성 활용

```html
<!DOCTYPE html>
<html>
<head>
<meta charset="utf-8">
<title>링크의 target 속성 활용</title>
</head>
<body>
<h3>링크의 target 속성 활용</h3>
<hr>
<ul>
    <li><a href="http://www.w3.org" target="_blank">W3C(새 윈도우, _blank)</a>
    <li><a href="http://www.etnews.com" target="_self">전자신문(현재 윈도우, _self)</a>
    <li><a href="http://www.naver.com" target="_parent">네이버(부모 윈도우, _parent)</a>
    <li><a href="http://www.mk.co.kr" target="_top">매일경제신문(브라우저 윈도우, _top)</a>
</ul>
</body>
</html>
```

id 속성으로 앵커 만들기

긴 내용을 가진 웹 페이지를 읽을 때 사용자는 브라우저 스크린을 오르락내리락하면서 읽어야 한다. 이런 어려움을 해소하고 문서를 쉽게 읽을 수 있도록, 문서 내 특정 위치로 이동하는 링크를 만들 수 있도록 하였다. 문서의 특정 위치를 앵커(anchor)라고 부른다.

앵커 사용의 대표적인 예를 들어보자. 그림 2-3은 HTML5의 개요를 설명하는 W3C 웹 페이지 http://www.w3.org/TR/html5/introduction.html(https://html.spec.whatwg.org/multipage/introduction.html로 리다이렉션 됨)를 보여 준다. 문서가 길기 때문에 각 장이나 절의 시작 위치에 앵커를 만들고, 문서의 서두에 각 장이나 절의 앵커를 연결하는 목차(링크)를 두었다. 사용자가 목차에서 항목을 클릭하면 해당하는 본문의 위치로 이동한다.

그림 2-3 본문에 앵커를 만들고 앵커를 연결하는 링크를 목차로 만들어 웹 페이지 내 이동을 쉽게 한 예

앵커 만들기

HTML 이전 버전과 달리 HTML5에서는 태그의 **id 속성에 앵커 이름**을 지정하면, 어떤 태그든 그 위   id 속성에 앵커 이름
치에 앵커가 만들어진다. 다음은 2개의 앵커를 만든 사례이다.

```
<p id="chap1">1장 서론</p>      chap1 이름의 앵커 생성
...
<h3 id="chap2">2장 본론</h3>
```

앵커에 연결하는 링크 만들기

<a href="#앵커이름">의 형식으로 앵커에 연결하는 하이퍼링크를 만들 수 있다. 다음은 앵커를   #앵커이름
연결하는 링크 사례이다.

```
<a href="#chap1">서론으로 가기</a>
<a href="#chap2">본론으로 가기</a>
```

다음은 같은 웹 사이트의 student.html 페이지의 chap1 앵커에 연결하는 링크사례이다.

```
<a href="student.html#chap1">학생 소개 부분으로 가기</a>
```

다음은 W3C 사이트의 introduction.html에 만들어진 scope 앵커에 연결하는 링크 사례이다. 이 링크를 클릭하면 W3C 웹페이지의 scope 위치로 이동한다.

```
<a href="http://www.w3.org/TR/html5/introduction.html#scope">HTML5의 범위</a>
```

예제 2-20 앵커로 이동하는 링크 만들기

엘비스 프레슬리의 여러 곡의 가사를 담은 HTML 페이지를 작성하라. 각 곡에서 가사가 시작되는 부분을 앵커로 지정하고, 곡의 목차는 이 앵커들을 연결하는 링크로 작성하라. 목차에서 곡명을 클릭하면 가사 부분으로 이동한다.

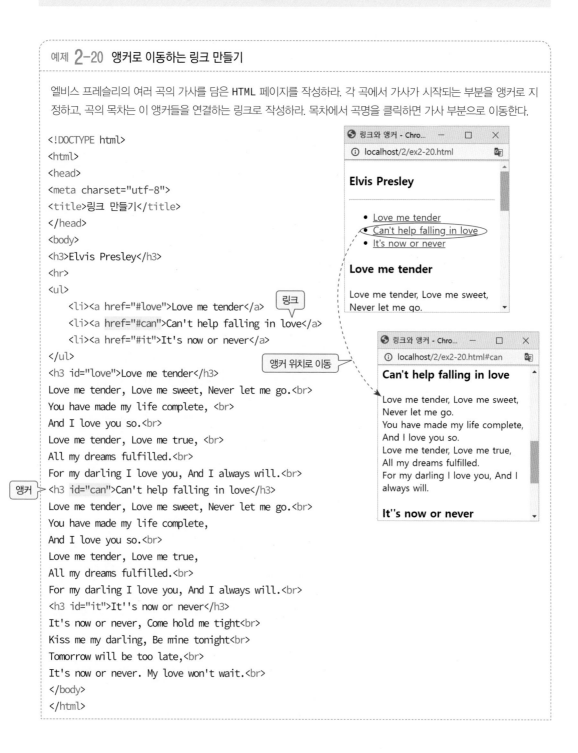

```
<!DOCTYPE html>
<html>
<head>
<meta charset="utf-8">
<title>링크 만들기</title>
</head>
<body>
<h3>Elvis Presley</h3>
<hr>
<ul>
    <li><a href="#love">Love me tender</a>
    <li><a href="#can">Can't help falling in love</a>
    <li><a href="#it">It's now or never</a>
</ul>
<h3 id="love">Love me tender</h3>
Love me tender, Love me sweet, Never let me go.<br>
You have made my life complete, <br>
And I love you so.<br>
Love me tender, Love me true, <br>
All my dreams fulfilled.<br>
For my darling I love you, And I always will.<br>
<h3 id="can">Can't help falling in love</h3>
Love me tender, Love me sweet, Never let me go.<br>
You have made my life complete,
And I love you so.<br>
Love me tender, Love me true,
All my dreams fulfilled.<br>
For my darling I love you, And I always will.<br>
<h3 id="it">It''s now or never</h3>
It's now or never, Come hold me tight<br>
Kiss me my darling, Be mine tonight<br>
Tomorrow will be too late,<br>
It's now or never. My love won't wait.<br>
</body>
</html>
```

파일 다운로드 링크 만들기, ⟨a⟩의 download 속성

⟨a⟩ 태그의 **download** 속성은 이미지, PDF, MP3, HTML 파일, HWP 파일, PPT 파일 등 모든 파일을 download 속성 다운로드 할 수 있는 링크를 만든다. 이때 다운로드 할 파일명은 href 속성에 지정한다. 예를 들면 다음은 엘비스 사진 Elvis.png를 사용자 컴퓨터에 다운로드하는 링크이다.

```
<a href="Elvis.png" download>엘비스 사진 다운로드</a>
```

HTML5는 웹 페이지에서 파일을 쉽게 다운로드 할 수 있도록 이 기능을 도입하였다. 사파리 (Safari), 엣지(Edge)에서는 download 속성이 작동하지만 약간 다르게 처리 될 수 있으므로 실행해보기 바란다.

예제 *2*-21 파일 다운로드 링크 만들기

```
<!DOCTYPE html>
<html>
<head>
<meta charset="utf-8">
<title>파일 다운로드</title>
</head>
<body>
<h3>친구들아! 여기서 다운받아!</h3>
<hr>
<ul>
    <li><a href="media/Elvis.png" download>엘비스 이미지 다운로드</a>
    <li><a href="media/chapter9.pdf" download>chapter9.pdf 다운로드</a>
    <li><a href="media/EmbraceableYou.mp3" download>mp3 다운로드</a>
    <li><a href="ex2-09.html" download>예제 2-9 HTML 파일 다운로드</a>
    <li><a href="media/test.hwp" download>한글 파일 다운로드</a>
</ul>
</body>
</html>
```

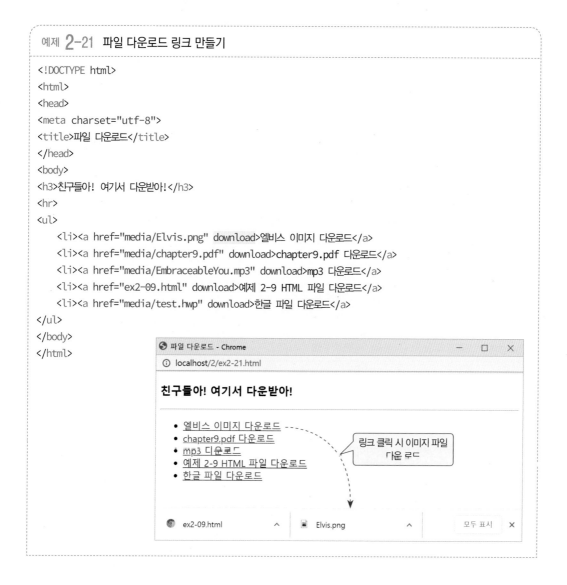

5. 인라인 프레임

인라인 프레임 만들기, ⟨iframe⟩

⟨iframe⟩ 태그를 이용하면 현재 HTML 페이지 내에 내장 윈도우를 만들고 다른 HTML 페이지를 출력할 수 있다. ⟨iframe⟩ 태그에 의해 만들어지는 윈도우를 인라인 프레임(inline frame)이라고 부른다. ⟨iframe⟩ 태그의 속성은 표 2-7과 같다.

다음은 200×150 픽셀 크기의 인라인 프레임을 만들고, iframe1.html를 출력하는 코드이다.

```
<iframe src="iframe1.html" width="200" height="150">
    브라우저는 iframe 태그를 지원하지 않습니다.
</iframe>
```

⟨iframe⟩을 지원하지 않는 브라우저는 이 텍스트를 대신 출력한다.

예제 2-22는 2개의 인라인 프레임에 각각 iframe1.html과 iframe2.html을 출력하는 간단한 HTML 페이지를 보여준다.

표 2-7 ⟨iframe⟩ 태그

```
<iframe src="URL"
        srcdoc="HTML 문서 텍스트"
        name="윈도우 이름"
        width="프레임의 폭"
        height="프레임의 높이">
iframe 태그를 다루지 않는 브라우저에 의해 대신 출력되는 텍스트
</iframe>
```

- src : 출력할 웹 페이지의 URL 주소
- srcdoc : 직접 HTML 태그로 작성된 텍스트로서 출력될 내용
- name : 프레임 윈도우의 이름. 다른 웹 페이지에서 target 속성 값으로 사용
- width : 프레임의 폭. 픽셀 값. 디폴트 300
- height : 프레임의 높이. 픽셀 값. 디폴트 150

잠깐! ⟨iframe⟩으로 로드 되지 않는 사이트가 있다.

아마존, 네이버 등 대부분의 포탈 사이트를 ⟨iframe⟩ 태그로는 연결할 수 없도록 하고 있다. 이들 사이트는 Clickjacking이라고 부르는 웹 침입을 막기 위해 인라인 프레임에 출력되기를 거부하기 때문이다.

예제 2-22 **2개의 인라인 프레임을 가진 웹 페이지**

```html
<!DOCTYPE html>
<html>
<head>
<meta charset="utf-8">
<title>iframe을 가지는 웹 페이지</title>
</head>
<body>
<h3>2 개의 &lt;iframe&gt;을 가집니다.</h3>
<hr>
<iframe src="iframe1.html" width="200" height="150">
</iframe>
<iframe src="iframe2.html" width="200" height="100">
</iframe>
</body>
</html>
```

`iframe1.html`

```html
<!DOCTYPE html>
<html>
<head>
<meta charset="utf-8">
<title>첫번째 iframe</title>
</head>
<body>
<h4>첫번째 iframe</h4>
</body>
</html>
```

`iframe2.html`

```html
<!DOCTYPE html>
<html>
<head>
<meta charset="utf-8">
<title>두번째 iframe</title>
</head>
<body>
<h4>두번째 iframe</h4>
</body>
</html>
```

200×150의
인라인 프레임

200×100의
인라인 프레임

잠깐! <frameset>과 <frame>을 사용하지 말기 바란다.

예전에 많이 사용해왔던 <frameset>과 <frame>은 문서와 웹 주소 사이의 불일치, 잘못된 북마킹, 프린트나 검색 시의 불완전성 등으로 인해 HTML5에서 완전히 제외되었으므로 더 이상 사용하지 말기 바란다.

예제 2-23 <iframe>으로 2개의 신문 사이트 출력하기

300×300 크기의 <iframe>을 2개 만들어 전자신문과 한국경제신문 사이트를 출력하는 HTML 페이지를 작성하라.

```
<!DOCTYPE html>
<html>
<head>
<meta charset="utf-8">
<title>iframe을 이용한 신문 사이트</title>
</head>
<body>
<h3>2 개의 신문 사이트입니다.</h3>
<hr>
<iframe src="http://www.etnews.com" width="300" height="300"></iframe>
<iframe src="http://www.mk.co.kr" width="300" height="300"></iframe>
</body>
</html>
```

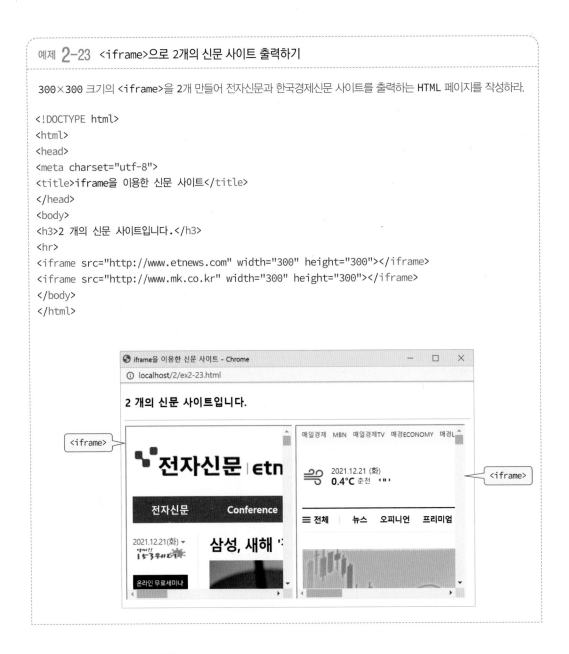

<iframe> 사용 시 주의 사항

<iframe>을 사용할 때 몇 가지 주의할 점이 있다.

첫째, <iframe> 태그는 <body> 태그 내에서만 사용된다.

둘째, src 속성이 생략되면 브라우저에 <iframe> 영역이 만들어지기는 하지만 빈 상태로 존재한다.

셋째, 인라인 프레임이 출력할 HTML 텍스트를 srcdoc 속성에 직접 작성할 수 있다. srcdoc가 있으면 src 속성은 무시된다. 다음은 src에 지정된 iframe1.html이 출력되지 않고, srcdoc 속성에 작성된 HTML 텍스트가 출력되는 사례이다.

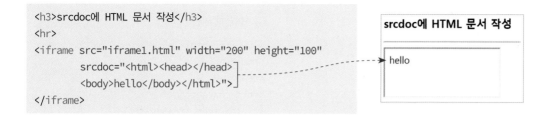

```
<h3>srcdoc에 HTML 문서 작성</h3>
<hr>
<iframe src="iframe1.html" width="200" height="100"
        srcdoc="<html><head></head>
        <body>hello</body></html>">
</iframe>
```

넷째, 인라인 프레임 안에 또 다른 인라인 프레임을 중첩하여 만들 수 있다.

인라인 프레임 윈도우의 이름

인라인 프레임은 프레임 윈도우 혹은 간단히 윈도우라고 부르기도 한다. 인라인 프레임을 포함하여 모든 윈도우(탭)에는 이름을 붙이고 이름으로 접근한다.

인라인 프레임의 이름은 **name 속성**을 사용하여 붙인다. 다음은 iframe1.html을 출력하는 인라인 프레임의 이름을 left로 붙인 사례이다.

name 속성

```
<iframe src="iframe1.html" name="left"></iframe>
```


브라우저 윈도우와 인라인 프레임 윈도우의 계층 관계

브라우저 윈도우와 그 속에 삽입된 인라인 프레임 윈도우 사이에는 **부모 자식 관계**가 형성된다. 인라인 프레임이 다시 인라인 프레임을 포함하면 이들 사이 역시 부모 자식 관계가 형성된다. 윈도우 사이의 계층 관계를 지칭하는 용어와 사례를 간단히 알아보자.

부모 자식 관계

- parent 윈도우 – 부모 윈도우
- child 윈도우 – 자식 윈도우
- top 윈도우 – 최상위 브라우저 윈도우

그림 2-4는 fig2-04.html을 출력한 브라우저 모양을 보여준다. 브라우저 윈도우와 left, right, upper, lower 이름을 가진 4개의 프레임 윈도우가 부모 자식의 계층 관계를 형성한다.

- left, right 프레임의 parent 윈도우 – 브라우저 윈도우
- upper, lower 프레임의 parent 윈도우 – right 윈도우
- left, right, upper, lower 프레임의 top 윈도우 – 브라우저 윈도우

fig2-04.html

```html
<!DOCTYPE html>
<html>
<head>
<meta charset="utf-8">
<title>브라우저 윈도우(top)</title>
</head>
<body>
<h3>2 개의 &lt;iframe&gt; 윈도우를 가집니다</h3>
<hr>
    <iframe src="leftframe.html"
            name="left"
            width="100"
            height="500">
    </iframe>
    <iframe src="rightframe.html"
            name="right"
            width="400"
            height="500">
    </iframe>
</body>
</html>
```

```html
<!DOCTYPE html>
<html>
<head>
<meta charset="utf-8">
<title>right iframe</title>
</head>
<body>
<h4>right iframe</h4>
<hr>
    <iframe src="http://www.etnews.com"
            name="upper"
            width="100%"
            height="200">
    </iframe>
    <iframe src="http://www.mk.co.kr"
            name="lower"
            width="100%"
            height="200">
    </iframe>
</body>
</html>
```

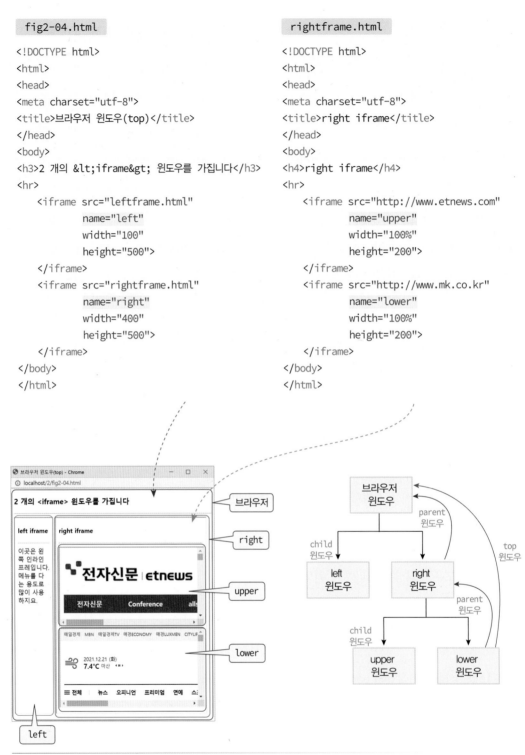

그림 2-4 브라우저 윈도우와 프레임 윈도우 사이의 계층 관계

target 속성에 문서를 출력할 윈도우 지정

target 속성은 `<base>`, `<a>`, `<area>`, `<form>` 태그에서 HTML 페이지를 출력할 윈도우(인라인 프레임 포함)를 지정하는데 사용된다. target 속성의 값으로 다음 5가지 종류를 지정할 수 있다.

- _blank - 새로운 브라우저 윈도우(탭) 생성(열기)
- _self - 현재 윈도우
- _parent - 부모 윈도우
- _top - 최상위 브라우저 윈도우
- 윈도우이름 - 해당 이름의 윈도우

이제 target 속성을 사용하는 예를 들어 보자.

- 링크를 클릭하면 frame1 이름의 프레임에 http://www.w3c.org 사이트 출력

```
<iframe src="http://www.w3c.org" name="frame1"></iframe>
....
<a href="http://www.w3c.org" target="frame1">W3C</a>
```

- 링크를 클릭하면 새 윈도우(탭)에 W3C 사이트 출력

```
<a href="http://www.w3c.org" target="_blank">W3C</a>
```

- 링크를 클릭하면 현재 윈도우(탭 혹은 프레임 윈도우)에 W3C 사이트 출력

```
<a href="http://www.w3c.org" target="_self">W3C</a>
```

- 링크를 클릭하면 부모 윈도우에 W3C 사이트 출력

```
<a href="http://www.w3c.org" target="_parent">W3C</a>
```

- 링크를 클릭하면 모든 프레임 윈도우를 제거하고 브라우저 윈도우에 W3C 사이트 출력

```
<a href="http://www.w3c.org" target="_top">W3C</a>
```

HTML 페이지에 두 개의 인라인 프레임을 만들고, 왼쪽 프레임에는 웹 사이트의 리스트를 링크로 만들고, 링크를
클릭하면 오른쪽 프레임에 웹 사이트를 출력하는 HTML 페이지를 작성하라.

`ex2-24.html`

```html
<!DOCTYPE html>
<html>
<head>
<meta charset="utf-8">
<title>target 속성 활용</title>
</head>
<body>
<h3>target 속성 활용</h3>
<hr>
<iframe src="ex2-24-sitelist.html"
        name="left" width="200" height="300">
</iframe>
<iframe src="http://www.w3c.org"
        name="right" width="300" height="300">
</iframe>
</body>
</html>
```

`ex2-24-sitelist.html`

```html
<!DOCTYPE html>
<html>
<head>
<meta charset="utf-8">
<title>사이트 리스트</title>
</head>
<body>
<h4>사이트 리스트</h4>
<ul>
<li><a href="http://www.w3c.org"
      target="right">W3C</a>
<li><a href="http://www.etnews.com"
      target="_self">전자신문</a>
<li><a href="http://www.mk.co.kr"
      target="_top">매일경제신문</a>
<li><a href="http://www.w3c.org"
      target="_blank">새 창에 W3C</a>
</ul>
</body>
</html>
```

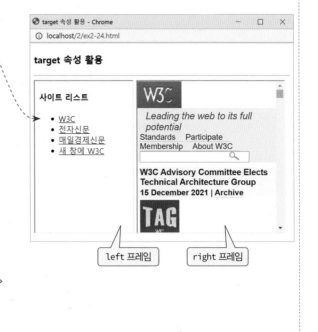

6. 미디어 삽입

미디어의 표준화, ⟨audio⟩, ⟨video⟩

HTML5 이전까지는 오디오나 비디오를 재생하기 위해 브라우저에 적절한 플러그인(plug-in) 소프트웨어를 설치해야 했다. 플러그인이란 브라우저가 처리할 수 없는 비표준 형식의 데이터를 전용으로 다루는 내장형 소프트웨어로 ActiveX가 대표적이다. 익스플로러에서 미디(midi)를 재생하기 위해서는 미디 재생 ActiveX를 설치하고, 넷스케이프에는 LiveAudio, QuickTime 플러그인을 설치하여야 오디오를 재생할 수 있었다. 이런 이유로 비표준 미디어를 포함하는 웹 페이지는 브라우저에 따라 재생되지 않는 문제점이 있었다.

플러그인

이런 문제를 해결하기 위해, HTML5에서는 플러그인 없이 오디오나 비디오를 재생할 수 있도록 다음 태그를 표준화하였다.

```
<audio>, <video>
```

물론 플래시 애니메이션과 같이 표준화되지 않은 미디어를 재생하기 위해서는 현재도 여전히 플러그인의 설치가 필요하며, 이런 경우 다음 두 태그를 사용한다.

```
<embed>, <object>
```

11장 5절에서는 자바스크립트를 이용하여 독자의 브라우저에 어떤 플러그인이 설치되었는지 알아내는 예제가 있으니 참고하라.

> **잠깐!** 플러그인이란 ○──────
>
> 웹 브라우저가 모든 종류의 데이터를 해독하고 출력할 수 있는 것은 아니다. 예를 들어 플래시 데이터, PDF 데이터, 3차원 가상현실용 VRML 데이터 등 웹 브라우저가 재생할 수 없는 많은 다양한 형식의 데이터가 있다. 웹 브라우저를 통해 이들을 출력하거나 재생하고자 하면, 이들을 해석하고 출력할 수 있는 전용 프로그램이 필요하며, 웹 브라우저에 꽂혀 실행된다고 해서 이 프로그램을 플러그인이라고 부른다. Adobe사가 PDF와 플래시 플러그인을 제공하는 것처럼, 플러그인은 데이터 형식을 개발한 회사에서 개발하여 배포한다.

비디오 삽입, ⟨video⟩

HTML5에서는 <video> 태그를 이용하여 다음과 같이 비디오를 삽입한다.

```
<video src="bear.mp4" width="320" height="240" controls></video>
```

이 태그에 의해 브라우저에는 320×240픽셀 크기의 공간이 할당되고 이곳에 bear.mp4 비디오가 재생되며 controls 속성에 의해 비디오 제어 버튼 들이 함께 출력된다. <video></video> 사이에는 브라우저가 <video> 태그를 지원하지 않을 때 출력하는 텍스트를 지정한다.

<source> 비디오 소스는 **<source>** 태그를 이용하여 다음과 같이 별도로 지정할 수도 있다.

```
<video width="320" height="240" controls>
    <source src="bear.mp4" type="video/mp4">
    브라우저가 video 태그를 지원하지 않습니다.
</video>
```

예제 **2-25** <video> 태그로 비디오 삽입

웹 페이지의 320×240 픽셀 공간에 제어 버튼과 함께 비디오를 삽입하라.

```
<!DOCTYPE html>
<html>
<head>
<meta charset="utf-8">
<title>비디오 삽입</title>
</head>
<body>
<h3>비디오 삽입</h3>
<hr>
<video src="media/bear.mp4"
       width="320" height="240"
       controls>
       브라우저가 video 태그를 지원하지 않습니다.
</video>
</body>
</html>
```

controls 속성에 의해 생긴 콘트롤

브라우저에 따라서는 특정 타입의 비디오 파일만 인식할 수 있기 때문에, 개발자가 하나의 비디오를 여러 타입으로 만들어 두고, 브라우저가 재생 가능한 타입을 선택하도록 할 수 있다. 다음은 mp4과 ogg 타입으로 각각 인코딩된 2개의 비디오를 주어 브라우저가 재생 가능한 비디오 타입을 선택하게 하는 사례이다. 브라우저가 bear.mp4를 재생할 수 없으면 bear.ogg를 재생한다.

```
<video width="320" height="240" controls>
    <source src="bear.mp4" type="video/mp4">
    <source src="bear.ogg" type="video/ogg">
    브라우저가 video 태그를 지원하지 않습니다.
</video>
```

현재 HTML5에서 재생 가능한 비디오 타입은 표 2-9와 같다.

표 2-8 ⟨video⟩ 태그와 ⟨source⟩ 태그

```
<video src="비디오 파일의 URL"
       width="비디오 재생 영역의 폭"
       height="비디오 재생 영역의 높이"
       controls
       autoplay
       muted
       loop>
이 태그를 지원하지 않는 브라우저가 출력하는 메시지
</video>
```

- width, height : 비디오가 재생될 브라우저 공간의 폭과 높이 지정. 생략되면 비디오의 원본 크기로 설정
- controls : 이 속성이 설정되면 재생, 재생 시간, 중단, 음소거 등 제어 버튼 출력
- autoplay : 이 속성이 설정되면 비디오 로딩 즉시 재생
- loop : 이 속성이 설정되면 반복 재생
- muted : 오디오를 끌 때 사용

```
<source src="비디오 파일의 URL"
        type="비디오의 마임 타입">
```

- type : 비디오의 마임 타입으로 표 2-9의 마임 타입 지정

표 2-9 현재 HTML5에서 재생 가능한 비디오 타입

비디오	마임 타입 (MIME Type)	설명
MP4	video/mp4	H.264 비디오와 AAC 오디오 코덱으로 인코딩된 MPEG 4 파일
WebM	video/webm	VP8/VP9 비디오와 Vorbis 오디오 코덱으로 인코딩된 WebM 파일
Ogg	video/ogg	Theora 비디오와 Vorbis 오디오 코덱으로 인코딩된 Ogg 파일

> **잠깐!** ⟨video⟩ 태그의 autoplay 속성
>
> 보안상의 이유로 최근 브라우저에서는 ⟨video⟩ 태그의 autoplay는 작동하지 않는다. 사용자가 브라우저에 출력된 재생 버튼을 클릭해야만 재생이 시작된다.

오디오 삽입, 〈audio〉

HTML5에서는 표 2-10의 〈audio〉 태그를 이용하여 다음과 같이 오디오를 삽입한다.

```
<audio src="mymusic.mp3" controls loop></audio>
```

이 태그는 mymusic.mp3를 적재하고 재생/일시중단/정지 등의 제어버튼(controls)을 출력하도록 지시한다. 사용자가 재생 버튼을 누르면 오디오 재생이 시작되며 loop 속성이 지정되어 있어 무한 반복된다. 〈audio〉</audio〉 사이에는 브라우저가 〈audio〉 태그를 지원하지 않을 때 출력하는 대체 텍스트를 지정한다. controls 속성을 생략하면 브라우저 화면에는 아무것도 나타나지 않으며, 이 경우 자바스크립트를 이용하여 오디오 재생을 제어할 수 있다(13장 1절 참고).

표 2-10 〈audio〉 태그

```
<audio src="오디오 파일의 URL"
       controls
       autoplay
       loop>
이 태그를 지원하지 않는 브라우저가 출력하는 메시지
</audio>
```

- controls : 이 속성이 설정되면 재생, 재생 시간, 중단, 음소거 등 제어 버튼 출력
- autoplay : 이 속성이 설정되면 비디오 로딩 즉시 재생
- loop : 이 속성이 설정되면 반복 재생

<video> 태그에서와 마찬가지로 <source> 태그를 이용하면 다음과 같이 mp3 타입과 ogg 타입 중 브라우저가 재생 가능한 타입을 선택하게 할 수 있다.

```
<audio controls>
    <source src="mymusic.mp3" type="audio/mpeg">
    <source src="mymusic.ogg" type="audio/ogg">
    브라우저가 audio 태그를 지원하지 않습니다.
</audio>
```

브라우저가 mymusic.mp3를 재생할 수 없으면 mymusic.ogg를 재생한다. <audio> 태그로 재생 가능한 오디오 타입은 표 2-11과 같다.

표 2-11 HTML5에서 재생 가능한 오디오 타입

오디오	마임 타입 (MIME Type)	설명
MP3	audio/mpeg	MP3로 인코딩된 오디오 파일
Wav	audio/wav	wave 형식으로 인코딩된 오디오 파일
Ogg	audio/ogg	Vorbis 오디오 코덱으로 인코딩된 Ogg 파일

*MP3 오디오 재생을 위한 마임 타입이 audio/mp3가 아님에 주의하기 바란다.

예제 2-26 <audio> 태그로 오디오 삽입

웹 페이지에 오디오를 삽입하고 제어 버튼을 출력하라. 제어 버튼을 누르면 무한 반복 재생하도록 하라.

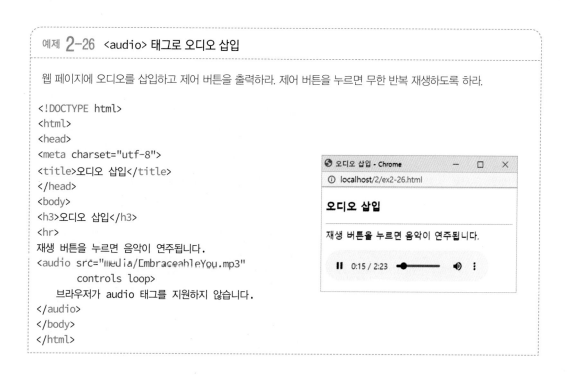

```
<!DOCTYPE html>
<html>
<head>
<meta charset="utf-8">
<title>오디오 삽입</title>
</head>
<body>
<h3>오디오 삽입</h3>
<hr>
재생 버튼을 누르면 음악이 연주됩니다.
<audio src="media/EmbraceahleYou.mp3"
       controls loop>
    브라우저가 audio 태그를 지원하지 않습니다.
</audio>
</body>
</html>
```

Q HTML(HyperText Markup Language)은 어떤 언어인가?

A <태그>로 문서의 각 요소를 표현하여 웹 문서를 작성하는 언어이다.

Q <!DOCTYPE html>은 HTML5 문서에 반드시 있어야 하는가?

A 이것은 HTML5 언어로 작성된 문서임을 브라우저에게 알리는 지시어로서 HTML 페이지의 첫 줄에 반드시 나와야 한다.

Q HTML 태그의 기본적인 특징에 관해 설명하라.

A 중요한 것들만 간단히 설명하면 다음과 같다.
- HTML 태그는 대소문자를 구분하지 않는다.
- HTML 페이지 제목은 <head> 태그 안에 <title> 태그로 작성한다.
- <p> 태그로 문단을 만들며, 문단의 가장 큰 제목은 <h1>, 가장 작은 제목은 <h6>을 사용한다.
- 툴팁은 title 속성으로 작성하고, <hr> 태그는 수평선을 긋는데 사용된다.
- HTML 문서 내에 개발자가 삽입한 여러 개의 공백은 하나로 처리된다.
-
 태그는 새 줄로 넘어가고자 할 때 사용한다.
- 개발자가 입력한 포맷 그대로 출력하고자 하는 경우 <pre> 태그를 사용하면 된다.
- HTML5에서 웹 페이지 파일은 기본적으로 UTF-8 코드로 저장되어야 한다.
- <, > 등 예약어나 키보드로 입력할 수 없는 문자들은 &엔터티;이나 &#유니코드값;으로 표현하면 된다.

Q <meta> 태그는 HTML 페이지의 저작자, 페이지의 내용, 키워드 등을 표현하는데 꼭 사용해야 하는가?

A 검색 엔진은 검색 키워드를 이 태그에서 확인하기 때문에, 웹 페이지가 잘 발견될 수 있도록 이 태그를 적절히 사용하는 것이 좋다.

Q 웹 페이지에 이미지를 삽입할 수 있는가?

A <img> 태그를 이용하면 된다. 출력되는 이미지 영역의 크기 또한 조절할 수 있다.

Q 리스트를 만드는데 사용되는 태그는 어떤 것들이 있는가?

A <ul>, <ol> 태그는 리스트를 표현하며 아이템은 <li> 태그를 사용한다. <dl>은 용어와 설명을 짝으로 아이템들의 리스트를 만드는데 사용되며, 용어는 <dt>, 설명은 <dd> 태그를 이용한다.

Q 표를 만들면 문서를 정렬하여 출력하는데 도움이 된다. 어떤 태그를 사용하면 되는가?

A <table> 태그를 사용하면 된다. <tr> 태그를 이용하여 행 단위로 만들고, 행 안에는 <td> 태그로 셀을 표현한다. 셀은 텍스트나 이미지 모두 가능하다.

Q 다른 웹 페이지로 이동하는 하이퍼링크 혹은 링크는 어떻게 만드는가?

A <a href="..."> 태그의 href에 다른 웹 페이지나 이미지, 동영상 등의 웹 자원을 가리키는 하이퍼링크를 만들면 된다.

Q 링크와 앵커는 비슷해 보이는데 서로 어떻게 다른가?

A 문서 내에 링크에 연결될 수 있는 특정 지점을 앵커라고 부르며, 모든 태그가 앵커가 될 수 있고, 앵커의 이름은 id 속성으로 작성한다.

Q target 속성은 윈도우와 관련되어 있다는데 어떤 것인가?

A HTML 태그의 target 속성은 웹 페이지가 출력될 윈도우를 지정하는데 사용된다. target 속성의 값이 "_blank"이면 새 창에, "_self"이면 현재 윈도우에, "_parent"이면 부모 윈도우에, "_top"이면 브라우저 윈도우 전체에, "윈도우이름"이면 해당 이름의 윈도우에 웹 페이지를 출력할 것을 지시한다.

Q 웹 페이지의 한 부분에 다른 웹 페이지를 또 내장하는 것이 가능한가?

A 그렇다. <iframe>을 사용하면 웹 페이지에 적당한 크기의 영역을 할당하여 다른 웹 페이지를 출력할 수 있다. 이를 인라인 프레임이라고 부른다. 인라인 프레임 안에 또 다른 인라인 프레임을 만들 수 있다. 다만, 인라인 프레임에는 보안의 문제 때문에 네이버나 아마존 등의 포털 사이트를 로드할 수 없다. 이 사이트들이 거부하기 때문이다.

Q HTML5에서 웹 페이지에 오디오와 비디오를 삽입하도록 표준화된 태그는 무엇인가?

A HTML5 이전에서는 오디오와 비디오의 재생을 플러그인 프로그램에 의존하였다. 그래서 각 브라우저마다 독특한 방식의 플러그인 소프트웨어를 만들었고, 오디오와 비디오의 포맷에 따라 서로 다른 플러그인을 설치하는 등, 웹 사용자의 입장에서는 매우 번거로왔으며, 특히 이들이 PC에서만 실행되도록 작성되었기 때문에, 모바일 단말기에서는 실행되지 않는 문제가 있었다. 그래서 HTML5에서는 표준 오디오와 비디오에 대해 <audio>, <video>의 두 태그로만 재생하도록 표준화하였다. 그리하여 웹 개발자는 플러그인을 고려할 필요 없이 이 두 태그만을 사용하여 웹 페이지를 작성하면 되고, HTML5의 표준을 따르는 웹 브라우저들은 모두 플러그인 없이 <audio>와 <video> 태그에 작성된 오디오와 비디오를 재생해야 한다.

Q 이 장에서 학습한 HTML 태그를 간단히 정리하면?

A 다음 표와 같다.

문서 기본 태그	<html>, <head>, <title>, <body>, <h1>~<h6>, <p>, <hr>,
텍스트 꾸미기 태그	<b>, <strong>, <em>, <i>, <small>, <del>, <ins>, <sup>, <sub>, <mark>
블록과 링크 태그	<pre>, <div>, <span>, <a>, <iframe>
메타 태그	<base>, <link>, <script>, <style>, <meta>, <title>
이미지와 리스트	<img>, <ol>, <ul>, <dl>, <li>, <dt>, <dd>
표	<table>, <caption>, <thead>, <tbody>, <tfoot>, <tr>, <th>, <td>
미디어	<audio>, <video>, <embed>, <object>

Open Challenge 02 | 컴퓨터 기술 소개 웹 페이지 : HTML 태그로 만들기

컴퓨터의 기술 중 한 가지를 소개하는 웹 페이지 2.html을 작성하라. HTML5 태그로 다음 요소를 모두 삽입하라. 작성한 웹 페이지를 설명하는 음성을 20초 녹음하여 mp3 파일로 만들어 웹 페이지에 삽입하고 재생 버튼을 누르면 음성이 재생되게 하라. open challenge 2는 3, 4, 5장까지 연결된다. 난이도 4

- 웹 피이지 소개 오디오
- 리스트, 표, 이미지
- 목차 부분은 링크로 만들고 본문에 앵커를 만들어 연결
- 관련 정보를 클릭하면 웹 페이지를 새 창이나 탭에 출력하도록 링크 작성

이론문제

1. HTML5 표준에 따라 HTML 페이지에 반드시 있어야 하는 것이 아닌 것은?

   ① <head> ② <img> ③ <body> ④ <!doctype html>

2. HTML 언어에서 사용되는 옳은 주석문은?

   ① <! 이것은 주석문 > ② <!- 이것은 주석문 ->
   ③ <!-- 이것은 주석문 --> ④ <-- 이것은 주석문 -->

3. 다음 중 틀린 것은?

   ```
   <Img width='100' height="35" alt=심장 src:shrek.png>
      ①        ②           ③      ④
   ```

4. href 속성을 가지지 않는 태그는?

   ① <iframe> ② <a> ③ <area> ④ <base>

5. target 속성을 가지지 않는 태그는?

   ① <iframe> ② <a> ③ <area> ④ <img>

6. src 속성을 가지지 않는 태그는?

   ① <iframe> ② <embed> ③ <audio> ④ <div>

7. 다음 중 블록형 태그가 아닌 것은?

   ① <div> ② <p> ③ <h1> ④ <img>

8. 웹 페이지의 제작자를 표현하기 위해 사용되는 태그는?

   ① <author> ② <meta> ③ <name> ④ <base>

9. 웹 페이지를 만든 이유를 "자바에 대해 알려주려고"라고 웹 페이지에 내에 적어 놓고자 한다. 가장 적절한 태그는 무엇인가? 태그를 완성하라.

10. 웹 개발자는 작성된 HTML 페이지들을 www.mysite.com/html/design 폴더 밑에 모두 저장해 두고 어떤 웹 페이지에 다음과 같이 링크를 작성하였다.

```
<a href="http://www.mysite.com/html/design/dress.html">옷</a>
<a href="http://www.mysite.com/html/design/shoes.html">신발</a>
```

<base> 태그를 이용하여 베이스 URL을 지정하고, 이 두 <a> 태그를 간략히 다시 작성하라.

11. 웹 페이지에 다음 정보를 작성하려고 한다. 다음 각 경우에 <ol>, <ul>, <dl> 태그 중 어떤 것이 적합한가?

(1) 유럽 여행에 필요한 물품을 나열할 때
(2) 출국 수속 과정을 나열할 때
(3) 유럽 각 나라들의 특징을 나열할 때

12. 링크 텍스트에 대한 디폴트 색에 대해 답하라. 링크 텍스트는 처음에 _____색으로 출력된다. 사용자가 일단 방문한 후에는 _____색으로 출력되고, 방문하기 위해 마우스를 누르고 있는 동안 _____색으로 출력된다.

13. HTML 페이지에 다른 HTML 페이지를 삽입하기 위해 사용되는 태그는?

① <iframe>　　　　② <source>　　　　③ <base>　　　　④ <map>

14. 다음은 오류가 있는 HTML5 문서이다. 틀린 부분을 찾아 완성하라.

(1)

```
<html>
<head><title></title>
</head>
<h3>나의 이야기</h3>
<hr>
나는 자랑스러운 대한민국의 국민입니다.
</html>
```

(2)

```
<!doctype html>
<html>
<head><title></title></head>
<body>
<br>Merry Christmas! Happy New Year!
</br>
</body>
</html>
```

15. HTML5 문서에 사용하지 않는 것이 바람직한 태그는?

① <img src="sky.png" alt="하늘">
② <a name="intro">
③ <frameset><frame src="1.html"><frame src="2.html"></frameset>
④ <a href="http://www.w3c.org" target="_blank">

16. <source> 태그를 사용하여 다음 문장을 수정하라.

```
<audio src="hello.mp3" controls>audio를 지원하지 않습니다.</audio>
```

17. 다음에 작성된 HTML 태그의 의도를 자세히 설명하라.

```
<video width="320" height="240" controls autoplay>
    <source src="bear.mp4" type="video/mp4">
    <source src="bear.ogg" type="video/ogg">
    브라우저가 video 태그를 지원하지 않습니다.
</video>
```

실습문제

1. 다음과 같이 출력되는 HTML5 페이지를 작성하라.

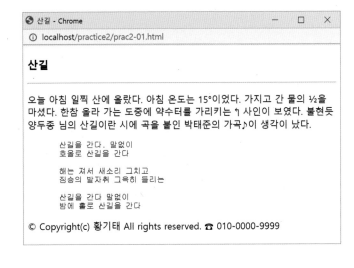

힌트

°, ½, ♪ 등의 문자들은 엔터티나 코드를 이용하여 출력해야 한다. 엔터티들은 www.wobprogramming.co.kr 사이트에서 Support/Link 메뉴의 2장 부분에 있는 "문자 엔터티 레퍼런스"를 참고하면 된다.

2. 다음 브라우저 화면과 같이 리스트를 가진 HTML5 페이지를 작성하라.

(1) 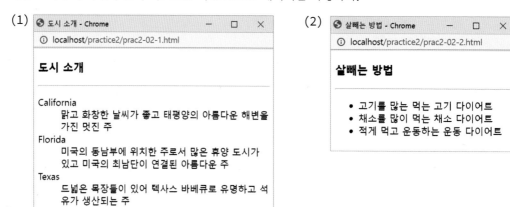 (2)

3. 셀카로 찍은 사진을 보여주는 HTML5 페이지를 작성하라.

4. 다음과 같은 표를 HTML5로 작성하라.

(1)  (2)

5. 다음과 같이 웹 프로그래밍 공부에 참고하기 위한 사이트들의 링크를 만들고 target="_blank" 속성을 사용하여 링크가 클릭되면 새 윈도우를 열어 사이트가 출력되도록 하라. 참고로 이들 사이트는 다음과 같다.

- https://www.w3.org/wiki/CSS/Properties/color/keywords
- https://dev.w3.org/html5/html-author/charref
- http://www.webprogramming.co.kr

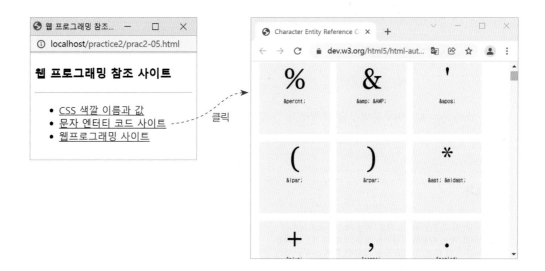

6. iframe을 활용하는 문제를 풀어보자. 문제 5번을 수정하여 다음과 같이 윈도우에 2개의 iframe을 만들고, 왼쪽 iframe에는 3개의 링크를 두고 각 링크를 클릭하면 오른쪽 iframe에 해당 사이트를 출력하도록 하라. 왼쪽 iframe의 폭은 250픽셀로 하고 오른쪽 iframe의 폭은 500픽셀로 하라. 예제 2-24를 이해하고 이를 잘 수정하면 된다.

7. HTML 페이지에 `<audio>` 태그를 이용하여 애국가를 연주할 수 있도록 하라. 애국가가 담긴 오디오 파일은 인터넷에서 찾아 삽입하든지 직접 녹음하여 사용하라.

8. 자신을 소개하는 1분짜리 동영상을 제작하고 다음과 같은 모양의 HTML 페이지를 작성하라.

03

HTML5 문서 구조화와 웹 폼

03 HTML5 문서 구조화와 웹 폼

1. HTML5의 문서 구조화

문서의 구조

책이나 보고서, 잡지 등의 문서 구조를 살펴보자. 그림 3-1과 같이 페이지의 상단부에 문서나 장의 제목을 붙인 줄이 있고 그곳에 페이지 번호를 붙인다. 중앙부에는 문단의 제목과 본문 텍스트가 있고 왼쪽이나 오른쪽 옆에는 간단한 설명을 포함하는 별도의 섹션이 있다. 모든 페이지는 동일한 구조로 만들어진다. 이렇듯 문서는 구조가 있다.

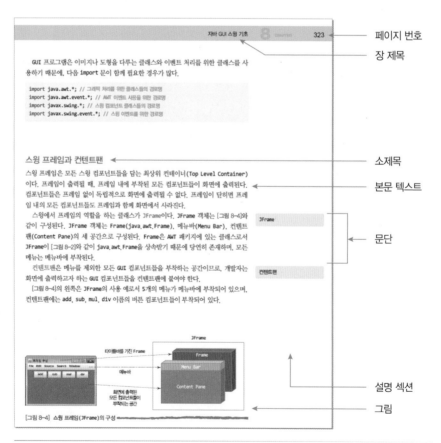

그림 3-1 문서에는 구조가 있다

기존 HTML의 한계

한편, 웹 페이지 역시 문서이므로 잘 **구조화**되어야 한다. HTML5 이전까지는 웹 페이지의 구조를 표현하는 태그가 없었기 때문에, `<div>` 태그나 `<table>` 태그를 이용하여 구조화된 것처럼 보이도록 작성하였다. 하지만 HTML 파일의 소스를 들여다보면 문서의 구조 파악이 거의 힘들다.

구조화

검색 엔진이 좋아하는 웹 페이지, 시맨틱 웹

웹 페이지 혹은 웹 문서를 왜 구조화해야 하는 것일까? 보기 좋고 예쁘게만 만들면 되지 않을까? 구조화가 중요한 이유는, 브라우저를 통해 보는 것 이상으로 웹 문서에 들어 있는 정보 탐색이 중요한 시대가 왔기 때문이다. 빅 데이터와 함께 사물 인터넷(IoT, Internet of Things) 시대에는 사물 속에 내장된 컴퓨터들이 스스로 찾든 검색 엔진을 이용하든 인터넷상의 웹 문서에서 의미 있는 정보를 찾는다. 그러므로 탐색이 쉬워 **검색 엔진**이 좋아하는 웹 사이트를 만들어야 웹 사이트의 가치가 올라간다.

검색 엔진

검색 엔진은 웹 페이지가 어떤 주제를 가지고 있는지, 목차는 어디에 있는지, 기삿거리는 어디에 있는지, 저작권 정보는 어디에 있는지 찾고자 한다. 하지만 기존 HTML 태그 셋으로는 검색 엔진에 이러한 정보를 알릴 수 없었다. 이런 정보들은 문서의 구조와 관계되어 있다. 즉 기존에 사용하던 `<p>`, `<div>`, `<h1>`, `<h2>` 등의 태그로는 문서의 구조나 콘텐츠의 의미 전달이 어렵다. 이들은 콘텐츠의 의미를 표현하는 태그가 아니기 때문이다. `<p>` 태그는 '문단이 있어요', `<div>`는 '블록이에요', `<h1>`은 '제일 큰 제목입니다' 정도의 정보밖에 주지 못한다.

HTML5는 이런 문제를 극복하기 위해, `<header>`, `<section>`, `<article>` 등 문서의 구조와 의미를 표현하는 여러 태그를 추가하였다. 구글 검색 엔진의 경우 웹 페이지에서 `<header>`, `<section>`, `<article>`, `<main>`, `<summary>`, `<mark>`, `<time>` 등 문서의 구조와 의미를 표현하는 HTML 태그를 찾고, 이를 기반으로 리뷰, 사람, 제품, 업체, 이벤트, 음악 등 다양한 검색 결과를 제공하고 있다. 웹 문서를 구조화하여 의미 있는 내용 탐색이 용이한 웹을 **시맨틱 웹**(semantic web)이라고 하며 `<header>`, `<section>`, `<article>`, `<main>`, `<summary>`, `<mark>`, `<time>` 등의 태그를 **시맨틱 태그**라고 한다. 시맨틱 웹 시대가 이미 도래하였다.

시맨틱 웹

시맨틱 태그

HTML5 문서의 구조와 시맨틱 태그

HTML5에는 웹 문서의 구조를 표현하는 여러 시맨틱 태그들이 추가되었다. 그림 3-2는 HTML5 시맨틱 태그로 웹 페이지를 구조화한 사례를 보여준다.

 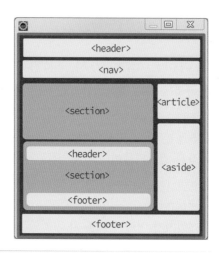

그림 3-2 HTML5 시맨틱 태그로 구조화한 웹 페이지 사례

HTML5 문서를 구조화하는데 사용되는 시맨틱 태그를 하나씩 알아보자.

\<header>

머리말   \<header>는 페이지나 섹션의 머리말을 표현하는 태그이다. 보통 머리말에는 페이지 제목, 페이지를 소개하는 간단한 설명이 들어간다. 블로그의 경우, 블로그 이름과 블로그에 대한 간략한 설명을 \<header>에 기재한다. \<header>는 \<section>이나 \<article> 태그 내에도 사용된다. \<head> 태그와는 다른 것이므로 주의하기 바란다.

\<nav>

하이퍼링크   \<nav>는 navigation의 줄임말로 하이퍼링크들을 모아 놓은 특별한 섹션이다. 페이지의 모든 하이퍼링크가 이곳에 있을 필요는 없다. 페이지 내 목차를 만들기 위해 주로 사용된다.

\<section>

장 혹은 절   \<section>은 문서의 장(chapter, section) 혹은 절을 구성하는 역할을 하며 섹션이라고 부른다. 책이나 보고서에 여러 장이 있는 것처럼, 웹 페이지에도 여러 \<section>을 둘 수 있다. \<section>에는 헤딩 태그(\<h1>~\<h6>)로 섹션의 주제를 기재하는 것이 바람직하다.

\<article>

\<article>은 본문과 연관되어 있지만, 독립적인 콘텐츠를 담는 영역이다. \<section>이 본문의

필수적인 내용을 담는다면, <article>은 웹 페이지의 본질을 훼손하지 않는 내용들을 담는 데 주로 사용된다. 보조적인 기사, 블로그 포스트, 댓글이나 기타 독립적인 내용을 담는 영역으로 사용하면 된다. <article>에 담는 내용이 많은 경우 여러 <section>으로 나누어 담을 수 있다.

보조적인 기사

<aside>

<aside>는 웹 페이지 본문 흐름에서 약간 벗어난 노트나 팁, 신문, 잡지에서 주요 기사 옆에 짤막하게 곁들이는 관련 기사, 삽입 어구로 표시된 논평이나 글 등을 담는 태그이다. <aside> 영역은 문서의 주요 부분에서 벗어난 내용을 담기 때문에, 페이지의 오른쪽이나 왼쪽에 주로 배치된다.

오른쪽이나 왼쪽에
주로 배치

<footer>

<footer>는 꼬리말 영역을 표시하는 태그로서, 페이지나 <section> 내에 꼬리말을 담는다. 이 곳에는 저자나 저작권 정보 등을 주로 표시한다. <header>와 <footer>가 꼭 웹 페이지의 서두와 말미에 배치될 필요는 없다.

꼬리말

저자나 저작권 정보

문서의 모양은 구조와 별개

<header>, <section>, <article>, <footer>, <nav> 태그의 콘텐츠가 출력되는 위치나 모양은 브라우저에 의해 자동으로 정해지지 않는다. 이들은 문서의 구조만을 표현하며 위치와 색상 등 모양은 개발자가 CSS3를 이용하여 직접 만들어야 한다. CSS3는 4장에서 다룬다.

```
<!DOCTYPE html>
<html>
<head>
<meta charset="utf-8">
<title>HTML5 문서 구조 시맨틱 태그 사용</title>
</head>
<body>
    <header>header</header>
    <nav>nav</nav>
    <section>section</section>
    <aside>aside</aside>
    <footer>footer</footer>
</body>
</html>
```

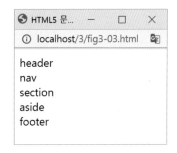

그림 3-3 시맨틱 구조 태그로 만든 HTML5 문서와 꾸미지 않고 출력된 브라우저 화면

그림 3-3은 시맨틱 구조 태그를 사용하여 간단한 웹 페이지를 만든 사례이다. 하지만 브라우저에 의해 출력되는 모양은 그저 텍스트밖에 보이지 않는다. 예제 3-1은 CSS3를 이용하여 웹 페이지의 구조에 모양을 함께 꾸민 사례이다.

HTML5 문서 구조화 사례

예제 3-1을 통해 HTML5 시맨틱 태그를 이용하여 구조화된 HTML5 문서를 작성해보자. 문서의 구조가 보이도록 6개의 CSS3 스타일을 각 영역에 적용하였다. CSS3는 배우지 않았지만 일단 받아들이고 넘어가자.

예제 **3-1** 구조화된 HTML5 문서 작성

<header>, <nav>, <aside>, <section>, <footer> 태그로 구조화한 HTML5 문서를 보인다.

```
<!DOCTYPE html>
<html>
<head>
<meta charset="utf-8">
<title>HTML5 문서 구조 시맨틱 태그 사용</title>
<style>
html, body { margin: 0; padding: 0; height: 100%; }
header { width: 100%; height: 15%;
        background: yellow; }
nav { width: 15%; height: 70%; float: left;
        background: orange; }
section { width: 70%; height: 70%; float: left;
        background: olivedrab; }
aside { width: 15%; height: 70%; float: left;
        background: orange; }
footer { width: 100%; height: 15%; clear: both;
        background: plum; }
</style>
</head>
<body>
    <header>header</header>
    <nav>nav</nav>
    <section>section</section>
    <aside>aside</aside>
    <footer>footer</footer>
</body>
</html>
```

> CSS3 스타일 시트,
> 각 영역의 색과 위치 꾸미기

> float: left는 앞 태그가 출력된 영역 오른쪽에 붙이되 왼쪽으로 밀착해 배치하도록 지시

> clear: both는 float 지시를 무시하고 아래에 배치하도록 지시

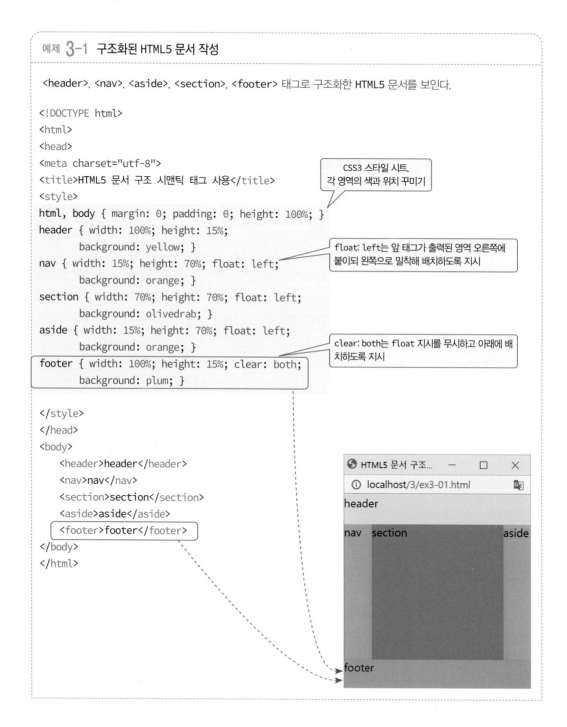

기존 HTML 문서와 HTML5 문서 비교

이 절에서는 기존 HTML로 작성된 문서와 HTML5 시맨틱 태그로 구조화된 문서를 대조하여 HTML5의 문서 구조화를 설명하고자 한다. 그림 3-5 웹 페이지는 그림 3-4의 샘플 화면을 <div> 태그에 의존하는 기존 방식으로 만든 경우이며 그림 3-6 웹 페이지는 HTML5 시맨틱 태그로 작성한 경우이다. HTML 코드를 쉽게 비교할 수 있도록 문서의 모양은 꾸미지 않았다.

그림 3-5는 <div> 태그를 이용하여 블록을 구성하므로 검색 엔진은 문서와 블록의 의미를 파악할 수 없지만, 그림 3-6은 HTML5 시맨틱 태그를 이용하여 문서의 구조가 명확히 표현된다.

사용자가 브라우저를 통해서 볼 때 그림 3-5와 그림 3-6 웹 페이지의 출력되는 모양은 모두 그림 3-4와 같이 동일하지만, 검색 엔진의 입장에서는 문서의 구조가 명확한 그림 3-6의 웹 페이지를 선호한다.

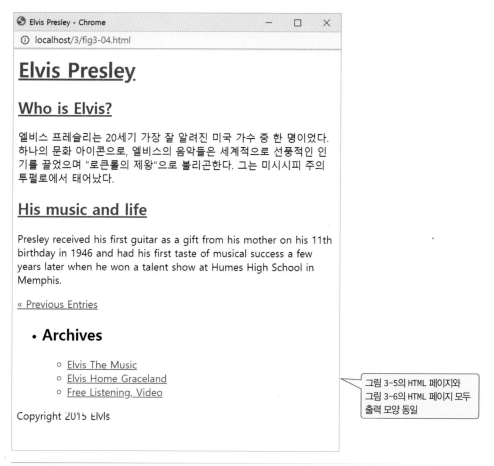

그림 3-4 샘플 브라우저 화면

```
<html><head><meta charset="utf-8"><title>Elvis Presley</title></head>
<body>
<div>
    <div id="header">
        <h1><a href="https://www.facebook.com/elvis">Elvis Presley</a></h1>
    </div>

    <div id="container">
        <div>
            <div id="post-1">
                <h2><a href="https://ko.wikipedia.org/wiki/엘비스_프레슬리"> Who is Elvis?</a></h2>
                <div class="entry">
                    <p>엘비스 프레슬리는 20세기 가장 잘 알려진 미국 가수 중 한명이었다. 하나의 문화
                        아이콘으로, 엘비스의 음악들은 세계적으로 선풍적인 인기를 끌었으며 "로큰롤의 제왕"으로
                        불리곤한다. 그는 미시시피 주의 투펄로에서 태어났다.</p>
                </div>
            </div>
            <div id="post-2">
                <h2><a href="http://www.biography.com/people/elvis-presley-9446466">
                    His music and life</a></h2>
                <div class="entry">
                    <p>Presley received his first guitar as a gift from his mother on his 11th
                        birthday in 1946 and had his first taste of musical success a few years
                        later when he won a talent show at Humes High School in Memphis.</p>
                </div>
            </div>
        </div>
        <div>
            <a href="">&laquo; Previous Entries</a>
        </div>
    </div>
    <div id="navigation">
        <ul>
            <li><h2>Archives</h2>
                <ul>
                    <li><a href="http://www.elvisthemusic.com/">Elvis The Music</a></li>
                    <li><a href="http://www.graceland.com/">Elvis Home Graceland</a></li>
                    <li><a href="http://www.last.fm/music/Elvis+Presley">Free Listening,
                        Video</a></li>
                </ul>
            </li>
        </ul>
    </div>
    <div id="footer">
        <p>Copyright 2015 Elvis</p>
    </div>
</div></body></html>
```

그림 3-5 <div> 태그를 주로 사용하는 이전 방식의 HTML 문서

```
<!DOCTYPE html>
<html>
<head><meta charset="utf-8"><title>Elvis Presley</title></head>
<body>
    <header>
        <h1><a href="https://www.facebook.com/elvis">Elvis Presley</a></h1>
    </header>
    <section>
        <article>
            <h2><a href="https://ko.wikipedia.org/wiki/엘비스_프레슬리">Who is Elvis?</a></h2>

            <p>엘비스 프레슬리는 20세기 가장 잘 알려진 미국 가수 중 한 명이었다. 하나의 문화 아이콘으로,
               엘비스의 음악들은 세계적으로 선풍적인 인기를 끌었으며 "로큰롤의 제왕"으로 불리곤한다. 그는
               미시시피 주의 투펄로에서 태어났다.</p>
        </article>

        <article>
            <h2><a href="http://www.biography.com/people/elvis-presley-9446466">
                    His music and life</a></h2>

            <p>Presley received his first guitar as a gift from his mother on his 11th
               birthday in 1946 and had his first taste of musical success a few years
               later when he won a talent show at Humes High School in Memphis.</p>
        </article>
        <nav>
            <a href="">&laquo; Previous Entries</a>
        </nav>
    </section>

    <nav>
        <ul>
            <li><h2>Archives</h2>
                <ul>
                    <li><a href="http://www.elvisthemusic.com/">Elvis The Music</a></li>
                    <li><a href="http://www.graceland.com/">Elvis Home Graceland</a></li>
                    <li><a href="http://www.last.fm/music/Elvis+Presley">Free Listening,
                            Video</a></li>
                </ul>
            </li>
        </ul>
    </nav>
    <footer>
        <p>Copyright 2015 Elvis</p>
    </footer>

</body>
</html>
```

그림 3-6 시맨틱 태그로 구조화된 HTML5 문서

HTML5 문서 구조화 연습

HTML5 문서를 <header>, <section>, <article>, <aside>, <footer> 등의 시맨틱 태그를 이용하여 구조화하는 연습을 해보자. 연습 대상은 아래의 웹 페이지이다.

문서를 구조화할 때 지키도록 다음 사항을 지켜 작성하도록 권장한다.

- 웹 페이지 전체를 시맨틱 태그들로 분할한다.
- 웹 페이지 전체 제목과 소개는 <header>로 작성한다.
- 본문은 <section>으로 묶고, 본문 내에 각 절이나 영역은 <article>로 작성한다.
- 링크나 메뉴들은 <nav> 태그로 작성한다.
- <header>, <section>, <article>, <aside> 등에는 헤딩 태그(<h1>~<h6>)를 이용하여 제목을 붙인다.
- 배경 음악을 연주하는 <audio> 태그는 <header> 영역에 둔다.
- 문서의 모양(<header>, <section>, <article>, <aside>의 배치)은 CSS3 스타일 시트를 이용한다.

```html
<!DOCTYPE html> <!-- 참고: https://ko.wikipedia.org/wiki/볼프강_아마데우스_모차르트 -->
<html><head><meta charset="utf-8"><title>시맨틱 태그로 구조화 연습</title></head>
<body>
    <header>
        <h1>볼프강 아마데우스 모차르트</h1>    웹 페이지의 제목
        <p>모차르트(1756년 1월 27일 ~ 1791년 12월 5일)는 1756년 1월 27일 잘츠부르크에서 태어난 천재
        적인 오스트리아의 작곡가를 소개한다.</p>    웹 페이지 소개
        <figure>
            <img width="140" height="200" src="https://upload.wikimedia.org/wikipedia/
commons/thumb/1/1e/Wolfgang-amadeus-mozart_1.jpg/500px-Wolfgang-amadeus-mozart_1.jpg">
            <figcaption>1770년대 초상화</figcaption>
        </figure>
    </header>
    <nav>
        <h2>목차</h2>    <nav>의 제목
        <ul>
            <li><a href="#life">생애</a></li>
            <li><a href="#death">죽음</a></li>
            <li><a href="#music">음악</a></li>
        </ul>
    </nav>
    <section>
        <article id="life">    <article>의 제목
            <h2>생애</h2>
            <p>모차르트는 1756년 1월 27일 잘츠부르크에서 태어나서, 궁정 음악가였던 아버지
            에게 피아노와 바이올린을 배웠고, 다섯살 때 이미 작곡을 하기 시작했으며, 1764년에서 1765년 사
            이에 바흐로부터 처음으로 교향곡을 작곡하는 법을 배웠는데 이것이 모차르트가 수많은 교향곡을 남기
            는 계기가 되었다. 모차르트는 빈에서 1784년에 14세인 베토벤을 만나 베토벤을 교육시키는데 전념하
            기도 했다.    <article>의 본문
            </p>
        </article>
        <article id="death">
            <h2>죽음</h2>
            <p>모차르트는 1791년 12월 5일 오전 0시 55분경에 갑자기 병으로 죽었으며 모차르트가 완성하지
            못한 작품 레퀴엠은 프란츠 크사버 쥐스마이어(Franz Xaver Süssmayr)가 완성시켰다.</p>
        </article>
        <article id="music">
            <h2>음악</h2>
            <p>오페라, 교향곡, 행진곡, 관현악용 무곡, 피아노 협주곡, 바이올린 협주곡, 교회용 성악곡, 칸타
            타, 미사곡 등 다양한 장르를 아우르며 600 여곡을 작곡하여 후대에 남겼다.</p>
        </article>
    </section>
    <aside id="legend">    팁과 같은 짤막한 글
        <h3>모차르트의 죽음에 얽힌 전설</h3>    <aside>의 제목
        <p>모차르트의 장례식 날 비가 오고 천둥이 쳤다고 하나 New Groove에 따르면 사실은 구름 한 점 없는
        쾌청한 날이었나고 한다.</p>
    </aside>
    <footer>
        <p>2017년 10월 7일 작성, 위키피디어 참고</p>
    </footer>
</body>
</html>
```

그림 3-7 시맨틱 구조화 태그로 작성된 HTML5 문서

시맨틱 블록 태그

블록을 구성하는 HTML5 시맨틱 태그를 몇 개 소개해보자.

\<figure\>

책이나 보고서를 작성할 때 본문에 삽입하는 사진, 차트, 삽화, 소스 코드 등을 보통 그림 1-1 같이 그림으로 다룬다. \<figure\>는 본문에 삽입된 그림을 블록화하는 시맨틱 태그이다. \<figure\> 태그를 이용하면 이미지, 동영상, 소스 코드 등 콘텐츠를 블록화 할 수 있다. 그림 제목은 \<figure\> 태그 내에 \<figcaption\> 태그로 작성한다.

그림을 블록화하는 시맨틱 태그

예제 **3-2** \<figure\> 태그 활용

'alert() 함수에 대한 설명'과 '실행 결과'를 하나의 그림으로 블록화하기 위해 \<figure\>를 사용한 예를 보여준다.

```html
<!DOCTYPE html>
<html>
<head>
<meta charset="utf-8">
<title>figure 태그 활용</title>
</head>
<body>
<h3>figure 태그 활용</h3>
<hr>
<figure id="1-1">
    <figcaption>alert() 함수 활용</figcaption>
    <pre>
       <code>function f() { alert("경고합니다"); }
       </code>
    </pre>
    <hr>
    <small>실행결과</small>
    <pre>
       <img src="media/alert.png" alt="실행결과">
    </pre>
</figure>
</body>
</html>
```

<details>와 <summary>

<details>는 상세 정보를 담는 시맨틱 블록 태그이다. 예제 3-3에 보이듯이 <details></details>로 만든 블록에 대해 브라우저 화면에 핸들(▶)이 나타나며, 사용자가 핸들(▶)을 클릭하여 상세 정보를 감추거나 보이게 할 수 있다. <summary> 태그는 <details>로 구성되는 블록의 제목을 표현한다.

예제 **3-3** <details>와 <summary> 활용

이 예제는 <details> 태그를 이용하여 Q&A 리스트를 만든 사례이다. 사용자가 핸들(▶)을 클릭하여 항목을 보거나 숨길 수 있다.

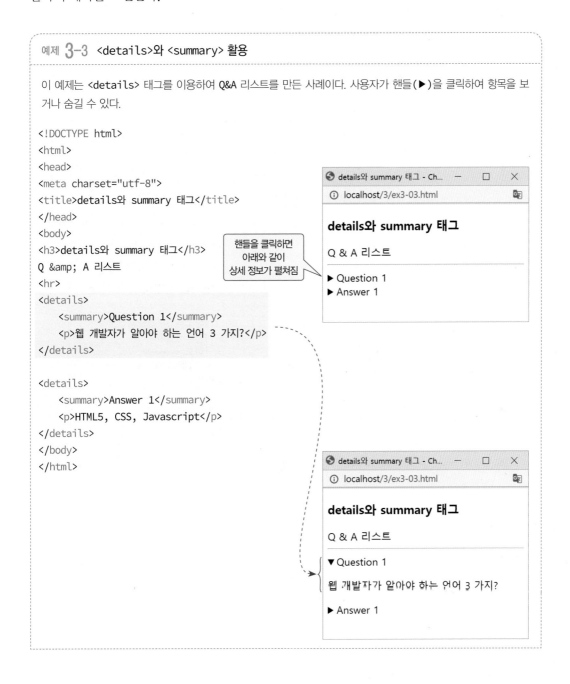

```
<!DOCTYPE html>
<html>
<head>
<meta charset="utf-8">
<title>details와 summary 태그</title>
</head>
<body>
<h3>details와 summary 태그</h3>
Q &amp; A 리스트
<hr>
<details>
    <summary>Question 1</summary>
    <p>웹 개발자가 알아야 하는 언어 3 가지?</p>
</details>

<details>
    <summary>Answer 1</summary>
    <p>HTML5, CSS, Javascript</p>
</details>
</body>
</html>
```

핸들을 클릭하면 아래와 같이 상세 정보가 펼쳐짐

details와 summary 태그 - Ch... — □ ×
ⓘ localhost/3/ex3-03.html

details와 summary 태그

Q & A 리스트
───────────────
▶ Question 1
▶ Answer 1

details와 summary 태그 - Ch... — □ ×
ⓘ localhost/3/ex3-03.html

details와 summary 태그

Q & A 리스트
───────────────
▼ Question 1

웹 개발자가 알아야 하는 언어 3 가지?

▶ Answer 1

시맨틱 인라인 태그

텍스트의 일부를 마크업하는 HTML5 시맨틱 태그를 몇 개 알아보자.

- <mark> - 중요한 텍스트임을 표시
- <time> - 시간 정보임을 표시
- <meter> - 주어진 범위나 %의 데이터 양 표시
- <progress> - 작업의 진행 정도 표시

<meter>는 주어진 양을 나타내므로 게이지라고도 부르며, <progress>는 점진적으로 변하는 양을 나타내는데 사용된다.

예제 **3-4** 시맨틱 인라인 태그

4가지 인라인 시맨틱 태그의 사용 사례를 보여준다. <mark>의 텍스트는 브라우저에 따라 다르게 표현되며 크롬에서는 노란색 배경으로 출력된다.

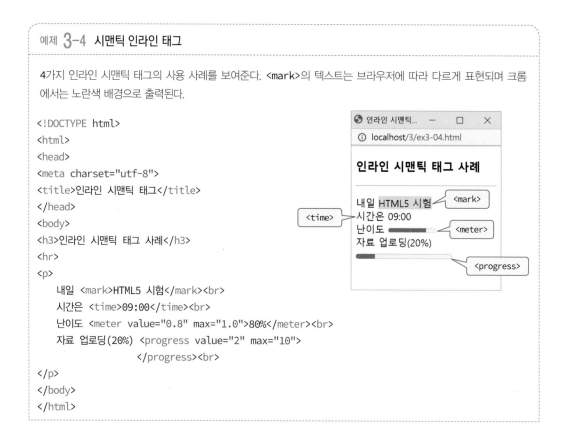

```
<!DOCTYPE html>
<html>
<head>
<meta charset="utf-8">
<title>인라인 시맨틱 태그</title>
</head>
<body>
<h3>인라인 시맨틱 태그 사례</h3>
<hr>
<p>
    내일 <mark>HTML5 시험</mark><br>
    시간은 <time>09:00</time><br>
    난이도 <meter value="0.8" max="1.0">80%</meter><br>
    자료 업로딩(20%) <progress value="2" max="10">
                    </progress><br>
</p>
</body>
</html>
```

잠깐! 시맨틱 구조를 저해하기 때문에 제거된 태그들

다음 태그들은 문서의 시맨틱 구조를 저해한다는 이유로 HTML5에서 제거되었으므로 사용하지 않기 바란다.
<big>, <center>, <dir>, <font>, <tt>, <u>, <xmp>, <acronym>, <applet>, <basefont>, <frame>, <frameset>, <noframes>, <strike>

2. 웹 폼

웹 폼과 폼 요소

웹 페이지를 통해 사용자 입력을 받는 폼을 웹 폼(Webform) 혹은 폼(form)이라고 한다. HTML5 에서는 \<input>, \<textarea>, \<select> 등 폼을 만들기 위한 다양한 태그들을 제공하며 이 태 그들을 폼 요소(form element)라고 부른다. 폼은 로그인, 등록, 검색, 예약, 쇼핑 등의 다양한 웹 서비스에서 사용자의 입력을 받기 위해 사용된다.

웹 폼

폼 요소

간단한 로그인 폼 만들기

예제 3-5는 3개의 폼 요소로 만들어진 로그인 폼을 만든 사례를 보여준다.

예제 **3-5** 간단한 로그인 폼 만들기

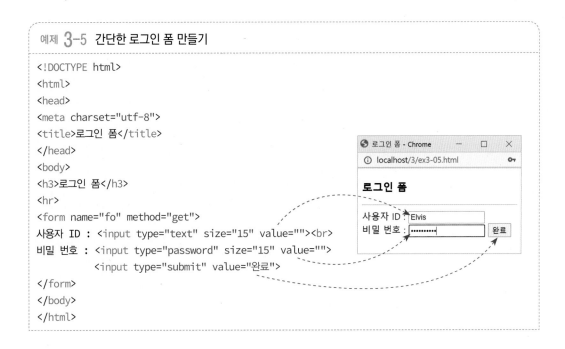

```
<!DOCTYPE html>
<html>
<head>
<meta charset="utf-8">
<title>로그인 폼</title>
</head>
<body>
<h3>로그인 폼</h3>
<hr>
<form name="fo" method="get">
사용자 ID : <input type="text" size="15" value=""><br>
비밀 번호 : <input type="password" size="15" value="">
         <input type="submit" value="완료">
</form>
</body>
</html>
```

예제 3-5의 폼 태그들을 살펴보자. 폼 요소들은 다음과 같이 \<form>...\</form>에 담는다.

```
<form name="fo" method="get">
    ...
</form>
```

```
<input type="text" size="15" value="">
```

문자열 입력 창을 만드는 태그로 창의 크기는 15문자 크기로 한다.

```
<input type="password" size="15" value="">
```

15문자 크기의 암호 입력 창을 만드는 태그이다. 사용자가 입력한 문자가 드러나지 않도록 화면에는 '＊'가 대신 출력된다.

```
<input type="submit" value="완료">
```

submit 버튼을 만드는 태그이다. 버튼의 표면에는 "완료" 글자가 출력된다. 이 버튼을 누르면 사용자가 폼 요소들에 입력한 내용을 모두 웹 서버로 전송한다. 하지만 예제 3-5에서 submit 버튼을 클릭해도 아무 데이터도 웹 서버로 전송되지 않는다. 왜냐하면 <form> 태그에 action 속성이 지정되지 않았기 때문이다.

폼 태그, 〈form〉

<form> 태그는 표 3-1과 같이 다양한 속성을 가진다. 이 속성들에 대해 간단히 알아보자.

name 속성

폼의 이름을 지정하는 속성으로 자바스크립트에서 사용된다.

action 속성

폼 데이터를 처리할 웹 서버 응용프로그램을 지정한다. submit 버튼이 클릭되면 브라우저는 action 속성에 지정된 웹 서버에 연결하고 웹 서버 응용프로그램을 실행할 것을 지시한다. 이때 사용자가 입력한 폼 데이터를 함께 전송한다.

method 속성

폼 데이터를 웹 서버로 전송하는 형식을 지시한다. 대표적인 방식이 GET과 POST이다. GET/POST는 이 책의 범위를 넘어서므로 따로 공부하기 바란다.

표 3-1 <form> 태그

```
<form  action="웹 서버 응용 프로그램의 URL"
       enctype="데이터의 인코딩 타입"
       method="GET|POST"
       name="폼 이름"
       target="윈도우 이름">
       ... 여러 개의 폼 요소 작성
</form>
```

- action : 폼 데이터를 처리할 웹 서버 응용프로그램 이름 URL
- enctype : 폼 데이터를 웹 서버로 전송할 때 암호화 방식 지정
- method : 폼 데이터를 웹 서버에 전송하는 방식
- target : 웹 서버 응용프로그램으로부터 전송받은 데이터(HTML 문서나 이미지)를 출력할 윈도우 이름

네이버 검색 사례를 통한 폼 전송 과정의 이해

그림 3-8과 같이 사용자가 네이버(www.naver.com) 사이트에서 검색하는 과정을 통해 폼의 전송 과정과 action, method 속성에 대해 알아보자. 폼이 처리되는 과정은 그림 3-8에 적힌 번호순으로 이루어진다.

① 네이버 사이트에 접속한다. 웹 브라우저에 의해 네이버 웹 페이지가 출력되고 검색어를 입력받는 폼이 보인다. 이 폼을 형성하는 <form> 태그는 다음과 같다.

```
<form name="sform"
      action="https://search.naver.com/search.naver"
      method="get">
    <input name="query" type="text">
    <input type="submit" value="검색"> ◁ 검색 버튼
</form>
```

검색 버튼이 눌려지면 브라우저는 <form> 태그의 action="https://search.naver.com/search.naver"을 참고하여, search.naver.com 서버에 접속하여 search.naver 응용프로그램의 실행을 요구해야 한다는 것을 확인한다.

② 사용자가 입력 창에 Elvis를 입력하고 검색 버튼을 누르면, 브라우저는 웹 서버 응용프로그램에 보낼 다음 폼 데이터를 만든다.

```
query=Elvis
```

여기서 query는 입력 창의 이름(<input name="query">)에서 가져온 것이다. 폼 데이터는 name=value 형태로 구성된다. <form> 태그의 method 속성이 get이므로, 폼 데이터를 다음과 같이 action의 URL에 덧붙인다(where=nexearch 등의 필드들은 일단 설명에서 제외하기로 하자).

```
https://search.naver.com/search.naver?  ... query=Elvis ...
```

③ 이제, 브라우저는 웹 서버인 search.naver.com에 접속하고, 웹 서버 응용프로그램 search.naver의 실행을 요청하고 query=Elvis를 전달한다.
④ 웹 서버에서 search.naver 응용프로그램을 실행하고 검색 결과를 브라우저에게 보낸다.
⑤ 브라우저는 검색 결과를 화면에 출력한다.

method
action

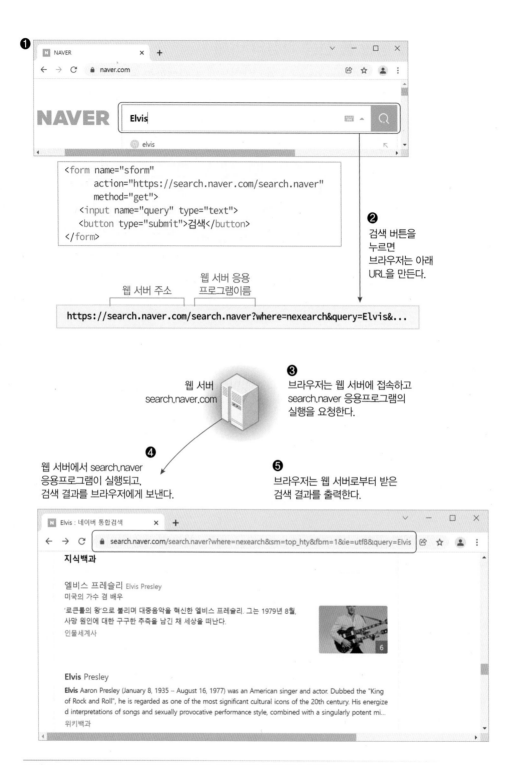

그림 3-8 네이버 검색 페이지에 있는 HTML 폼 태그와 폼의 전송 과정

3. 폼 만들기

폼 요소는 표 3-2와 같이 여러 종류가 있다. 지금부터 폼 요소들을 사용하는 방법에 대해 하나씩 알아보자.

표 3-2 폼 요소의 종류

폼 요소	설명
`<input type="text">`	한 줄 텍스트 입력 창
`<input type="password">`	암호 입력을 위한 한 줄 텍스트 입력 창
`<input type="button">`	단순 버튼
`<input type="submit">`	웹 서버로 폼 데이터를 전송시키는 버튼
`<input type="reset">`	입력된 폼 데이터를 초기화시키는 버튼
`<input type="image">`	이미지 버튼
`<input type="checkbox|radio">`	체크박스와 라디오버튼
`<select>`	드롭다운 리스트를 가진 콤보박스
`<input type="month|week|date|time|datetime-local">`	년, 월, 일, 시간 등의 시간 정보 입력 창
`<input type="number|range">`	스핀 버튼과 슬라이드바로 편리한 숫자 입력 창
`<input type="color">`	색 입력을 쉽게 하는 컬러 다이얼로그
`<input type="email|url|tel|search">`	이메일, URL, 전화번호, 검색키워드 등 형식 검사 기능을 가진 텍스트 입력 창
`<input type="file">`	로컬 컴퓨터의 파일을 선택하는 폼 요소
`<button type="button|reset|submit">`	단순 버튼, reset, submit 버튼
`<textarea>`	여러 줄의 텍스트 입력 창

> **잠깐!** 폼 요소는 `<form>` 태그 없이 사용할 수 있는가?
>
> 폼 요소들은 `<form>` 태그 없이 사용할 수도 있다. 이런 경우는 주로 웹 서버에 전송하지 않고 자바스크립트 코드에서 사용자의 입력을 받는 목적으로 사용한다.

텍스트 입력, ⟨input type="text|password"⟩, ⟨textarea⟩

주소나 이름 등 한 줄 텍스트를 입력받는 창은 다음 태그로 만들 수 있다(표 3-3 참고).

```
<input type="text" value="초기에 출력되는 문자열">
```

특별히 암호를 입력받는 경우, type에 "password"를 지정한다.

```
<input type="password" value="">
```

이 경우, 사용자가 입력하는 문자 대신 '*' 등 다른 글자를 출력하여 다른 사람이 볼 수 없게 한다.

여러 줄의 텍스트를 입력받을 때는 ⟨textarea⟩⟨/textarea⟩ 태그를 사용한다(표 3-4 참조). 다음 코드는 가로로 20개 문자 다섯 줄 크기의 텍스트 입력 창을 출력한다.

```
<textarea cols="20" rows="5">
    화면에 출력할 초기 텍스트입니다. 없으면 빈 공간만 출력됩니다.   ◁ 초기에 출력되는 텍스트
</textarea>
```

표 3-3 ⟨input type="text|password"⟩ 태그

```
<input type="text|password"
       name="요소 이름"
       maxlength="문자 개수"
       size="문자 개수"
       value="초기 텍스트">
```

- **maxlength** : 입력할 수 있는 문자의 최대 개수
- **size** : 입력 창의 크기. 단위는 문자 개수

표 3-4 ⟨textarea⟩ 태그

```
<textarea cols="열 개수"
          rows="행 개수"
          name="요소 이름"
          wrap="OFF|HARD|SOFT">
          초기 출력될 텍스트
</textarea>
```

- **cols, rows** : 텍스트 입력창의 크기로 가로세로 문자 수(영어를 기준으로)
- **wrap** : 자동 줄바꿈 처리 지정

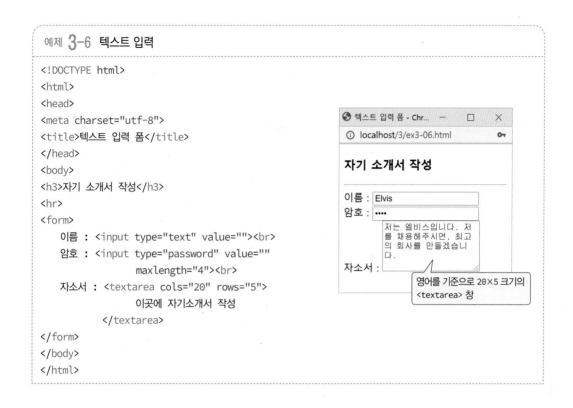

```
<!DOCTYPE html>
<html>
<head>
<meta charset="utf-8">
<title>텍스트 입력 폼</title>
</head>
<body>
<h3>자기 소개서 작성</h3>
<hr>
<form>
    이름 : <input type="text" value=""><br>
    암호 : <input type="password" value=""
                  maxlength="4"><br>
    자소서 : <textarea cols="20" rows="5">
                 이곳에 자기소개서 작성
             </textarea>
</form>
</body>
</html>
```

데이터 목록을 가진 텍스트 입력 창, 〈datalist〉

네이버 등의 검색 사이트에서 검색 창에 입력할 때, 추천 검색어 목록이 펼쳐지고 항목을 선택한 경험이 있을 것이다. 과거에는 이 기능을 자바스크립트로 만들었지만, HTML5에서는 <datalist></datalist> 태그로 만들 수 있다.

　<input type="text">로 나라 이름을 입력받는 예를 들어보자. 그림 3-9와 같이 사용자가 선택 가능한 데이터 목록을 <datalist></datalist>로 만들고, <input> 태그의 **list 속성 값**과 <datalist>의 **id 속성 값**을 동일하게 주어 이 둘을 연결한다. <option> 태그는 데이터 항목 하나를 나타낸다.

list 속성 값
id 속성 값

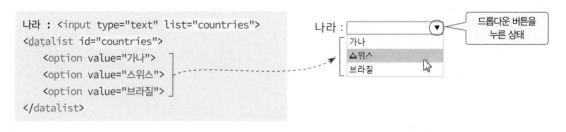

그림 3-9 데이터 목록을 가진 텍스트 입력 창

<datalist>를 사용하여 선택 목록을 제공하는 사례를 보인다.

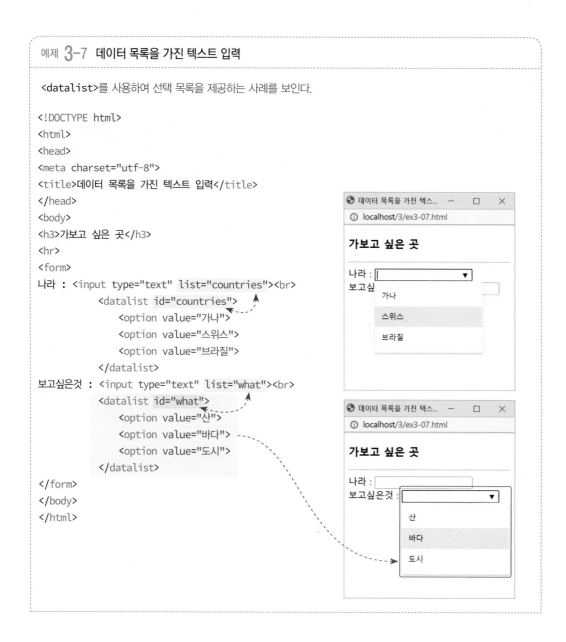

```
<!DOCTYPE html>
<html>
<head>
<meta charset="utf-8">
<title>데이터 목록을 가진 텍스트 입력</title>
</head>
<body>
<h3>가보고 싶은 곳</h3>
<hr>
<form>
나라 : <input type="text" list="countries"><br>
        <datalist id="countries">
            <option value="가나">
            <option value="스위스">
            <option value="브라질">
        </datalist>
보고싶은것 : <input type="text" list="what"><br>
        <datalist id="what">
            <option value="산">
            <option value="바다">
            <option value="도시">
        </datalist>
</form>
</body>
</html>
```

텍스트/이미지 버튼 만들기

버튼은 다음과 같이 <input> 태그나 <button> 태그로 만들 수 있으며, type 속성으로 버튼의 기능을 선택할 수 있다(표 3-5 참고).

```
<input type="button|reset|submit|image" value="버튼의 문자열">
<button type="button|reset|submit">버튼의 문자열</button>
```

표 3-5 버튼을 만드는 태그

```
<input type="button|reset|submit|image"
       name="버튼 이름"
       value="문자열"
       src="이미지 URL">
```
- **value** : 버튼에 출력되는 문자열
- **src** : **type="image"**인 경우에만 필요한 것으로 이미지의 **URL**

```
<button type="button|reset|submit"
        name="버튼 이름"
        value="문자열">
버튼 문자열이나 이미지
</button>
```

단순 버튼(type="button")

이 버튼은 아무 기능이 없는 버튼으로 자바스크립트 코드에서 이용된다. "로그인" 문자열이 새 겨진 단순 버튼은 다음과 같이 만들 수 있다.

```
<input type="button" value="로그인">
<button type="button">로그인</button>
```

submit 버튼(type="submit")

이 버튼은 submit 버튼으로 불리며, 클릭하면 브라우저가 폼 데이터를 웹 서버로 전송한다.

```
<input type="submit" value="전송">
<button type="submit">전송</button>
```

reset 버튼(type="reset")

폼에 입력된 내용을 모두 지우고 초기화하는 버튼을 만든다.

```
<input type="reset" value="리셋">
<button type="reset">리셋</button>
```

이미지 버튼(type="image")

이미지 버튼을 만드는 두 가지 방법은 다음과 같다.

```
<input type="image" src="button.png" alt="이미지 버튼">
<button type="button"><img src="button.png" alt="이미지 버튼"></button>
```

이 이미지 버튼들은 아무 기능이 없으며 자바스크립트 코드에서 활용한다. <button> 태그를 이용하여 이미지를 가진 submit 버튼이나 reset 버튼도 만들 수 있다.

```
<button type="reset"><img src="button.png" alt="리셋 버튼"></button>
```

주목
<button> 태그의 type="button" 속성에 주목해 주세요.

> **잠깐!** <button> 태그로 버튼 만들 때 주의 ○──────
>
> <form> 태그 안에 <button> 태그를 사용할 때 주의할 점이 있다. <button>의 디폴트 type은 submit이다. 그러므로 버튼이 클릭되면 폼을 서버에 전송하고 경우에 따라 웹 페이지를 다시 로드한 것처럼 된다. 많은 개발자들이 이런 오류를 종종 범하고 오류를 찾지 못해 쩔쩔매는 경우가 있다. 이런 문제를 피하려면 다음과 같이 type 속성을 button으로 명확히 지정하면 된다.
>
> ```
> <button type="button">click</button>
> ```
>
> <button>을 <form> 태그 안에 두지 않으면 상관없다.

예제 3-8 다양한 버튼 만들기

```
<!DOCTYPE html>
<html>
<head>
<meta charset="utf-8">
<title>버튼이 있는 입력 폼</title>
</head>
<body>
<h3>버튼을 만들자</h3>
<hr>
<form>
    검색: <input type="text" size="10" value="">
        <input type="button" value="Q1">
        <button type="button">Q2</button><br>
    submit 버튼 :  <input type="submit" value="전송1">
                <button type="submit">전송2</button><br>
    reset 버튼 :  <input type="reset" value="리셋1">
                <button type="reset">리셋2</button><br>
    이미지버튼 : <input type="image" src="media/button.png" alt="이미지 버튼">
                <button type="button">
                    <img src="media/button.png" alt="이미지 버튼">
                </button>
</form>
</body>
</html>
```

버튼이 있는 입력... localhost/3/ex3-08.html

버튼을 만들자

검색: [   ] [Q1] [Q2]
submit 버튼 : [전송1] [전송2]
reset 버튼 : [리셋1] [리셋2]

이미지버튼 :

선택형 입력

체크박스, 라디오버튼, 콤보박스는 목록을 보여주고, 목록에서 사용자가 선택하는 방식의 입력 요소이다. 표 3-6은 체크박스와 라디오버튼을 만드는 태그의 속성을, 표 3-7, 3-8은 콤보박스를 만드는데 필요한 태그의 속성을 보여준다.

표 3-6 체크박스와 라디오버튼을 만드는 <input> 태그

```
<input type="checkbox|radio"
       name="요소 이름"
       value="요소 값"
       checked>
```

• value : 폼 요소가 선택된 상태일 때, 웹서버에 전송되는 값
• checked : 이 속성이 있으면, 초기에 선택 상태로 출력

체크박스 만들기, <input type="checkbox">

체크박스는 선택/해제 중 하나를 선택하는 폼 요소이다. 예제 3-9는 3개의 체크박스를 만든 사례를 보여준다. 체크박스는 각각 선택할 수 있다. checked 속성을 가진 짬뽕 체크박스는 처음부터 선택된 상태로 출력된다.

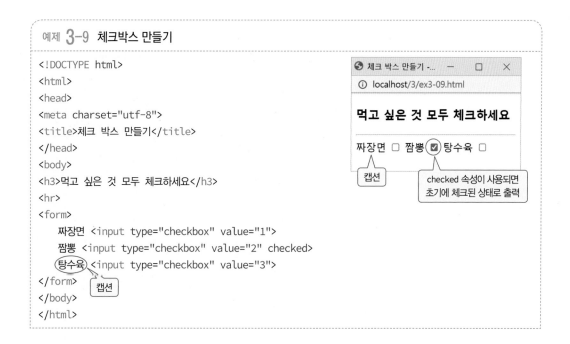

예제 **3-9** 체크박스 만들기

```
<!DOCTYPE html>
<html>
<head>
<meta charset="utf-8">
<title>체크 박스 만들기</title>
</head>
<body>
<h3>먹고 싶은 것 모두 체크하세요</h3>
<hr>
<form>
    짜장면 <input type="checkbox" value="1">
    짬뽕 <input type="checkbox" value="2" checked>
    탕수육 <input type="checkbox" value="3">
</form>
</body>
</html>
```

캡션

캡션

먹고 싶은 것 모두 체크하세요

짜장면 ☐ 짬뽕 ☑ 탕수육 ☐

checked 속성이 사용되면 초기에 체크된 상태로 출력

라디오버튼 만들기, <input type="radio">

checked

라디오버튼은 name 속성 값이 같은 라디오버튼들이 하나의 그룹을 형성하고, 그 중 하나만 선택되는 폼 요소이다. 예제 3-10은 name이 china인 3개의 라디오버튼 그룹을 보여준다. checked 속성을 가진 짬뽕이 선택 상태로 출력된다.

예제 **3**-10 라디오버튼 만들기

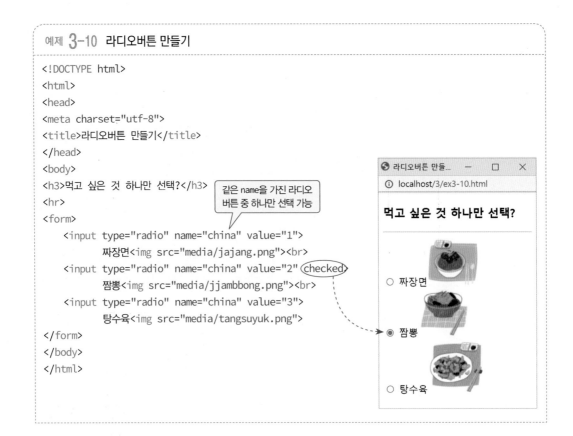

```html
<!DOCTYPE html>
<html>
<head>
<meta charset="utf-8">
<title>라디오버튼 만들기</title>
</head>
<body>
<h3>먹고 싶은 것 하나만 선택?</h3>
<hr>
<form>
    <input type="radio" name="china" value="1">
        짜장면<img src="media/jajang.png"><br>
    <input type="radio" name="china" value="2" checked>
        짬뽕<img src="media/jjambbong.png"><br>
    <input type="radio" name="china" value="3">
        탕수육<img src="media/tangsuyuk.png">
</form>
</body>
</html>
```

같은 name을 가진 라디오버튼 중 하나만 선택 가능

표 3-7 <select> 태그

```
<select name="요소 이름"
        size="개수"
        multiple>
여러 개의 <option>...</option> 태그로 선택 항목 만들기
</select>
```

• size : 콤보박스 창 크기(보일 수 있는 최대 항목 개수). 디폴트는 1
• multiple : 이 속성이 있으면 다수 항목 선택 가능

잠깐! name과 value 속성

value 속성은 폼 데이터가 웹 서버로 전송될 때, name 속성과 함께 전달되는 폼 요소의 값이다. 자세한 것을 알고자 하면 HTTP 프로토콜에서 폼 데이터 전송에 대한 공부를 개인적으로 하기 바란다.

표 3-8 <option> 태그

```
<option value="옵션 값"
        selected>
항목 문자열
</option>
```

- value : 이 항목이 선택되었을 때 웹 서버에 전송되는 값
- selected : 이 속성이 있으면 초기에 선택 상태로 출력

콤보박스 만들기, <select>

콤보박스는 드롭다운 목록을 보여주고 그중 하나를 선택하는 폼 요소이다. <select> 태그는 콤보박스 전체를 표현하고 <option> 태그는 항목 하나를 표현한다. 예제 3-11은 3개의 선택 항목을 가진 콤보박스를 만든 사례를 보여준다. <option> 태그에 **selected** 속성이 있으면 그 항목 _selected_ 은 처음부터 선택 상태로 출력된다.

예제 **3-11** 콤보박스 만들기

짜장면, 짬뽕, 탕수육의 3개의 선택 항목을 가지는 콤보박스를 보여준다.

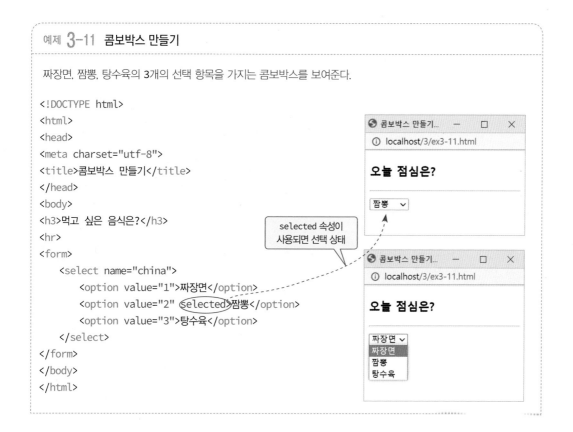

```
<!DOCTYPE html>
<html>
<head>
<meta charset="utf-8">
<title>콤보박스 만들기</title>
</head>
<body>
<h3>먹고 싶은 음식은?</h3>
<hr>
<form>
    <select name="china">
        <option value="1">짜장면</option>
        <option value="2" selected>짬뽕</option>
        <option value="3">탕수육</option>
    </select>
</form>
</body>
</html>
```

selected 속성이 사용되면 선택 상태

잠깐! <datalist>와 <select>의 차이점

<datalist>를 사용하면 옵션 리스트에서 선택하거나 입력창에 직접 입력하여 항목을 선택할 수 있지만, <select>의 경우 옵션리스트에서만 선택할 수 있다.

⟨label⟩로 폼 요소의 캡션 만들기

캡션　다음은 텍스트 창의 사례로서, 텍스트 창 앞에 있는 '사용자 ID:'를 캡션이라고 부른다.

```
사용자 ID : <input type="text">          사용자 ID : [            ]
   └─┬─┘  └────┬────┘                        └─┬─┘  └───┬───┘
    캡션      폼 요소                          캡션       폼 요소
```

대부분의 폼 요소는 캡션을 함께 사용하지만 따로 캡션임을 명시하지 않는다. ⟨label⟩ 태그를 이용하면 **캡션과 폼 요소를 한 단위**로 묶어 문서를 훨씬 명료하게 표현할 수 있고, 한 단위로 다룰 수 있어 많은 장점을 가진다.

캡션과 폼 요소를 한 단위

⟨label⟩을 사용하는 방법에는 다음 두 가지가 있다.

⟨label⟩로 폼 요소 둘러싸기

⟨label⟩로 캡션과 폼 요소를 다음과 같이 묶는 방법이다.

```
<label>                              사용자 ID : [            ]
  사용자 ID :<input type="text">
</label>
```
〔캡션〕

⟨label⟩로 캡션을 지정하고, for 속성으로 캡션과 폼 요소 연결

for 속성　'⟨label⟩캡션⟨/label⟩'로 캡션 문자열을 만들고, **for 속성**을 이용하여 다음과 같이 캡션을 연결한다.

```
<label for="loginID">                사용자 ID : [            ]
  사용자 ID :
</label>  〔캡션〕
<input type="text" id="loginID">
```

> **잠깐!** 주목
>
> 이 책의 예제에서는 소스 코드를 간략히 하기 위해 ⟨label⟩을 사용하지 않는다.

예제 **3-12** <label> 태그를 이용한 로그인 폼 만들기

예제 3-5의 로그인 폼에 있는 캡션을 <label> 태그를 감싸 다시 작성하라.

```
<!DOCTYPE html>
<html>
<head>
<meta charset="utf-8">
<title>로그인 폼</title>
</head>
<body>
<h3>로그인 폼</h3>
<hr>
<form name="fo" method="get">
    <label>사용자 ID : <input type="text" size="15" value="">
    </label><br>
    <label for="pass">비밀 번호 : </label>
    <input id="pass" type="password" size="15" value="">
    <input type="submit" value="완료">
</form>
</body>
</html>
```

선택형 요소의 캡션을 <label>로 감싸기

선택형 요소에 <label>을 사용하면 더욱 값진 결과를 얻을 수 있다. 지금까지 체크박스나 라디오버튼에서 ◉, ☑를 클릭할 때만 선택으로 처리되고 '짜장면' 등의 **캡션** 위에 마우스를 클릭해도 체크박스나 라디오버튼의 상태를 변경할 수 없었다.   캡션

이를 개선해보자. <label>을 이용하여 '짜장면', '짬뽕' 문자열을 캡션으로 달게 되면, 캡션 문자열 위에 마우스를 클릭해도 폼 요소를 클릭한 것으로 처리된다. 다음 코드에서 사용자가 '짜장면' 글자를 클릭해도 라디오버튼을 선택할 수 있다.

```
<label>
    짜장면 <input type="radio" name="china" value="1">
</label>
       ┕ 캡션
```

이 코드는 다음과 같이 쓸 수도 있다.

```
<label for="china">짜장면</label>
<input type="radio" name="china" id="china" value="1">
```

<label>로 문자열과 이미지를 함께 캡션으로 만들 수 있다. 이렇게 하면, 다음과 같이 '짜장면' 글자나 jajang.png 이미지를 클릭해도 라디오버튼을 선택할 수 있다.

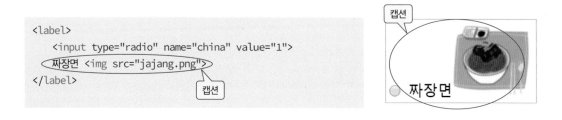

예제 3-13 <label>로 라디오버튼에 캡션 만들기

<label> 태그를 이용하여 예제 3-10의 라디오버튼에 캡션을 삽입하라.

```
<!DOCTYPE html>
<html>
<head>
<meta charset="utf-8">
<title>캡션을 가진 라디오버튼</title>
</head>
<body>
<h3>먹고 싶은 것 하나만 선택?(&lt;label&gt;이용)</h3>
<hr>
<form>
    <label>
        <input type="radio" name="china" value="1">
        짜장면 <img src="media/jajang.png">
    </label><br>
    <label>
        <input type="radio" name="china" value="2" checked>
        짬뽕 <img src="media/jjambbong.png">
    </label><br>
    <label>
        <input type="radio" name="china" value="3">
        탕수육 <img src="media/tangsuyuk.png">
    </label>
</form>
</body>
</html>
```

색 입력, ⟨input type="color"⟩

HTML에서 색 표현

HTML과 CSS에서 색은 빛의 3원색인 red, green, blue가 섞인 것으로 그림 3-10과 같이 '#'으로 시작하는 6자리 코드로 표현한다. 이 코드는 #rrggbb의 형식으로, rr은 빨강, gg는 초록, bb는 파랑의 농도를 표기하며, 각 원소 색은 8비트 범위(0~255)의 16진수(0~FF)로 표기한다. 표 3-9는 몇 가지 색의 코드 사례를 보여준다.

그림 3-10 HTML에서 색 코드로 색 표현

표 3-9 색 코드 사례

이름	코드	색	이름	코드	색
brown	#A52A2A		deepskyblue	#00BFFF	
blueviolet	#8A2BE2		gold	#FFD700	
darkorange	#FF8C00		olivedrab	# 6B8E23	

HTML5 이전까지는 모양을 꾸미는 bgcolor 등의 속성이나 ⟨font color="색"⟩ 등 색을 직접 표현하는 태그들이 있었고 이때 표 3-9의 색 이름이나 색 코드를 사용하였다. 하지만 HTML5에서는 색을 꾸미는 것은 모두 CSS 스타일 시트를 사용하도록 하고 있다.

색 입력 폼 요소, ⟨input type="color"⟩

HTML5에서는 컬러 다이얼로그를 출력하여 색을 입력받는 다음 태그를 제공한다. 여기서 value는 초기 색을 지정한다. #00FF00은 초록색을 나타낸다.

```
<input type="color" value="#00FF00">
```

예제 3-14를 통해 ⟨input type="color"⟩ 태그의 사용법을 알아보자. 컬러 다이얼로그에서 사용자가 선택한 색은 #rrggbb 형식으로 value 속성에 저장되며, 이 값은 자바스크립트 코드에서 활용한다.

예제 **3-14** 컬러 다이얼로그로 색 입력 응용

<input type="color">를 이용하여 컬러 다이얼로그를 출력하고 색을 입력받는 응용을 만들어보자. 이해를 돕기 위해 간단한 자바스크립트 코드를 삽입해 보았다. onchange="document.body.style.color=this.value" 는 사용자가 컬러 다이얼로그에서 선택한 색으로 브라우저의 글자 색을 변경시키는 자바스크립트 코드이다.

```html
<!DOCTYPE html>
<html>
<head>
<meta charset="utf-8">
<title>색 입력</title>
</head>
<body>
<h3>컬러다이얼로그로 색 입력</h3>
<hr>
<form>
    색 선택 <input type="color" value="#00BFFF"
            onchange="document.body.style.color=this.value">
</form>
</body>
</html>
```

선택한 색을 브라우저의 글자에
적용하는 자바스크립트 코드

value="#00BFFF" 색은
컬러 다이얼로그의 초기 색

사용자가 #FF80FF 색 선택

시간 정보 입력

HTML5에서는 `<input type="month|week|date|time|datetime-local">` 태그로 달, 주, 날짜, 시간을 쉽게 입력받을 수 있는 멋진 폼 요소를 제공하며 표 3-10에 간략히 설명한다. 그림 3-11은 샘플 태그와 출력 모양을 보여준다. value 속성에는 날짜나 시간의 초깃값을 지정하며, 사용자는 버튼(📅)을 클릭하면 달력이 펼쳐지고 원하는 날짜나 시간을 쉽게 지정할 수 있다. 현재 HTML5를 완벽히 지원하지 않는 브라우저에서는 텍스트 창에 value 값만 출력된다.

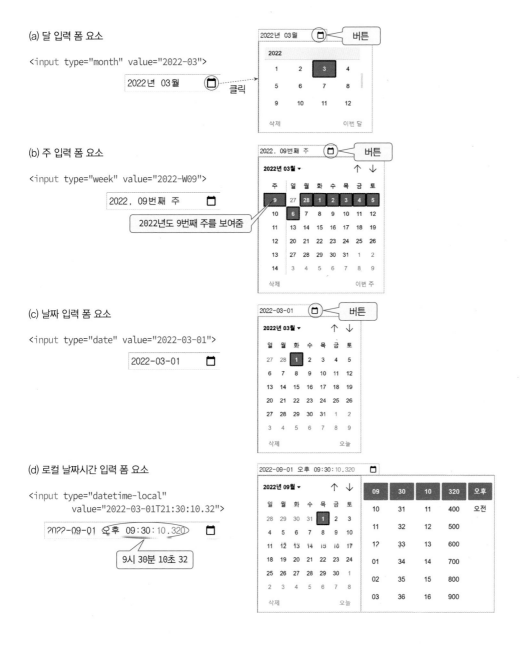

(a) 달 입력 폼 요소

`<input type="month" value="2022-03">`

(b) 주 입력 폼 요소

`<input type="week" value="2022-W09">`

(c) 날짜 입력 폼 요소

`<input type="date" value="2022-03-01">`

(d) 로컬 날짜시간 입력 폼 요소

`<input type="datetime-local"`
`        value="2022-03-01T21:30:10.32">`

(e) 시간 입력 폼 요소

```
<input type="time" value="21:30">
```

버튼을 클릭하면
시간 설정 가능

그림 3-11 시간 정보 입력을 위한 HTML5 폼 요소 사례

표 3-10 시간 정보를 입력하는 폼 요소(2016년 9월 1일 밤 9시 30분(10초 32)을 설정하는 사례)

type 속성값	입력 데이터	value의 형식
`<input type="month">`	년/월	2022-03
`<input type="week">`	년/몇 번째 주	2022-W03
`<input type="date">`	년/월/일	2022-03-01
`<input type="datetime-local">`	해당 나라의 시간 년/월/일/오전, 오후/시/분/초/100분의 1초	2022-03-01T21:30:10.32
`<input type="time">`	시/ 분	21:30

예제 3-15 시간 정보 입력 폼 요소 활용

이 예제는 시간 정보를 입력받는 HTML5 폼 요소들의 사례를 보인다.

```
<!DOCTYPE html>
<html>
<head>
<meta charset="utf-8"><title>시간 정보 입력</title>
</head>
<body>
<h3>시간 정보 입력</h3>
초기 세팅 : 2022년 3월 1일 밤 9시 30분(10초 32)<br>
시간을 변경해 보세요
<hr>
<form>
<pre>
month :<input type="month" value="2022-03"><br>
week : <input type="week" value="2022-W09"><br>
data : <input type="date" value="2022-03-01"><br>
time : <input type="time" value="21:30"><br>
local: <input type="datetime-local"
              value="2022-03-01T21:30:10.32"><br>
</pre>
</form>
</body></html>
```

예제 **3**-16 생일 날짜 입력 받기

시간 정보를 입력받는 `<input>` 태그를 사용하여 생일 날짜를 입력받는다.

```html
<!DOCTYPE html>
<html>
<head>
<meta charset="utf-8">
<title>시간 정보 입력 응용</title>
</head>
<body>
<h3>생일축하합니다</h3>
<hr>
당신의 생일은 2003년 2월 9일입니다. 틀리면 수정하시고
파티 시간과 장소를 입력하세요.
<hr>
<form>
<table>
    <tr><td>생일</td>
        <td><input type="date" value="2003-02-09"></td></tr>
    <tr><td>생일파티시간</td>
        <td><input type="time"></td></tr>
    <tr><td>생일파티장소</td>
        <td><input type="text"></td></tr>
</table>
</form>
</body>
</html>
```

스핀버튼과 슬라이드바로 편리한 숫자 입력

HTML5에서는 정수나 실수를 편리하게 입력할 수 있는 다음 두 개의 폼 요소를 제공한다.

- 스핀버튼으로 정교한 값 입력 : `<input type="number">`
- 슬라이드바로 대략적인 값 입력 : `<input type="range">`

이들 태그의 `min`, `max`, `step` 속성에 최소, 최대, 스핀버튼이나 슬라이드바를 조절할 때 증감 단위 값을 각각 지정한다. 사용자가 스핀버튼(spin)이나 슬라이드바로 입력한 숫자는 해당 태그의 `value` 속성에 저장된다. 이 값은 자바스크립트로 읽어 활용한다.

min
max
step

3. HTML5 문서 구조화와 웹 폼 **145**

예제 **3-17** `<input type="number|range">`로 편리한 숫자 입력

```html
<!DOCTYPE html>
<html>
<head>
<meta charset="utf-8">
<title>편리한 숫자 입력</title>
</head>
<body>
<h3>홈 제어 시스템 - 온도 조절</h3>
<hr>
<form>
    지속시간 (0.0~10.0시간) :
    <input type="number" min="0.0" max="10.0"
           step="0.5"><br><br>
    온도 설정 :10&deg;
    <input type="range" min="10" max="30"
           list="temperatures">30&deg;
    <datalist id="temperatures">
        <option value="12" label="Low">
        <option value="20" label="Medium">
        <option value="28" label="High">
    </datalist></form>
</body>
</html>
```

입력할 정보의 힌트 보여주기

`<input>` 태그의 placeholder 속성은 사용자가 입력할 정보의 형식을 살짝 보여주는 속성이다.

placeholder 다음은 **placeholder** 속성으로 이메일 입력 창에 입력할 형식을 알려주는 사례이다.

이메일 주소:
`<input type="email" placeholder="id@host">`

형식을 가진 텍스트 입력

HTML5에서는 email 주소, URL, 전화번호와 같이 텍스트가 특정 형식에 맞게 입력되었는지 검사하는 폼 요소들을 제공한다.

email 주소, <input type="email">

<input type="email">은 email 주소만 입력받는 태그이다. 이 창에는 'happy@mycom.com'과 같이 W3C의 규정에 맞도록 email 주소가 입력되어야 한다. 이 창은 그림 3-12와 같이 <input type="text">에 의해 생성된 창과 모양은 같지만, submit 버튼이 클릭되면 웹 서버로 전송하기 전에 형식 검사가 수행된다. 입력된 텍스트가 email 주소의 형식에 맞지 않으면 오류 메시지를 출력하고 전송하지 않는다. 그러므로 잘못된 입력을 미리 발견함으로써 잘못된 입력이 웹 서버로 전송되는 불필요한 트래픽을 막을 수 있다.

형식 검사

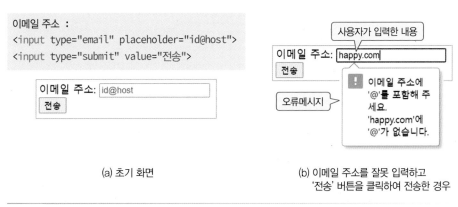

(a) 초기 화면

(b) 이메일 주소를 잘못 입력하고 '전송' 버튼을 클릭하여 전송한 경우

그림 3-12 <input type="email"> 태그에서 이메일 주소의 유효성 자동 검사

URL, <input type="url">

<input type="url">은 URL만 입력받는 태그로서 'http://www.naver.com'와 같이 W3C의 규정에 맞도록 입력되어야 하며, 웹 서버로 전송될 때 유효성이 자동으로 검사된다. 사용자의 바른 입력을 유도하기 위해 다음과 같이 placeholder 속성을 함께 사용하는 것이 바람직하다.

유효성 검사

```
<input type="url" placeholder="http://">
```

전화번호 입력, <input type="tel">

전화번호의 형식이 워낙 다양하므로, 현재 W3C에서는 전화번호를 자유롭게 입력하도록 허용하고 있어 이 태그는 전화번호의 유효성 검사를 하지 않는다. 사용자의 실수를 줄이기 위해 다음과 같이 placeholder 속성에 전화번호 형식을 미리 보여 주는 것이 바람직하다.

```
<input type="tel" placeholder="010-1234-5678">
```

검색어 입력, `<input type="search">`

다음 태그를 이용하면 검색어 입력 창을 만들 수 있다.

```
<input type="search" placeholder="검색어">
```

검색어 입력 창의 오른쪽 끝에 x 표시가 출력되며, x를 클릭하면 입력이 취소된다.

예제 **3-18** 형식을 가진 텍스트 입력

```
<!DOCTYPE html>
<html>
<head>
<meta charset="utf-8">
<title>형식을 가진 텍스트 입력</title>
</head>
<body>
<h3>회원 정보를 입력해주세요.</h3>
<hr>
<form>
    email : <input type="email" placeholder="id@host"><br>
    홈페이지 : <input type="url" placeholder="http://"><br>
    전화번호 : <input type="tel" placeholder="010-1234-5678">
            <input type="submit" value="확인"><br><br>
<hr>
    검색어 : <input type="search" placeholder="검색어">
            <input type="button" value="검색">
</form>
</body>
</html>
```

폼 요소들의 그룹핑, ⟨fieldset⟩

HTML5에서는 `<fieldset>` 태그로 폼 요소들을 그룹으로 묶을 수 있으며, 그룹의 제목은 `<legend>` 태그로 표현한다. 브라우저는 그룹을 둘러싸는 외곽선 박스와 제목을 출력하여 그룹을 표시한다. 예제 3-19는 `<fieldset>`으로 그룹을 만든 사례를 보여준다.

예제 3-19 폼 요소의 그룹핑

```html
<!DOCTYPE html>
<html>
<head>
<meta charset="utf-8">
<title>폼 입력 그룹으로 묶기</title>
</head>
<body>
<h3>회원 정보를 입력해주세요.</h3>
<hr>
<form>
    <fieldset>
        <legend>회원정보</legend>
        이메일 : <input type="email"><br>
        홈페이지 : <input type="url"><br>
        전화번호 : <input type="tel">
    </fieldset>
    <small>질문 : Tel. 010-111-1111</small>
</form>
</body>
</html>
```

Q HTML5에서 문서의 구조화란 왜 중요한가?

A 문서는 장, 절, 그림, 소제목 등 일반적인 구조에 따라 작성된다. 하지만, HTML5 이전에는 구조를 표현하는 태그들이 없었기 때문에 `<p>`, `<div>` 태그를 적절히 사용하여 사용자가 화면에서 장, 절, 그림 등을 구분할 수 있도록 하였다. 하지만, 태그와 단어를 중심으로 HTML 페이지 안을 검색해야 하는 검색 엔진에게 문서의 구조를 명확히 전달하는 웹 페이지를 만들어야, 검색이 잘 되고 웹 사이트의 가치가 올라간다. 이를 위해 HTML5에서는 문서의 구조를 명확히 표현하는 시맨틱 태그를 도입하였다.

Q 문서 구조화를 위해 HTML5에서 새로 표준화한 태그는 어떤 것이 있는가?

A `<header>`, `<section>`, `<article>`, `<nav>`, `<aside>`, `<footer>`, `<main>`, `<summary>`, `<mark>` 등의 태그가 있고 이들을 시맨틱 태그라고 부른다.

Q 폼(form)의 목적은 무엇인가?

A 폼의 본래 목적은 웹 페이지에서 사용자 입력을 받아 서버로 전달하는데 있었다. 하지만 현재 많은 웹 애플리케이션들은 사용자 인터페이스로 사용한다.

Q 폼 요소에는 어떤 것들이 있는가?

A 폼 요소는 텍스트 입력 창, 버튼, 체크박스, 라디오버튼, 콤보박스 등 다양하다.

Q `<label>` 태그를 사용하는 경우 특별한 이점이 있는가?

A `<label>` 태그는 폼 요소와 캡션을 한데 묶어 하나의 단위로 다루어지게 한다. `<label>`을 사용하지 않아도 무관하지만, 사용하는 경우 캡션만 클릭해도 폼 요소를 클릭한 것과 동일한 효과가 이루어져, 라디오버튼과 같이 작은 모양을 마우스로 정확히 클릭하는 어려움을 해소할 수 있다.

Q 이 장에서 학습한 HTML 태그를 간단히 정리하면?

A 다음 표와 같다.

시맨틱 구조화 태그	`<header>`, `<nav>`, `<section>`, `<article>`, `<aside>`, `<footer>`
시맨틱 블록 태그	`<figure>`, `<details>`, `<summary>`
시맨틱 인라인 태그	`<mark>`, `<time>`, `<meter>`, `<progress>`
폼 태그	`<form>`
텍스트 입력 태그	`<input type="text|password">`, `<textarea>`
버튼 태그	`<input type="button|submit|reset|image">`, `<button type="button|submit|reset">`
선택형 입력 태그	`<input type="checkbox|radio">`, `<select>`, `<datalist>`
시간 입력 태그	`<input type="month|week|date|time|date-local">`
데이터 유형 태그	`<input type="number|range|color|email|url|tel|search">`
폼 관련 기타 태그	`<label>`, `<fieldset>`

Open Challenge 03   컴퓨터 기술 소개 웹 페이지 : 구조화 및 웹 폼 삽입

2장의 open challenge에서 작성한 웹 페이지를 수정하여 `<header>`, `<nav>`, `<section>`, `<article>`, `<footer>`의 HTML5 시맨틱 태그를 사용하여 구조화한 웹 페이지 3.html을 작성하라. 그리고 폼 태그를 활용하여 설문 조사 웹 페이지 survey3.html을 작성하고, 3.html의 하단에서 '설문조사' 링크를 만들어 연결하라. survey3.html도 시맨틱 태그를 사용하여 작성하라. 난이도 5

이론문제

1. HTML5 표준에 명시된 것으로 HTML 페이지에 반드시 있어야 하는 것이 아닌 것은?

    ① <head>　　　　② <img>　　　　③ <body>　　　　④ <!DOCTYPE html>

2. 검색 엔진이 좋아하는 태그가 아닌 것은?

    ① <div>　　　　② <summary>　　　　③ <section>　　　　④ <mark>

3. HTML5에서 문서 구조화와 관련이 먼 태그는?

    ① <section>　　　　② <span>　　　　③ <nav>　　　　④ <figure>

4. HTML5에서 문서의 구조화를 강력히 추진하는 이유는?

    ① 웹 페이지 내 가치 있는 정보의 탐색이 원활하도록 하기 위해
    ② 브라우저가 웹 페이지를 보다 좋은 모양으로 출력하도록 하기 위해
    ③ 웹 페이지의 작성을 용이 하도록 하기 위해
    ④ 웹 페이지를 구조화된 DB에 저장하기 쉽도록 하기 위해

5. 개발자가 시맨틱 웹에 맞추어 웹 페이지를 작성해야 하는 이유는?

    ① 웹 페이지의 작성이 쉽기 때문
    ② 브라우저를 통해 사용자에게 웹 페이지의 의미를 잘 전달하기 위해
    ③ 검색 엔진이 좋아하는 웹 페이지로 만들기 위해
    ④ 업그레이드가 쉬운 웹 페이지를 만들기 위해

6. 검색 엔진이 저작권 정보를 웹 페이지 내에서 검색할 때 어떤 태그를 검색하면 좋을까?

    ① <div>　　　　② <footer>　　　　③ <section>　　　　④ <copyright>

7. 웹 문서의 목차 정보를 두기에 바람직한 태그는?

    ① <footer>　　　　② <header>　　　　③ <section>　　　　④ <nav>

8. 다음 보기에서 골라 빈칸에 <form> 태그의 속성 중 적절한 것을 삽입하라.

<form> 태그의 (　　) 속성은 웹 서버 응용프로그램 이름을 지정하며, (　　) 는 폼 데이터를 웹 서버로 전송할 때 데이터를 전송하는 방식을 결정한다. 이 방법에는 (　　)와 (　　)가 있다. 그리고 (　　) 속성에는 웹 서버로부터 받은 결과를 출력할 윈도우 이름을 지정한다.

name, post, target, label, action, value, submit, get, method

9. 다음 물음에 대해 적절한 폼 요소를 작성하라.

(1) −5에서 5까지 0.5 단위로 숫자 입력이 가능한 폼 요소
(2) 달력에 2017년 5월 달로 초기화하고 몇 월 달인지 입력받는 폼 요소
(3) "자바스크립트" 문자열과 함께 출력되는 체크박스
(4) "오후 7시" 문자열과 함께 출력되는 라디오버튼

10. 다음은 버튼을 만드는 여러 가지 방법이다. 버튼에 대한 설명으로 틀린 것은?

① <input type="button"> 버튼은 클릭해도 특별한 기능을 하지 않는다.
② <input type="reset"> 버튼은 사용자가 폼에 입력한 내용을 모두 초기화한다.
③ <input type="submit"> 버튼은 폼에 입력된 내용을 웹서버에게 전송한다.
④ <button type="button"> 버튼은 <form> 없이 사용되어야 한다.

실습문제

1. 9개의 버튼을 가진 다음 웹 페이지를 작성하라.

2. `<figure>` 태그와 `<figcaption>` 태그를 이용하여 다음과 같은 문서를 작성하라.

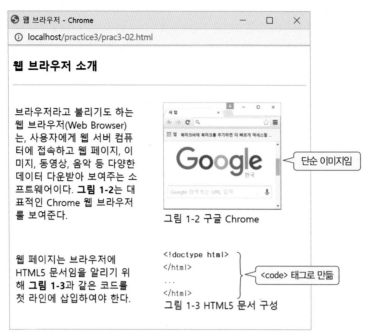

힌트 2×2의 테이블로 만들어 전체를 4 영역으로 나누고 그림 1-2와 그림 1-3은 `<figure>` 태그로 각각 만들어 테이블 셀에 넣는다. `<code>` 태그를 이용하여 `<!doctype html>`를 출력하기 위해서는 다음과 같이 해야 한다.

3. `<fieldset>`, `<legend>`, `<label>`, `<input>` 태그를 이용하여 다음 폼을 작성하라.

4. <details> 태그와 <summary> 태그를 이용하여 다음과 같은 웹 페이지를 작성하라. 똑같이 하든지 이와 유사한 페이지를 작성해도 된다.

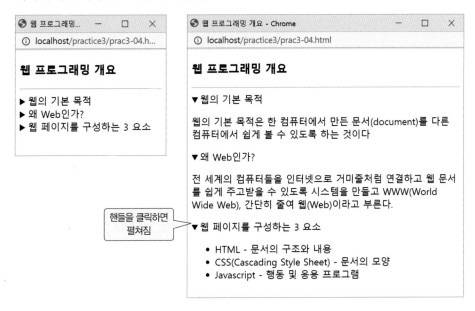

5. 도형 서식을 입력받는 다음 모양의 폼을 작성하라.

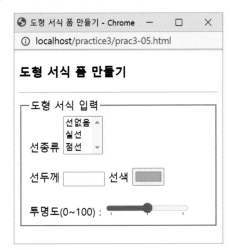

힌트 <select>, <input type="number">, <input type="color">, <input type="range"> 등을 이용하라.

04

CSS3로 웹 페이지 꾸미기

04 CSS3로 웹 페이지 꾸미기

1. CSS3 스타일 시트 개요

CSS3

CSS(Cascading Style Sheet)는 HTML 문서에 색이나 모양, 출력 위치 등 외관을 꾸미는 언어이

스타일 시트   며, CSS로 작성된 코드를 스타일 시트(style sheet)라고 부른다. CSS는 CSS1이 나온 2002년 이후 CSS2, CSS3로 발전하였다. CSS3를 CSS 레벨 3이라고 부르는데, CSS 버전 3이라고 부르지 않는 이유는 과거 레벨과 호환성을 유지하면서 새로운 기능을 추가하기 때문이다.

    CSS3는 기억할 수 없을 만큼 많은 기능을 가지고 있지만 요약하면 다음과 같다. 이 책에서는 CSS3 스타일 시트의 기초를 쌓고 주로 사용하는 기능을 중심으로 활용법을 설명한다.

- 색상과 배경
- 텍스트
- 폰트
- 박스 모델(Box Model)
- 비주얼 포맷 및 효과
- 리스트
- 테이블
- 사용자 인터페이스

CSS3 맛보기 예제

웹 페이지를 CSS3로 꾸미면 어떻게 달라지는지 예제를 통해 알아보자. 예제 4-1은 CSS3 스타일이 없는 웹 페이지이고 예제 4-2는 CSS3 스타일 시트를 추가하여 텍스트의 색과 모양을 꾸민 웹 페이지이다.

예제 **4**-1 HTML 태그로만 작성한 웹 페이지

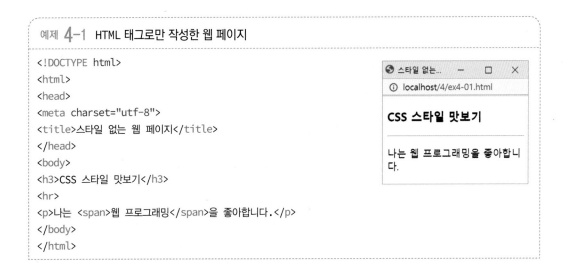

```
<!DOCTYPE html>
<html>
<head>
<meta charset="utf-8">
<title>스타일 없는 웹 페이지</title>
</head>
<body>
<h3>CSS 스타일 맛보기</h3>
<hr>
<p>나는 <span>웹 프로그래밍</span>을 좋아합니다.</p>
</body>
</html>
```

예제 **4**-2 CSS3 스타일 시트로 꾸민 웹 페이지

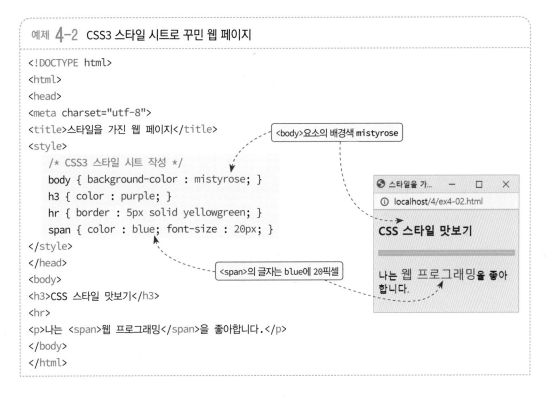

```
<!DOCTYPE html>
<html>
<head>
<meta charset="utf-8">
<title>스타일을 가진 웹 페이지</title>
<style>
    /* CSS3 스타일 시트 작성 */
    body { background-color : mistyrose; }
    h3 { color : purple; }
    hr { border : 5px solid yellowgreen; }
    span { color : blue; font-size : 20px; }
</style>
</head>
<body>
<h3>CSS 스타일 맛보기</h3>
<hr>
<p>나는 <span>웹 프로그래밍</span>을 좋아합니다.</p>
</body>
</html>
```

예제 4-2는 <style> 태그에 다음과 같이 CSS3 스타일 시트로 HTML 페이지에 모양을 입혔다.

```
body { background-color : mistyrose; }   /* <body> 요소의 배경색을 mistyrose로 지정 */
h3 { color : purple; }                   /* <h3> 요소의 글자 색을 purple로 지정 */
hr { border : 5px solid yellowgreen; }   /* <hr> 수평선을 yellowgreen에 두께 5픽셀 외곽선 */
span { color : blue; font-size : 20px; } /* <span> 요소의 글자를 blue에 20픽셀 */
```

CSS3 스타일 시트 구성

CSS3 스타일 시트가 어떻게 구성되는지 알아보자. 그림 4-1은 <span> 태그의 텍스트를 20픽셀의 blue 색으로 출력하도록 만든 CSS3 스타일 시트이다. px는 픽셀 단위이다.

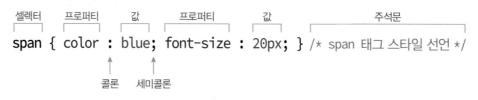

그림 4-1 CSS3 스타일 시트 구성

이제, 그림 4-1을 참고하여 CSS3 스타일 시트의 구성 요소를 하나씩 알아보자.

셀렉터와 태그

셀렉터   셀렉터(selector)는 CSS3 스타일 시트의 이름이나 규칙이라고 생각하면 된다(자세한 것은 3절에서 설명). 셀렉터와 같은 이름의 모든 HTML 태그에 스타일 시트가 적용된다. 그러므로 그림 4-1의 span 셀렉터에 의해 HTML 페이지의 모든 <span> 태그에 'color : blue; font-size : 20px'의 스타일이 적용된다.

스타일 시트 블록

CSS3 스타일 시트는 중괄호({ })를 이용하여 작성한다.

프로퍼티와 값

각 CSS3 스타일은 '프로퍼티:값'의 쌍으로 표현되며 세미콜론(;)으로 분리된다. 마지막 세미콜
프로퍼티 론은 생략할 수 있다. CSS3는 현재 약 200개 정도의 프로퍼티(property)가 있으며 계속 생겨나게 될 것이다.

주석문

주석문은 스타일 시트 내에 붙이는 설명문으로 /* ... */로 만들고, 여러 줄에 걸쳐 아무 위치나 올 수 있다. 주석문의 예를 들면 다음과 같다.

```
span { color : blue;  /* 글자 색은 파란색 */ font-size : 20px; }
span { color : blue; font-size : 20px; }  /* 글자 색은 파란색 */
```

대소문자 구분 없음

셀렉터, 프로퍼티, 값은 모두 대소문자를 구분하지 않는다. 다음 둘은 같은 표현이다.

```
body { background-color : mistyrose; }
BODY { Background-Color : Mistyrose; }
```

2. CSS3 스타일 시트 만들기

CSS3 스타일 시트를 작성하는 방법에는 다음 3가지가 있다.

- <style></style> 태그에 스타일 시트 작성
- style 속성에 스타일 시트 작성
- 스타일 시트를 별도 파일로 작성하고, <link> 태그나 @import로 불러 사용

〈style〉 태그로 스타일 시트 만들기

<style>은 CSS3 스타일 시트를 담는 태그로서 다음과 같이 사용한다.

```
<head>
    <style>
        body { background-color : mistyrose; }
        h3 { color : purple; }
    </style>
    <style>
        hr { border : 5px solid yellowgreen; }
        span { color : blue; font-size : 20px; }
    </style>
</head>
```

이 방법은 다음과 같은 특징이 있다.

- <style> 태그는 반드시 <head> 태그 내에서만 작성 가능하다.
- <style> 태그는 여러 번 작성 가능하며 스타일 시트늘이 합쳐 석용된다.
- <style> 태그에 작성된 스타일 시트는 웹 페이지 전체에서 적용된다.

┌─ 잠깐! ─ <sytle> 태그에서 type="text/css" 속성 생략 가능 ──────────────
│ HTML5에서는 이전 버전과 달리 <sytle> 태그의 type 속성의 디폴트 값이 "text/css"이므로 type 속성을 생략해도 된다.
└───

자신을 소개하는 웹 페이지를 만들고 \<style\> 태그에 CSS3 스타일 시트를 작성하라. 페이지 전체 글자색 (color)은 blueviolet, 배경색(background-color)은 linen으로 하고, 페이지의 왼쪽 마진(margin-left), 오른쪽 마진(margin-right)은 30픽셀로 하라. \<h3\> 태그로 출력되는 글자색은 darkred로 하라.

```html
<!DOCTYPE html>
<html>
<head>
<meta charset="utf-8">
<title>&lt;style&gt; 태그로 스타일 만들기</title>
<style>
body {
    background-color : linen;
    color : blueviolet;
    margin-left : 30px;
    margin-right : 30px;
}
h3 {
    text-align : center;
    color : darkred;
 }
</style>
</head>
<body>
<h3>소연재</h3>
<hr>
<p>저는 체조 선수 소연재입니다. 음악을 들으면서
책읽기를 좋아합니다. 김치 찌개와 막국수 무척
좋아합니다.</p>
</body></html>
```

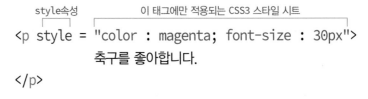

linen 색 ┄┄┄► **소연재**

저는 체조 선수 소연재입니다.
음악을 들으면서 책읽기를 좋
아합니다. 김치 찌개와 막국수
무척 좋아합니다.

blueviolet 색

margin-left30px   margin-right30px

style 속성에 스타일 시트 만들기

HTML 태그의 style 속성에 CSS3 스타일 시트를 작성할 수 있다. 이 경우 해당 태그에만 스타일이 적용된다. 그림 4-2는 \<p\>의 글자를 30픽셀 크기에 magenta 색으로 꾸미는 사례이다. 이 스타일은 다른 \<p\> 태그에는 적용되지 않는다.

style속성   이 태그에만 적용되는 CSS3 스타일 시트

```
<p style = "color : magenta; font-size : 30px">
          축구를 좋아합니다.
</p>
```

그림 4-2 \<p\>의 style 속성에 CSS3 스타일 시트를 만든 사례

예제 **4-4** style 속성에 스타일 시트 만들기

이 예제는 HTML 페이지 내 모든 `<p>` 태그를 red 색에 15픽셀 크기로 꾸미지만, style 속성을 이용하여 2개의 `<p>`는 다른 모양으로 꾸미는 사례를 보인다.

```html
<!DOCTYPE html>
<html>
<head>
<meta charset="utf-8">
<title>&lt;style&gt; 속성에 스타일 만들기</title>
<style>
p { color : red; font-size : 15px; } /* 모든 p 태그에 적용 */
</style>
</head>
<body>
<h3>손 홍 민</h3>
<hr>
<p>오페라를 좋아하고</p>
<p>엘비스 프레슬리를 좋아하고</p>
<p style="color:blue">김치부침개를 좋아하고</p>
<p style="color:magenta; font-size:30px">축구를
 좋아합니다.</p>
</body>
</html>
```

red, 15px

blue, 15px

magenta, 30px

외부 스타일 시트 파일 불러오기

CSS3 스타일 시트만 떼어내어 .css 확장자를 가진 파일에 저장해놓고, 필요한 웹 페이지에서 불러 사용할 수 있다. 이것은 동일한 CSS3 스타일을 웹 페이지마다 중복 작성하는 불편함을 해소하고, 웹 사이트의 전체 웹 페이지 모양에 일관성을 준다. 그러므로 많은 웹 사이트들이 이 방법을 사용한다. 파일에 저장된 CSS3 스타일 시트를 불러오는 방법은 다음 2가지이다.

.css 확장자

- `<link>` 태그 이용
- `@import` 이용

`<link>` 태그 이용

`<link>` 태그는 다음과 같이 `<head>`에서만 사용되며 종료 태그(`</link>`)가 없다.

```html
<head>
   <link href="mystyle.css" type="text/css" rel="stylesheet">
</head>
```

<link> 태그에 대해 좀더 자세히 알아보자.

- href="mystyle.css"는 mystyle.css 파일을 불러올 것을 지시한다. 만일 CSS3 파일이 다른 웹 사이트에 있는 경우, 다음과 같이 웹 사이트의 URL을 기입한다.

```
href="http://www.site.com/mystyle.css"
```

- type="text/css"는 불러오는 파일이 CSS 언어로 작성된 텍스트 파일임을 알려준다.
- rel="stylesheet"는 불러오는 파일이 스타일 시트임을 알려준다.
- <link> 태그를 여러 번 사용하여 여러 CSS 파일을 불러 올 수 있다.

W3C의 표준안에는 CSS 파일의 표준 확장자를 언급하지 않지만 대부분의 브라우저는 .css 파일

.css 을 CSS3 파일로 자동 인식하므로 CSS3 파일의 확장자를 .css로 작성하는 것이 바람직하다. CSS3 파일에는 <style> 태그 없이 CSS3 스타일 시트만 저장해야 한다.

```
/* mystyle.css */
body { background-color:linen; color:blueviolet;
        margin-left:30px; margin-right:30px; }
h3 { text-align:center; color:darkred; }
```
<style> 태그를 함께 저장하면 안 된다.

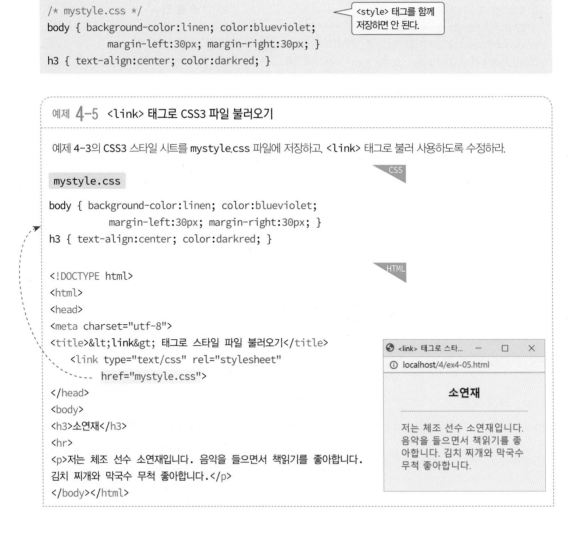

예제 **4-5** <link> 태그로 CSS3 파일 불러오기

예제 4-3의 CSS3 스타일 시트를 mystyle.css 파일에 저장하고, <link> 태그로 불러 사용하도록 수정하라.

`mystyle.css`   CSS

```
body { background-color:linen; color:blueviolet;
        margin-left:30px; margin-right:30px; }
h3 { text-align:center; color:darkred; }
```

                                                 HTML

```
<!DOCTYPE html>
<html>
<head>
<meta charset="utf-8">
<title>&lt;link&gt; 태그로 스타일 파일 불러오기</title>
    <link type="text/css" rel="stylesheet"
        href="mystyle.css">
</head>
<body>
<h3>소연재</h3>
<hr>
<p>저는 체조 선수 소연재입니다. 음악을 들으면서 책읽기를 좋아합니다.
김치 찌개와 막국수 무척 좋아합니다.</p>
</body></html>
```

소연재

저는 체조 선수 소연재입니다. 음악을 들으면서 책읽기를 좋아합니다. 김치 찌개와 막국수 무척 좋아합니다.

@import 이용

@import 문을 이용하여 .css 스타일 시트 파일을 HTML 페이지에 불러 올 수 있다. @import 문은 <style> 안에서만 사용되며 여러 번 사용할 수 있다. mystyle.css 파일을 불러오는 예를 들면 다음과 같다.

```
<style>
    @import url(mystyle.css);
    /* @import url('mystyle.css');로 해도 됨 */
    /* @import "mystyle.css";로 해도 됨 */
</style>
```

예제 4-6 @import로 CSS3 파일 불러오기

예제 4-5를 @import를 이용하여 수정하라.

mystyle.css

```
body { background-color:linen; color:blueviolet;
            margin-left:30px; margin-right:30px; }
h3 { text-align:center; color:darkred; }
```

```
<!DOCTYPE html>
<html>
<head>
<meta charset="utf-8">
<title>&lt;@import&gt;로 외부 스타일 불러오기</title>
<style>
    @import url(mystyle.css);
</style>
</head>
<body>
<h3>소연재</h3>
<hr>
<p>저는 체조 선수 소연재입니다. 음악을 들으면서 책읽기를 좋아합니다.
김치 찌개와 막국수 무척 좋아합니다.</p>
</body>
</html>
```

소연재

저는 체조 선수 소연재입니다.
음악을 들으면서 책읽기를 좋
아합니다. 김치 찌개와 막국수
무척 좋아합니다.

CSS3 규칙

CSS3 스타일 시트에는 몇 가지 규칙이 있다. 이 규칙에 대해 알아보자.

CSS3 스타일은 부모 태그로부터 상속된다

부모 태그   자신을 둘러싸는 태그를 부모 태그 혹은 부모 요소(parent element)라고 한다. 예를 들어 다음에서 <em> 태그는 <p> 태그의 자식이다.

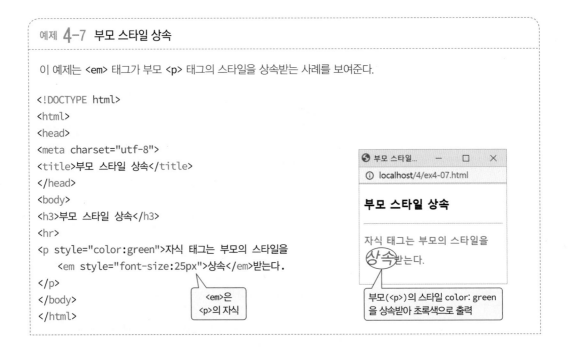

```
<p style="color:green">안녕하세요
    <em style="font-size:25px">자식입니다</em>
</p>
```
<em> 태그는
<p> 태그의 자식

이 코드에서 <em> 태그인 '자식입니다'의 글자는 25px 크기로 출력되지만, 글자 색은 부모인 <p> 태그를 상속받아 green으로 출력된다. HTML 페이지 전체 태그에 적용하고 싶은 스타일이 있으면 <body> 태그에 작성하면 된다.

상속

예제 **4-7** 부모 스타일 상속

이 예제는 <em> 태그가 부모 <p> 태그의 스타일을 상속받는 사례를 보여준다.

```
<!DOCTYPE html>
<html>
<head>
<meta charset="utf-8">
<title>부모 스타일 상속</title>
</head>
<body>
<h3>부모 스타일 상속</h3>
<hr>
<p style="color:green">자식 태그는 부모의 스타일을
    <em style="font-size:25px">상속</em>받는다.
</p>
</body>
</html>
```

<em>은
<p>의 자식

부모 스타일...   —   □   ✕
ⓘ localhost/4/ex4-07.html

부모 스타일 상속

자식 태그는 부모의 스타일을
상속받는다.

부모(<p>)의 스타일 color: green
을 상속받아 초록색으로 출력

스타일 합치기(cascading)와 오버라이딩(overriding)

브라우저는 각 태그에 대한 디폴트 스타일 시트를 가지고 있어, 개발자가 만든 스타일이 없으면 이를 적용한다. 그러므로 각 태그에는 다음 4가지 종류 스타일 시트가 동시에 적용될 수 있다.

4가지 종류 스타일 시트

- 브라우저의 디폴트 스타일
- .css 스타일 시트 파일에 작성된 스타일
- <style></style> 태그에 작성된 스타일
- style 속성에 작성된 스타일

스타일 합치기

스타일 합치기(cascading)란 앞의 4가지 스타일 시트가 태그에 동시에 적용될 때 스타일이 합쳐져서 적용됨을 말한다. 하지만 여러 스타일 시트들이 하나의 태그에 중첩되어 동일한 CSS3 프로퍼티에 서로 다른 값을 설정하는 충돌이 발생하기도 한다.

스타일 오버라이딩

스타일 오버라이딩(overriding)은 덮어쓰기로, 동일한 CSS3 프로퍼티에 서로 다른 값을 설정하는 충돌 시 우선순위가 높은 스타일을 적용하는 규칙을 말한다. 앞의 4가지 스타일 시트 중, style 속성에 지정된 스타일의 우선순위가 가장 높다.

그림 4-3은 '<p>안녕하세요</p>' 태그에 4개의 스타일 시트가 동시에 적용되는 사례를 보여준다. 3개의 스타일 시트에서 font-size 프로퍼티가 충돌하며, 우선순위가 가장 높은 style 속성에 지정된 'font-size:25px'가 적용된다. 또한 2개의 스타일 시트에서 color 프로퍼티에 충돌이 발생하며 우선순위가 높은 'color:blue'가 적용된다. 충돌이 발생하지 않는 'background:mistyrose'가 합쳐져서 그림 4-3의 오른쪽과 같은 최종 스타일 시트가 완성된다.

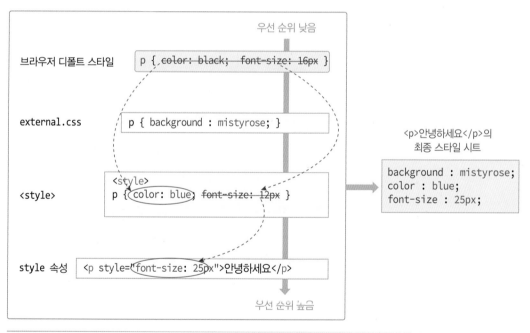

그림 4-3 <p> 태그에 중첩된 4가지 스타일 시트

예제 4-8 여러 스타일 시트가 중첩되는 경우

다음은 `<p>` 태그에 여러 스타일 시트가 중첩된 경우이다. 출력되는 모양을 예측해보라.

external.css
CSS

```css
p {
    background : mistyrose;
}
```

HTML

```html
<!DOCTYPE html>
<html>
<head>
<meta charset="utf-8">
<title>스타일 합치기 및 오버라이딩</title>
<link type="text/css" rel="stylesheet" href="external.css">
<style>
p { color : blue; font-size : 12px; }
</style>
</head>
<body>
<h3>p 태그에 중첩된 스타일</h3>
<hr>
<p>Hello, students!</p>
<p style="font-size:25px">안녕하세요 교수님!</p>
</body>
</html>
```

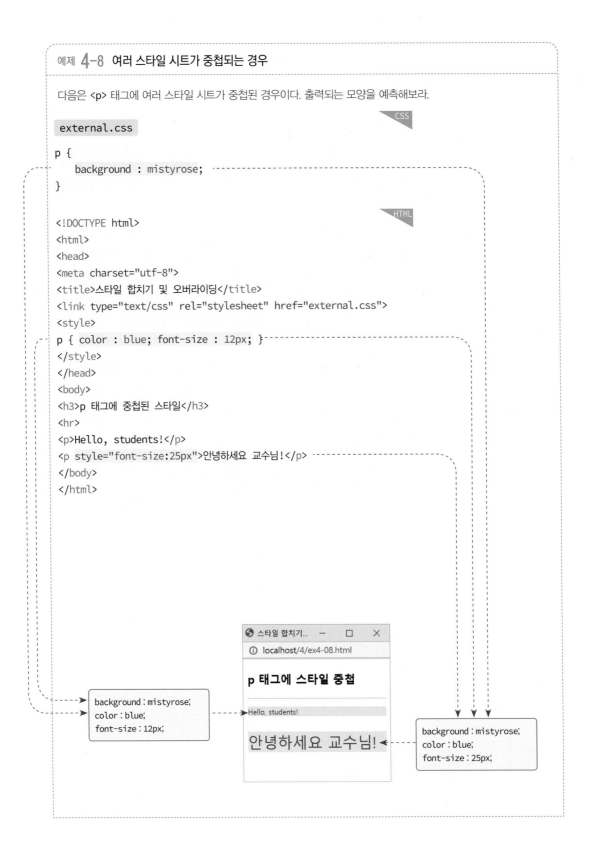

background : mistyrose;
color : blue;
font-size : 12px;

background : mistyrose;
color : blue;
font-size : 25px;

3. 셀렉터

셀렉터(selector)는 HTML 태그의 모양을 꾸밀 스타일 시트를 선택하는 기능이다. 셀렉터는 여러 종류가 있지만, 다음은 가장 간단한 셀렉터를 만든 사례이다. h3는 셀렉터 이름이며, color:brown 스타일을 웹 페이지의 모든 <h3> 태그에 적용한다.

셀렉터에는 여러 유형이 있다. 앞의 h3처럼 태그 이름이 셀렉터가 되기도 하고, id 속성이나 class 속성의 값을 셀렉터로 사용하기도 하고, 여러 셀렉터를 조합하여 사용하기도 한다.

지금부터 셀렉터를 만들고 셀렉터를 웹 페이지에 적용하는 방법을 알아보자. 셀렉터에 대한 긴 설명을 위해 그림 4-4에 HTML 태그로만 만들어진 샘플 웹 페이지를 준비하였다. 지금부터 이 웹 페이지에 CSS3 스타일 시트와 셀렉터를 만들어 가면서 설명한다.

```
<!DOCTYPE html>
<html>
<head>
<meta charset="utf-8">
<title>셀렉터 만들기</title>
</head>
<body>
<h3>Web Programming</h3>
<hr>
<div>
    <div>2학기 <strong>학습 내용</strong></div>
    <ul>
        <li>HTML5</li>
        <li><strong>CSS</strong></li>
        <li>JAVASCRIPT</li>
    </ul>
    <div>60점 이하는 F!</div>
</div>
</body>
</html>
```

그림 4-4 셀렉터와 CSS3 스타일 시트를 설명하기 위한 샘플 HTML 페이지

태그 이름 셀렉터

태그 이름 셀렉터는 태그 이름이 셀렉터로 사용되는 유형으로, 셀렉터와 같은 이름의 모든 태그에 CSS3 스타일 시트를 적용한다. 그림 4-5는 태그 이름 셀렉터 h3와 li를 만든 사례이며, 셀렉터는 **콤마(,)** 로 분리한다. HTML 페이지에 있는 모든 <h3> 태그와 <li> 태그에 'color:brown' 스타일이 적용되어 글자가 brown 색으로 출력된 것을 볼 수 있다.

콤마(,)

태그 이름 셀렉터

그림 4-5 태그 이름 셀렉터

class 셀렉터

class 속성

셀렉터 이름 앞에 점(.)을 붙인 경우, 이 셀렉터는 HTML 태그의 **class 속성**으로만 지정할 수 있다. 그래서 이를 class 셀렉터라고 한다. 그림 4-6은 이름이 main, warning인 2개의 class 셀렉터를 만들고, <body> 태그와 <div> 태그에서 사용한 사례를 보여준다.

주목

class 셀렉터는
class 속성이
같은 모든
태그에 적용

class 셀렉터

그림 4-6 class 셀렉터

'.warning'과 같이 점(.)으로 시작하는 셀렉터는 어떤 HTML 태그에서도 class 속성에 사용할 수 있지만, 'body.main'과 같이 태그 이름(body)과 함께 만들어진 경우 해당 태그(<body>)에 제한된다. 다음은 main 셀렉터를 잘못 적용된 사례이다.

```
<div class="main">2학기 학습 내용</div>
```

오류
main 셀렉터는 오직 <body> 태그에서만 사용 가능

그림 4-6에서 warning 셀렉터에 따라 '60점 이하는 F!'가 red 색으로, main 셀렉터에 따라 문서 전체의 배경색이 aliceblue로 칠해진 것을 볼 수 있다.

id 셀렉터

셀렉터 이름 앞에 '#'을 붙인 경우, 이 셀렉터는 HTML 태그의 **id 속성**으로만 지정할 수 있다. 그래서 이를 id 셀렉터라고 한다. 그림 4-7은 id 셀렉터 list를 작성하고 <ul id="list">에 스타일을 적용한 예로, <ul> 요소의 배경이 mistyrose로 칠해진다.

id 속성

주목
id 셀렉터는 id 속성이 같은 모든 태그에 적용

id 셀렉터

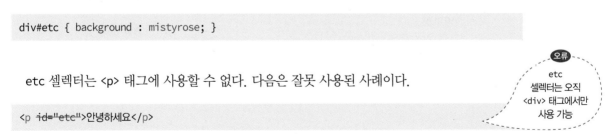

그림 4-7 id 셀렉터

id 셀렉터 이름 앞에 태그 이름을 사용하여 특정 태그에만 적용되도록 제한할 수 있다. 다음은 <div> 태그에서만 사용할 수 있는 id 셀렉터 etc를 만든 사례이다.

```
div#etc { background : mistyrose; }
```

etc 셀렉터는 <p> 태그에 사용할 수 없다. 다음은 잘못 사용된 사례이다.

```
<p id="etc">안녕하세요</p>
```

오류
etc 셀렉터는 오직 <div> 태그에서만 사용 가능

셀렉터 조합하기

2개 이상의 셀렉터를 조합하면 태그를 구체적으로 지정할 수 있다. 셀렉터를 조합하는 방법은 여러 가지가 있으나 많이 사용하는 2가지만 알아보자.

자식 셀렉터(child selector)

> 기호

자식 셀렉터는 부모 자식 관계인 두 셀렉터를 '>' 기호로 조합한 형태이다. 다음은 <div>의 직계 자식인 <strong> 태그에 적용할 스타일 시트를 만든 사례이다.

```
div > strong { color : dodgerblue;  }          /* <div>의 직계 자식인 <strong>에 적용 */
```

다음은 <div>의 자식 <div>의 자식인 <strong>에 적용되는 스타일 시트를 작성한 사례이다.

```
div > div > strong { color : dodgerblue; }     /* <div>의 자식 <div>의 자식 <strong>에 적용 */
```

자손 셀렉터(descendent selector)

태그 나열

자손 셀렉터는 자손 관계인 2개 이상의 태그를 나열한 형태이다. 여기서 자손은 자식과 그 후손을 모두 포함한다. 다음은 <ul>의 자손인 <strong> 태그에 적용하는 스타일 시트 사례이다.

> ul, strong과 다르니 주의하기 바람

```
ul strong { color : dodgerblue; }              /* <ul>의 자손 <strong>에 적용 */
```

그림 4-8은 자식 셀렉터와 자손 셀렉터의 사례를 보여준다.

그림 4-8 셀렉터 조합 사례. 자식 셀렉터와 자손 셀렉터

전체 셀렉터

전체 셀렉터(universal selector)란 와일드카드 문자(*)를 사용하여 웹 페이지의 모든 HTML 태그에 적용할 스타일을 만드는 셀렉터이다. 다음은 웹 페이지의 모든 태그의 글자 색을 green 으로 출력한다.

와일드카드 문자(*)

```
* { color : green; }
```

속성 셀렉터

HTML 태그의 특정 속성(attribute)에 대해 값이 일치하는 태그에만 스타일을 적용하는 셀렉터 이다. 예를 들어 다음 스타일 시트를 보자.

```
input[type=text] { color : red; }          /* type 속성값이 "text"인 <input> 태그에 적용 */
```

이것은 <input type="text">인 모든 태그에 대해 글자색을 red로 지정하는 속성 셀렉터이다. 속성 셀렉터의 사례는 5장에서 다룬다.

가상 클래스 셀렉터

가상 클래스(pseudo-class) 셀렉터는 초보자에게 좀 복잡하지만 그냥 넘어갈 수 없는 내용 이다. '가상'이라는 단어가 의미하듯이 이 셀렉터는 어떤 상황이 발생하였을 때만 적용하도록 CSS3 표준에 만들어진 셀렉터이다. 40개가 넘는 가상 셀렉터 중 대표적인 몇 개만 표 4-1에 요약 하고, 많이 사용되는 :visited와 :hover에 대해서만 예를 들면 다음과 같다.

:visited
:hover

```
a:visited { color : green; }          /* 방문한 후부터 <a>의 링크 텍스트 색을 green으로 출력 */
li:hover { background : yellowgreen; }     /* <li> 태그 위에 마우스가 올라오면, yellowgreen을 배
                                          경색으로 출력. 마우스가 내려가면 원래대로 복귀 */
```

가상 셀렉터를 사용할 때, 콜론(:) 앞뒤에 빈칸을 두면 안 된다. 다음은 잘못된 사용이다.

오류

콜론(:) 앞뒤에
빈칸 있으면
안 됨

```
li: hover, li :hover, li : hover
```

그림 4-9는 :firstletter과 :hover를 사용한 사례이다. h3:firstletter는 <h3> 태그의 첫 번째 글자만 red 색으로 출력하는 셀렉터이며, li:hover은 <li> 태그 위에 마우스가 올라갔을 때 배경색을 yellowgreen 색으로 칠하는 셀렉터이다. 마우스가 내려가면 이전 상태로 돌아간다.

:firstletter

그림 4-9 :first-letter와 :hover 가상 클래스 셀렉터

:nth-child(even)　　가상 셀렉터 중에서 :nth-child(even)은 짝수번째 자식 태그에만 적용하는 셀렉터로서, 5장에서 짝수 행에만 배경색을 주어 줄무늬 표를 만드는 방법을 설명할 때 함께 설명한다. 그림 5-20을 참고하라.

표 4-1 가상 클래스 셀렉터

유형	셀렉터	설명
마우스	:hover	마우스가 올라갈 때 스타일 적용
	:active	마우스로 누르고 있는 상황에서 스타일 적용
폼 요소	:focus	폼 요소가 키보드나 마우스 클릭으로 포커스를 받을 때 스타일 적용
링크	:link	방문하지 않은 링크에 스타일 적용
	:visited	방문한 링크에 스타일 적용
블록	:first-letter	<p>, <div> 등과 같은 블록형 태그의 첫 글자에 스타일 적용. ::first-letter와 동일하며, <span>과 같은 인라인 태그에는 적용되지 않음
	:first-line	<p>, <div> 등과 같은 블록형 태그의 첫 라인에 스타일 적용. ::first-line과 동일
구조	:nth-child(even)	짝수 번째 모든 자식 태그에 스타일 적용
	:nth-child(1)	첫 번째 자식 태그에 스타일 적용

> **잠깐!** :visited의 제약 사항 ◯─
>
> :visited 셀렉터는 color, background-color, border-color 등 색 관련 프로퍼티만 다룰 수 있도록 제한된다.
> 참고로 a:link { color : magenta }로 스타일을 만들면 모든 <a> 태그의 링크 색은 마젠타로 출력된다.

이 예제는 태그 이름 셀렉터, class 셀렉터, id 셀렉터, 가상 클래스 셀렉터 등 여러 유형의 셀렉터를 종합 적용하는 사례를 보인다.

```
<!DOCTYPE html>
<html>
<head>
<meta charset="utf-8"><title>셀렉터 만들기</title>
<style>
h3, li { /* 태그 이름 셀렉터 */
    color : brown;
}
div > div > strong { /* 자식 셀렉터 */
    background : yellow;
}
ul strong { /* 자손 셀렉터 */
    color : dodgerblue;
}
.warning { /* class 셀렉터 */
    color : red;
}
body.main { /* class 셀렉터 */
    background : aliceblue;
}
#list { /* id 셀렉터 */
    background : mistyrose;
}
#list span { /* 자손 셀렉터 */
    color : forestgreen;
}
h3:first-letter { /* 가상 클래스 셀렉터 */
    color : red;
}
li:hover { /* 가상 클래스 셀렉터 */
    background : yellowgreen;
}
</style></head>
<body class="main">
<h3>Web Programming</h3>
<hr>
<div>
    <div>2학기 <strong>학습 내용</strong>입니다.</div>
    <ul id="list">
        <li><span>HTML5</span></li>
        <li><strong>CSS</strong></li>
        <li>JAVASCRIPT</li>
    </ul>
    <div class="warning">60점 이하는 F</div>
</div>
</body></html>
```

4. 색과 텍스트 꾸미기

색

CSS3에서 색은 RGB, RGBA, HSL 등 3 방법으로 표현한다. 이 책에서는 가장 많이 사용하는 RGB 방법만 설명한다. RGB를 이용하여 색을 표현하는 데는 다음 3가지 방법이 있다.

16진수 코드로 색 표현

HTML 언어와 마찬가지로 CSS3에서 색은 빛의 3원색인 빨강(red), 초록(green), 파랑(blue)의 성분으로 다음과 같이 #rrggbb의 16진수 코드로 표현한다.

여기서 각 성분은 0~255(8비트)의 정수이며 16진수(0~0xFF)로 표현한다. #8A2BE2 색은 red 성분이 0x8A(10진수 138), green 성분이 0x2B(10진수 43), blue 성분이 0xE2(10진수 226)만큼 섞인 보라색(blueviolet)이다.

다음은 모든 `<div>` 태그의 글자 색을 보라색으로 출력하는 CSS3 스타일 시트이다.

```
div { color : #8A2BE2; }
```

CSS3에서 하나의 색은 총 24비트(red, green, blue 각 8비트)로 표현되므로, 2^{24}, 약 1600만 개의 색을 표현할 수 있다.

10진수 코드와 RGB()로 표현

다음은 RGB() 표기법으로 r, g, b의 각 성분을 0~255 사이의 10진수로 색을 표현한다.

`<div>` 태그의 글자 색을 보라색으로 꾸미는 RGB() 표현법은 다음과 같다.

```
div { color : rgb(138, 43, 226); }
```

색 이름으로 표현

CSS3 표준에서는 총 140개 색의 이름을 정하고 있으므로 이 이름을 사용하여 쉽게 색을 표현할 수 있으며, 표 4-2에 몇 가지 색 사례를 들었다. 참고로 CSS2에서는 다음 17개의 색에 대해서만 이름을 정하고 있다.

aqua, black, blue, fuchsia, gray, green, lime, maroon, navy, olive, orange, purple, red, silver, teal, white, yellow

색 이름을 사용하여 <div> 태그의 글자색을 보라색으로 꾸미면 다음과 같다.

div { color : blueviolet; }   /* 색 이름 blueviolet */

표 4-2 CSS3의 색 이름과 코드 사례

이름	코드	색	이름	코드	색
brown	#A52A2A		deepskyblue	#00BFFF	
blueviolet	#8A2BE2		gold	#FFD700	
darkorange	#FF8C00		olivedrab	#6B8E23	

색 관련 프로퍼티

CSS3에는 색을 사용하는 여러 프로퍼티가 있다. 그중 몇 가지만 알아보자.

```
color : 색                /* HTML 태그의 텍스트 글자색 */
background-color : 색     /* HTML 태그의 배경 색 */
border-color : 색         /* HTML 태그의 테두리 색 */
```

그림 4-10은 이들 프로퍼티를 이용하여 <div> 태그에 색을 입히는 사례를 보여준다.

```
div {
    color : blueviolet;              /* 글자색 blueviolet */
    background color : gold;         /* 배경색 gold */
    border-color : #6B8E23;          /* 테두리색 olivedrab(#6B8E23) */
}

<div>CSS에서 r, g, b로 구성됩니다. </div>
```

CSS에서 r, g, b로 구성됩니다.

그림 4-10 <div> 요소의 배경색과 글자 색 지정 사례

예제 **4-10** 색 활용

이 예제는 표 4-2의 색 이름과 색 코드로 `<div>` 태그의 배경색을 칠하는 사례를 보여준다. `<div>` 태그의 좌우 아래 여백을 적절히 주어 `<div>` 블록 들이 떨어져 보이도록 하였다.

```html
<!DOCTYPE html>
<html>
<head>
<meta charset="utf-8">
<title>CSS3 색 활용</title>
<style>
div {                           좌우 아래 여백 지정
    margin-left : 30px;
    margin-right : 30px;
    margin-bottom : 10px;
    color : white;   /* 모든 <div> 글자 색은 white */
}
</style>
</head>
<body>
<h3>CSS3 색 활용</h3>
<hr>
<div style="background-color:deepskyblue">
    deepskyblue(#00BFFF)</div>
<div style="background-color:brown">
    brown(#A52A2A)</div>
<div style="background-color:fuchsia">
    fuchsia(#FF00FF)</div>
<div style="background-color:darkorange">
    darkorange(#FF8C00)</div>
<div style="background-color:#008B8B">
    darkcyan(#008B8B)</div>
<div style="background-color:#6B8E23">
    olivedrab(#6B8E23)</div>
</body></html>
```

텍스트

CSS3로 문단 들여쓰기나 문단 정렬 등 텍스트의 출력 모양을 세밀하게 제어할 수 있다. 들여쓰기 (text-indent), 정렬(text-align), 텍스트 꾸미기(text-decoration)에 대해 알아보자. 이들 프로퍼티는 다음과 같은 형태로 사용된다.

```
text-indent : <length>|<percentage>;                      /* 들여쓰기 */
text-align : left|right|center|justify;                   /* 정렬 */
text-decoration : none|underline|overline|line-through;   /* 텍스트 꾸미기 */
```

text-indent 프로퍼티에서 <length>는 고정된 길이로, <percentage>는 텍스트 블록 전체 폭에 대한 비율로 들여쓰기 한다. text-align에서 justify는 양쪽정렬을, center는 중앙정렬을, text-decoration에서 underline은 텍스트에 밑줄을, line-through는 중간 줄을 긋는다. 다음 은 text-decoration 프로퍼티를 이용하여 하이퍼링크에 밑줄이 출력되지 않게 한 코드이다.

```
<a href="http://www.naver.com" style="text-decoration:none">네이버</a>    ◁ 밑줄 없는 링크
```

예제 4-11 텍스트 꾸미기

```
<!DOCTYPE html>
<html>
<head>
<meta charset="utf-8">
<title>텍스트 꾸미기</title>
<style>
h3 {
    text-align : right;  /* 오른쪽 정렬 */
}
span {
    text-decoration : line-through;  /* 중간 줄 */
}
strong {
    text-decoration : overline;  /* 윗줄 */
}
.p1 {
    text-indent : 3em;  /* 3 글자 들여쓰기 */
    text-align : justify;  /* 양쪽 정렬 */
}
.p2 {
    text-indent : 1em;  /* 1 글자 들여쓰기 */
    text-align : center;  /* 중앙 정렬 */
}
</style>
</head>
<body>
<h3>텍스트 꾸미기</h3>
<hr>
<p class="p1">HTML의 태그만으로 기존의 워드 프로세서와
    깊이 들여쓰기, 정렬, 공백, 간격 등과 세밀한
    <span>텍스트 제어</span>를 할 수 없다. </p>
<p class="p2">그러나, <strong>스타일 시트</strong>는
    이를 가능하게 한다. 들여쓰기, 정렬에 대해서 알아본다</p>
<a href="http://www.naver.com"
    style="text-decoration:none">밑줄이 없는 네이버 링크
    </a>
</body></html>
```

3em
(3 글자 들여쓰기)

1em
(1 글자 들여쓰기)

텍스트 꾸미기... — ☐ ✕

ⓘ localhost/4/ex4-11.html

텍스트 꾸미기 ◂ 오른쪽 정렬

‾‾‾‾‾‾‾‾‾‾‾‾‾‾‾‾‾‾‾‾‾‾‾‾

▸HTML의 태그만으로 기존 의 워드 프로세서와 같이 들여쓰 기, 정렬, 공백, 간격 등과 세밀한 ‾텍스트 제어‾를 할 수 없다.

▸그러나, **스타일 시트**는 이를 가 능하게 한다. 들여쓰기, 정렬에 대해서 알아본다◂

밑줄이 없는 네이버 링크

밑줄을 없앤 링크   중앙정렬

CSS3의 표준 단위

스타일 시트를 작성할 때 크기나 두께, 높이 등에 px, %, em과 같은 다양한 단위가 사용된다. 표 4-3은 CSS3의 표준 단위이다.

표 4-3 CSS3 표준 단위

단위	의미	사용 예
em	배수	font-size : 3em; /* 현재 폰트의 3배 크기 */
%	퍼센트	font-size : 500%; /* 현재 폰트의 500% 크기 */
px	픽셀 수	font-size : 10px; /* 10픽셀 크기 */
cm	센티미터	margin-left : 5cm; /* 왼쪽 여백 5cm */
mm	밀리미터	margin-left : 10mm; /* 왼쪽 여백 10mm */
in	인치. 1in = 2.54cm = 96px	margin-left : 2in; /* 왼쪽 여백 2인치 */
pt	포인터. 1pt = 1in의 1/72 크기	margin-left : 20pt; /* 왼쪽 여백 20포인트 */
pc	피카소(picas). 1pc = 12pt	font-size : 1pc; /* 1pc 크기의 폰트 */
deg	각도	transform : rotate(20deg); /* 시계 방향으로 20도 회전 */

> **잠깐! HTML5에서는 단위 반드시 표시**
>
> HTML5에서는 표 4-3을 참고하여 단위가 필요한 곳에 반드시 단위를 표시하여야 한다. 다음 사례를 참고하라.
>
> ```
> font-size : 3;      /* 오류 */
> font-size : 3px;    /* 정상 */
> ```

폰트

폰트는 글자체이다. W3C는 폰트를 지정하기 위해 써 왔던 <font> 태그를 HTML 4.0 이후부터 폐기시키고 CSS3의 font 프로퍼티를 이용하도록 하였다. 이것은 문서의 모양을 모두 CSS 언어로 표현하도록 표준화하였기 때문이다.

CSS3의 다양한 폰트

CSS3는 그림 4-11과 같이 Times New Roman, Arial, Tohoma, Verdana 등 많은 폰트를 제공한다.

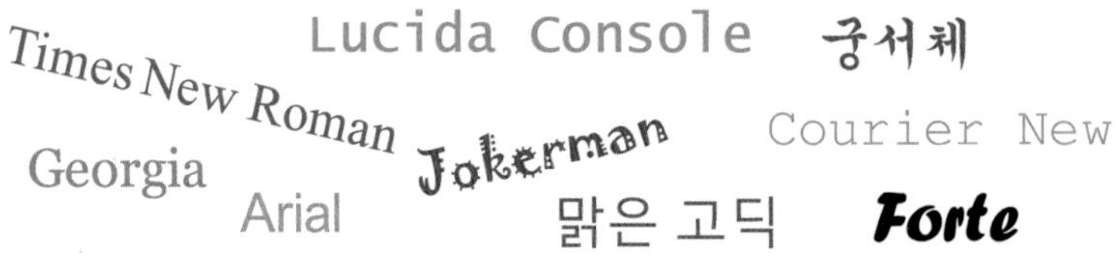

그림 4-11 CSS3의 폰트와 모양

폰트들은 '삐침(serif)' 여부와 '글자 폭'의 특징에 따라, 그림 4-12와 같이 Serif, Sans-Serif, Monospace 형으로 분류된다. Serif는 삐침이란 뜻으로 글자의 끝에 삐침 선을 가진 폰트 형이며, Sans는 '없다'란 뜻으로 Sans-Serif 형은 삐침이 없는 폰트 형을 말하며, 삐침 여부와 상관없이 모든 글자의 폭이 동일한 폰트를 Monospace 형이라고 부른다.

그림 4-12 폰트 유형 3 가지 비교

폰트 패밀리, font-family

font-family 프로퍼티에는 구체적인 폰트 이름을 지정한다. 하지만 폰트가 브라우저에서 지원되지 않을 경우를 대비하여 다음과 같이 여러 개의 폰트를 지정하여 나열된 순서대로 폰트가 선택되도록 한다.

이것은 먼저 Arial 폰트를 사용할 것을 지시하며, Arial 폰트가 없는 경우 Times New Roman을 사용하고, 이도 없는 경우 나열한 폰트와 비슷한 것을 Serif 형에서 찾아서 사용하도록 지시한다. "Times New Roman"처럼 폰트 이름에 공백이 낀 경우 " "로 묶어 표현한다.

폰트 크기, font-size

font-size 프로퍼티에는 글자 크기를 지정한다. 15px 등 절대 수치로 지정하거나, 절대 수치가 필요 없는 경우 medium, xx-small, x-small, small, large, x-large, xx-large, smaller, larger로 적당히 지정할 수 있다.

```
font-size : 40px;        /* 40픽셀 크기 */
font-size : medium;      /* 중간 크기. 크기는 브라우저마다 다름 */
font-size : 1.6em;       /* 현재 폰트의 1.6배 크기 */
```

폰트 스타일, font-style

font-style 프로퍼티에는 폰트 스타일을 나타내는 normal, italic, oblique 중 하나를 지정한다. 하나의 폰트는 이 3종류의 스타일을 세트로 가지는데, normal은 전형적인 스타일이며, italic은 필기체, oblique는 italic과 조금 다른 약간 기울인 스타일이다. 하지만 대부분의 폰트에서 italic과 oblique가 같게 출력된다.

```
font-style : italic;       /* 이탤릭 스타일로 지정 */
```

폰트 굵기, font-weight

font-weight에는 100~900 사이의 숫자로 글자의 굵기를 지정한다. 정확한 수치가 필요 없는 경우, normal, bold, bolder, lighter에서 지정하면 된다. normal은 400, bold는 700이다.

```
font-weight : 300;       /* 100~900의 범위에서, 300 정도 굵기 */
font-weight : bold;      /* 굵게. 700 크기 */
```

단축 프로퍼티, font

font 프로퍼티는 font-style, font-weight, font-size, font-family를 순서대로 지정하는 단축 프로퍼티이며 다음과 같이 사용된다.

```
font : font-style font-weight font-size font-family
```

다음은 20픽셀로 이탤릭 스타일에 bold 굵기의 consolas 체로 지정하는 사례이다.

font-size, font-family는 반드시 지정되어야 하지만 나머지는 생략될 수 있다. 생략된 경우 디폴트 처리된다. 앞의 CSS3 스타일을 다시 쓰면 다음과 같다.

```
font : 20px consolas, sans-serif;        /* font-size, font-family는 반드시 지정되어야 함 */
```

예제 4-12 CSS3 폰트 활용

```html
<!DOCTYPE html>
<html>
<head>
<meta charset="utf-8">
<title>폰트</title>
<style>
body {
    font-family : "Times New Roman", Serif;
    font-size : large;
}
h3 {
    font : italic bold 40px consolas, sans-serif;
}
</style>
</head>
<body>
<h3>Consolas font</h3>
<hr>
<p style="font-weight:900">font-weight 900</p>
<p style="font-weight:100">font-weight 100</p>
<p style="font-style:italic">Italic Style</p>
<p style="font-style:oblique">Oblique Style</p>
<p>현재 크기의
    <span style="font-size:1.5em">1.5배</span>
    크기로
</p>
</body>
</html>
```

font-size : large

font-size : 1.5em

5. 박스 모델

CSS3에서 박스 모델(Box Model)이란 각 HTML 태그 요소를 하나의 박스로 보고, 박스 크기, 박스 배경 색, 박스 여백 등 HTML 태그를 박스로 다루는 체계를 뜻한다. 박스 모델은 HTML 태그의 모양을 보는 CSS3의 근본 시각이므로 매우 중요하다. 지금부터 CSS3의 박스 모델에 대해 알아보자.

HTML 태그는 사각형 박스로 다루어진다

사각형 박스   CSS3는 각 HTML 요소를 콘텐츠, 패딩(padding), 테두리(border), 여백(margin)으로 구성된 사각형 박스로 다룬다. 예를 들어 보자. 그림 4-13(a)는 '<div>DIVDIVDIV</div>' 태그가 출력된 결과이다. 이 그림만 보아서는 박스로 구성된다는 사실을 알기 어렵다. 그래서 콘텐츠, 패딩, 테두리, 여백이 드러나도록 색과 모양을 입혔더니 그림 4-13(b)와 같이 박스 모델이 보인다.

`<div>DIVDIVDIV</div>`

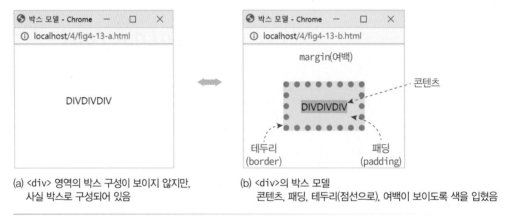

(a) <div> 영역의 박스 구성이 보이지 않지만, 사실 박스로 구성되어 있음

(b) <div>의 박스 모델
콘텐츠, 패딩, 테두리(점선으로), 여백이 보이도록 색을 입혔음

그림 4-13 <div> 태그의 박스 모델

박스의 구성

HTML 태그 즉, 박스는 다음 4개의 영역으로 구성되며 각 영역은 그림 4-14와 같다.

- 콘텐츠 : HTML 태그의 텍스트나 이미지 부분
- 패딩 : 콘텐츠를 직접 둘러싸고 있는 내부 여백
- 테두리 : 패딩 외부의 외곽선으로 직선이나 점선 혹은 이미지를 입힐 수 있음
- 여백 : 박스의 맨 바깥 영역. 테두리 바깥 공간으로 아래위 인접한 태그와 만나는 공간

그림 4-14 박스의 구성

박스를 제어하는 CSS3 프로퍼티

표 4-4는 박스의 각 영역에 크기나 색을 지정하는 CSS3 프로퍼티들을 보여준다. 이 프로퍼티에 적절한 값을 주면 HTML 태그가 출력되는 박스의 색과 모양을 제어할 수 있다.

박스의 크기

박스 크기를 제어해보자. 그림 4-15는 width, height, margin, padding 등 표 4-4의 CSS3 프로퍼티로 박스 크기로 지정한 사례를 보여준다.

width
height
margin
padding

```css
div.box {
    width : 150px;
    height : 50px;
    margin : 40px;
    border-width : 30px;
    padding : 20px;
}
```

```html
<div class="box">
    DIVDIVDIV
</div>
```

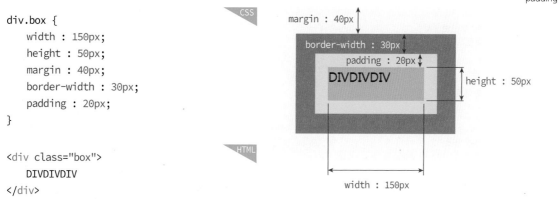

그림 4-15 `<div>` 태그의 박스 크기를 제어하는 CSS3 프로퍼티들

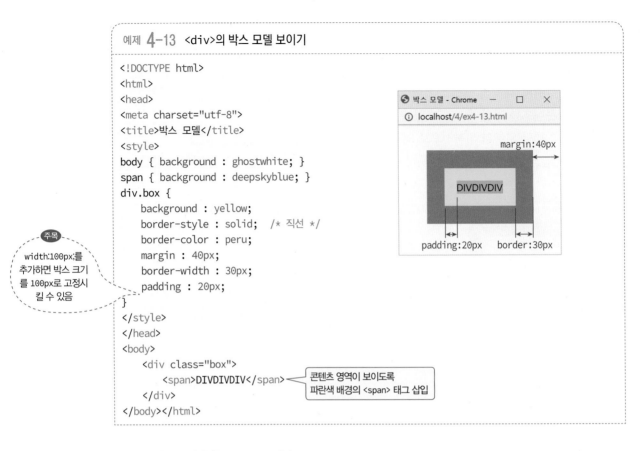

예제 4-13 <div>의 박스 모델 보이기

```html
<!DOCTYPE html>
<html>
<head>
<meta charset="utf-8">
<title>박스 모델</title>
<style>
body { background : ghostwhite; }
span { background : deepskyblue; }
div.box {
    background : yellow;
    border-style : solid;   /* 직선 */
    border-color : peru;
    margin : 40px;
    border-width : 30px;
    padding : 20px;
}
</style>
</head>
<body>
    <div class="box">
        <span>DIVDIVDIV</span>
    </div>
</body></html>
```

주목
width:100px;를 추가하면 박스 크기를 100px로 고정시킬 수 있음

콘텐츠 영역이 보이도록 파란색 배경의 <span> 태그 삽입

표 4-4 박스를 제어하는 CSS3 프로퍼티

	콘텐츠	패딩	테두리	여백
크기 관련 프로퍼티	width height	padding-top padding-right padding-bottom padding-left	border-top-width border-right-width border-bottom-width border-left-width	margin-top margin-right margin-bottom margin-left
크기 관련 단축 프로퍼티	-	padding	border-width	margin
스타일 관련 프로퍼티	-	-	border-top-style border-right-style border-bottom-style border-left-style	-
스타일 관련 단축 프로퍼티		-	border-style	-
색 관련 프로퍼티	-	패딩의 색은 따로 없음. 태그의 배경색으로 칠해짐	border-top-color border-right-color border-bottom-color border-left-color	여백은 투명. 부모 태그의 배경이 비춰 보임
색 관련 단축 프로퍼티	-	-	border-color	-
전체 단축 프로퍼티	-	-	border	-

박스의 색

패딩의 색은 따로 없으며 태그의 배경색이 패딩에 칠해진다. 여백 색도 강제로 줄 수 없다. 여백은 투명하게 처리되어 부모 태그의 배경색이 비춰 보인다. 테두리 색은 개발자들이 임의의 줄 수 있다.

테두리의 두께와 모양과 색

테두리는 패딩이나 여백과 달리 두께(width), 모양(style), 색(color)을 지정하는 여러 프로퍼티(표 4-4 참고)를 두고 있다. <p> 태그에 테두리를 꾸며보자.

```css
p {
    border-width : 3px;      /* 테두리 두께 3픽셀 */
    border-style : dotted;   /* 테두리 점선 */
    border-color : blue;     /* 테두리 blue 색 */
}
```

```html
<p>박스모델</p>
```

테두리 두께는 **border-width**에 3px처럼 직접 값을 줄 수 있지만, 정확한 수치가 필요 없는 경우, thin, medium, thick로 지정할 수 있다. 테두리 모양을 나타내는 **border-style** 프로퍼티의 값은 다음과 같은 것들이 있으며 예제 4-15를 통해 익히도록 하라.

border-width

border-style

none, hidden, dotted, dashed, solid, double, groove, ridge, inset, outset

다음은 <p> 태그의 왼쪽 테두리에만 스타일을 준 사례이다.

```css
p {
    border-left-width : 3px;      /* 테두리 왼쪽 두께 3픽셀 */
    border-left-style : dotted;   /* 테두리 왼쪽 선 점선 */
    border-left-color : blue;     /* 테두리 왼쪽 선 색 blue */
}
```

```html
<p>박스모델</p>
```

테두리를 꾸미는 단축 프로퍼티

border

border 프로퍼티는 다음과 같이 테두리의 두께(width), 테두리 선 스타일(style), 테두리 선 색(color)을 한 번에 지정한다.

```
border: width style color
```

다음은 단축 프로퍼티 border로 3px 두께의 파란색 점선 테두리를 그리는 사례이다.

```
p {
    border : 3px dotted blue;      /* 3픽셀 파란 점선 테두리 */
}
```

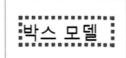

예제 4-14 박스 모델 활용

이 예제는 이미지를 담은 **<div>** 태그에 모양을 입히는 사례를 보여준다. **<div>** 태그의 여백은 인접한 **<hr>** 태그 사이의 공간이다. **<div>** 태그의 여백은 **<div>**의 부모 태그인 **<body>**의 배경색(브라우저의 흰색 배경색)이 그대로 드러난다.

```html
<!DOCTYPE html>
<html>
<head>
<meta charset="utf-8">
<title>박스 모델</title>
<style>
div {
    background : yellow;
    padding : 20px;
    border : 5px dotted red;
    margin : 30px;
}
</style>
</head>
<body>
<h3>박스 모델</h3>
<p>margin 30px, padding 20px, border 5px의
빨간색 점선</p>
<hr>
<div>
    <img src="media/mio.png" alt="고양이눈">
</div>
</body>
</html>
```

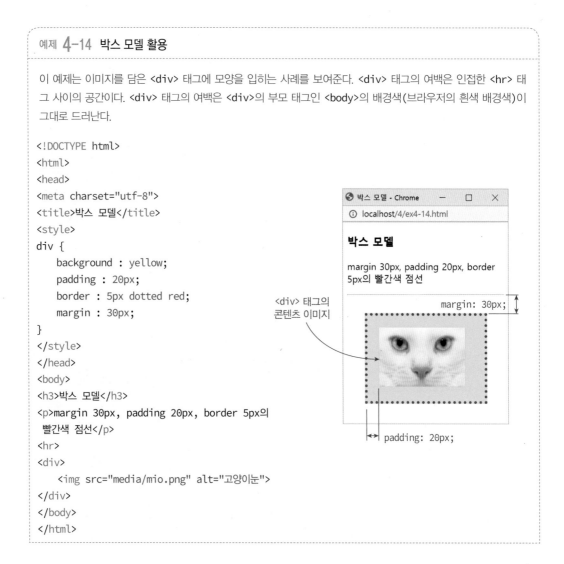

예제 **4**-15 다양한 테두리선 스타일

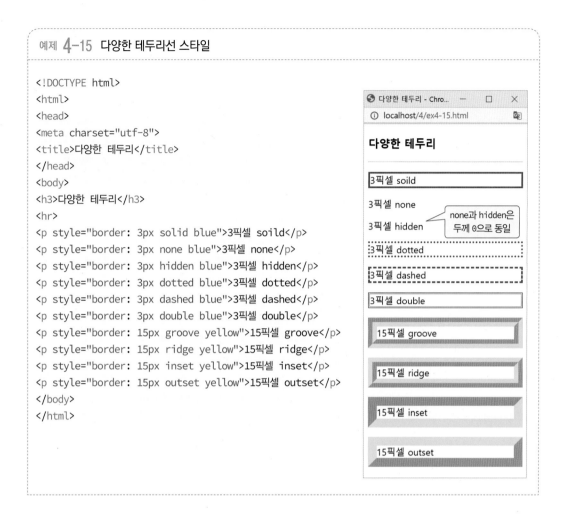

```html
<!DOCTYPE html>
<html>
<head>
<meta charset="utf-8">
<title>다양한 테두리</title>
</head>
<body>
<h3>다양한 테두리</h3>
<hr>
<p style="border: 3px solid blue">3픽셀 soild</p>
<p style="border: 3px none blue">3픽셀 none</p>
<p style="border: 3px hidden blue">3픽셀 hidden</p>
<p style="border: 3px dotted blue">3픽셀 dotted</p>
<p style="border: 3px dashed blue">3픽셀 dashed</p>
<p style="border: 3px double blue">3픽셀 double</p>
<p style="border: 15px groove yellow">15픽셀 groove</p>
<p style="border: 15px ridge yellow">15픽셀 ridge</p>
<p style="border: 15px inset yellow">15픽셀 inset</p>
<p style="border: 15px outset yellow">15픽셀 outset</p>
</body>
</html>
```

고급 테두리 꾸미기

CSS3는 둥근 모서리 테두리나 이미지 테두리 등 고급 테두리를 지원한다.

둥근 모서리 테두리, border-radius

border-radius 프로퍼티를 이용하면 테두리의 모서리를 둥글게 만들 수 있다. 그림 4-16은 네   border-radius
모서리 모두 반지름이 50px인 둥근 모서리를 만든 사례를 보여준다.

그림 4-16 둥근 모서리 테두리

모서리마다 반지름을 다르게 구성하고자 하면, border-top-left, border-top-right, border-bottom-left, border-bottom-right 프로퍼티에 반지름 값을 달리 주면 된다. 다음은 border-radius에 각 모서리의 반지름을 0, 20px, 40px, 60px로 다르게 만든 사례이다.

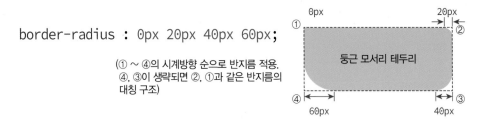

그림 4-17 네 모서리가 서로 다른 둥근 모서리 테두리

예제 **4-16** 다양한 둥근 모서리 테두리

```html
<!DOCTYPE html>
<html>
<head>
<meta charset="utf-8">
<title>둥근 모서리 테두리</title>
<style>
p {
    background : #90D000;
    width : 300px;
    padding : 20px;
}
#round1 { border-radius : 50px; }
#round2 { border-radius : 0px 20px 40px 60px; }
#round3 { border-radius : 0px 20px 40px; }
#round4 { border-radius : 0px 20px; }
#round5 { border-radius : 50px;
          border-style : dotted; }
</style>
</head>
<body>
<h3>둥근 모서리 테두리</h3>
<hr>
<p id="round1">반지름 50픽셀의 둥근 모서리</p>
<p id="round2">반지름 0, 20, 40, 60 둥근 모서리</p>
<p id="round3">반지름 0, 20, 40, 20 둥근 모서리</p>
<p id="round4">반지름 0, 20, 0, 20 둥근 모서리</p>
<p id="round5">반지름 50의 둥근 점선 모서리</p>
</body>
</html>
```

이미지 테두리, border-image

border-image

border-image 프로퍼티를 이용하면 테두리에 이미지를 입힐 수 있다. 테두리를 모서리 (corner)와 에지(edge)로 구분하여 각각 이미지를 입힐 수 있다. 그림 4-18은 border-image를 이용하여 테두리에 이미지를 입히는 CSS3 스타일 사례이다.

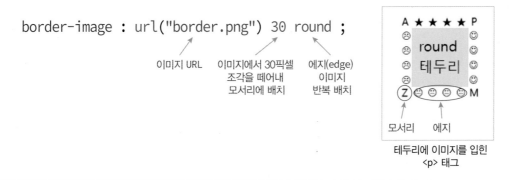

그림 4-18 border-image로 테두리에 이미지 입히기

당연한 것이지만, 이미지 테두리를 만들기 위해서는 border-width 프로퍼티에 0이 아닌 값이 설정되어 있어야 한다. 또한 border-image는 border-style 대신 지정되므로 border-style이 먼저 지정되어 있어야 한다. 이 둘을 지정해 놓지 않아 고생하던 학생을 여럿 본 적 있다.

```
border-width : 30px ;    /* 테두리 폭 지정. 개발자가 필요한 폭 만큼 */
border-style : solid ;   /* 테두리 스타일 지정 */
```

혹은 border 단축 프로퍼티로 테두리 폭과 스타일이 지정되어 있어도 된다.

지금부터 그림 4-18의 CSS3 스타일 시트에 의해 이미지 테두리가 만들어지는 과정을 알아보자.

① 원본 이미지 준비
먼저 그림 4-19와 같이 테두리에 입힐 이미지(border.png)를 준비한다.

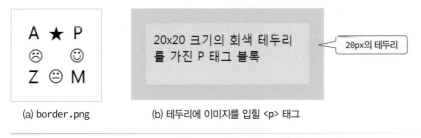

(a) border.png   (b) 테두리에 이미지를 입힐 <p> 태그

그림 4-19 이미지(border.png)와 이미지 테두리를 만들고자 하는 <p> 태그

② 모서리와 에지 이미지 자르기

그림 4-20과 같이 border.png 이미지의 네 모서리는 30×30픽셀 크기로 잘려져 4개의 모서리 이미지와 4개의 에지 이미지가 만들어진다.

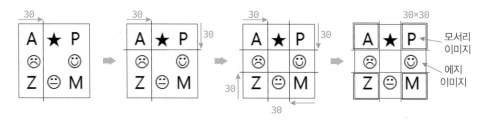

그림 4-20 모서리 이미지와 에지 이미지가 만들어지는 과정

③ 모서리 이미지와 에지 이미지 배치

만들어진 4개의 모서리 이미지는 그림 4-21(a)와 같이 <p> 태그 테두리의 각 모서리에 배치된다. <p> 태그의 테두리 크기가 20×20 픽셀이기 때문에, 30×30 픽셀의 이미지가 축소되어 배치된다. 다시 4개의 에지 이미지는 <p> 태그의 테두리 에지에 배치된다.

에지는 다음 3가지 배치 방법에 따라 달리 꾸밀 수 있다.

- round – 에지 이미지 반복 배치. 테두리 길이만큼 에지 이미지 크기 자동 조절
- repeat – 에지 이미지 반복 배치. 에지 이미지 크기 자동 조절 안 됨
- stretch – 에지 이미지를 테두리 길이만큼 늘여 배치

그림 4-21(b)는 round 방식에 따라 전체 에지 길이에 딱 맞도록 배치된 결과이다. 각 배치 방법의 자세한 것은 예제 4-17을 통해 확인하라.

(a) 모서리 이미지 배치 (b) round 방식으로 에지 이미지 배치

그림 4-21 모서리 이미지와 round 방식으로 에지 이미지 배치

이 예제는 이미지 테두리를 만들고 에지 이미지를 배치하는 3가지 형태를 보여준다.

```html
<!DOCTYPE html>
<html>
<head>
<meta charset="utf-8">
<title>이미지 테두리 만들기</title>
<style>
p {
    background : yellow;
    width : 200px;
    height : 60px;
    padding : 10px;
    border : 20px solid lightgray;  /* border-width, border-style 동시 지정 */
}
#round { border-image: url("media/border.png") 30 round; }
#repeat { border-image: url("media/border.png") 30 repeat; }
#stretch { border-image: url("media/border.png") 30 stretch; }
</style>
</head>
<body>
<h3>이미지 테두리 만들기</h3>
<hr>
다음은 원본 이미지입니다.<br>
<img src="media/border.png" alt="원본">
<hr>
<p>20x20 크기의 회색 테두리를 가진 P 태그</p>
<p id="round">round 스타일 이미지 테두리</p>
<p id="repeat">repeat 스타일 이미지 테두리</p>
<p id="stretch">stretch 스타일 이미지 테두리</p>
</body>
</html>
```

이미지 테두리를
만들려면 꼭 필요

테두리 길이에 맞게
이미지 크기 조절

이미지 크기
조절하지 않음

배경

HTML 태그에 배경색을 칠하거나 배경 이미지를 출력하는 방법을 알아보자.

배경에 색을 칠할까, 이미지로 그릴까? background-color, background-image

background-color와 background-image는 각각 배경색과 배경 이미지를 지정한다. 둘이 동시에 지정되면 배경색을 먼저 칠하고 배경이미지를 배치하므로, 배경 이미지가 출력되지 않는 영역에만 배경색이 보인다. 사용예는 다음과 같으며 출력된 모양은 그림 4-22를 참고하라.

```
div {
    background-color : skyblue;
    background-image : url("media/spongebob.png");
}
```

배경 이미지의 위치, background-position

이 프로퍼티는 박스 내 배경 이미지의 시작 위치를 지정한다. left top(디폴트), left center, left bottom, right top, right center, right bottom, center top, center center, center bottom 등 다양하게 지정할 수 있다.

```
background-position : center center;   /* 박스 중간에 이미지 출력 */
```

배경 이미지의 크기, background-size

배경 이미지의 실제 크기에 상관없이 출력되는 크기를 지정한다. 다음은 100×100 픽셀 크기로 출력한다.

```
background-size : 100px 100px;   /* 100×100 크기로 출력 */
```

배경 이미지 반복 출력, background-repeat

배경 이미지를 반복 출력하는 방식을 지정한다. no-repeat, repeat(디폴트), repeat-x, repeat-y 중에서 선택할 수 있다. repeat는 박스 내의 x, y 두 방향으로 반복 출력하고, repeat-x, repeat-y는 한 방향으로만 반복 출력한다. 다음은 y 방향으로 반복 출력하는 사례이다.

```
background-repeat : repeat-y;      /* background-position에 지정된 위치에서 이미지를 위에서 */
                                   /* 수직 방향으로 반복 출력 */
```

배경 만들기 연습

박스에 배경 이미지를 삽입해보자. 그림 4-22는 배경 이미지 크기를 100×100으로 하여 왼쪽 중간에 고정시켰다. 배경 이미지가 출력되지 않는 영역에는 skyblue의 배경색이 출력되었다.

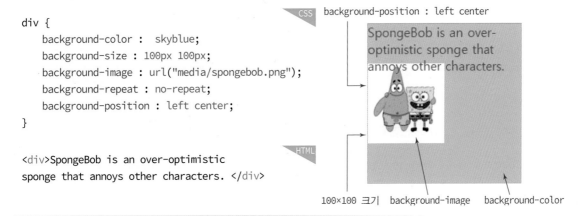

```
div {
    background-color :  skyblue;
    background-size : 100px 100px;
    background-image : url("media/spongebob.png");
    background-repeat : no-repeat;
    background-position : left center;
}
```

```
<div>SpongeBob is an over-optimistic
sponge that annoys other characters. </div>
```

background-position : left center

100×100 크기   background-image   background-color

그림 4-22 100×100 크기로 <div> 박스의 왼쪽 중간에 배경 이미지 넣기

그림 4-23은 배경 이미지를 중간에 배치하고 y 축을 따라 배경 이미지를 아래위로 반복 출력한 경우이다.

```
div {
    background-color :  skyblue;
    background-size : 100px 100px;
    background-image : url("media/spongebob.png");
    background-repeat : repeat-y;
    background-position : center center;
}
```

```
<div>SpongeBob is an over-optimistic
sponge that annoys other characters. </div>
```

그림 4-23 <div> 박스의 center 위치에 y 축을 따라 배경 이미지 반복

background 단축 프로퍼티

background는 단축 프로퍼티로서, color, image, position/size, repeat, origin 순으로 값을 지정한다. 그림 4-23의 코드를 background를 이용하여 수정하면 다음과 같다. origin은 설명을 생략한다.

```
div {
    background : skyblue url("media/spongebob.png") center center/100px 100px repeat-y;
}
```

background 프로퍼티에는 배경색이나 배경 이미지만 지정할 수도 있다.

```
background : skyblue;  /* 배경색을 skyblue로 설정 */
background : url("media/spongebob.png");  /* 배경 이미지 지정 */
```

예제 **4-18** <div> 박스에 배경 꾸미기

이 예제는 <div> 박스에 100×100 크기로 배경 이미지를 출력하고 남은 곳에는 skyblue 색의 배경 색이 칠해
지도록 하고, 배경 이미지는 중간에 y축을 따라 반복 배치하였다.

```html
<!DOCTYPE html>
<html>
<head>
<meta charset="utf-8">
<title>배경 꾸미기</title>
<style>
div {
    background-color : skyblue;
    background-size : 100px 100px;
    background-image : url("media/spongebob.png");
    background-repeat : repeat-y;
    background-position : center center;
}
div {
    width : 200px;
    height : 200px;
    color : blueviolet;
    font-size : 16px;
}
</style>
</head>
<body>
<h3>div 박스에 배경 꾸미기</h3>
<hr>
<div>SpongeBob is an over-optimistic
 sponge that annoys other characters. </div>
</body>
</html>
```

<div> 크기는 200×2000이며, 배경
이미지는 100×100 크기이다.

잠깐! 테두리와 배경 이미지

배경 이미지가 그려진 후 테두리가 그리지기 때문에 테두리는 항상 보인다. border:0;으로 CSS3 스타일을 지정할 때
만 테두리가 보이지 않는다.

6. 시각적 효과

많은 웹 개발자들은 텍스트에 특수 효과를 만들기 위해 텍스트를 포토샵으로 이미지로 만들어 사용한다. 하지만 이미지는 웹 페이지의 로딩 속도를 느리게 만든다. CSS3는 텍스트에 시각적 효과를 쉽게 만들 수 있는 프로퍼티를 제공한다. 알아보기로 하자.

텍스트 그림자, text-shadow

text-shadow 프로퍼티를 이용하면 텍스트에 그림자 효과를 줄 수 있다. 다음은 text-shadow 프 로퍼티의 사용법을 보여준다.

그림자 효과

```
text-shadow : h-shadow v-shadow blur-radius color|none
```
- h-shadow, v-shadow : 원본 텍스트와 그림자 텍스트 사이의 수평/수직 거리(필수)
- blur-radius : 흐릿한 그림자를 만드는 효과로 흐릿하게 번지는 길이(선택)
- color : 그림자 색
- none : 그림자 효과 없음

그림 4-24는 text-shadow 프로퍼티로 그림자 효과를 만든 사례를 보여준다. 여러 효과를 합치면 효과를 배가시킬 수 있다.

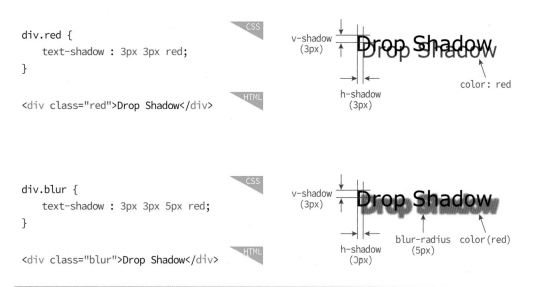

그림 4-24 text-shadow 프로퍼티를 이용한 그림자 효과

```
<!DOCTYPE html>
<html>
<head>
<meta charset="utf-8">
<title>텍스트 그림자</title>
<style>
div {
    font : normal 24px verdana;
}
.dropText {
    text-shadow : 3px 3px;
}
.redText {
    text-shadow : 3px 3px red;
}
.blurText {
    text-shadow : 3px 3px 5px skyBlue;
}
.glowEffect {
    text-shadow : 0px 0px 3px red;
}
.wordArtEffect {
    color : white;
    text-shadow : 0px 0px 3px darkBlue;
}
.threeDEffect {
    color : white;
    text-shadow : 2px 2px 4px black;
}
.multiEffect {
    color : yellow;
    text-shadow : 2px 2px 2px black,
                  0 0 25px blue, 0 0 5px darkblue;
}
</style></head>
<body>
<h3>텍스트 그림자 만들기</h3>
<hr>
<div class="dropText">Drop Shadow</div>
<div class="redText">Color Shadow</div>
<div class="blurText">Blur Shadow</div>
<div class="glowEffect">Glow Effect</div>
<div class="wordArtEffect">WordArt Effect</div>
<div class="threeDEffect">3D Effect</div>
<div class="multiEffect">Multiple Shadow Effect</div>
</body></html>
```

박스 그림자, box-shadow

box-shadow 프로퍼티를 이용하면 박스 전체에 그림자 효과를 줄 수 있다. 다음은 box-shadow 프로퍼티의 사용법이다. h-shadow, v-shadow, blur-radius, color 값은 text-shadow 프로퍼티 경우와 동일하다.

그림자 효과

---

box-shadow : *h-shadow v-shadow blur-radius spread-radius color* |*none*|*inset*

- spread-radius : 그림자 크기(선택. 디폴트 0)
- inset : 음각 박스로 보이게 박스 상단 안쪽(왼쪽과 위쪽)에 그림자 형성

예제 4-20 box-shadow 프로퍼티로 박스 그림자 만들기

```
<!DOCTYPE html>
<html>
<head>
<meta charset="utf-8">
<title>div 박스에 그림자 만들기</title>
<style>
.redBox {
    box-shadow : 10px 10px red;
}
.blurBox {
    box-shadow : 10px 10px 5px skyBlue;
}
.multiEffect {
    box-shadow : 2px 2px 2px black,
                 0 0 25px blue,
                 0 0 5px darkblue;
}
div {
    width : 150px;
    height : 70px;
    padding : 10px;
    border : 10px solid lightgray;
    background-image : url("media/spongebob.png");
    background-size : 150px 100px;
    background-repeat : no-repeat;
}
</style>
</head>
<body>
<h3>박스 그림자 만들기</h3>
<hr>
<div class="redBox">뚱이와 함께</div><br>
<div class="blurBox">뚱이와 함께</div><br>
<div class="multiEffect">뚱이와 함께</div>
</body></html>
```

마우스 커서 제어, cursor

cursor

cursor 프로퍼티를 이용하면 HTML 태그 위에 출력되는 마우스의 커서 모양을 지정할 수 있다.

> *cursor* : *value*
>
> • value : 마우스 커서 모양을 나타내는 값으로, auto, crosshair, default, pointer, move, copy, help, progress, text, wait, none, zoom-in, zoom-out, e-resize, ne-resize, nw-resize, n-resize, se-resize, sw-resize, s-resize, w-resize, uri 중 하나 지정됨

auto는 브라우저가 결정하는 커서 모양을, default는 브라우저가 실행되는 플랫폼에서 사용하는 디폴트 커서를 지정하며, e-resize, ne-resize 등 크기 조절 커서에서 e, w, s, n은 각각 동서남북 방향을 뜻하며 이들 모양은 그림 4-25와 같다.

그림 4-25 cursor 프로퍼티에 지정할 수 있는 커서의 모양

예제 **4-21** 마우스 커서

이 예제는 cursor 프로퍼티를 활용하여 다양한 커서를 출력하는 사례를 보여준다.

```html
<!DOCTYPE html>
<html>
<head>
<meta charset="utf-8">
<title>마우스 커서</title>
</head>
<body>
<h3>마우스 커서</h3>
아래에 마우스를 오려 보세요. 커서가 변합니다.
<hr>
<p style="cursor: crosshair">십자 모양 커서</p>
<p style="cursor: help">도움말 모양 커서</p>
<p style="cursor: pointer">포인터 모양 커서</p>
<p style="cursor: progress">프로그램 실행 중 모양 커서</p>
<p style="cursor: n-resize">상하 크기 조절 모양 커서</p>
</body></html>
```

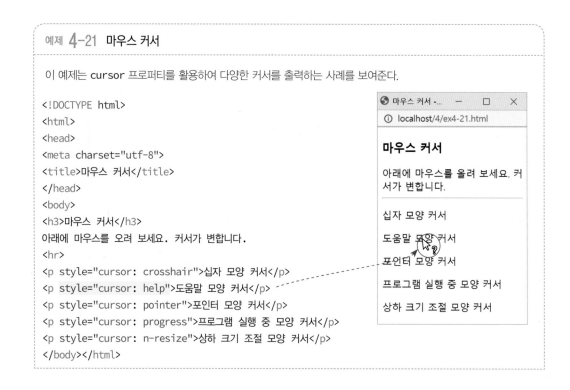

Q CSS3는 어떤 목적에 사용되는 언어인가?

A CSS3는 HTML 문서의 모양을 꾸미는 언어이며, CSS3로 작성한 코드를 CSS3 스타일 시트라고 부른다.

Q CSS3로 웹 페이지를 꾸민 스타일 시트의 사례를 하나만 소개하면?

A \안녕하세요\ 태그에 의해 출력되는 글자의 크기를 20px로, 글자 색을 파란색으로 꾸미는 CSS3 스타일 시트를 만들면 다음과 같다.

```
span { color : blue; font-size : 20px; }
```

Q CSS3 스타일 시트를 별도의 파일에 저장하여 여러 웹 페이지에서 공유할 수 있는가?

A 물론이다. 대부분의 웹 사이트들이 이런 방식으로 취하고 있다. CSS3 스타일 시트를 .css 확장자를 가진 파일에 저장하고 다음과 같이 웹 페이지에서 불러 사용한다.

```
<link href="mystyle.css" type="text/css" rel="stylesheet"> 혹은
@import url(mystyle.css);
```

Q 셀렉터는 CSS3 공부에 중요한가?

A CSS3 스타일 시트를 만들 때 꼭 있어야 하는 것이 셀렉터이다. 셀렉터는 CSS3 스타일 시트를 적용할 태그를 지정하는 기능으로 여러 가지가 있다. 셀렉터의 종류는 태그 이름 셀렉터, id 셀렉터, class 셀렉터, 자식 셀렉터, 자손 셀렉터, 전체 셀렉터, 속성 셀렉터, 가상 클래스 셀렉터 등 다양하다.

Q 박스 모델이 생소하다. 무슨 뜻인가?

A HTML 태그로만 작성된 웹 페이지를 출력하면, HTML 태그에 표현된 문자열이나 이미지 콘텐츠만 보인다. HTML 태그의 기본 모양은 사각형 박스로 다루어지지만 박스의 테두리 선이나 테두리와 콘텐츠 사이의 공간 등에 색이나 모양을 주지 않았기 때문이다. 박스 모델이란 HTML 태그가 콘텐츠, 패딩, 테두리, 여백으로 구성된 박스라는 개념을 뜻하며, CSS3 스타일을 이용하면 박스의 색이나 모양을 꾸밀 수 있다.

Q 이 장에서 학습한 CSS3 프로퍼티를 간단히 정리하면?

A 다음 표와 같다.

색	color, background-color, border-color
텍스트	text-indent, text-align, text-decoration
폰트	font-family, font-size, font-style, font-weight, font
박스 모델	width, height, padding, margin, border
테두리	border-radius, border-image
태그의 배경	background-color, background-image, background-position, background-size, background-repeat, background
시각적 효과	text-shadow, box-shadow, cursor

Open 04
Challenge

컴퓨터 기술 소개 웹 페이지 : CSS3로 모양 꾸미기

웹 페이지를 CSS3를 이용하여 꾸며보자. 3장의 open challenge에서 작성한 웹 페이지를 수정하여 4.html 파일로 만들고 설문조사 페이지는 survey4.html로 작성하라. 다음 사례처럼 CSS3로 독자 스스로 모양을 꾸며라. 난이도 6

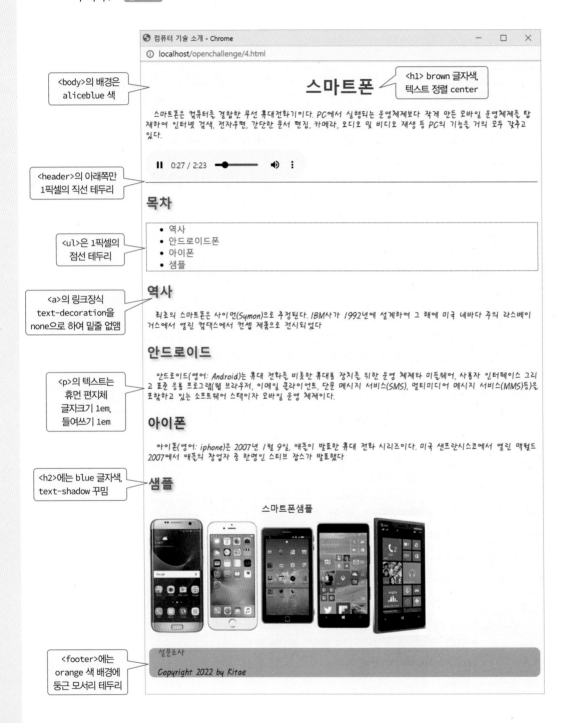

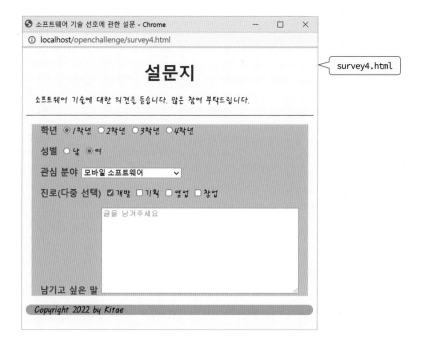

survey4.html

 힌트

- 4.html의 모양을 꾸밀 CSS3 스타일 시트는 4.css 파일로 작성하고, 4.html에 다음 코드를 추가하여 4.css 파일을 불러온다.

```
<head>
    <link href="4.css" type="text/css" rel="stylesheet">
</head>
```

- survey4.html을 꾸밀 CSS3 스타일 시트는 survey4.css 파일로 작성하고, survey4.html에 다음 코드를 추가한다.

```
<head>
    <link href="survey4.css" type="text/css" rel="stylesheet">
</head>
```

이론문제

1. CSS3 스타일 시트 작성이 잘못된 것을 바르게 고쳐라.

   (1) body { background-color = mistyrose; }
   (2) <h3> { color : purple /* purple은 보라색 */ }
   (3) HR { height : 5px; background_color : grey }
   (4) span { color : blue, font-size : 20px } // <span> 태그에 적용

2. CSS3 스타일 시트 작성이 잘못된 것을 바르게 고쳐라.

   (1) div (font-size : 30px;)
   (2) <p style="color:blue, font-size:30px">안녕하세요</p>
   (3) p { text-indent : 5 }
   (4) p { color : 'blue' }

3. CSS3의 색 표현법이 틀린 것은?

   ① div { color : rgb(55, 325, 128); }   ② div { color : blue; }
   ③ div { color : #7F3B55; }   ④ div { color : #000000; }

4. 박스 모델에 관해 틀린 설명은?

   ① 모든 HTML 태그는 박스 모델의 적용을 받는다.
   ② 여백(margin) 색은 지정할 수 없고, 부모 태그의 색이 비춰 출력된다.
   ③ 패딩(padding) 색은 태그의 배경색과 같다.
   ④ 테두리는 실선으로만 가능하다.

5. 다음 중 셀렉터로 적합하지 않은 것은?

   ① img   ② img:hover   ③ ##div   ④ ul li

6. 다음 CSS3에서 사용하는 단위 중 상대적인 크기는?

   ① em   ② px   ③ deg   ④ pc

7. 다음 왼쪽 HTML 페이지의 CSS3 스타일 시트를 파일에 저장하고 @import를 이용하여 수정하라.

```
<!DOCTYPE html>
<html>
<head><title>CSS3</title>
<style>
    p {
        color : blue;
        text-align : center;
    }
</style>
</head>
<body>
<p>test</p>
</body>
</html>
```

```
/* 스타일 시트를
   style.css에 저장 */

_____
_____
_____
_____
```

```
<!-- HTML 파일 수정 -->

_____
_____
_____
_____
_____
_____
_____
_____
_____
_____
```

8. 다음 CSS3와 HTML 소스가 있다.

```
/* a.css */
body {
    background-color : yellow;
}
p {
    text-align : center;
}
```

```
<!DOCTYPE html>
<html>
<head>
<title>CSS3</title>
    <link type="text/css" rel="stylesheet" href="a.css">
<style>
    p { color : blue; text-align : right; font-size : 2em; }
</style>
</head>
<body>
    <p style="color:red; font-size:3em">test <span>code</span></p>
    <p>test <span style="color:green">code</span></p>
</body>
</html>
```

(1) 첫 번째 <p> 태그인 다음 태그에 적용되는 CSS3 스타일 시트를 쓰라.

```
<p style="color:red; font-size:3em">test <span>code</span></p>
```

(2) 두 번째 <span> 태그인 다음 태그에 적용되는 CSS3 스타일 시트를 쓰라.

```
<span style="color:green">code</span>
```

9. 다음 HTML 태그가 있을 때 틀린 셀렉터는?

```
<body class="all">
    <div><p id="first">Good <span>morning</span></p></div>
</body>
```

① body.all { color : blue; }　　　② #first { color : blue; }
③ div > span { color : blue; }　　④ div p { color : blue; }

10. 다음 HTML 태그가 있을 때 틀린 셀렉터는?

```
<body id="all">
    <div><a class="b" href="#">앵커</a></div>
</body>
```

① #all { color : blue; }　　　② .b { color : blue;}
③ * { color : blue; }　　　　④ div.a { color : blue; }

11. 다음 링크 태그에 대해 다음에 답하라.

```
<a href="http://www.site.com">site</a>
```

(1) 링크의 텍스트 색을 파란색으로 하고 밑줄을 없애도록 셀렉터와 스타일 시트를 작성하라.
(2) 마우스를 올리면 링크 텍스트가 기존 폰트의 2배가 되고 내리면 원래대로 돌아오도록 셀렉터와 스타일 시트를 작성하라.
(3) www.site.com을 방문하고 난 후 링크 색이 violet이 되도록 셀렉터와 스타일 시트를 작성하라.

12. li.menu:hover { color : green; } 스타일 시트에 대해 바르게 설명한 것은?

① 모든 <li class="menu"> 태그에 대해 적용된다.
② 마우스를 올리면 글자의 색이 green으로 바뀌고 마우스가 내려와도 원래색으로 돌아가지 않는다.
③ 마우스를 클릭할 때 글자의 색이 green으로 바뀌고 마우스를 놓으면 원래색으로 돌아간다.
④ 가상 셀렉터로서 모든 <li>에 적용한다.

1. 다음 HTML 소스에 태그 이름 셀렉터로 스타일 시트를 삽입하여 브라우저 출력과 같게 하라.

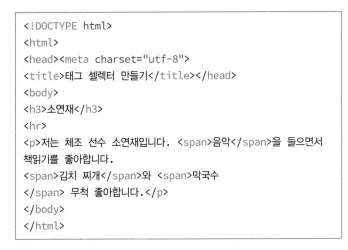

```
<!DOCTYPE html>
<html>
<head><meta charset="utf-8">
<title>태그 셀렉터 만들기</title></head>
<body>
<h3>소연재</h3>
<hr>
<p>저는 체조 선수 소연재입니다. <span>음악</span>을 들으면서
책읽기를 좋아합니다.
<span>김치 찌개</span>와 <span>막국수
</span> 무척 좋아합니다.</p>
</body>
</html>
```

2. 다음 HTML 소스에 태그 이름 셀렉터로 스타일 시트를 삽입하여 브라우저 출력과 같게 하라.

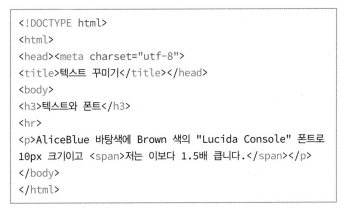

```
<!DOCTYPE html>
<html>
<head><meta charset="utf-8">
<title>텍스트 꾸미기</title></head>
<body>
<h3>텍스트와 폰트</h3>
<hr>
<p>AliceBlue 바탕색에 Brown 색의 "Lucida Console" 폰트로
10px 크기이고 <span>저는 이보다 1.5배 큽니다.</span></p>
</body>
</html>
```

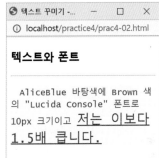

3. 다음과 같이 색 이름, 색 코드, 색을 보여주는 테이블을 작성하라.

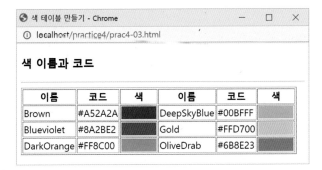

4. HTML 태그를 수정하지 말고 셀렉터와 스타일 시트를 삽입하여 다음과 같이 출력되게 하라.

```
<!DOCTYPE html>
<html>
<head>
<meta charset="utf-8">
<title>셀렉터 만들기</title>
</head>
<body class="main">
<h3 class="headline">클래스 셀렉터</h3>
<hr>
<div class="help">도움말</div>
<p class="help">!!경고 메시지</p>
<p id="hot">뜨거운 태양</p>
</body>
</html>
```

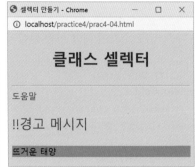

5. HTML 태그를 수정하지 말고 셀렉터와 스타일 시트를 삽입하여 다음과 같이 출력되게 하라.

```
<!DOCTYPE html>
<html>
<head>
<meta charset="utf-8">
<title>셀렉터</title>
</head>
<body class="main">
<h3>얼굴</h3>
<hr>
<div id="center"><strong>박인희</strong></div>
<div class="indent">
    <p><em>길</em>을 걷고 산들 무엇하리
    <strong>꽃</strong>이 내가 아니듯 내가
    <strong>꽃</strong>이 될 수 없는 지금...</p>
</div>
</body>
</html>
```

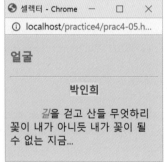

6. 아래와 같이 밑줄이 없는 초록색 링크를 만들고 마우스가 올라가면 밑줄과 더불어 violet 색으로 바꾸도록 HTML 페이지를 작성하라.

7. `<div>` 태그를 이용하여 카드의 뒷면을 출력하고, 마우스를 올리면 카드의 앞면이 보이게 HTML 페이지를 작성하라.

> 힌트
> 카드의 뒷면 이미지를 `<div>` 태그의 배경 이미지로 만들고, 마우스가 올라가면 :hover 셀렉터를 이용하여 배경 이미지를 바꾸면 된다. `<div>` 태그에 width와 height 스타일을 지정해야 한다.

8. `<img>` 태그로 이미지를 출력하고, 액자 모양의 이미지 테두리를 만들어라. 테두리의 두께는 15px, 패딩은 5px로 하여 테두리와 이미지 사이에 공간이 있게 하라.

9. 다음 페이지를 작성하라. Most Visited Pages 텍스트를 text-shadow로 꾸미고, 이미지에 마우스를 올리면 box-shadow를 이용하여 박스에 그림자가 보이게 하라.

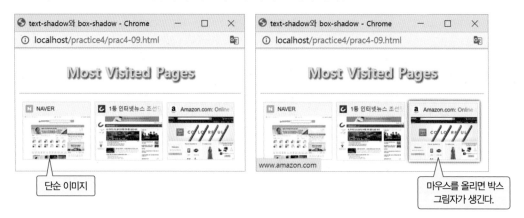

05

CSS3 고급 활용

05 | CSS3 고급 활용

이 장에서는 웹 페이지를 작성하는데 실전에서 필요한 CSS3의 고급 꾸미기와 활용에 대해 알아본다. HTML 태그가 출력되는 모양은 항상 박스(box model)라는 점을 기억하기 바란다.

- 배치
- 리스트 꾸미기
- 표 꾸미기
- 폼 꾸미기
- 애니메이션 등 동적 변화 만들기

1. 배치

지금까지 독자들은 HTML 태그는 웹 페이지에 작성된 순서대로 출력되는 것으로만 알고 있을 것이다. 하지만, CSS3를 이용하면 HTML 태그를 브라우저의 특정 위치에 고정 출력시키거나, 스크롤바를 굴려도 항상 그 자리에 보이도록 할 수도 있고, 경우에 따라 보이지 않게 숨길 수도 있다. 배치 이렇게 HTML 태그가 출력되는 위치를 지정하는 것을 배치(positioning)라고 부른다.

배치는 신문이나 쇼핑몰 등 상용 웹 페이지를 만드는 기본이므로 잘 알아야 하는 CSS3의 필수 지식이다. 지금부터 배치와 관련된 다음 CSS3 프로퍼티를 하나씩 알아보기로 하자.

- display
- position
- left, right, top, bottom
- float
- z-index
- visibility
- overflow

블록 박스와 인라인 박스

HTML 태그는 블록 태그와 인라인 태그로 나뉜다.

- 블록 태그 사례 – <p>, <hl>, <div>, <ul>
- 인라인 태그 사례 – <span>, <a>, <img>

4장에서 설명한 박스 모델에 따라 브라우저는 각 HTML 태그를 하나의 박스로 다룬다. 기본적으로 브라우저는 블록 태그는 블록 박스로, 인라인 태그는 인라인 박스로 다루며, 블록 박스냐 인라인 박스냐에 따라 태그가 브라우저에서 차지하는 영역과 위치에는 많은 차이가 있다. 블록 박스와 인라인 박스가 출력되는 모양을 알아보자.

그림 5-1은 브라우저에 의해 디폴트로 처리되는 것으로 <div>와 같은 블록 태그가 블록 박스로, <span>과 같은 인라인 태그가 인라인 박스로 출력되는 것을 보여준다.

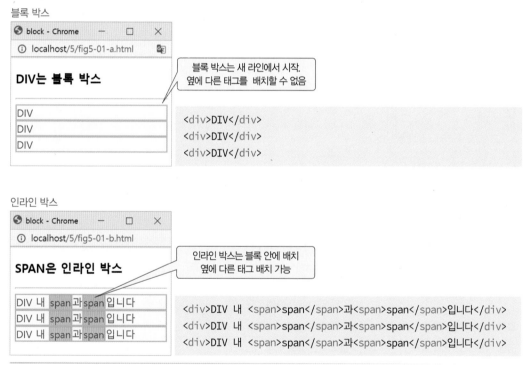

그림 5-1 블록 태그 <div>는 블록 박스로 인라인 태그 <span>은 인라인 박스로 출력

<div>처럼 블록 박스는 새로운 라인에서 시작하여 라인 끝까지 차지하여 옆에는 다른 태그가 배치되지 않는다. 하지만, <span>처럼 인라인 박스는 블록 박스 내에 순서대로 배치된다.

박스의 유형 제어, display

display 프로퍼티

display 프로퍼티를 이용하면, 디폴트 박스 유형을 무시하고 HTML 태그의 박스 유형을 달리 지정할 수 있다. CSS3의 박스 유형은 3가지이며 display 프로퍼티에 다음과 같이 지정한다.

- 블록 박스 – display : block
- 인라인 박스 – display : inline
- 인라인 블록 박스 – display : inline-block

그림 5-2는 CSS3의 3가지 박스 유형의 배치를 보여주며 표 5-1은 이들을 비교하여 설명한다.

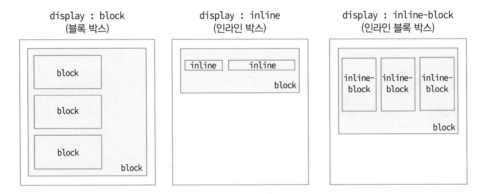

그림 5–2 CSS3의 3가지 박스 유형과 배치

표 5–1 CSS3의 3가지 박스 유형 비교

블록박스 (display : block)	인라인 박스 (display : inline)	인라인 블록 박스 (display : inline-block)
항상 새 라인에서 시작	새 라인에서 시작 못함. 라인 안(inline)에 있음	새 라인에서 시작 못함. 라인 안(inline)에 있음
블록 박스 내에만 배치	모든 박스 내 배치 가능	모든 박스 내 배치 가능
옆에 다른 요소 배치 불가능	옆에 다른 요소 배치 가능	옆에 다른 요소 배치 가능
width와 height으로 크기 조절	width와 height으로 크기 조절 불가능	width와 height 크기 조절 가능
padding, border, margin 조절 가능	margin-top, margin-bottom 조절 불가능	padding, border, margin 조절 가능

display : block

display 프로퍼티로 HTML 태그의 박스 유형을 지정하는 방법을 알아보자.

그림 5-3은 <span>에 display:block을 지정하여 <span> 태그를 블록 박스로 변경한 사례이다. 태그가 display:block 스타일로 지정되면 **width**와 **height** 값을 주어 태그가 출력되는 블록 박스의 크기를 변경할 수 있으며, 한 줄을 독점적으로 차지하여 양 옆에 다른 요소가 배치되지 않는다.

width
height

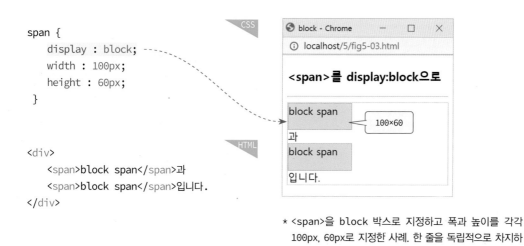

```
span {
    display : block;
    width : 100px;
    height : 60px;
}
```

```
<div>
    <span>block span</span>과
    <span>block span</span>입니다.
</div>
```

* <span>을 block 박스로 지정하고 폭과 높이를 각각
  100px, 60px로 지정한 사례. 한 줄을 독립적으로 차지하
  여 옆에 다른 곳으로 배치되지 않음.

그림 5-3 display:block으로 <span>를 블록 박스로 만든 사례

display : inline

그림 5-4는 <div>에 display:inline을 지정하여 인라인 박스로 변경한 사례이다. "inline DIV"는 새 줄에 출력되지도 새 줄로 넘어가지도 못한다.

```
div div {
    display : inline;
}
```

```
<div style="background : orange">
    <div>inline DIV</div>
    <div>inline DIV</div>
    <div>inline DIV</div>
</div>
```

* <div>가 inline 박스로 지정됨. inline 박스는 라인 안
  에 다른 요소들과 함께 배치. 공간이 좁으면 남는 부분이
  다음 라인으로 넘어감.

그림 5-4 display:inline으로 <div>를 인라인 박스로 만든 사례

display : inline-block

display:inline-block의 경우, 기본적으로 인라인 박스이면서 블록 박스처럼 height, width로 크기를 조절할 수 있고 padding(패딩), margin(여백) 등을 조절할 수 있다.

```css
div div {
    display : inline-block;
    border : 2px dotted orangered;
    background : powderblue;
    margin : 10px;
    width : 60px; height : 80px;
}
```

```html
<div style="background : orange">
    <div>inline-block DIV</div>
    <div>inline-block DIV</div>
    <div>inline-block DIV</div>
</div>
```

* inline-block 박스는 라인 안에 다른 요소들과 함께 배치.
  동시에 width, height, margin 으로 크기 조절 가능

그림 5-5 display:inline-block으로 <div> 태그를 인라인 블록 박스로 만든 사례

잠깐! 태그의 디폴트 박스 유형 ○─────

'스팬입니다.'은 '스팬입니다.'로, '<div>div입니다.</div>'는 '<div style="display:block">div입니다.</div>'로 초기화된 것이다.

예제 **5-1** display 프로퍼티로 박스 유형 설정

display 프로퍼티로 박스 유형을 설정한 몇 가지 사례를 보여준다.

```html
<!DOCTYPE html>
<html>
<head>
<meta charset="utf-8">
<title>display 프로퍼티</title>
<style>
div {
    border : 2px solid yellowgreen;
    color : blue;
    background : aliceblue;
}
span {
    border : 3px dotted red;
    background : yellow;
}
```

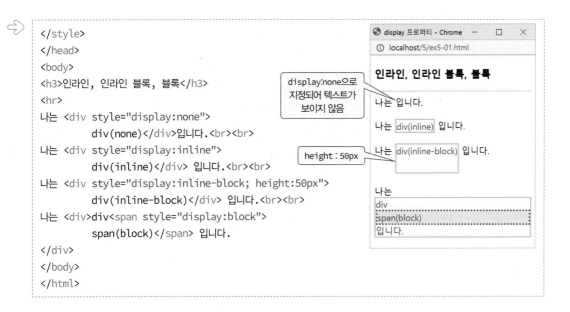

박스의 배치, position

브라우저는 웹 페이지에 나타난 순서대로 HTML 태그를 배치한다. 이를 normal flow라고 부른다. position 프로퍼티를 이용하면 normal flow를 무시하고 원하는 위치에 박스를 배치할 수 있다. position으로 지정할 수 있는 배치 종류는 다음과 같다.

normal flow

position

- 정적 배치 – position : static(디폴트)
- 상대 배치 – position : relative
- 절대 배치 – position : absolute
- 고정 배치 – position : fixed
- 유동 배치 – float : left 혹은 float : right

 position 프로퍼티를 사용할 때, HTML 태그의 위치는 다음 프로퍼티로 조절한다. 하지만 이들은 앞의 5가지 배치 방식에 따라 서로 다르게 사용되므로 주의하기 바란다.

```
top, bottom, left, right
```

정적 배치, position : static
정적 배치는 웹 페이지가 작성된 순서대로 HTML 태그의 출력 위치를 정하는 방식으로, 브라우저의 디폴트 배치 방식이다. 그러므로 정적 배치에서 left, top, bottom, right 프로퍼티의 값은 위치에 영향을 주지 않는다.

상대 배치, position : relative

normal flow에 따라 HTML 태그가 출력되는 위치를 '기본 위치'라고 한다. position:relative 스타일이 주어지면, 태그는 '기본 위치'에서 left, top, bottom, right 프로퍼티의 값만큼 이동
한 '상대 위치'에 배치된다. 이 방식을 상대 배치라고 한다.

그림 5-6은 상대 배치를 보여준다. 6개의 인라인 박스 중 초록색 두 박스는 position:relative 를 적용하여, 기본 위치에서 left, top, right, bottom 프로퍼티의 값만큼 이동한 상대 위치에 출력되었다. 그림 5-6에서도 알 수 있는 바와 같이 상대 배치된 HTML 태그는 다른 태그의 위치에 영향을 주지 않는다.

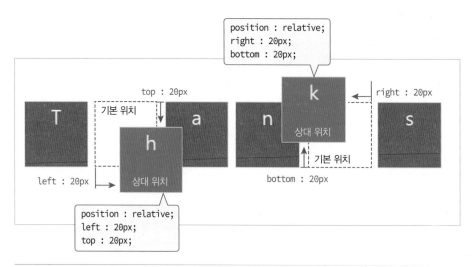

그림 5-6 position:relative로 left, right, top, bottom 값 만큼 이동한 상대 배치

left 프로퍼티는 왼쪽 모서리의 이동 거리를, top 프로퍼티는 위쪽 모서리의 이동 거리를 지정한다. bottom, right도 같은 의미이다. 프로퍼티의 값이 음수(-)인지 양수(+)인지에 따라 이동 방향이 다르니 그림 5-7을 참고하기 바란다.

top과 bottom이 동시에 지정되면 bottom이 무시되며, left와 right가 동시에 지정되면 right가 무시된다.

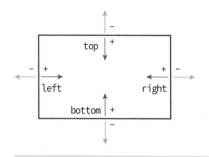

그림 5-7 상댓값

이 예제는 5개의 <div> 중 h와 k 글자를 가진 2개의 <div>에 마우스를 올리면 20px씩 상대 배치시키는 사례를 보여준다.

```
<!DOCTYPE html>
<html>
<head>
<meta charset="utf-8">
<title>relative 배치</title>
<style>
div {
    display : inline-block;
    height : 50px;
    width : 50px;
    border : 1px solid lightgray;
    text-align : center;
    color : white;
    background : red;
}

#down:hover{
    position : relative;
    left : 20px;
    top : 20px;
    background : green;
}

#up:hover{
    position : relative;
    right : 20px;
    bottom : 20px;
    background : green;
}
</style>
</head>
<body>
<h3>상대 배치, relative</h3>
h와 k 글자에 마우스를 올려 보세요
<hr>
    <div>T</div>
    <div id="down">h</div>
    <div>a</div>
    <div>n</div>
    <div id="up">k</div>
    <div>s</div>
</body></html>
```

h 블록에 마우스를 올리면 상대 배치함

k 블록에 마우스를 올리면 상대 배치함

초기 상태

상대 배치 (position:relative)

h와 k 블록에 마우스를 올린 경우 블록이 상대 배치되어 위치가 변하게 된다.

절대 배치, position : absolute

절대 위치　position:absolute를 사용하면 HTML 태그를 절대 위치에 배치할 수 있다. 절대 위치는 left, top, bottom, right 프로퍼티 값으로 정하며, 이 값들은 부모 태그 안에서의 상대 좌표이다.

예제 5-3　position : absolute 절대 배치

이 예제는 <div> 블록 안에 5개의 <p> 태그를 position:absolute로 절대 배치하고, left, top 프로퍼티로 절대 위치를 지정한다. 이 위치는 <div> 내의 상대 좌표이다.

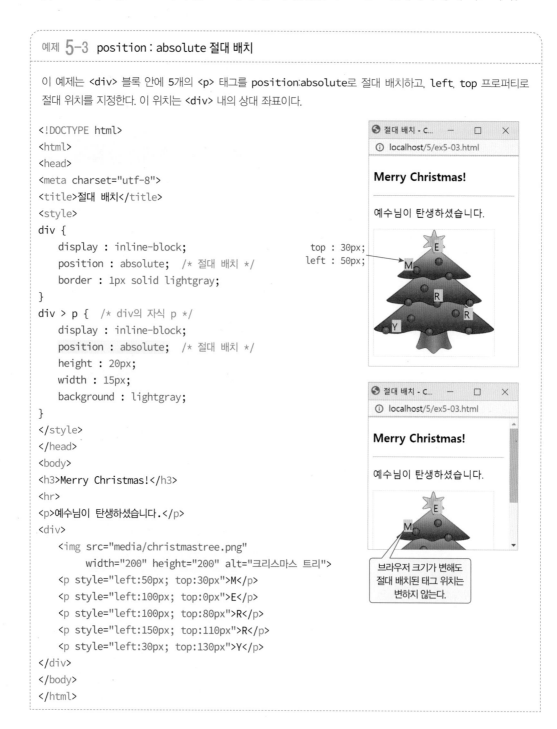

```
<!DOCTYPE html>
<html>
<head>
<meta charset="utf-8">
<title>절대 배치</title>
<style>
div {
    display : inline-block;
    position : absolute;  /* 절대 배치 */
    border : 1px solid lightgray;
}
div > p {  /* div의 자식 p */
    display : inline-block;
    position : absolute;  /* 절대 배치 */
    height : 20px;
    width : 15px;
    background : lightgray;
}
</style>
</head>
<body>
<h3>Merry Christmas!</h3>
<hr>
<p>예수님이 탄생하셨습니다.</p>
<div>
    <img src="media/christmastree.png"
        width="200" height="200" alt="크리스마스 트리">
    <p style="left:50px; top:30px">M</p>
    <p style="left:100px; top:0px">E</p>
    <p style="left:100px; top:80px">R</p>
    <p style="left:150px; top:110px">R</p>
    <p style="left:30px; top:130px">Y</p>
</div>
</body>
</html>
```

top : 30px;
left : 50px;

브라우저 크기가 변해도 절대 배치된 태그 위치는 변하지 않는다.

고정 배치, position : fixed

스크롤하거나 브라우저의 크기를 변경해도, HTML 태그가 뷰포트(브라우저 윈도우)의 오른쪽 바닥에 항상 보이도록 고정시킬 수 없을까? position:fixed를 사용하면 된다. position:fixed는 left, top, right, bottom 프로퍼티의 값으로 <u>뷰포트의 특정 위치</u>에 고정시키는 배치 방식이다. 뷰포트의 특정 위치

   고정 배치는 절대 배치와 달리 뷰포트(viewport, 브라우저의 보이는 영역)에 고정시켜 브라우저에 항상 보이게 한다.

예제 5-4 position : fixed로 브라우저 하단에 고정 배치

이 예제는 '<div>예수님이 탄생하셨습니다.</div>' 태그를 브라우저의 오른쪽 하단에 고정 크기로 항상 보이도록 배치한 사례이다. 스크롤바를 움직이거나 브라우저 크기를 조절해도 항상 그 자리에 출력된다.

```html
<!DOCTYPE html>
<html>
<head>
<meta charset="utf-8">
<title>고정 배치</title>
<style>
#fixed {
    position : fixed;
    bottom : 10px;
    right : 10px;
    width : 100px;
    padding : 5px;
    background : red;
    color : white;
}
</style>
</head>
<body>
<h3>Merry Christmas!</h3>
<hr>
<img src="media/christmastree.png"
     width="300" height="300"
     alt="크리스마스 트리">
<div id="fixed">예수님이 탄생하셨습니다.
</div>
</body>
</html>
```

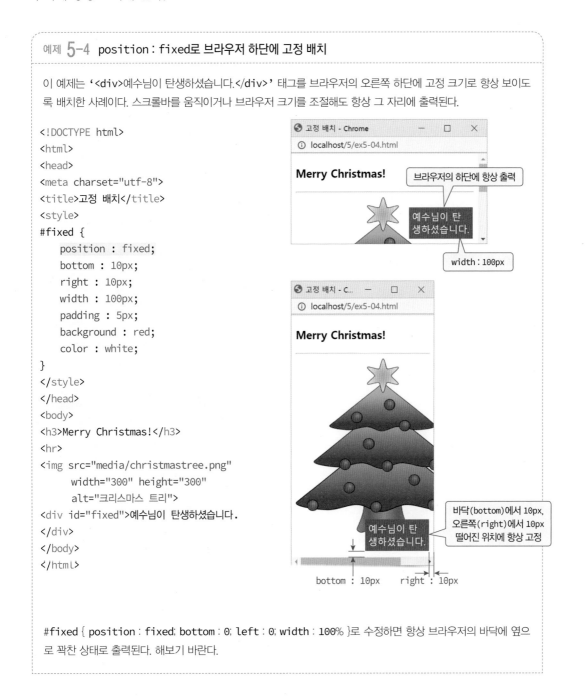

#fixed { position : fixed; bottom : 0; left : 0; width : 100% }로 수정하면 항상 브라우저의 바닥에 옆으로 꽉찬 상태로 출력된다. 해보기 바란다.

float 프로퍼티를 이용한 유동 배치

보통 마우스로 브라우저 크기를 변경하면, 텍스트나 이미지가 다음 줄로 내려가는 등 위치가 변한다. 하지만 float 프로퍼티를 지정하면 태그를 오른편이나 왼편에 항상 배치시킬 수 있다. float는 항상 같은 위치에 출력할 광고나 공지 등에 적합하다. 다음은 float 스타일로 이미지를 브라우저의 오른쪽에 출력하도록 만든 사례이다.

```
img { float : right; }
```

예제 5-5 float : right로 브라우저의 오른편에 항상 배치

float:right로 조성진 특별 연주 공지를 브라우저의 오른편에 배치하는 사례이다.

```
<!DOCTYPE html>
<html>
<head>
<meta charset="utf-8">
<title>float 배치</title>
<style>
#float {
    float : right;
    border : 1px dotted black;
    width : 8em;
    padding : 0.25em;
    margin : 1em;
}
</style>
</head>
<body>
<h3>학기말 공지</h3>
<hr>
<div>
<p id="float">
    24일은 피아니스트 조성진의 크리스마스 특별
    연주가 있습니다.</p>
<p>
    이제 곧 겨울 방학이 시작됩니다. 학기 중 못다한
    Java, C++ 프로그래밍 열심히 하기 바랍니다.
    인턴을 준비하는 학생들은 프로젝트 개발에
    더욱 힘쓰세요. 그럼 다음 학기에 만나요.</p>
</div>
</body>
</html>
```

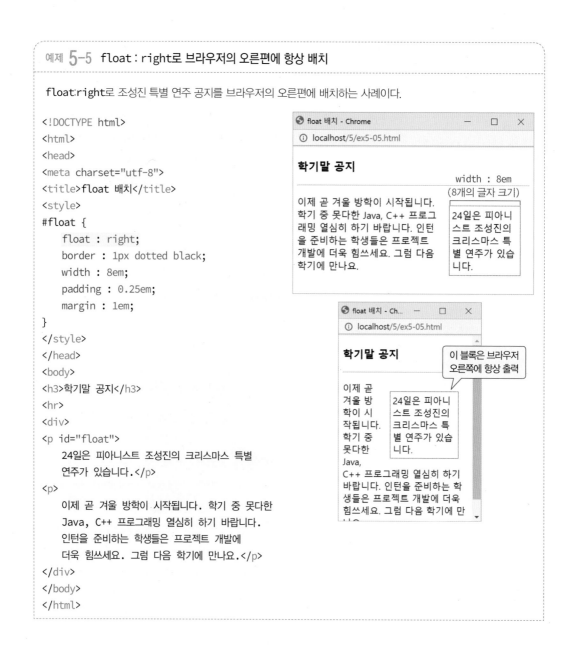

수직으로 쌓기, z-index

z-index는 HTML 태그들을 z 축을 따라 수직으로 쌓는 순서(stacking order)를 지정하는 프로 수직으로 쌓는 순서
퍼티로 값이 클수록 위에 쌓인다. 다음은 <div>의 z-index를 3으로 설정한다.

```
div { z-index : 3; }
```

z-index의 지정이 없는 경우 HTML 문서에 나오는 순서로 z-index 값이 자동 결정된다. z-index는 position 프로퍼티가 relative, absolute, fixed인 경우에만 작동된다.

예제 5-6 z-index로 카드 쌓기

z-index를 이용하여 4개의 이미지를 수직으로 쌓은 사례이다.

```html
<!DOCTYPE html>
<html>
<head>
<meta charset="utf-8">
<title>z-index 프로퍼티</title>
<style>
div { position : absolute; }
img { position : absolute; }
#spadeA { z-index : -3; left : 10px; top : 20px; }
#spade2 { z-index : 2; left : 40px; top : 30px; }
#spade3 { z-index : 3; left : 80px; top : 40px; }
#spade7 { z-index : 7; left : 120px; top : 50px; }
</style>
</head>
<body>
<h3>z-index 프로퍼티</h3>
<hr>
<div>
<img id="spadeA" src="media/spade-A.png"
        width="100" height="140" alt="스페이드A">
<img id="spade2" src="media/spade-2.png"
        width="100" height="140" alt="스페이드2">
<img id="spade3" src="media/spade-3.png"
        width="100" height="140" alt="스페이드3">
<img id="spade7" src="media/spade-7.png"
        width="100" height="140" alt="스페이드7">
</div>
</body>
</html>
```

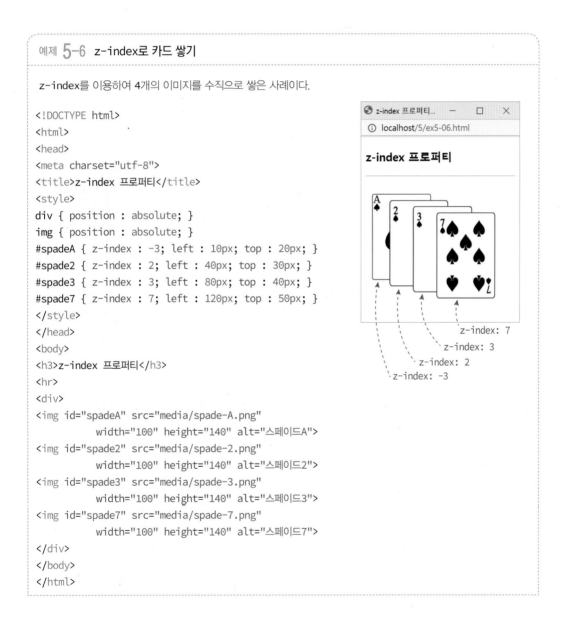

보일 것인가 숨길 것인가, visibility

visibility 프로퍼티를 이용하면, HTML 태그를 출력할 것인지 숨길 것인지를 지정할 수 있다. visibility:hidden은 HTML 태그에 출력공간을 할당한 채 보이지만 않게 한다. 다음 스타일 시트를 사용하면 이미지는 보이지 않는다.

```
img { visibility : hidden; }
```

```
visibility : visible|hidden
```

예제 **5-7** visibility로 텍스트 숨기기

visibility에 hidden 값을 주어 <span> 태그의 텍스트를 보이지 않게 하였다.

```
<!DOCTYPE html>
<html>
<head>
<meta charset="utf-8">
<title>visibility 프로퍼티</title>
<style>
span {
    visibility : hidden;
}
</style>
</head>
<body>
<h3>다음 빈 곳에 숨은 단어?</h3>
<hr>
<ul>
    <li>I (<span>love</span>) you.
    <li>CSS is Cascading (<span>Style</span>) Sheet.
    <li>응답하라 (<span>1988</span>).
</ul>
</body>
</html>
```

visibility : hidden;
공간은 차지하지만
텍스트는 보이지 않음

8장 실습문제 3에서 이 예제를 활용한다.

잠깐! display:none와 visibility:hidden 둘은 같을까?

display:none 스타일을 가진 태그가 공간이 할당되지도 않고 보이지도 않는다. 하지만 visibility:hidden 스타일의 경우 태그의 공간은 할당되고 보이지만 않는다.

콘텐츠를 자를 것인가 말 것인가, overflow

overflow는 HTML 콘텐츠가 width와 height 프로퍼티에 주어진 태그의 크기를 넘어가는 경우 콘텐츠를 자를 것인지 말 것인지를 지정하는 프로퍼티로서, 블록 태그에만 적용된다. overflow 프로퍼티가 적용되려면 width와 height 프로퍼티에 박스 크기가 설정되어 있어야 한다.

블록 태그

---

overflow : visible|hidden|scroll|auto

- visible : 콘텐츠가 잘리지 않고 태그 영역을 넘어 출력(디폴트)
- hidden : 콘텐츠를 태그 크기로 잘라 넘어가는 것은 보이지 않음, 스크롤바 없음
- scroll : 스크롤바를 항상 부착하여 콘텐츠 출력
- auto : 콘텐츠가 박스의 높이(height 프로퍼티)보다 넘치면 스크롤바 자동 생성

예제 **5-8** overflow 프로퍼티 활용

overflow 프로퍼티로 블록 박스의 콘텐트를 출력한 사례를 보여준다.

```html
<!DOCTYPE html>
<html>
<head>
<meta charset="utf-8">
<title>overflow 프로퍼티</title>
<style>
p {
    width : 15em;
    height : 3em;
    border : 1px solid lightgray;
}
.hidden { overflow : hidden; }
.visible { overflow : visible; }
.scroll { overflow : scroll; }
</style>
</head>
<body>
<h3>overflow 프로퍼티</h3>
<hr>
<p class="hidden">overflow에 hidden 값을 적용하면
        박스를 넘어가는 내용이 잘려 보이지 않습니다.</p><br>
<p class="visible">overflow에 visible 값을 적용하면
        콘텐트가 박스를 넘어가서도 출력됩니다</p><br>
<p class="scroll">overflow에 scroll 값을 적용하면
        박스에 스크롤바를 붙여 출력합니다.</p>
</body>
</html>
```

2. 리스트 꾸미기

리스트는 데이터를 나열하여 보여주는 목적 외에도 목차를 만들거나 메뉴를 만들거나 관련 링크 모음을 만드는 등, 웹 페이지에서 여러 가지 용도로 활용된다.

리스트를 CSS3로 예쁘게 꾸며보자. 리스트를 꾸미는데 사용되는 CSS3 프로퍼티는 표 5-2와 같다. 그림 5-8은 리스트 꾸미기 설명을 위해 준비된 HTML 페이지이다. 지금부터 이 페이지를 바탕으로 리스트를 꾸며보자.

```
<!DOCTYPE html>
<html>
<head>
<meta charset="utf-8">
<title>리스트 꾸미기</title>
</head>
<body>
<h3>커피 메뉴</h3>
<hr>
<ul>
    <li>Espresso</li>
    <li>Cappuccino</li>
    <li>Cafe Latte</li>
</ul>
</body>
</html>
```

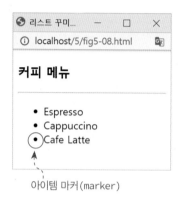

그림 5-8 리스트 꾸미기에 사용할 기본 HTML 페이지

표 5-2 리스트를 꾸미는 CSS3 프로퍼티들

프로퍼티	설명
list-style-type	아이템 마커 타입 지정
list-style-image	아이템 마커 이미지 지정
list-style-position	아이템 마커의 출력 위치 지정(아이템 영역 내 혹은 영역 바깥)
list-style	앞의 3개 프로퍼티 값을 한 번에 지정하는 단축 프로퍼티

리스트와 아이템의 배경

background 프로퍼티로 리스트나 아이템에 배경색이나 배경 이미지를 줄 수 있다. 그림 5-9는 리스트와 아이템에 각각 배경색을 입힌 경우이다.

```
ul {
    background : goldenrod;
    padding : 10px 10px 10px 50px;
}

ul li {   /* ul의 자손 li */
    background : greenyellow;
    margin-bottom : 5px;
}
```

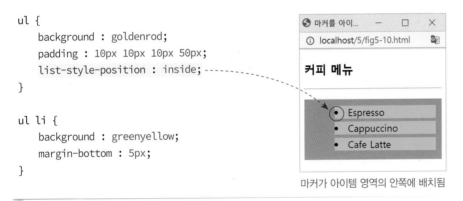

그림 5-9 리스트와 아이템에 배경색 입히기

마커의 위치, list-style-position

list-style-position 프로퍼티는 마커의 위치를 지정할 때 사용한다.

```
list-style-position : inside|outside
```

outside(디폴트) 값을 주면, 그림 5-9와 같이 마커는 아이템 바깥에 배치되지만 inside 값을
주면 그림 5-10과 같이 아이템 안쪽에 배치한다.

```
ul {
    background : goldenrod;
    padding : 10px 10px 10px 50px;
    list-style-position : inside;
}

ul li {
    background : greenyellow;
    margin-bottom : 5px;
}
```

마커가 아이템 영역의 안쪽에 배치됨

그림 5-10 list-style-position:inside로 마커를 아이템 영역 안쪽에 배치

마커 종류, list-style-type

list-style-type 프로퍼티에는 마커의 종류를 지정하며 그림 5-11은 여러 마커들을 보여준다.

```
ul { list-style-type : circle; } /* 원 모양의 마커 */
```

```
list-style-type : disc|armenian|circle|cjk-ideographic|decimal|georgian|lower-
                  alpha|lower-roman|square|upper-alpha|upper-roman|none
```

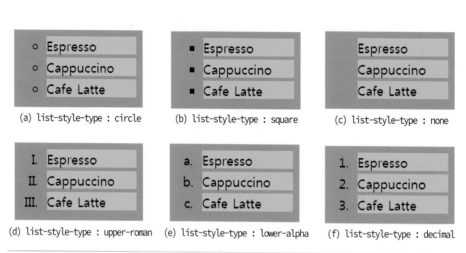

(a) list-style-type : circle   (b) list-style-type : square   (c) list-style-type : none

(d) list-style-type : upper-roman (e) list-style-type : lower-alpha (f) list-style-type : decimal

그림 5–11 마커 종류

이미지 마커, list-style-image

list-style-image 프로퍼티는 독자들만의 이미지 마커를 만들 수 있게 한다. 공통 이미지를 모든 아이템 마커로 적용할 수도 있고, 아이템마다 다른 이미지를 달 수도 있다. 그림 5-12는 marker.png를 <ul> 태그의 모든 아이템의 마커로 지정하는 사례이다.

```
ul { list-style-image : url("media/marker.png"); }        /* 모든 아이템에 이미지 마커 적용 */
```

```
ul {
    background : goldenrod;
    padding : 10px 10px 10px 50px;
    list-style-image : url("media/marker.png");
}

ul li {
    background : greenyellow;
    margin-bottom : 5px;
}
```

모든 아이템에 동일한 이미지 마크

그림 5–12 <ul> 태그의 모든 아이템에 marker.png 이미지 마커 지정

리스트 단축 프로퍼티, list-style

list-style는 마커의 타입, 위치, 이미지 등을 한 번에 지정하는 단축 프로퍼티이다.

```
list-style : list-style-type list-style-position list-style-image
```

다음 스타일 시트는 marker.png를 마커 이미지로 지정하고, 마커를 아이템 안쪽(inside)에 배치한다. 이미지가 없는 경우 circle 타입의 마커를 사용한다.

```
ul { list-style : circle inside url("media/marker.png"); }
```

응용 : 리스트로 메뉴 만들기

리스트를 이용하여 웹 페이지에 메뉴를 만들어 보자. <nav> 영역에 메뉴를 만든다. <ul> 태그로 리스트를 구성하고 <li> 태그로 메뉴 아이템을 구성한다.

<ul> 태그로 메뉴 만들기

<ul> 태그에 5개의 아이템(<li>)을 만들고 각 아이템이 링크로 작동하게 한다.

```
<nav id="menubar">
   <ul>
      <li><a href="#">Home</a></li>
      <li><a href="#">Espresso</a></li>
      <li><a href="#">Cappuccino</a></li>
      <li><a href="#">Cafe Latte</a></li>
      <li><a href="#">F.A.Q</a></li>
   </ul>
</nav>
```

현재 메뉴(링크)에 아무 웹 페이지가 연결되어 있지 않지만, 추후 개발자가 href의 "#" 대신 웹 페이지의 주소를 입력하면 된다.

menubar 셀렉터 만들기

메뉴바(<nav id="menubar"> 영역)를 olive 색으로 칠하도록 menubar 셀렉터를 다음과 같이 작성한다.

```
#menubar {
   background : olive;
}
```

메뉴를 한 줄에 출력

메뉴 전체를 한 줄에 출력하기 위해 <ul>의 폭을 567px, 여백과 패딩은 0으로 하는 다음 셀렉터를 만든다.

```
#menubar ul {          /* <ul>은 디폴트가 display:block이므로 여백 패딩 모두 0으로 세팅 */
    margin : 0;
    padding : 0;
    width : 567px;      /* 모든 아이템(<li>)을 한 줄에 품을 수 있는 폭 */
}
```

메뉴 아이템을 인라인으로 지정

다음 셀렉터를 작성하여 마커는 삭제하고 <li>에 display 프로퍼티를 inline-block으로 하여 아이템들이 한 줄에 나란히 나열되게 한다.

```
#menubar ul li {
    display : inline-block;     /* 아이템들이 옆으로 한 줄에 출력되도록 inline-block으로 함 */
    list-style-type : none;     /* 마커 삭제 */
    padding : 0px 15px;         /* top=bottom=0, left=right=15px. 아래위 패딩 0 */
}
```

링크 밑줄 삭제

다음 셀렉터를 작성하여 <a> 태그의 링크 밑줄이 보이지 않게 text-decoration 프로퍼티를 none을 지정하고 링크의 글자 색은 white로 한다.

```
#menubar ul li a {
    text-decoration : none;     /* 링크 밑줄이 보이지 않게 함 */
    color : white;
}
```

링크에 마우스가 올라갈 때 텍스트를 violet 색으로 변경

:hover 셀렉터를 이용하여 마우스가 올라가면 링크 글자 색이 violet으로 바뀌도록 다음 셀렉터를 작성한다. :hover 셀렉터의 경우 마우스가 내려오면 원래 색으로 돌아온다.

```
#menubar ul li a:hover {
    color : violet;             /* 마우스가 올라 갈 때 링크 글자를 violet 색으로 출력 */
}
```

예제 5-9 CSS3 스타일을 응용하여 리스트로 메뉴 만들기

<ul>, <li>, <a> 태그와 CSS3 스타일 시트를 이용하여 수평 메뉴를 만든 사례를 보인다.

```html
<!DOCTYPE html>
<html>
<head>
<meta charset="utf-8">
<title>리스트로 메뉴 만들기</title>
<style>
#menubar {
    background : olive;
}
#menubar ul { /* 여백과 패딩 모두 0 */
    margin : 0;
    padding : 0;
    width : 567px; /* 모든 아이템(<li>)을 한 줄에 품을 수 있는 폭 */
}
#menubar ul li {
    display : inline-block; /* 새 줄로 넘어가지 않게 */
    list-style-type : none; /* 마커 삭제 */
    padding : 0px 15px; /* top=bottom=0, left=right=15px */
}
#menubar ul li a {
    color : white;
    text-decoration : none; /* 링크 보이지 않게 */
}
#menubar ul li a:hover {
    color : violet; /* 마우스 올라 갈 때 색 */
}
</style>
</head>
<body>
<nav id="menubar">
    <ul>
        <li><a href="#">Home</a></li>
        <li><a href="#">Espresso</a></li>
        <li><a href="#">Cappuccino</a></li>
        <li><a href="#">Cafe Latte</a></li>
        <li><a href="#">F.A.Q</a></li>
    </ul>
</nav>
</body>
</html>
```

이 곳에 연결할 페이지 주소를 주면 된다.

리스트로 메뉴 만들기 - Chrome

localhost/5/ex5-09.html

Home   Espresso   Cappuccino   Cafe Latte   F.A.Q

메뉴 아이템에 마우스 올리면 글자 색 변경

localhost/5/ex5-09.html#

3. 표 꾸미기

CSS3 스타일 시트를 활용하여 멋지게 표를 꾸며보자. 그림 5-13은 표 꾸미기 설명을 위해 준비된 HTML 페이지이다.

```html
<!DOCTYPE html>
<html>
<head>
<meta charset="utf-8">
<title>기본 구조를 가진 표 만들기</title>
</head>
<body>
<h3>2017년 1학기 성적</h3>
<hr>
<table>
    <thead>
        <tr><th>이름</th><th>HTML</th><th>CSS</th></tr>
    </thead>
    <tfoot>
        <tr><th>합</th><th>175</th><th>169</th></tr>
    </tfoot>
    <tbody>
        <tr><td>황기태</td><td>80</td><td>70</td></tr>
        <tr><td>이재문</td><td>95</td><td>99</td></tr>
    </tbody>
</table>
</body>
</html>
```

그림 5-13 표 꾸미기를 설명할 기본 HTML 페이지

표 테두리 제어, border

그림 5-13의 웹 페이지에서 표의 테두리 두께가 디폴트 값(0)으로 보이지 않는다. border 프로퍼티에 값을 주면 테두리의 두께와 모양, 색을 한 번에 지정할 수 있다.

그림 5-14는 표 전체 테두리를 1픽셀 파란색 실선으로, <th>와 <td>의 셀 테두리는 점선으로 구성한 사례이다.

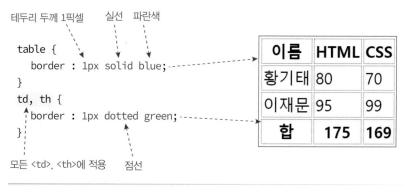

그림 5-14 표 테두리와 셀 테두리 꾸미기

<table>, <td>, <th>에 모두 테두리를 주었기 때문에 테두리가 이중으로 나타났다. 테두리를 하나로 합치려면 다음과 같이 border-collapse 프로퍼티에 collapse 값을 주면 된다.

```
border-collapse : collapse;        /* 테두리 합치기 */
```
테두리 합치기

```
table {
    border : 1px solid blue;
    border-collapse : collapse;
}
td, th {
    border : 1px dotted green;
}
```

이름	HTML	CSS
황기태	80	70
이재문	95	99
합	175	169

그림 5-15 표와 셀의 중복된 테두리 합치기

셀 크기 제어, width height

width와 height 프로퍼티를 이용하면 그림 5-16과 같이 셀의 크기를 지정할 수 있다.

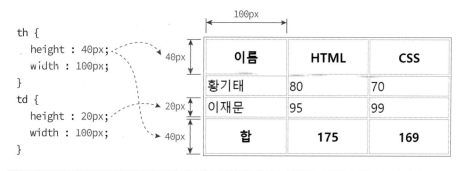

그림 5-16 height와 width로 셀의 크기 지정

<thead>와 <tfoot>의 모든 셀이 <th>로 만들어졌기 때문에, <thead>와 <tfoot>의 높이가 40px으로 설정되었다. 만일 <tfoot>의 <th>만 20px로 만들고자 하면 그림 5-17과 같이 하면 된다.

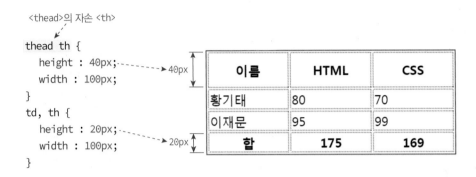

그림 5-17 <thead>의 자손 <th>만 40px로 높이 지정

표나 셀의 크기를 % 단위로 지정할 수도 있다. 표를 브라우저의 폭과 같은 크기로 출력하고자 하면 다음과 같이 한다.

```
table { width : 100% }    /* 표의 폭을 브라우저 폭과 항상 같게 출력 */
```

셀 여백 및 정렬

디폴트로 <th> 셀은 중앙 정렬, <td> 셀은 왼쪽 정렬이다. 하지만 text-align 프로퍼티에 left, center, right 등의 값으로 정렬 방식을 바꿀 수 있다. 그림 5-18은 셀을 오른쪽 정렬(right)에 10픽셀 패딩으로 지정한 사례이다. 패딩이 들어갔기 때문에 표가 커졌다.

```
td, th {
    height : 20px;
    width : 100px;
    padding : 10px;
    text-align : right;
}
```

이름	HTML	CSS
황기태	80	70
이재문	95	99
합	175	169

10픽셀 패딩

셀 모두 오른쪽 정렬

그림 5-18 셀 데이터를 오른쪽 정렬시키고 셀 내에 10픽셀 패딩 삽입

배경색과 테두리 효과

셀에 배경색을 칠하면 표의 가독성을 높인다. 그림 5-19는 <thead>의 배경색은 gray, 글자는 yellow로 하고, <td>와 <tfoot>에 속한 셀은 아래쪽 테두리만 회색으로 출력하였다.

```
table {   /* 이중 테두리 제거 */
    border-collapse : collapse;
}
td, th {   /* 모든 셀에 적용 */
    text-align : left;
    padding : 10px;
    height : 20px;
    width : 100px;
}
thead {   /* <thead>의 모든 셀 적용 */
    background : darkgray;
    color : yellow;
}
td, tfoot th {   /* 아래쪽 테두리만 회색 */
    border-bottom : 1px solid gray;
}
```

이름	HTML	CSS
황기태	80	70
이재문	95	99
합	175	169

그림 5-19 <thead>의 배경색을 gray, <td>와 <tfoot>의 아래쪽 테두리만 회색으로 지정

줄무늬 만들기

행에 번갈아 배경색을 주어 줄무늬(stripe)를 만들면 표의 가독성이 높아진다. 다음은 짝수 번 `줄무늬` 째 행(<tr>)의 배경색을 aliceblue 색으로 지정하는 셀렉터이다.

```
tr:nth-child(even) {   /* 짝수 번째 <tr>에 적용 */
    background : aliceblue;
}
```

그림 5-20은 <tbody>에 2행을 더 추가하고, <tbody> 안에 있는 행(<tr>)에 대해서만 줄무늬를 주기 위해 앞의 셀렉터를 이용한 사례이다.

:nth-child(even)은 4장 3절에서 설명한 가상 클래스 셀렉터 중 하나이다. tr:nth-child `:nth-child(even)` (odd)를 이용하면 홀수번 째 <tr> 행에만 적용된다.

```
thead, tfoot {
    background : darkgray;
    color : yellow;
}
tbody tr:nth-child(even) {  /* 짝수 <tr>에 적용*/
    background : aliceblue;
}
```
<tbody>의 자손 <tr>

이름	HTML	CSS
황기태	80	70
이재문	95	99
이병은	85	90
김남윤	50	40
합	310	249

그림 5-20 <tbody> 내의 짝수 번째 <tr>의 배경색을 aliceblue로 입혀 줄무늬 만들기

응용 : 마우스가 올라갈 때 행의 배경색이 변하는 표 만들기(:hover 이용)

:hover는 마우스가 올라갈 때의 모양을 지시하는 셀렉터이다. 다음은 :hover를 이용하여 행
(<tr>)에 마우스가 올라갈 때 배경을 pink로 칠하는 스타일 시트이다. 물론 마우스가 내려가면
원래 색으로 돌아간다.

```
tr:hover {  /* 모든 행(<tr>)에 대해 마우스가 올라갈 때 배경색을 pink로 변경 */
    background : pink;
}
```

<tbody>의 행에 대해서만 적용하려면 다음과 같이 한다.

```
tbody tr:hover {  /* <tbody>에 속한 행에 마우스가 올라갈 때 pink색 배경 */
    background : pink;
}
```

예제 5-10은 완성된 HTML 페이지를 보여준다. 천천히 읽어 보기 바란다.

예제 5-10 마우스가 올라오면 행의 배경색이 변하는 표 만들기

```html
<!DOCTYPE html>
<html>
<head>
<meta charset="utf-8">
<title>표 응용 1</title>
<style>
table {     /* 이중 테두리 제거 */
    border-collapse : collapse;
}
td, th {    /* 모든 셀에 적용 */
    text-align : left;
    padding : 5px;
    height : 15px;
    width : 100px;
}
thead, tfoot {
    background : darkgray;
    color : yellow;
}
tbody tr:nth-child(even) { /* 짝수 <tr>에 적용 */
    background : aliceblue;
}
tbody tr:hover {
    background : pink;
}
</style>
</head>
<body>
<h3>2017년 1학기 성적</h3>
<hr>
<table>
    <thead>
        <tr><th>이름</th><th>HTML</th><th>CSS</th></tr>
    </thead>
    <tfoot>
        <tr><th>합</th><th>310</th><th>249</th></tr>
    </tfoot>
    <tbody>
        <tr><td>황기태</td><td>80</td><td>70</td></tr>
        <tr><td>이재문</td><td>95</td><td>99</td></tr>
        <tr><td>이병은</td><td>85</td><td>90</td></tr>
        <tr><td>김남윤</td><td>50</td><td>40</td></tr>
    </tbody>
</table>
</body>
</html>
```

마우스가 올라오면 배경색이 pink로 변함

1학기 성적

이름	HTML	CSS
황기태	80	70
이재문	95	99
이병은	85	90
김남윤	50	40
합	310	249

4. 폼 꾸미기

많은 웹 사이트들이 고객이나 방문객으로부터 질의를 받는 Contact Us 페이지를 두고 있다. Contact Us 페이지를 만드는 사례를 통해 폼을 꾸미는 CSS3 스타일을 알아보자.

input[type=text]로 폼 요소에 스타일 입히기

셀렉터 중에는 속성 값이 일치하는 HTML 태그에만 스타일을 적용하는 속성 셀렉터가 있다. 다음은 type 속성 값이 "text"인 <input> 태그에 글자를 red로 출력하는 경우이다.

```
input[type=text] {   /* 속성 셀렉터 : <input>의 type 속성이 text인 경우에 적용 */
    color : red;
}
```

그림 5-21은 [type=text] 셀렉터로 입력 창에 입력되는 글자색을 red로 지정한 사례이다.

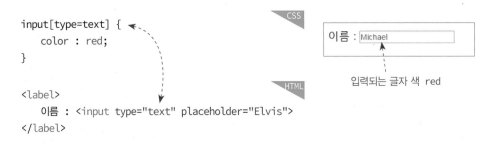

그림 5-21 [type=text] 셀렉터로 입력 폼의 글자색을 red로 꾸민 예

input[type=text]로 폼 요소의 테두리 만들기

그림 5-22는 <input> 창을 2픽셀 두께의 둥근 모서리 테두리로 꾸미는 셀렉터를 만든 사례이다.

그림 5-22 [type=text] 셀렉터를 입력 폼에 테두리를 꾸민 예

폼 요소에 마우스 처리

폼 요소에 마우스가 접근할 때 폼 요소의 모양을 바꾸어 보자.

마우스가 올라올 때, :hover

:hover를 사용하면 그림 5-23과 같이 마우스가 올라올 때 입력 창의 배경색을 aliceblue로 바꿀 수 있다. 마우스를 내리면 원래 색으로 돌아간다.

```
input[type=text] {
    color : red;
}
input[type=text]:hover {
    background : aliceblue;
}
```

이름 : Elvis

이름 : Mi

마우스가 올라오면 창의 배경색이
aliceblue로 변경

그림 5-23 :hover를 이용하여 입력 창에 마우스가 올라오면 배경색을 aliceblue로 칠하기

입력할 때, :focus

폼 요소에 키를 입력하기 위해 마우스를 클릭하면 폼 요소는 포커스를 받는다. 포커스는 키 입력에 대한 독점권을 뜻한다. 폼 요소 중 오직 하나만이 포커스를 가진다. :focus는 폼 요소가 포커스를 받을 때 스타일을 입히는 셀렉터이다.

포커스
:focus

그림 5-24는 포커스를 받을 때 입력 창의 글자 크기를 120% 증가시킨 사례이다. 포커스를 받고 있는 내내 이 스타일이 유지된다. 그러므로 키가 입력되는 동안 글자들은 모두 120% 크기로 출력된다. 포커스를 잃으면 원래 크기로 돌아온다.

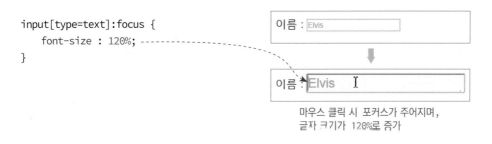

```
input[type=text]:focus {
    font-size : 120%;
}
```

이름 : Elvis

이름 : Elvis

마우스 클릭 시 포커스가 주어지며,
글자 크기가 120%로 증가

그림 5-24 :focus를 이용하여 포커스를 받고 입력하는 동안 120%로 글자 키우기

예제 5-11 CSS3 스타일로 폼 꾸미기

```html
<!DOCTYPE html>
<html>
<head>
<meta charset="utf-8">
<title>폼 스타일 주기</title>
<style>
input[type=text] { /* <input type="text"> 창에만 적용 */
    color : red;
}
input:hover, textarea:hover { /* 마우스 올라 올 때 */
    background : aliceblue;
}
input[type=text]:focus, input[type=email]:focus { /* 포커스 받을 때 */
    font-size : 120%;
}
label {
    display : block;  /* 새 라인에서 시작 */
    padding : 5px;
}
label span {
    display : inline-block;
    width : 90px;
    text-align : right;
    padding : 10px;
}
</style>
</head>
<body>
<h3>CONTACT US</h3>
<hr>
<form>
    <label>
        <span>Name</span><input type="text" placeholder="Elvis">
    </label>
    <label>
        <span>Email</span><input type="email" placeholder="elvis@graceland.com">
    </label>
    <label>
        <span>Comment</span><textarea placeholder="메시지를 남겨주세요"></textarea>
    </label>
    <label>
        <span></span><input type="submit" value="submit">
    </label>
</form>
</body>
</html>
```

5. CSS3 스타일로 태그에 동적 변화 만들기

자바스크립트를 사용하지 않고 CSS3 만으로 HTML 태그의 모양에 동적인 변화를 만들 수 있다. CSS3로 만들어 낼 수 있는 동적인 변화는 다음 3가지이다.

- 애니메이션(animation)
- 전환(transition)
- 변환(transform)

애니메이션

HTML 태그의 모양 변화를 시간 단위로 설정하여 쉽게 애니메이션 효과를 만들 수 있다. 애니메이션효과를 만들기 위해서는 다음 2가지 작업이 필요하다.

1. 시간별 애니메이션 장면 작성

@keyframes을 이용하여 시간 별로 HTML 태그가 변화하는 장면들을 작성한다.

@keyframes

```
@keyframes name {
    시간비율 { 스타일; 스타일; }   /* 시간비율 시점까지 적용할 스타일 시트 작성 */
        ......
    시간비율 { 스타일; 스타일; }   /* 이전 시점에서 시간비율 시점까지 적용할 스타일 시트 작성 */
}
```

애니메이션이 이루어지는 시간은 전체 애니메이션 시간에 대한 비율로 표현하는데, %나 from, to로 표현한다. from은 0%, to는 100%와 같다. 다음은 3개의 애니메이션 장면을 만드는 코드이다.

from

to

```
@keyframes textColorAnimation {
    0% { color : blue; }    /* 시작 시. 0% 대신 from을 써도 됨 */
    30% { color : green; } /* 30% 경과 시까지 */
    100% { color : red; }   /* 끝까지. 100% 대신 to를 써도 됨 */
}
```

이 애니메이션의 이름은 textColorAnimation이며, 애니메이션 시작(0%) 시 텍스트를 blue색으로 시작한다. 30% 시점까지 서서히 green으로 바꾸어 가서 30% 시점에는 완전히 green이 된다. 다시 마지막(100%)까지 green에서 red로 서서히 바꾸어 간다. 만일 1회 애니메이션 시간이 10초라면, 처음에 텍스트를 blue로 출력하고, 그 후 3초 동안 서서히 green으로 바꾸어 가고, 다시 나머지 7초 동안 서서히 red로 바꾸어 간다.

애니메이션 스타일 시트 작성

애니메이션을 적용할 HTML 태그에 애니메이션 스타일 시트를 작성한다. 다음은 애니메이션 관련 CSS3 프로퍼티이다.

```
animation-name : 애니메이션 이름;                    /* @keyframes의 name 지정 */
animation-duration : 시간;                          /* 1회 애니메이션 시간 */
animation-iteration-count : 애니메이션 반복 횟수;    /* 숫자로도 줄 수 있지만, infinite로 주면
                                                       무한 반복 */
```

다음은 <span> 텍스트에 textColorAnimation 애니메이션 장면을 적용하는 애니메이션 스타일 시트를 작성한 사례이다. 애니메이션 1회 시간은 5초, 애니메이션은 무한 반복한다.

```
span {
    animation-name : textColorAnimation;          /* 애니메이션 이름 */
    animation-duration : 5s;                       /* 애니메이션 1회 시간은 5초 */
    animation-iteration-count : infinite;          /* 무한 반복 */
}
```

그림 5-25는 <span> 태그와 애니메이션 장면, 그리고 애니메이션 스타일 시트, 애니메이션의 실행 결과를 보여준다. 5초 동안 span 글자 색이 blue에서 서서히 green으로, 다시 서서히 red로 바뀌는 애니메이션이 일어나며 이 과정은 무한 반복된다.

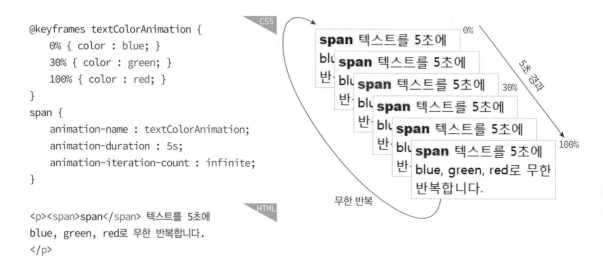

```
@keyframes textColorAnimation {
    0% { color : blue; }
    30% { color : green; }
    100% { color : red; }
}
span {
    animation-name : textColorAnimation;
    animation-duration : 5s;
    animation-iteration-count : infinite;
}

<p><span>span</span> 텍스트를 5초에
blue, green, red로 무한 반복합니다.
</p>
```

그림 5-25 CSS3를 이용한 애니메이션 사례

다음 그림과 같이, <h3>로 만든 '꽝!' 글자의 크기를 500%에서 100%로 3초 동안 서서히 바꾸어가는 애니메이션을 작성하라. 애니메이션은 무한 반복한다.

'꽝!' 글자의 크기가 3초에 걸쳐 500%에서 100%로 서서히 축소되는 애니메이션

```
<!DOCTYPE html>
<html>
<head>
<meta charset="utf-8">
<title>애니메이션</title>
<style>
@keyframes bomb {
    from { font-size : 500%;}          from은 0%로 to는
    to { font-size : 100%;}            100%로 수정 가능
}
h3 {
    animation-name : bomb;
    animation-duration : 3s;
    animation-iteration-count : infinite;
}
</style>
</head>
<body>
<h3>꽝!</h3>          애니메이션 작동
<hr>
<p>꽝! 글자가 3초동안 500%에서 시작하여
100%로 바뀌는 애니메이션입니다.
무한 반복합니다.</p>
</body>
</html>
```

애니메이션 - C — □ ×

ⓘ localhost/5/ex5-12.html ⊕

꽝!   500%의 크기로 시작하여 3초 내에 100%로 줄어드는 애니메이션

꽝! 글자가 3초동안 500%에서 시작하여 100%로 바뀌는 애니메이션입니다. 무한 반복합니다.

잠깐! CSS3 애니메이션의 장점 ○

웹에서 애니메이션은 전통적으로 자바스크립트 코드로 작성해 왔다. 하지만, CSS3 애니메이션은 자바스크립트보다 만들기 쉽고, 브라우저가 최적화하여 직접 지원하므로 자바스크립트보다 속도나 렌더링이 부드러운 장점이 있다.

전환

CSS3 프로퍼티 값

전환(transition)이란 HTML 태그에 적용된 **CSS3 프로퍼티 값**이 변할 때, 값의 변화를 서서히 진행시켜 애니메이션 효과를 내는 것이며 1회만 이루어진다. CSS3 프로퍼티 값의 변화를 서서히 진행시키면, HTML 태그의 색이나 모양, 위치 등이 서서히 변하는 효과가 생긴다.

이 때 전환을 유발하는 CSS3 프로퍼티를 '전환 프로퍼티'라고 부른다. 예를 들어 '폰트 크기'를 점진적으로 변화시키고자 하면, font-size 프로퍼티가 '전환 프로퍼티'이다.

전환 프로퍼티와 전환 시간 지정

transition 프로퍼티

전환 효과를 만들려면 **transition 프로퍼티**를 이용하여 '전환 프로퍼티'와 '전환 시간' 두 가지를 지정해야 한다.

---

transition : 전환프로퍼티 전환시간

- 전환프로퍼티 : 이 프로퍼티의 값이 변경되면 현재 값에서 새 값으로 전환효과 시작
- 전환시간 : 현재 값에서 새 값으로 전환하는데 걸리는 시간

다음은 font-size 프로퍼티를 '전환 프로퍼티'로 지정하고 '전환 시간'을 5초로 지정하여, <span> 태그의 폰트 크기를 바꾸는 일이 발생하면 5초 동안 전환 효과가 진행되도록 스타일 시트를 만든 사례이다.

```
span {
    transition : font-size 5s;    /* 전환 프로퍼티 : font-size, 전환 시간 : 5초 */
}
```

전환 효과 시작

'전환 프로퍼티'의 값이 변경되면 전환은 자동으로 시작된다. '전환 프로퍼티'의 현재 값에서 변경시킨 값까지 '전환 시간' 동안 전환이 진행된다. 다음 스타일 시트를 보자.

```
span:hover {
    font-size: 500%;
}
```

이 스타일 시트는 <span> 태그에 마우스가 올라가면 font-size를 500%로 변경시킨다. 그러므로 그림 5-26과 같이 <span> 태그에 마우스가 올라가면 현재 크기에서 500%까지 5초 동안 점진적으로 텍스트 크기가 변경되어 애니메이션 효과가 만들어진다.

```css
span {
    transition : font-size 5s;
}
span:hover {
    font-size : 500%;
}
```

CSS

5초 동안 서서히 글자 확대 꽝! → **꽝!** 500%

마우스가 글자 위에 올라오면 5초에 걸쳐 현재 크기에서 500% 크기로 전환 진행

```html
<span>꽝!</span>
```

HTML

그림 5-26 <span>의 font-size에 대한 전환을 만든 예

예제 **5-13** font-size에 대한 전환 효과 만들기

'꽝' 글자에 마우스를 올리면 5초에 걸쳐 현재 글자 크기에서 500% 크기로 확대가 일어나도록 하라.

```html
<!DOCTYPE html>
<html>
<head>
<meta charset="utf-8">
<title>전환</title>
<style>
span {
    transition : font-size 5s;
}
span:hover {
    font-size : 500%;
}
</style>
</head>
<body>
<h3>font-size에 대한 전환</h3>
<hr>
<p><span>꽝!</span> 글자에
  마우스를 올려보세요.
</p>
</body>
</html>
```

전환 - Chro... □ ×

localhost/5/ex5-13.html

font-size에 대한 전환

꽝! 글자에 마우스를
올려보세요.

변환

CSS3의 변환(transform) 기능을 이용하면, 텍스트나 이미지를 그림 5-27과 같이 회전이나 확대 등 다양한 기하학적인 모양으로 출력할 수 있다. 또 마우스를 올릴 때 순간적으로 이러한 변환을 일으킬 수도 있다. 변환에서 사용되는 회전 각도의 단위는 deg이며 시계방향으로 회전한다. 그리고 20deg처럼 20과 deg를 반드시 붙여 써야 한다.

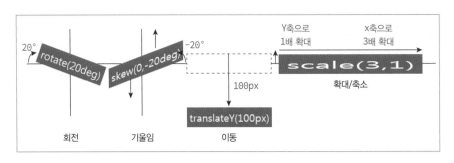

그림 5-27 HTML 태그에 대한 변환 사례

transform 프로퍼티

transform 프로퍼티 변환은 만들기 쉽다. transform 프로퍼티에 표 5-3과 같이 CSS3에서 제공되는 변환 함수를 지정하면 된다. 다음은 div 태그를 시계방향으로 20도 회전시킨 모양을 만드는 스타일 시트이다.

```
div {
    transform : rotate(20deg);    /* <div> 태그를 시계 방향으로 20도 회전시킨 모양으로 변환 */
}
```

표 5-3 2차원 변환 함수(3차원 변환도 지원하지만 2차원 변환만 소개)

변환 함수		설명
위치 이동	translate(x,y)	태그를 X-축, Y-축으로 x, y 만큼 이동
	translateX(n)	태그를 X-축으로 n 만큼 이동
	translateY(n)	태그를 Y-축으로 n 만큼 이동
확대/축소	scale(w,h)	태그의 폭과 높이를 각각 w, h 배 만큼 조절. w나 h를 0으로 주면 보이지 않게 됨
	scaleX(n)	태그의 폭을 n배 만큼 조절
	scaleY(n)	태그의 높이를 n배 만큼 조절
회전	rotate(angle)	태그를 angle 각도 만큼 시계 방향 회전
기울임	skew(x-angle, y-angle)	태그를 X-축과 Y-축을 기준으로 각각 x-angle, y-angle 각도만큼 기울임 변환
	skewX(angle)	태그를 X-축을 기준으로 angle 각도만큼 기울임
	skewY(angle)	태그를 Y-축을 기준으로 angle 각도만큼 기울임

다중 변환

여러 변환을 동시에 하고자 하면 transform 프로퍼티에 변환 함수들을 나열하면 된다. <div> 태그를 20도 회전시킨 후 폭을 3배로 확대시킨 다중 변환을 만들면 다음과 같다.

```
div {
    transform : rotate(20deg) scale(3,1);
}
```

예제 **5-14** 다양한 변환 사례

```
<!DOCTYPE html>
<html>
<head>
<meta charset="utf-8">
<title>다양한 변환 사례</title>
<style>
div {
    display : inline-block;
    padding : 5px;
    color : white;
    background : olivedrab;
}

/* 변환 */
div#rotate { transform : rotate(20deg); }
div#skew { transform : skew(0deg,-20deg); }
div#translate { transform : translateY(100px); }
div#scale { transform : scale(3,1); }

/* 마우스 올릴 때 추가 변환 */
div#rotate:hover { transform : rotate(80deg);}
div#skew:hover { transform : skew(0deg, -60deg); }
div#translate:hover { transform :
                        translate(50px, 100px); }
div#scale:hover { transform : scale(4,2); }

/* 마우스 누를 때 추가 변환 */
div#scale:active { transform : scale(1,5); }
</style></head>
<body>
<h3>다양한 Transform</h3>
아래는 회전(rotate), 기울임(skew), 이동(translate), 확대/축소
(scale)가 적용된 사례이다.또한 마우스를 올리면 추가적 변환이 일어난나.
<hr>
<div id="rotate">rotate 20 deg</div>
<div id="skew">skew(0,-20deg)</div>
<div id="translate">translateY(100px)</div>
<div id="scale">scale(3,1)</div>
</body></html>
```

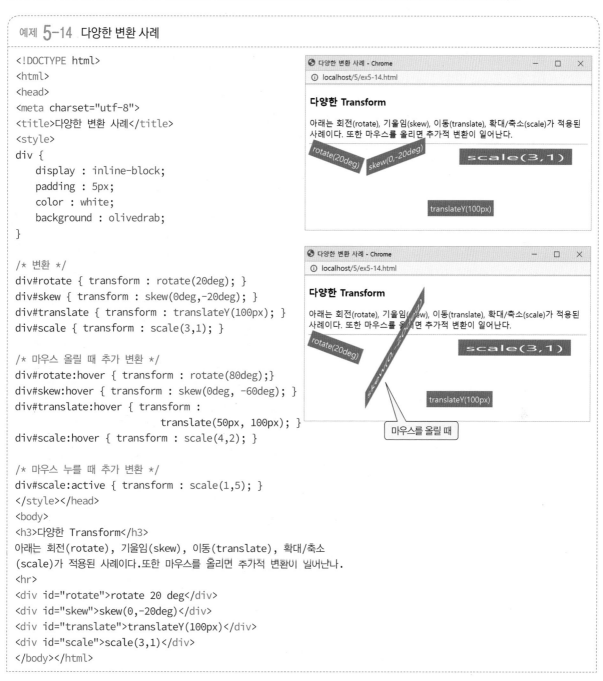

Q 박스의 유형은 display 프로퍼티로 지정하는데, 박스의 유형이란 무엇인가?

A CSS3에서는 HTML 태그가 출력되는 박스의 형태를 3가지로 구분한다. 블록 박스(display:block)는 양 옆에 다른 박스의 배치를 허용하지 않고, 박스의 높이와 폭 등 박스 모델의 속성 조절이 모두 가능한 유형이다. 인라인 박스(display:inline)는 블록 박스 내의 배치되며, 높이와 폭이 조절되지 않는다. 인라인 블록 박스(display:inline-block)는 앞의 두 박스의 속성을 섞은 것으로, 인라인 박스처럼 양 옆에 다른 요소가 배치 가능하지만, 블록 박스처럼 크기 조절이 가능하다.

Q CSS3에서 normal flow와 배치란 어떤 것인가?

A 브라우저는 HTML 태그가 작성된 순서대로 위에서 아래로 배치하는데 이를 normal flow라고 한다. 배치란 normal flow에 따르지 않고, HTML 태그의 위치를 CSS3로 정할 수 있다는 뜻이다.

Q 상대 배치란 어떤 것이며 어디에 활용할 수 있는가?

A 상대 배치(position:relative)는 normal flow에 따라 태그가 배치될 위치를 기준으로 약간 이동시켜 배치하는 것을 말하며, 메뉴 텍스트에 마우스가 올라가면 메뉴의 위치를 아래나 위로 약간 이동시켜 마우스에 반응하는 메뉴를 만들 때 이용할 수 있다.

Q 고정 배치란 어떤 것이며 어디에 활용할 수 있는가?

A 고정 배치(position:fixed)는 태그를 뷰포트(브라우저의 보이는 윈도우 영역)에 항상 고정시켜, 브라우저의 크기가 변해도 윈도우의 고정 위치에 항상 보이는 광고문에 활용된다.

Q 카드 게임처럼 카드 이미지가 포개지도록 배치할 수 있는가?

A z-index 프로퍼티를 사용하면 이미지를 수직으로 쌓아 배치할 수 있다.

Q 자바스크립트를 사용하지 않고 태그가 움직이는 효과를 CSS3로 만들 수 있는가?

A CSS3로 3가지 효과를 만들 수 있다. 시간에 따라 장면을 설정하는 애니메이션과, 스타일 프로퍼티 값의 변화를 천천히 하여 변하는 효과를 만드는 전환(transition), 태그의 모양을 변형하거나 회전시키는 등 모양 변화를 만드는 변환(transform)이다.

Q 이 장에서 학습한 CSS3 프로퍼티를 간단히 정리하면?

A 다음 표와 같다.

박스의 유형	display:block, display:inline, display:inline-block,
박스의 배치	position:static, position:relative, position:absolute, position:fixed, float:left/right, z-index, visibility, overflow
박스의 위치와 크기	top, bottom, left, right, width, height
리스트 꾸미기	list-style-type, list-style-image, list-style-position, list-style
애니메이션	animation-name, animation-duration, animation-iteration-count
전환	transition
변환	transform

Open Challenge 05

컴퓨터 기술 소개 웹 페이지 : CSS3로 태그 배치 하기

CSS3의 배치 기능을 이용하여 4장의 open challenge에서 작성한 4.html, 4.css, survey4.html, survey4.css를 수정하여 다음 브라우저 출력처럼 되게 하라. <header>, <nav>, <section>, <footer> 영역을 적절히 배치하였다. 설문조사 웹 페이지는 독자가 적절히 배치해 보라. 난이도 7

```
html, body {
    padding : 0px;
    margin : 0px;
    height : 100%
}
```

```
header {
    height : 20%; ...
}
```

```
nav {
    height :
    72%; ...
}
```

```
section {
    height : 72%; ...
}
```

```
footer {
    height : 8%; ...
}
```

이론문제

1. 다음 중 HTML 태그에 대한 브라우저의 디폴트 배치는?

   ① 정적 배치   ② 상대 배치   ③ 절대 배치 .   ④ 고정 배치

2. CSS3에서 배치의 의미를 잘 설명한 것은?

   ① HTML 태그는 웹 페이지에 작성된 순서로 배치된다는 의미
   ② HTML 태그를 개발자가 원하는 위치에 임의로 배치할 수 있다는 의미
   ③ HTML 태그는 항상 보이게 배치된다는 의미
   ④ HTML 태그를 특정 위치에 고정시켜 배치할 수 없다는 의미

3. 다음 HTML 소스와 브라우저의 출력 결과를 참고하여 빈칸에 CSS3 스타일을 삽입하라.

```
p {
    border : 2px solid yellowgreen;
    color : blue;
    background : aliceblue;
}
...
<div>
<p style="display:_____; height:100px;_____">
학생 여러분을 정말로 사랑합니다. 특히 1학년을.</p>
<p style="display:_____;_____; width:100px">
물론 3, 4 학년 학생 여러분도 무척 사랑하지요!</p>
</div>
```

4. `<span>SPAN</span>`과 `<div>DIV</div>`에 대한 설명으로 틀린 것은?

① `<span>` 태그는 디폴트로 인라인 박스로 다루어진다.
② `<div>`는 `<div style="display:inline-block">DIV</div>`와 동일하다.
③ `<span>`은 `<span style="display:inline">SPAN</span>`과 동일하다.
④ `<span>` 태그가 차지하는 영역의 높이는 조절할 수 없지만 `<div>` 태그가 출력되는 영역의 높이는 조절할 수 있다.

5. 다음 HTML 태그에 대해, CSS3 스타일이 주어지는 각 경우 출력되는 결과를 그려보라. 브라우저를 옆으로 충분히 늘렸을 경우이다.

```
<p>
    <div>hello1</div>
    <div>hello2</div>
    <div>hello3</div>
</p>
```

(1) div { border : 1px solid blue; width : 100px }
(2) div { display : inline; border : 1px solid blue; width : 100px }
(3) div { display : inline-block; border : 1px solid blue; width : 100px }

6. 다음 각 항목에 지시한대로 `<img>` 태그에 적용할 셀렉터와 CSS3 스타일 시트를 작성하라.

(1) 웹 페이지의 모든 이미지를 보이지 않게 한다.
(2) 웹 페이지의 모든 이미지는 한 라인에 하나씩만 출력한다.
(3) 웹 페이지의 모든 이미지의 크기는 400x300(픽셀)로 출력한다.

7. 웹 페이지에 작성된 암호 입력 창(`<input type="password">`)의 배경색을 노란색으로 칠하는 CSS3 스타일 시트는 무엇인가?

① input[type:password] { background : yellow }
② input[type=password] { background : yellow }
③ #input[type:password] { background : yellow }
④ :input[type=password] { background : yellow }

8. 다음 질문에 적합한 셀렉터와 CSS3 스타일 시트를 작성하라.

(1) 웹 페이지내 모든 `<input type="button">` 버튼의 글자 색을 파란색으로 칠한다.
(2) 웹 페이지내 `<input type="button">` 태그를 가진 모든 버튼에 대해, 마우스가 올라살 내만 배경색을 노란색으로 칠한다.
(3) 웹 페이지내 `<input type="button">` 버튼에 대해, 마우스로 클릭하면 배경색을 노란색으로 칠한다. 그 후 사용자가 마우스로 다른 곳을 클릭하면 원래대로 돌아온다.

9. 다음 전환(transition)이 일어나도록 CSS3 스타일 시트를 작성하라.

(1) `<span>` 태그의 텍스트 크기를 지정하는 `font-size` 프로퍼티가 변경되면, 2초에 걸쳐 천천히 텍스트의 크기가 변한다.

(2) `<img>` 태그의 폭을 지정하는 `width` 프로퍼티가 변경되면, 3초에 걸쳐 천천히 이미지 폭이 변한다.

10. 다음과 같은 HTML 태그와 출력된 모양이 있다. 스폰지밥 이미지에 마우스를 올렸을 때 주어진 문항과 같이 변환되도록 transform 프로퍼티 등을 이용하여 `<style>` 태그 안에 들어갈 CSS3 스타일 시트를 완성하라.

```
<style>
_____
_____
</style>
...
<h3>마우스를 올려봐요</h3>
<hr>
<img id="tran" src="media/spongebob.png"
     width="100" height="100"
     alt="animation">
```

(1) 180도 회전

(2) y축으로 −20도 기울임

(3) 90도 회전하고 1:3 비율 확대

1. display 프로퍼티를 이용하여, 3개의 <div> 태그에 담긴 텍스트가 다음 화면과 같이 출력되는 웹 페이지를 작성하라.
   (1)

   (2)

2. position:fixed를 이용하여 다음과 같이 광고문이 항상 브라우저의 바닥에 나타나도록 작성하라. 광고문은 브라우저 폭의 100% 크기로 출력된다.

   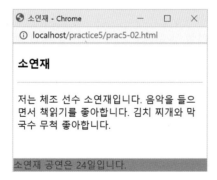

   힌트 width:100%로 하면 태그 박스가 브라우저 폭의 크기와 동일하게 출력된다.

3. HTML 태그와 CSS3을 이용하여 오디오 재생 리스트를 표로 작성하라. 또한 버튼에 마우스가 올라가면 버튼 글자가 magenta 색으로 바뀌게 하라. 버튼은 눌러도 작동하지 않는다.

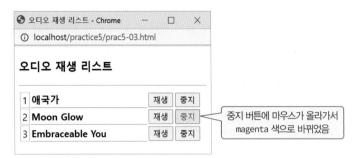

4. 리스트와 CSS3 스타일 시트를 이용하여 다음과 같이 출력되는 HTML 페이지를 작성하라.

(1) 리스트 아이템에 마우스를 올리면 색깔이 yellowgreen으로 변한다.

(2) 세계지도(worldmap.png)를 리스트 배경으로 출력한다.

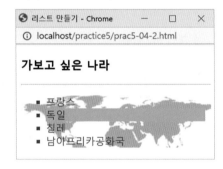

5. 스폰지밥 이미지가 왼쪽 모서리에서 10px 떨어진 위치에 항상 나오도록 아래와 같은 웹 페이지를 작성하라. 이미지에 테두리를 두르고 여백은 10px, 패딩은 5픽셀로 하라.

6. 이미지를 회전시키는 애니메이션을 작성하라.

(1) 1초에 한 바퀴씩 무한번 반복한다.

1초에 1회전

(2) 왼쪽으로 90도 갔다가 다시 오른쪽으로 90도 가기를 1초에 1번씩 무한 반복한다.

1초에 −90~90도 반복

> CSS3 애니메이션과 변환을 함께 사용해야 한다.

7. 아래 왼쪽과 같은 웹 페이지를 작성하고, CSS3를 이용하여 이미지에 마우스를 올리면 오른쪽과 같이 이미지의 폭이 2초에 걸쳐 부드럽게 브라우저 폭의 크기로 늘어나게 하라.

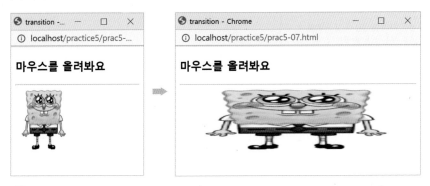

힌트 <img> 태그에 CSS3 전환(transition)을 사용하면 된다.

8. 예제 5-9를 수정하여 다음과 같이 상하로 출력되는 메뉴를 만들어라.

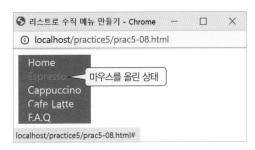

마우스를 올린 상태

9. <ol> 태그를 이용하여 '카푸치노를 만드는 과정'을 웹 페이지로 만들어보자. 마커를 크게 만들기 위해 다음 CSS3를 이용하여 마커를 제거하고 직접 숫자를 준다.

```
ol { list-style-type : none; }   /* 마커 제거 */
```

10. <p> 문단의 텍스트가 오른쪽 끝에서 시작하여 왼쪽으로 3초에 걸쳐 펼쳐지도록 CSS3 애니메이션을 작성하라. 애니메이션은 1회만 진행한다. <p> 문단을 오른쪽 끝에 출력하려면 margin-left : 100%로, 왼쪽에 출력하려면 margin-left : 0%으로 하면 된다.

06

자바스크립트 언어

06 자바스크립트 언어

1. 자바스크립트 시작

자바스크립트 언어란?

자바스크립트(Javascript)는 1995년 넷스케이프(Netscape Communications Corporation) 사에서 개발되고 Netscape Navigator 2.0 브라우저에 최초로 탑재되어 웹 프로그래밍의 개념을 창시한 언어이다. 현재는 모든 브라우저에서 실행되는 웹 범용 언어가 되었다.

그림 6-1을 보면서 자바스크립트 언어의 중요한 특징을 짚어보자.

첫째, 자바스크립트는 조각난 소스 코드 형태로 HTML 페이지에 내장된다.

둘째, 자바스크립트 소스 코드는 컴파일 과정 없이 브라우저 내부의 자바스크립트 처리기(인터프리터)에 의해 바로 실행된다.

셋째, 자바스크립트는 C언어 구조를 차용하고 단순화시켜 쉽게 배울 수 있다.

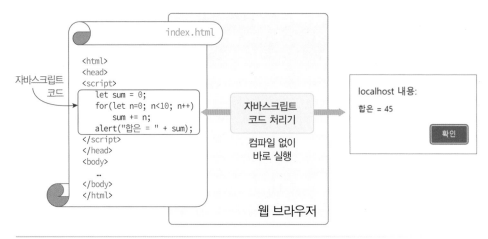

그림 6-1 웹 브라우저에 내장된 자바스크립트 처리기가 자바스크립트 소스 코드 실행

웹 페이지에서 자바스크립트의 역할

웹 페이지는 HTML5 태그, CSS3 스타일 시트, 자바스크립트 프로그램의 3가지 코드가 결합되어 작성된다. HTML5 태그로는 웹 페이지의 구조와 내용을 작성하고, 색상이나 폰트, 배치 등 웹 페이지의 모양은 CSS3로 꾸민다. 이제 마지막으로 자바스크립트는 사용자의 입력을 처리하거나 웹 애플리케이션을 작성하는 등 웹 페이지의 동적 제어에 사용된다. 좀 더 구체적으로, 자바스크립트는 웹 페이지에서 다음 역할로 사용된다.

사용자의 입력 및 계산

HTML 폼은 입력 창만 제공할 뿐, 입력을 받고 계산하는 기능은 수행할 수 없다. 키나 마우스의 입력과 계산은 오직 자바스크립트로만 처리 가능하다.

웹 페이지 내용 및 모양의 동적 제어

자바스크립트 코드로 HTML 태그의 속성이나 콘텐츠, CSS 프로퍼티의 값을 변경하여 웹 페이지에 동적인 변화를 일으키는 데 활용된다.

브라우저 제어

브라우저 윈도우의 크기나 모양 변경, 새 윈도우나 탭 열기, 다른 웹 사이트 접속, 브라우저의 히스토리 제어 등 브라우저의 작동을 제어하는 데 활용된다.

웹 서버와의 통신

웹 페이지가 웹 서버와 데이터를 주고받을 때 활용된다.

웹 애플리케이션 작성

HTML5는 캔버스, 로컬 및 세션 스토리지, 위치 정보 서비스 등 자바스크립트 언어로 활용할 수 있는 많은 기능(API)을 제공하므로, 웹 브라우저에서 실행되는 다양한 웹 애플리케이션을 개발할 수 있다.

자바스크립트 코드의 위치

개발자는 HTML 페이지에서 다음 4가지 위치에 자바스크립트 코드를 작성할 수 있다. 하나씩 알아보자.

- HTML 태그의 이벤트 리스너 속성에 작성
- <script></script> 내에 작성
- 자바스크립트 파일에 작성
- URL 부분에 작성

HTML 태그의 이벤트 리스너 속성에 자바스크립트 코드 작성

HTML 태그에는 마우스가 클릭되는 등 이벤트가 발생할 때 처리하는 코드를 등록하는 리스너 속성이 있다. 개발자들은 이 속성에 이벤트를 처리할 자바스크립트 코드를 작성할 수 있다. 다음은 <img> 태그의 **onclick** 이벤트 리스너 속성에 자바스크립트 코드를 작성한 사례이다.

onclick

onclick 이벤트   자바스크립트 코드
리스너 속성   (이미지를 banana.png로 교체)

`<img src="apple.png" alt="img" onclick="this.src='banana.png'">`

`this.src='banana.png'`는 화면에 출력된 `apple.png` 이미지를 마우스로 클릭하면, banana.png로 바꾸는 코드이다. `onclick`은 HTML 태그에 마우스 클릭 이벤트가 발생할 때 작동하는 리스너 코드를 다는데 사용된다. 이 방법은 자바스크립트 코드가 짧은 경우에 적합하다.

예제 6-1   HTML 태그의 이벤트 리스너 속성에 자바스크립트 코드 작성

사과 이미지 위에 마우스를 올리면 바나나 이미지로, 내리면 다시 사과 이미지로 바뀌도록 자바스크립트 코드를 작성하라. HTML 태그 위에 마우스가 올라갈 때 발생하는 이벤트 리스너 속성은 onmouseover이고, 마우스가 내려갈 때는 onmouseout이다.

이미지가 보이기 위해서는 html 파일이 있는 폴더 밑에 media 폴더를 만들고 banana.png와 apple.png를 두어야 한다.

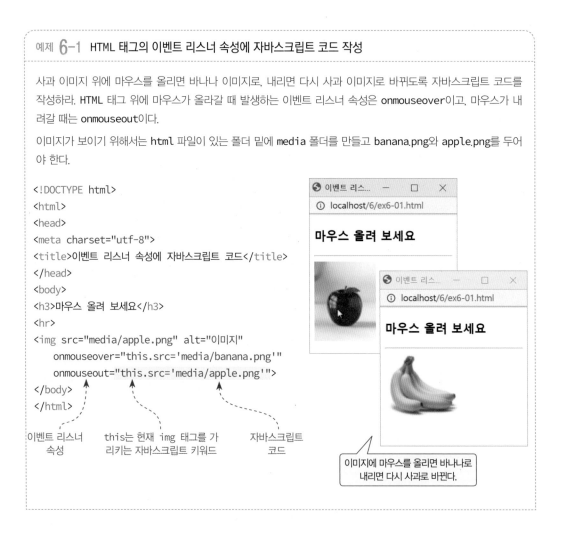

```
<!DOCTYPE html>
<html>
<head>
<meta charset="utf-8">
<title>이벤트 리스너 속성에 자바스크립트 코드</title>
</head>
<body>
<h3>마우스 올려 보세요</h3>
<hr>
<img src="media/apple.png" alt="이미지"
     onmouseover="this.src='media/banana.png'"
     onmouseout="this.src='media/apple.png'">
</body>
</html>
```

이벤트 리스너   this는 현재 img 태그를 가   자바스크립트
속성   리키는 자바스크립트 키워드   코드

이미지에 마우스를 올리면 바나나로
내리면 다시 사과로 바뀐다.

`<script></script>` 태그에 자바스크립트 코드 작성

`<script>` 태그에 자바스크립트 코드를 작성할 수 있으며 다음과 같은 특징이 있다.

- `<script></script>`는 `<head></head>`나 `<body></body>` 내 어디든 들어갈 수 있다.
- 웹 페이지 내에 `<script></script>`를 여러 번 작성할 수 있다.

예제 **6-2** `<script>` 태그에 자바스크립트 코드 작성

자바스크립트 코드를 `<script>` 태그에 작성하도록 예제 6-1을 수정하라.

```
<!DOCTYPE html>
<html>
<head>
<meta charset="utf-8">
<title>script 태그에 자바스크립트 작성</title>
<script>
function over(obj) {          ← obj는 전달받은
    obj.src="media/banana.png";     img 태그를 가리킴
}
function out(obj) {
    obj.src="media/apple.png";
}
</script>
</head>
<body>
<h3>마우스 올려 보세요</h3>
<hr>
<img src="media/apple.png" alt="이미지"
        onmouseover="over(this)"  ←
        onmouseout="out(this)">
</body>                    this는 현재 img 태그를
</html>                    가리키는 자바스크립트키워드
```

잠깐! 이벤트와 이벤트 리스너 ○─────

이벤트를 간단히 알아보자. 이벤트(event)는 사용자의 입력 행위를 브라우저가 웹 페이지에 전달하는 수단이다. 사용자가 HTML 태그가 출력된 영역에 키를 입력하거나 마우스를 클릭하면 이벤트(event)가 발생하며, 이벤트는 해당 HTML 태그에게 전달된다. 이벤트는 click, change, mousemove 등 많은 종류가 있으며, 이벤트를 처리하는 자바스크립트 코드를 **이벤트 리스너**(event listener)라고 한다. onclick, onchange, onmousemove와 같이 이벤트 앞에 on을 붙인 이름이 HTML 태그의 이벤트 리스너 속성으로 사용되며, 이 속성에 자바스크립트 코드를 작성한다.

이벤트

이벤트 리스너

자바스크립트 코드를 별도 파일에 작성

확장자 .js 자바스크립트 코드를 확장자가 .js인 별도의 파일로 저장하고 다음과 같이 <script> 태그의 src 속성으로 불러 사용할 수 있다.

```
<script src="파일이름.js">
    // HTML5부터 이곳에 자바스크립트 코드를 추가 작성하면 안 됨
</script>
```

이 방법을 사용하면 웹 페이지마다 자바스크립트 코드를 중복 작성하는 불편함을 해소하여 편리하게 웹 사이트를 구축할 수 있다. 자바스크립트 파일에는 <script> 태그를 저장해서는 안 된다.

예제 **6-3** 자바스크립트 파일 작성 및 불러오기

예제 6-2의 <script>에 있는 자바스크립트 코드를 lib.js 파일에 저장하고 불러와서 사용하도록 수정하라.

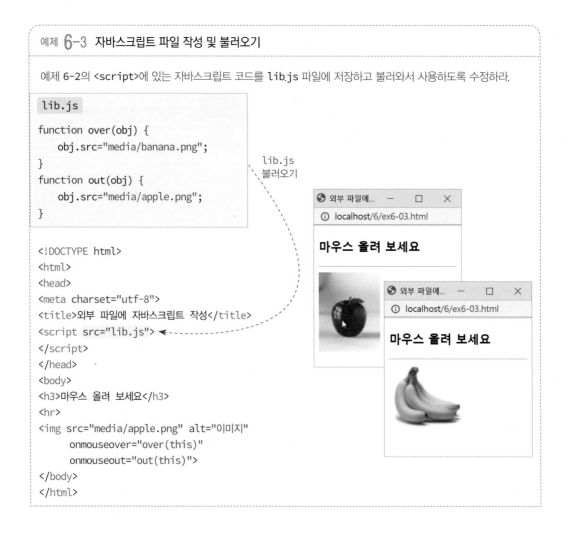

```
lib.js
function over(obj) {
    obj.src="media/banana.png";
}
function out(obj) {
    obj.src="media/apple.png";
}
```

lib.js
불러오기

```
<!DOCTYPE html>
<html>
<head>
<meta charset="utf-8">
<title>외부 파일에 자바스크립트 작성</title>
<script src="lib.js">
</script>
</head>
<body>
<h3>마우스 올려 보세요</h3>
<hr>
<img src="media/apple.png" alt="이미지"
    onmouseover="over(this)"
    onmouseout="out(this)">
</body>
</html>
```

URL 부분에 자바스크립트 코드 작성

다음과 같이 <a> 태그의 href 속성에도 자바스크립트 코드를 작성할 수 있다.

```
<a href="javascript:자바스크립트 코드">링크</a>
```

앞의 코드에서 '링크' 텍스트를 클릭하면 자바스크립트 코드가 실행된다.

예제 **6-4** 링크의 href에 자바스크립트 코드 작성

```
<!DOCTYPE html>
<html>
<head>
<meta charset="utf-8">
<title>URL에 자바스크립트 작성</title>
</head>
<body>
<h3>링크의 href에 자바스크립트 작성</h3>
<hr>
<a href="javascript:alert('클릭하셨어요?')">
    클릭해보세요</a>
</body>
</html>
```

자바스크립트로 HTML 콘텐츠 출력

자바스크립트 코드로 HTML 콘텐츠를 웹 페이지에 직접 삽입하여 바로 브라우저 윈도우에 출력되게 할 수 있다. 이때 document.write()나 document.writeln()을 사용한다. 다음은 웹 페이지에 <h3> 텍스트를 삽입하는 자바스크립트 코드 사례이다.

```
document.write("<h3>Welcome!</h3>");
```

이 코드가 실행되면 웹 페이지 내 코드가 실행되는 위치에 "Welcome!" 텍스트가 출력된다. writeln()과 write()의 사용법은 같으며 writeln()은 텍스트에 '\n'을 덧붙여 출력한다. '\n'을 덧붙이는 효과는 고작해야 빈칸 하나에 불과하며 다음 줄로 넘어가는 것은 아니다. 다음 줄로 넘어가려면
 태그를 출력하면 된다. document는 8장에서 자세히 다룬다.

코드가 실행되는 위치

예제 6-5 document.write()로 웹 페이지에 HTML 콘텐츠 출력

자바스크립트 다이얼로그 : 사용자 입력 및 메시지 출력

자바스크립트는 사용자에게 메시지를 출력하거나, 입력을 받을 수 있는 3가지 다이얼로그를 가지고 있다. 이들에 대해 알아보자.

프롬프트 다이얼로그, prompt("메시지", "디폴트 입력값")

prompt()

prompt() 함수는 그림 6-2와 같이 다이얼로그를 출력하고 사용자로부터 문자열을 입력받아 리턴한다. promt() 함수는 '메시지'와 '디폴트 입력값'을 출력하며 '디폴트 입력값'은 생략 가능하다. prompt()는 사용자가 입력한 문자열을 리턴하지만, 아무 값도 입력되지 않았으면 ""를, 취소 버튼이나 강제로 다이얼로그를 닫은 경우 null을 리턴한다. 예제 6-15, 6-16의 활용 사례를 참고하라.

```
let ret = prompt("이름을 입력하세요", "황기태");
if(ret == null) {
    // 취소 버튼이나 다이얼로그를 닫은 경우
}
else if(ret == "") {
    // 문자열 입력 없이 확인 버튼 누른 경우
}
else {
    // ret에는 사용자가 입력한 문자열
}
```

그림 6-2 프롬프트 다이얼로그로 문자열 입력

확인 다이얼로그, confirm("메시지")

confirm() 함수는 '메시지'와 확인/취소(OK/CANCEL) 버튼을 가진 다이얼로그를 출력한다. 사 confirm()
용자가 확인 버튼을 누르면 true를, 취소 버튼이나 강제로 다이얼로그를 닫으면 false를 리턴한
다. 예제 9-7의 활용 사례를 참고하라.

```
let ret = confirm("전송할까요");
if(ret == true) {
    // 사용자가 "확인" 버튼을 누른 경우
}
else {
    // 취소 버튼이나 다이얼로그를 닫은 경우
}
```

그림 6-3 확인 다이얼로그를 출력하여 확인과 취소 중 선택

경고 다이얼로그, alert("메시지")

alert() 함수는 다이얼로그를 출력하여 단순히 메시지를 전달한다. alert()

```
alert("클릭하였습니다.");
```

그림 6-4 경고 다이얼로그로 메시지 출력

2. 데이터 타입과 변수

자바스크립트 식별자

식별자(identifier)란 자바스크립트 개발자가 자바스크립트 프로그램의 변수, 상수(리터럴),
함수에 붙이는 이름이다. 개발자는 식별자를 만들 때 다음 규칙을 준수해야 한다.

- 첫 번째 문자 – 알파벳(A-Z, a-z), 언더스코어(_), $ 문자만 사용 가능
- 두 번째 이상 문자 – 알파벳, 언더스코어(_), 0-9, $ 사용 가능
- 대소문자 구분 – myHome과 myhome은 다른 변수

6. 자바스크립트 언어 **265**

다음은 식별자로 적합한 것과 그렇지 않은 것의 예를 보여준다.

```
6variable      // (X) 숫자로 시작할 수 없음
student_ID     // (O)
_code;         // (O) 맞지만 '_'로 시작하는 이름은 권하지 않음
if             // (X) 예약어 if 사용 불가
%calc          // (X) % 사용 불가
bar, Bar       // (O) bar와 Bar는 서로 다른 식별자임에 주의
```

> **잠깐!** 가독성 높은 식별자 만들기 ○────────
>
> 식별자는 의미를 담을 수 있도록 최대한 길게 쓰는 것이 좋다. 예를 들면 다음과 같다.
>
> ```
> appCodeName, previousElementSibling, dedicatedWorkerGlobalScope
> ```
>
> 또한, 두 단어로 구성되는 식별자를 만들 때, 가독성을 높이기 위해 단어의 첫 글자는 대문자로 하는 이른바 헝가리언 이름 규칙이 바람직하다. 다음은 헝가리언 이름 사례이다.
>
> ```
> numberOfStudents, studentID, parseInt()
> ```

문장 구분

자바스크립트 프로그램의 기본 단위는 문장(statement)이며, 세미콜론(;)으로 문장과 문장을 구분한다. 한 줄에 한 문장만 있는 경우 세미콜론을 생략할 수 있다. 다음은 문장 사례이다.

오류
(;) 빠졌음

```
i = i + 1            // (O) 한 줄에 한 문장만 있는 경우 세미콜론 생략 가능
j = j + 1;           // (O) 문장 끝에 세미콜론 사용
k = k + 1; m = m + 1;   // (O) 한 줄에 여러 문장
n = n + ①  p = p + 1;   // (X) 오류. 첫 번째 문장 끝에 세미콜론 필요
```

주석문

주석문이란 설명이나 메모 목적으로 삽입한 텍스트로서 프로그램 코드로 처리되지 않는다. 다음과 같이 한 라인 주석문과 여러 라인 주석문의 2 가지 형태가 있다.

```
// 한 라인 주석. 라인의 끝까지 주석 처리
/*
   여러 라인 주석
*/
```

데이터 타입

데이터 타입이란 자바스크립트 언어로 다룰 수 있는 데이터의 종류이다. 정육사가 다룰 수 있는 데이터는 돼지고기, 소고기, 닭고기, 양고기로 볼 수 있고, 일식 요리사가 다룰 수 있는 데이터는 숭어, 복어, 광어, 전어 등의 생선 류가 될 것이다. 그러면 자바스크립트 언어로 다룰 수 있는 데이터의 종류에는 무엇이 있을까?

데이터 타입 종류

자바스크립트 언어는 C 언어 등의 범용 컴퓨터 언어와 달리 데이터 타입이 단순하다. 다음은 자바스크립트 언어의 데이터 타입과 값의 사례이다.

- 숫자 타입 : 42, 3.14
- 논리 타입 : true, false
- 문자열 타입 : '좋은 세상', "a", "365", "2+4"
- 객체 레퍼런스 타입 : 객체를 가리킴. C 언어의 포인터와 유사
- null : 값이 없음을 표시하는 특수 키워드. Null, NULL과는 다름

숫자 타입은 정수, 실수를 구분하지 않고, true와 false는 참과 거짓을 나타내는 자바스크립트 예약어이다. 자바스크립트에서는 문자 타입이 없어, 문자는 모두 문자열로 표현한다. 또한 자바스크립트는 객체 기반 언어인 만큼, 객체를 가리키는 포인터와 유사한 객체 레퍼런스가 있다. 객체에 관한 내용은 7장을 참고하기 바란다.

변수

변수는 자바스크립트 프로그램이 실행 중에 데이터를 저장하는 공간이며 이름을 붙여 사용한다. 자바스크립트는 C/C++/C#, Java와 달리 스크립트 언어로서 변수에 데이터 타입을 지정하지 않는다. 자바스크립트에서 변수를 선언하는 방법은 다음 3가지이다.

- var를 이용하는 방법
- let을 이용하는 방법
- const를 이용하는 방법

var
lel
const

var는 자바스크립트 언어가 도입될 때부터 있었던 것이고 지금도 사용되고 있지만 변수 재정의 등의 문제점으로 인해, 2015년 자바스크립트 언어에 대한 표준(ECMAScript, ES6)에 let과 const가 새로 추가되었고, 지금은 이 3가지가 모두 사용되고 있다. const는 상수를 표현하는 방법으로 다음 절에서 설명하고 이 절에서는 var와 let에 대해서만 설명한다.

변수 선언 방법

var와 let을 이용하여 변수를 선언하는 사례를 보자. 우선 var를 이용하면 다음과 같다.

```
var score;              // 변수 score 선언
var year, month, day;   // year, month, day의 3개의 변수 선언
var address = "서울시";  // address 변수를 선언하고 "서울시"로 초기화
```

score와 같이 초기 값 없이 선언된 변수는 undefined 값으로 초기화된다. var 대신 let으로 바꾸면 다음과 같이 선언할 수 있으며 선언 방법에는 차이가 없다.

```
let score;              // 변수 score 선언
let year, month, day;   // year, month, day의 3개의 변수 선언
let address = "서울시";  // address 변수를 선언하고 "서울시"로 초기화
```

한편, 다음과 같이 var나 let 없이 변수를 선언할 수도 있는데 이 코드가 실행되면 21로 초기화된 변수 age가 탄생한다.

```
age = 21;  // var나 let 없이 변수 age를 선언하고 21로 초기화
```

하지만, 만일 age가 이미 선언된 변수라면 이 코드는 새로운 변수를 생성하지 않고 이미 존재하는 age 변수에 21을 저장한다.

변수 타입과 값

자바스크립트에는 변수 타입이 없으므로 다음과 같이 var/let/const와 변수명만으로 선언한다.

오류
변수 타입
int를 사용하지
않음

```
let score;       // 정상적인 변수 선언
int score;       // 오류
```

그리고 변수에는 아무 값이나 저장할 수 있다. 다음과 같이 변수 score에 정수, 실수, 문자열, 논리값 등 어떤 값도 가능하다.

```
score = 66.8;     // 실수도 저장 가능
score = "high"    // 문자열도 저장 가능
```

변수의 사용 범위와 생명

변수는 사용 범위에 따라 다음 3가지로 나뉜다.
- 전역 변수 – 함수 밖에서 선언되거나 var/let 키워드 없이 아무 곳에서나 선언된 변수.

프로그램이 실행을 시작할 때 생겨나서 프로그램 종료 시까지 생존. 프로그램 전역에 걸쳐 사용 가능

- 지역 변수 – 함수 내에서 var/let 키워드로 선언된 변수. 함수가 시작되면 생겨나서 함수가 종료되면 사라지므로 선언된 함수 내에서만 사용 가능
- 블록 변수 – let 키워드로 if, while, for 등 블록 내에 선언된 변수. 블록 내에서만 사용. 블록이 끝나면 사라지므로 블록 바깥에서는 접근 불가

2015년 전에는 전역 변수와 지역 변수 밖에 없었으나 2015년 ECMAScript(ES6) 표준에서 블록 범위가 새로 추가되고 **블록 범위**를 선언하는 let이 추가 되었었다. 이제 전역 변수, 지역 변수, 블록 변수 들을 사례를 보자.

블록 범위

```
let x;       // 전역 변수 x 선언. var로 선언해도 동일
function f() {
    let y;       // 함수 f() 내에서만 사용되는 지역 변수 y 선언. var로 선언해도 동일
    x = 10;      // 전역 변수 x에 10 저장
    y = 20;      // 지역 변수 y에 20 저장
    z = 30;      // 새로운 전역 변수 z가 선언되고 30이 저장됨
    if(y == 20) {
        let b = 40;    // if 블록에서만 사용되는 블록 변수 b 선언
        b++;
    }
    // 이곳에서는 블록 변수 b에 접근할 수 없음
    // 이곳에서는 변수 x, y, z에 모두 접근 가능
}
// 여기서는 변수 x와 z만 접근 가능. 지역 변수 y와 블록 변수 b는 접근 불가
```

this로 전역변수 접근

지역 변수와 전역 변수의 이름이 같을 때, this를 이용하면 함수 내에서도 전역 변수를 접근할 수 있다. 다음은 x라는 같은 이름의 지역 변수와 전역 변수가 있는 경우이다. 함수 f() 내에서 변수 x를 접근하면 지역 변수 x이며, **this.x**로 하면 전역 변수에 접근할 수 있다.

this.x

```
var x=10; // 전역 변수 x 선언
function f() {
    var x; // 지역 변수 x 선언
    x = 1; // 지역 변수 x에 1 저장
    this.x = 100; // 전역 변수 x에 100 저장
}
```

하지만 한 가지 주의할 점이 있다. let으로 선언된 전역 변수는 this로 접근할 수 없다.

예제 6-6 지역변수와 전역변수, 블록변수

전역 변수, 지역 변수, 블록 변수의 선언 및 사용 사례를 보인다.

```html
<!DOCTYPE html>
<html>
<head>
<meta charset="utf-8">
<title>변수 선언</title>
</head>
<body>
<h3>변수 선언, 전역/지역/블록 변수</h3>
<hr>
<script>
let x; // 전역 변수 x 선언. var로 선언해도 동일
function f() {
    let y; // 함수 f() 내에서만 사용되는 지역 변수 y 선언. var로 선언해도 동일
    x = 10; // 전역 변수 x에 10 저장
    y = 20; // 지역 변수 y에 20 저장
    z = 30; // 새로운 전역 변수 z가 선언되고 30이 저장됨
    if(y == 20) {
        let b = 40; // if 블록에서만 사용되는 블록 변수 b 선언
        b++;
        document.write("if 블록 내 블록변수 b = " + b + "<br>");
    }
    // 이곳에서는 블록 변수 b에 접근할 수 없음
    // 이곳에서는 변수 x, y, z에 모두 접근 가능
    document.write("함수 f() 내 지역변수 y = " + y + "<br>");
}

f(); // 함수 f() 호출
document.write("전역변수 x = " + x + "<br>");
document.write("전역변수 z = " + z);
// 이곳에서는 변수 x와 z만 접근 가능, 지역 변수 y와 블록 변수 b는 접근 불가
</script>
</body>
</html>
```

변수 선언 - Chrome
localhost/6/ex6-06.html

변수 선언, 전역/지역/블록 변수

if 블록 내 블록변수 b = 41
함수 f() 내 지역변수 y = 20
전역변수 x = 10
전역변수 z = 30

let의 특징

let은 var를 사용할 때 발생하는 개발자들의 코딩 오류를 줄이기 위해 2015년 ES6 표준에 새로 코딩 오류
도입되었으며 다음 2가지 특징을 가지고 있다.

- var는 동일한 변수를 재선언할 수 있지만, let으로는 동일한 변수를 재선언할 수 없다.
- let은 변수의 사용범위를 블록 내로 제한한다.

let으로는 동일한 변수를 재선언할 수 없다

var를 이용하는 경우와 let을 이용하는 경우를 대비한 다음 사례를 보자.

```
var x = 1;
var x = 2; // 정상. 기존 변수 x 제거.
           // 새로운 변수 x 생성
```

```
let x = 1;
let x = 2; // 오류. 변수 x에 대한
           // 재선언 불가
```

오류
let은
변수 x의
재선언 불허

　　var를 이용하면 이미 선언된 변수를 폐기하고 재선언할 수 있지만, 이것은 오히려 치명적인 단점이 되기도 한다. 예를 들어 개발자가 왼쪽 코드의 2번째 라인에서 새로운 변수 y를 타이핑하려다 x로 잘못 타이핑하였지만 오류 없이 변수 x를 새로 선언해버려, 사용자는 자신의 실수를 발견하지 못하게 된다.

　　한편, let은 이미 선언된 변수에 대한 재 선언을 허락하지 않는다. 그러므로 앞의 오른쪽 코드와 같이 let을 사용하면 오류가 발생되어 동일한 변수를 재선언한 실수를 쉽게 발견할 수 있다.

let은 변수 사용 범위를 블록 내로 제한

let으로 선언된 변수는 블록 내에서만 사용하도록 제한한다. 블록은 { }로 묶은 영역으로 if 블록, while 블록 등이며 블록 범위에 대한 사례는 다음과 같다.

```
if(a == b) {
   let x = 10; // x는 if 블록에서만 사용
}
x++;  // 오류. x 사용할 수 없음
```

```
for(let n=0; n<10; n++) {
   let x = 10; // n과 x는 for 블록에서만 사용
}
x++;  // 오류. x 사용할 수 없음
n++;  // 오류. n 사용할 수 없음
```

오류
let 변수의 사
용은 블록 범위
내로 제한됨

var보다 let의 사용 권고

잘 교육된 개발자라도 동일한 변수를 var로 재선언하는 실수를 할 수 있기 때문에, var보다 let의 사용을 권한다. 하지만, var를 사용한다고 하더라도 주의해서 사용하면 별 문제는 없다.

상수

const 상수는 변하지 않는 값을 가지는 이름이며 const 키워드를 이용하여 다음과 같이 초깃값과 함께 선언한다.

```
const MAX = 10; // 10의 값을 가지는 상수 MAX 선언
```

상수는 값을
바꿀 수 없다.

상수의 특징은 다음과 같이 선언된 후 값을 바꿀 수 없다.

```
const MAX = 10;
MAX = 20; // 오류. 상수는 값을 바꿀 수 없다.
```

상수는
재선언 불가

또한 이미 선언된 상수를 재선언할 수 없다.

```
const MAX = 10;
...
const MAX = 10; // 오류. 이미 선언된 상수의 재선언 불가
```

그리고 const로 선언된 상수는 let와 마찬가지로 선언된 블록 범위 내에서만 사용된다.

상수는 선언된
블록 내에서만
사용가능

```
if(a == b) {
  const MAX = 10;
  ...
}
let n = MAX;  // 오류. MAX는 if 블록 밖에서 사용
              불가
```

```
for(let n=0; n<10; n++) {
  const MAX = 10;
  ...
}
let m = MAX;  // 오류. MAX는 for 블록 바깥에서
              사용 불가
```

리터럴

변수가 데이터 저장 공간의 이름이라면, 리터럴(literal)는 데이터 값 그 자체이다. 다음은 변수 x에 리터럴 10을 저장하는 코드이다.

```
let x = 10;   // x는 변수. 10은 리터럴
```

리터럴의 종류는 표 6-1과 같다. 문자열 리터럴은 이중인용부호("")이나 단일인용부호('') 중 아무 것이나 사용해도 된다. C/C++, Java, XHTML, XML, 안드로이드 등 많은 언어에서 문자열을 이중인용부호로 표현하므로 혼란을 줄이기 위해 이중인용부호를 사용할 것을 권한다.

문자열 내에 이중인용부호 문자(")를 사용하고자 하면 \"로 사용하면 된다. 다음은 문자열 내에 이중인용부호 문자(")를 포함하는 경우이다.

```
document.write("그녀는 \"누구세요\"라고 했습니다.");
```

표 6-1 자바스크립트 리터럴의 종류와 예

종류		특징	예
정수	8진수	0으로 시작	let n = 015; // 8진수 15. 10진수로 13
	10진수		let n = 15; // 10진수 15
	16진수	0x로 시작	let n = 0x15; // 16진수 15. 10진수로 21
실수	소수형		let height = 0.1234;
	지수형		let height = 1234E-4; // $1234 \times 10^{-4} = 0.1234$
논리	참	true	let condition = true;
	거짓	false	let condition = false;
문자열		""로 묶음	let hello = "안녕하세요";
		''로 묶음	let name = 'kitae';
기타	null	값이 없음을 뜻함	let ret = null;
	NaN	수가 아님을 뜻함	let n = parseInt("abc"); // 이때 parseInt()는 NaN을 리턴

문자열 내 문자열

또한 이중인용부호로 만든 문자열 안에 다른 문자열을 포함하고자 하면 단일인용부호를 사용하며, 그 반대도 가능하다. 예를 들면 다음과 같다.

문자열 내 문자열

```
<p onmouseover = "document.body.style.color = 'brown' ">
```

예제 6-7 리터럴

```html
<!DOCTYPE html>
<html>
<head>
<meta charset="utf-8">
<title>리터럴</title>
</head>
<body>
<h3>리터럴</h3>
<hr>
<script>
    let oct = 015;     // 015는 8진수. 10진수로 13
    let hex = 0x15;    // 0x15는 16진수. 10진수로 21
    let condition = true;   // True로 하면 안됨

    document.write("8진수 015는 십진수로 " + oct + "<br>");
    document.write("16진수 0x15는 십진수로 " + hex + "<br>");
    document.write("condition은 " + condition + "<br>");
    document.write('문자열 : 단일인용부호로도 표현' + "<br>");
    document.write("그녀는 \"누구세요\"라고 했습니다.");
</script>
</body>
</html>
```

단일인용부호로도 문자열 표현 가능

3. 식과 연산자

식(expression)을 계산하여 결과를 얻는 과정을 연산이라고 한다. 표 6-2는 자바스크립트의 연산과 연산자를 보여준다.

표 6-2 자바스크립트의 연산과 연산자 종류

연산	연산자	연산	연산자
산술	+ - * / %	대입	= *= /= += -= &= ^= |= <<= >>= >>>=
증감	++ --	비교	> < >= <= == !=
비트	& | ^ ~	논리	&& || !
시프트	>> << >>>	조건	? :

산술 연산

산술 연산자는 더하기(+), 빼기(-), 곱하기(*), 나누기(/), 나머지(%)의 5가지이며, 연산자의
사용 사례는 다음과 같다.

```
let x = 32;
let total = 100 + x*2/4 - 3;  // total은 113
```

특히, 나누기(/)의 결과는 실수이다. 그러므로 32/10의 결과가 3이 아니라 3.2이다.

나누기 결과는 실수

```
let div = 32/10;  // div는 3.2
```

나머지(정수 값) 값은 % 연산자로 구한다. 다음은 변수 x의 값이 홀수인지 짝수인지를 판별하
기 위해 % 연산자를 사용한 사례이다.

```
let mod = x % 2;  // mod가 0이면 x는 짝수
```

예제 6-8 산술 연산

```html
<!DOCTYPE html>
<html>
<head>
<meta charset="utf-8">
<title>산술 연산</title>
</head>
<body>
<h3>산술 연산</h3>
<hr>
<script>
    let x = 32;
    let total = 100 + x*2/4 - 3;  // total은 113
    let div = x / 10;  // div는 3.2
    let mod = x % 2;  // x를 2로 나눈 나머지, 0

    document.write("x : " + x + "<br><br>");
    document.write("100 + x*2/4 - 3 = " + total + "<br>");
    document.write("x/10 = " + div + "<br>");
    document.write("x%2 = " + mod + "<br>");
</script>
</body>
</html>
```

산술연산 - C...   localhost/6/ex6-08.html

산술연산

x : 32

100 + x*2/4 - 3 = 113
x/10 = 3.2
x%2 = 0

증감 연산

증감 연산자는 ++, --의 두 가지이며, 변수의 앞 또는 뒤에 붙어 값을 1 증가시키거나 1 감소시킨다.

```
let a=1;
a++;      // a 값 1 증가. a는 2가 됨
++a;      // a 값 1 증가. a는 3이 됨
```

연산자가 변수의 앞에 붙을 때 전위 연산자라고 부르고, 뒤에 붙을 때 후위 연산자라고 부른다. 이 둘은 모두 1 증가시키는 연산을 실행하지만 연산 결과로 반환하는 값은 서로 다르다. 그림 6-5와 같이 전위 연산자의 경우, ++a가 계산되어 a는 2가 되고 ++a의 연산 결과로 2를 반환하여, a, b 모두 2가 된다. 하지만 a++의 경우, a++가 계산되어 a의 값은 2가 되지만, 증가되기 전 a 값을 반환하여 b의 값이 1이 된다.

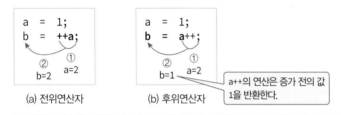

(a) 전위연산자   (b) 후위연산자

그림 6-5 전위 연산자와 후위 연산자의 연산 과정

표 6-3 증감 연산자

연산자	내용	연산자	내용
a++	a를 1 증가하고 증가 전의 값 반환	++a	a를 1 증가하고 증가된 값 반환
a--	a를 1 감소하고 감소 전의 값 반환	--a	a를 1 감소하고 감소된 값 반환

대입 연산

대입 연산자는 오른쪽 식의 결과를 왼쪽에 있는 변수에 대입하는 것으로 종류는 표 6-4와 같고 사용 사례는 다음과 같다.

```
let a=1, b=3;
a = b;       // a에 b 값을 대입하여 a=3, b=3이 된다.
a += b;      // a = a + b의 연산이 이루어져, a=6, b=3이 된다.
```

표 6-4 대입 연산자

연산자	내용	연산자	내용
a = b	b 값을 a에 대입	a &= b	a = a & b와 동일
a += b	a = a + b와 동일	a ^= b	a = a ^ b와 동일
a -= b	a = a - b와 동일	a |= b	a = a | b와 동일
a *= b	a = a * b와 동일	a <<= b	a = a << b와 동일
a /= b	a = a / b와 동일	a >>= b	a = a >> b와 동일
a %= b	a = a % b와 동일	a >>>= b	a = a >>> b와 동일

잠깐! 증감 연산자와 대입 연산자의 속도가 빠르다.

a+=b;가 a=a+b; 보다 연산 속도가 빠르다. 임의의 두 값을 더해 임의의 변수에 저장하는 일반적인 처리 과정보다, 자기 자신에게 더하는 연산의 처리 과정이 단순하기 때문이다. 같은 이유로 a++;이 a=a+1;보다 연산 속도가 빠르다.

예제 6-9 대입 연산

```
<!DOCTYPE html>
<html>
<head>
<meta charset="utf-8">
<title>대입 연산</title>
</head>
<body>
<h3>대입 연산</h3>
<hr>
<script>
    let x=3, y=3, z=3;
    document.write("x=" + x + ",y=" + y);
    document.write(",z=" + z + "<br><br>");

    x += 3;   // x=x+3 → x=6
    y *= 3;   // y=y*3 → y=9
    z %= 2;   // z=z%2 → z=1

    document.write("x += 3; 실행 후, x=" + x + "<br>");
    document.write("y *= 3; 실행 후, y=" + y + "<br>");
    document.write("z %= 2; 실행 후, z=" + z);
</script>
</body>
</html>
```

대입 연산 - C... — □ ×

ⓘ localhost/6/ex6-09.html

대입 연산

x=3, y=3, z=3

x += 3; 실행 후, x=6
y *= 3; 실행 후, y=9
z %= 2; 실행 후, z=1

비교 연산

비교 연산은 두 값을 비교하고 결과가 true나 false인 연산으로 예를 들면 다음과 같다.

```
let age = 25;
let res = (age > 20);  // res는 true
```

표 6-5 비교 연산

연산자	내용	연산자	내용
a < b	a가 b보다 작으면 true	a >= b	a가 b보다 크거나 같으면 true
a > b	a가 b보다 크면 true	a == b	a가 b와 같으면 true
a <= b	a가 b보다 작거나 같으면 true	a != b	a가 b와 같지 않으면 true

예제 6-10 비교 연산

```
<!DOCTYPE html>
<html>
<head>
<meta charset="utf-8">
<title>비교 연산</title>
</head>
<body>
<h3>비교 연산</h3>
<hr>
<script>
    let x=13, y=7;
    document.write("x=" + x + ", y=" + y + "<br><br>");
    document.write("x == y : " + (x == y) + "<br>");
    document.write("x != y : " + (x != y) + "<br>");
    document.write("x >= y : " + (x >= y) + "<br>");
    document.write("x > y : " + (x > y) + "<br>");
    document.write("x <= y : " + (x <= y) + "<br>");
    document.write("x < y : " + (x < y) + "<br>");
</script>
</body>
</html>
```

비교 연산 - C...   localhost/6/ex6-10.html

비교 연산

x=13, y=7

x == y : false
x != y : true
x >= y : true
x > y : true
x <= y : false
x < y : false

논리 연산

자바스크립트의 논리 연산은 AND, OR, NOT의 3가지로서 표 6-6과 같이 &&, ||, !의 연산자를 사용한다. && 연산자는 피연산자가 모두 true일 때 true로, || 연산자는 둘 중 하나라도 true이면 true로, ! 연산자는 true를 false로, false를 true로 연산한다. 예를 들면 다음과 같다.

```
let score = 90;
let age = 20;
let res = ((score > 80) && (age < 25));  // res=true
                  true              true
```

표 6-6 논리 연산자(표에서 a, b는 true나 false)

연산자	별칭	내용
a && b	논리 AND 연산	a, b 모두 true일 때 true 리턴
a || b	논리 OR 연산	a, b 중 하나라도 true이면 true 리턴
!a	논리 NOT 연산	a가 true이면 false 값을, false이면 true 값 리턴

예제 6-11 논리 연산

```
<!DOCTYPE html>
<html>
<head>
<meta charset="utf-8">
<title>논리 연산</title>
</head>
<body>
<h3>논리 연산</h3>
<hr>
<script>
    let x=true, y=false;
    document.write("x=" + x + ", y=" + y + "<br><br>");
    document.write("x && y : "+ (x&&y) +"<br>");
    document.write("x || y : "+ (x||y) +"<br>");
    document.write("!x : " + (!x) +"<br>");
    document.write("<hr>");
    document.write("(3>2) && (3<4) : " + ((3>2)&&(3<4)) + "<br>");
    document.write("(3==-2) || (-1<0) : " + ((3==2)||(-1<0)));
</script>
</body>
</html>
```

논리 연산 - C... □ ×

ⓘ localhost/6/ex6-11.html

논리 연산

x=true, y=false

x && y : false
x || y : true
!x : false

(3>2) && (3<4) : true
(3==-2) || (-1<0) : true

조건 연산

조건 연산은 다음과 같이 조건식 condition과 2개의 식 expT, expF로 구성된다.

```
condition ? expT : expF
```

condition이 true이면 조건식의 전체 결과는 expT의 계산 값이 되고, false이면 expF의 계산 값이 된다. 다음은 x와 y 중 큰 값을 변수 big에 저장하는 코드이다.

```
let x=5, y=3;
let big = (x>y) ? x : y;   // (x>y)가 true이므로 x 값 5가 big에 대입된다.
```

예제 **6-12** 조건 연산

? :의 조건 연산자로 두 수의 차이를 구하는 연산 사례를 보인다.

```
<!DOCTYPE html>
<html>
<head>
<meta charset="utf-8">
<title>조건 연산</title>
</head>
<body>
<h3>조건 연산</h3>
<hr>
<script>
    let a=3, b=5;
    document.write("a=" + a + ", b=" + b + "<br><br>");
    document.write("두수의 차이 : " + ((a>b)?(a-b):(b-a)));
</script>
</body>
</html>
```

조건 연산 - C...

localhost/6/ex6-12.html

조건 연산

a=3, b=5

두수의 차이 : 2

비트 연산

비트 연산은 비트끼리 AND, OR, XOR, NOT을 하는 비트 논리 연산과, 비트를 자리 이동시키는 비트 시프트 연산으로 나뉜다.

비트 개념

비트 연산자(bit operator)를 설명하기 전에 비트에 대해 알아보자. 컴퓨터의 모든 정보는 0과 1 값만 가지는 2진수로 다루어지고 저장된다. 2진수의 한 자리수를 비트(bit)라 부르며, 8개의

비트

비트를 바이트(byte)라고 한다. 10진수 10을 1바이트로 표현하면 00001010이다. 그림 6-6은 변수 x에 10을 저장할 때 2진수로 바꾸어 저장된 모양을 보여준다.

그림 6-6 2진수 비트와 바이트

비트 논리 연산

비트 논리 연산은 비트의 AND, OR, XOR, NOT의 논리 연산으로서 표 6-7과 같이 4개의 연산자가 있다. 그림 6-7은 비트 논리 연산의 사례를 보여 준다.

표 6-7 비트 논리 연산

연산자	별칭	연산 설명
a & b	비트 AND 연산	두 비트 모두 1이면 1, 그렇지 않으면 0
a | b	비트 OR 연산	두 비트 모두 0이면 0, 그렇지 않으면 1
a ^ b	비트 XOR 연산	두 비트가 다르면 1, 같으면 0
~ a	비트 NOT 연산	1을 0으로, 0을 1로 변환

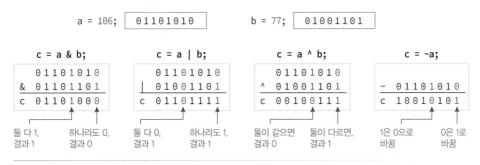

그림 6-7 비트 논리 연산 사례

비트 시프트 연산

우리는 늦게 도착한 친구를 위해 '옆으로 한 자리씩 이동'한다. 옆으로 한 자리 이동이 바로 시프트(shift)이다. 비트 시프트 연산(shift operation)은 새로운 비트를 끝에 삽입하면서 비트의 자리를 이동하는 연산이다. 비트들은 오른쪽이나 왼쪽으로 이동 가능하다. 저장 공간의 크기가 정해져 있으므로 새로 삽입되는 비트 때문에 끝에 있는 비트는 사라지게 된다.

시프트 연산자는 표 6-8과 같이 3개가 있으며 다음과 같이 사용된다.

```
b = a << 1;   // a의 비트들을 왼쪽으로 1비트 이동시킨 결과를 b에 저장. a 값 변경 없음
b = a >> 2;   // a의 비트들을 오른쪽으로 2비트 이동시킨 결과를 b에 저장. a 값 변경 없음
```

그림 6-8은 시프트 연산의 구체적 실행 사례를 보여준다. 특별히, 오른쪽 시프트(>>)는 한 번 할 때마다 2로 나누는 효과가, 왼쪽 시프트(<<)는 2를 곱하는 효과가 나타나므로 이들을 산술적 시프트라고 부른다.

표 6-8 시프트 연산자

연산자	별칭	설명
a << b	산술적 왼쪽 시프트	a의 비트들을 왼쪽으로 b번 이동. 최하위 비트의 빈자리는 0으로 채움. 한 비트 시프트마다 곱하기 2의 효과 발생. a 값은 변화 없음
a >> b	산술적 오른쪽 시프트	a의 비트들을 오른쪽으로 b번 이동. 최상위 비트의 빈자리는 시프트 전 최상위 비트로 채움. 한 비트 시프트마다 나누기 2의 효과 발생. a 값은 변화 없음
a >>> b	논리적 오른쪽 시프트	a의 비트들을 오른쪽으로 b번 이동. 최상위 비트의 빈자리는 0으로 채움. a 값은 변화 없음

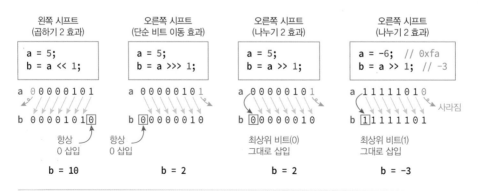

그림 6-8 비트 시프트 연산 사례

비트 연산의 사례를 보인다. 변수에 들어있는 정수 값을 8비트의 2진수로 출력하는 digit8(v) 함수를 작성하였다.

```
<!DOCTYPE html>
<html>
<head>
<meta charset="utf-8">
<title>비트 연산</title>
<script>
function digit8(v) { // 숫자 v를 8비트 2진수로 변환
    let str="";
    for(let i=0; i<8; i++, v<<=1) {
        if((v & 0x80)) str += "1";
        else str += "0";
    }
    return str;
}
</script>
</head>
<body>
<h3>비트 논리 연산과 시프트 연산</h3>
<hr>
<script>
    let x=10, y=3;
    document.write("<pre>");
    document.write("x=" + x + ", y=" + y + "<br>");
    document.write("x :          " + digit8(x) + "<br>");
    document.write("y :          " + digit8(y) + "<br>");
    document.write("<hr>");
    document.write("x & y :      " + digit8(x&y) + "<br>");
    document.write("x | y :      " + digit8(x|y) + "<br>");
    document.write("x ^ y :      " + digit8(x^y) + "<br>");
    document.write("~x    :      " + digit8(~x) + "<br>");
    document.write("<hr>");
    document.write("x << 1 :     " + digit8(x<<1) + " (" + (x<<1) + ")<br>");
    document.write("x >> 1 :     " + digit8(x>>1) + " (" + (x>>1) + ")<br>");
    document.write("x >>> 1:     " + digit8(x>>>1) + " (" + (x>>>1) + ")");
    document.write("</pre>");
</script>
</body>
</html>
```

비트 연산 - Chrome — □ ✕

ⓘ localhost/6/ex6-13.html

비트 논리 연산과 시프트 연산

```
x=10, y=3
x :          00001010
y :          00000011

x & y  :     00000010
x | y  :     00001011
x ^ y  :     00001001
~x     :     11110101

x << 1  :    00010100 (20)    곱하기 2 효과
x >> 1  :    00000101 (5)
x >>> 1:     00000101 (5)     나누기 2 효과
```

문자열 연산

문자열 연결

+, += 연산자는 문자열 연결에도 사용된다. 이때 피연산자 중 하나는 반드시 문자열이어야 한다. + 연산자로 문자열을 연결하는 사례를 들어보자.

```
"abc" + "de"      // "abcde"
"abc" + 23        // "abc23"
23 + "abc"        // "23abc"
23 + "35"         // "2335"
23 + 35           // 58, 정수 더하기
```

+ 연산은 숫자 더하기와 문자열 연결 모두에 동시에 사용되므로 순서를 유의해야 한다. 다음 사례를 보자.

```
23 + 35 + "abc";      // 23 + 35 → 58로 먼저 계산, 58 + "abc" → "58abc"
"abc" + 23 + 35;      // "abc" + 23 → "abc23"로 먼저 계산, "abc23" + 35 → "abc2335"
```

+ 연산은 순서대로 이루어진다. 그러므로 숫자 더하기가 먼저 나오면 숫자를 합한 후 문자열과 연결하지만, 문자열이 먼저 나오면 문자열 연결이 먼저 처리된다.

문자열 비교

비교 연산자(!=, ==, >, <, <=, >=)는 문자열 비교에 그대로 사용되며, 사전에서 뒤에 나오는 문자열이 크다고 판단한다. 간단한 사례를 보자.

```
let name = "kitae";
let res1 = (name == "kitae"); // res1=true
let res2 = (name > "park");   // res2=false. "kitae"가 "park"보다 사전에서 앞에 있음
```

문자열을 비교할 때
"사전에서 먼저 나오면
작은것이다."

예제 6-14 문자열 연산

문자열 연결과 문자열 비교 사례를 보인다.

```html
<!DOCTYPE html>
<html>
<head>
<meta charset="utf-8">
<title>문자열 연산</title>
</head>
<body>
<h3>문자열 연산</h3>
<hr>
<script>
    document.write("abc" + 23 + "<br>");
    document.write(23 + "abc" + "<br>");
    document.write(23 + "35" + "<br>");
    document.write(23 + 35 + "<br>");
    document.write(23 + 35 + "abc" + "<br>");
    document.write("abc" + 23 + 35 + "<br><hr>");

    let name = "kitae";
    document.write(name == "kitae");
    document.write("<br>");
    document.write(name > "park");
</script>
</body>
</html>
```

`document.write(23 + "35" + "<br>");` → "2335"

`document.write(23 + 35 + "<br>");` → 58

문자열 연산 - ... □ ✕
ⓘ localhost/6/ex6-14.html

문자열 연산

abc23
23abc
2335
58
58abc
abc2335

true
false

4. 조건문

조건문은 조건을 검사하여 참인지 거짓인지에 따라 서로 다른 작업(프로그램 코드)을 실행하는 자바스크립트 문장이다. 자바스크립트의 조건문은 **if-else**와 **switch**의 두 종류가 있다.

if-else
switch

if 문

if 문만으로 조건문을 만들 수 있으며 모양과 활용 사례는 다음과 같다.

```
if(조건식) {
    ... 실행문 ...   // 조건식이 참인 경우
}
```

```
if(a > b) {
    document.write("a가 크다");
}
```

if의 조건식이 참이면 실행문을 실행한 후 if 문을 벗어나며, 거짓이면 바로 if 문을 벗어난다.

if-else 문

if-else 문을 이용하면 다음과 같이 조건식이 참인 경우와 거짓인 경우에 다른 코드를 실행할 수 있다.

```
if(조건식) {
    ... 실행문1 ...   // 조건식이 참인 경우
}
else {
    ... 실행문2 ...   // 조건식이 거짓인 경우
}
```

```
if(a > b) {
    document.write("a가 크다");
}
else {
    document.write("a가 크지 않다");
}
```

다중 if-else 문

if-else를 연속 작성하여 각 조건에 맞는 코드를 실행할 수 있다. 다음은 if-else를 연결하여 작성한 프로그램 구조를 보여준다.

```
if(조건식1) {
    실행문1 // 조건식1이 참인 경우
}
else if(조건식2) {
    실행문2 // 조건식2가 참인 경우
}
    ......
else {
    실행문n; // 앞의 모든 조건이 거짓인 경우
}
```

```
if(a > b) {
    document.write("a가 크다");
}
else if(a < b){
    document.write("b가 크다");
}
else {
    document.write("a와 b는 같다");
}
```

prompt() 함수를 이용하여 점수를 입력받고 **if-else**를 사용하여 A~F까지 학점을 출력하는 자바스크립트 코드를 작성하라.

```html
<!DOCTYPE html>
<html>
<head>
<meta charset="utf-8">
<title>if-else</title>
</head>
<body>
<h3>if-else를 이용한 학점 매기기</h3>
<hr>
<script>
    let grade;
    let score = prompt("황기태 님 점수를 입력하세요", 100);
    score = parseInt(score);  // 문자열을 숫자로 바꿈
    if(score >= 90)        // score가 90 이상
        grade = "A";
    else if(score >= 80)  // 80 이상 90 미만
        grade = "B";
    else if(score >= 70)  // 70 이상 80 미만
        grade = "C";
    else if(score >= 60)  // 60 이상 70 미만
        grade = "D";
    else  // 60 미만
        grade = "F";
    document.write(score + "는 " + grade + "입니다.<br>")
</script>
</body>
</html>
```

localhost 내용:

황기태 님 점수를 입력하세요

95

확인   취소

if-else - Chrome   —   □   ✕

ⓘ localhost/6/ex6-15.html

if-else를 이용한 학점 매기기

95는 A입니다.

switch 문

값에 따라 서로 다른 코드를 실행할 때, if-else 문보다 switch 문이 적합하다. switch 문은 다음과 같이 구성된다.

```
switch(식) {
    case 값1:   // 식의 결과가 값1과 같을 때
        실행 문장 1;
        break;
    case 값2:   // 식의 결과가 값2와 같을 때
        실행 문장 2;
        break;
        ...
    case 값m:
        실행 문장 m;   // 식의 결과가 값m과 같을 때
        break;
    default:        // 어느 값과도 같지 않을 때
        실행 문장 n;
}
```

```
let fruits="사과";
switch(fruits) {
    case "바나나":
        price = 200; break;
    case "사과":
        price = 300; break;
    case "체리":
        price = 400; break;
    default:
        document.write("팔지 않습니다.");
        price = 0;
}

// switch 문의 실행 결과 price = 300
```

switch(식)는 괄호 안에 있는 '식'의 결과가 case 문의 '값'과 일치하는 실행 문장으로 분기한다. 그리고 실행 문장들을 실행 한 후 **break** 문을 만나면 switch 문을 벗어난다. 일치하는 case 문이 없으면 default 문으로 바로 분기한다. default 문은 생략 가능하다.

switch 문에서는 실행 문장을 중괄호({ })로 둘러싸지 않는다는 점에 유의하라.

break

default

case 문의 값

case 문의 값은 const로 선언된 상수나 리터럴만 가능하며 사례를 보면 다음과 같다.

```
case 1 :
case 2.7 :
case "Seoul" :
case true :
case 2+3 : // 2+3은 먼저 5로 계산되어 case 5:와 동일
```

하지만 case 문의 값에 변수나 식은 사용할 수 없다. 다음은 잘못된 사례이다.

오류

변수나 식
사용불가

```
case a :       // 오류. 변수 a 사용 불가
case a > 3 :   // 오류. 식(a>3) 사용 불가
```

switch 문에서 break 문의 역할

case 문 내의 실행 문장을 실행한 후 break 문을 만나지 못하면 break 문을 만날 때까지 그 아래 다른 case의 실행 문장들을 계속 실행하여 내려간다.

그림 6-9의 사례를 보자. city가 "Seoul"이므로 case "Seoul":에 만들어진 코드를 실행하여 '서울'을 출력한다. 그리고 **break**를 만나서 switch 문을 벗어난다. 이제 왼쪽 코드에서 case "Seoul"의 break; 문을 삭제해보자. document.write("서울")을 실행한 후 break를 만나지 못해 document.write("뉴욕")도 실행한다. 그리고 break를 만나 switch 문을 벗어난다. 그 결과 '서울뉴욕'이 출력된다.

그림 6-9(b)는 여러 case에 대해 동일한 코드를 실행하도록 의도적으로 break를 생략한 경우이다. day가 "월", "화", "수", "목", "금"에 대해서는 모두 정상영업을, "토", "일"은 휴일을 출력한다.

```
let city="Seoul";
switch(city) {
    case "Seoul":
        document.write("서울");
        break;
    case "NewYork":
        document.write("뉴욕");
        break;
    case "Paris":
        document.write("파리");
        break;
}
```

서울뉴욕

(a) break;를 만날 때까지 아래로
실행을 계속하는 사례

```
let day="월";
switch(day) {
    case "월":
    case "화":
    case "수":
    case "목":
    case "금":  document.write("정상영업");
                break;
    case "토":
    case "일":  document.write("휴일");
                break;
}
```

정상영업

(b) 여러 case에 대해 동일한 코드를 실행하도록
의도적으로 break;를 생략한 경우

그림 6-9 switch 문에서 break가 생략된 경우

> **잠깐!** 자바스크립트와 자바는 다른 언어
>
> 자바(Java)가 자바스크립트(Javascript)를 줄여 말하는 것으로 오해하는 사람들이 있다. 이 둘은 서로 다른 언어이다. 자바는 완벽한 객체 지향 기능을 갖추고 PC, 모바일, 웹 서버 등 다양한 환경에서 소프트웨어를 개발하는데 사용되는 범용 언어이지만, 자바스크립트는 웹 페이지에 내장되어 브라우저에서 실행되거나 웹 서버에서 실행되는 응용프로그램을 작성하는데 사용된다. 자바 언어도 웹 서버 응용프로그램 개발에 많이 사용되는데 이를 자바 서블릿(servlet)이라고 부른다. 한편, JSP(Java Server Page)는 웹 서버 상에서 실행되는 또 다른 스크립트 언어이다. JSP 프로그램은 실행 전에 자바 클래스(서블릿)으로 변환되어 실행된다.

예제 6-16 switch 문 사용

prompt()를 이용하여 커피 이름을 입력받고 switch 문을 이용하여 가격을 출력하라.

```html
<!DOCTYPE html>
<html>
<head>
<meta charset="utf-8">
<title>switch</title>
</head>
<body>
<h3>switch 문으로 커피 주문</h3>
<hr>
<script>
    let price = 0;
    let coffee = prompt("무슨 커피 드릴까요?", "");
    switch(coffee) {
        case "espresso" :
        case "에스프레소" : price = 2000;
            break;
        case "카푸치노" : price = 3000;
            break;
        case "카페라떼" : price = 3500;
            break;
        default :
            document.write(coffee + "는 없습니다.");
    }
    if(price != 0)
        document.write(coffee + "는 " + price + "원입니다.");
</script>
</body>
</html>
```

"espresso"나 "에스프레소" 모두 실행

localhost 내용:

무슨 커피 드릴까요?

espresso

확인 취소

switch - Chrome

localhost/6/ex6-16.html

switch 문으로 커피 주문

espresso는 2000원입니다.

5. 반복문

자바스크립트는 동일한 작업을 반복할 수 있는 다음 3가지 반복문을 제공한다.

for 문, while 문, do-while 문

for 문

for 문은 반복 회수를 아는 경우 주로 사용하며 모양과 사례는 다음과 같고 번호는 실행 순서이다.

```
         ①        ②        ④
for(초기문; 조건식; 반복 후 작업) {
    ... 작업문 ...
}
         ③
```

```
// 0에서 9까지 출력
for(let i=0; i<10; i++) {
    document.write(i);
}
```

```
0123456789
```

for 문은 조건식이 true인 동안 작업문을 반복하여 실행한다. 초기문은 처음 한 번만 실행된다. 조건식에는 논리 연산이나 true/false 값 혹은 논리 값을 가진 변수를 사용할 수 있다. 조건식의 결과가 false이면 for 문을 벗어나 아래로 내려간다. 작업문이 하나의 문장으로 된 경우 중괄호({ })는 생략할 수 있다.

예제 **6-17** for 문을 이용하여 10px~35px까지 텍스트 출력

for 문을 이용하여 텍스트를 10px 크기에서 35px까지 5픽셀씩 증가시켜 출력하라. 참고로 document.write("10px");를 출력하면 10px 크기로 글자가 출력된다. 10 대신 15, 20, …, 35로 바꾸어 출력하면 다른 크기로 출력할 수 있다.

```
<!DOCTYPE html>
<html>
<head>
<meta charset="utf-8">
<title>for 문</title>
</head>
<body>
<h3>for 문으로 10px~35px 크기 출력</h3>
<hr>
<script>
    for(let size=10; size<=35; size+=5) {
        document.write("<span ");
        document.write("style='font-size:" + size + "px'>");
        document.write(size + "px");
        document.write("</span>");
    }
</script>
</body>
</html>
```

```
for 문 - Chrome                    —  □  ×
ⓘ localhost/6/ex6-17.html

for 문으로 10px~35px 크기 출력
─────────────────────────────────
10px15px20px25px30px35px
```

while 문

while 문의 모양과 코드 사례는 다음과 같고 번호는 실행 순서이다. while 문 역시 조건식이 참인 동안 작업문을 반복 실행한다. while 문은 반복 회수를 알 수 없는 경우 주로 이용한다.

```
      ①
while(조건식) {
    ... 작업문 ...
}
      ②
```

```javascript
let i=0;
while(i<10) {  // i가 0에서 9까지 출력
   document.write(i);
   i++;
}
```

```
0123456789
```

예제 **6-18** while 문으로 0~n까지의 합 구하기

prompt() 함수를 이용하여 정수 n을 받고 while 문을 이용하여 0~n까지의 합을 출력하라.

```html
<!DOCTYPE html>
<html>
<head>
<meta charset="utf-8">
<title>while 문</title>
</head>
<body>
<h3>while 문으로 0에서 n까지 합</h3>
<hr>
<script>
    // prompt()가 리턴한 것은 문자열
    let n = prompt("0보다 큰 정수를 입력하세요", 0);
    n = parseInt(n);  // 문자열을 숫자로 바꿈

    let i=0, sum=0;
    while(i<=n) {  // i가 0에서 n까지 반복
        sum += i;
        i++;
    }
    document.write("0에서 " + n + "까지 합은 " + sum);
</script>
</body>
</html>
```

```
localhost 내용:
0보다 큰 정수를 입력하세요
[25]
                        [확인]  [취소]
```

```
🌐 while 문 - Chrome        —   □   ×
ⓘ localhost/6/ex6-18.html

while 문으로 0에서 n까지 합

0에서 25까지 합은 325
```

잠깐! parseInt() 함수

parseInt(문자열) 함수는 문자열을 숫자로 바꾸어 리턴하는 자바스크립트 함수로서, parseInt("25")는 숫자 25를 리턴한다. parseInt()는 이 절의 마지막에서 다룬다.

do-while 문

do-while 문의 모양과 코드 사례는 다음과 같고 번호는 실행 순서이다. 작업문은 최소 한 번 실행되며, 조건식을 검사하여 true인 동안 작업문이 반복 실행된다.

```
do {         ①
    ... 작업문 ...
} while(조건식);
         ②
```

```
let i=0;
do {  // i가 0에서 9까지 출력
    document.write(i);
    i++;
} while(i<10);
```

```
0123456789
```

예제 **6-19** do-while 문으로 0에서 n까지의 합 구하기

예제 6-18을 do-while 문으로 수정하라.

```html
<!DOCTYPE html>
<html>
<head>
<meta charset="utf-8">
<title>do-while 문</title>
</head>
<body>
<h3>do-while 문으로 0에서 n까지 합</h3>
<hr>
<script>
    let n = prompt("0보다 큰 정수를 입력하세요", 0);
    n = parseInt(n);   // 문자열을 숫자로 바꿈

    let i=0, sum=0;
    do {
        sum += i;
        i++;
    } while(i<=n);   // i가 0~n까지 반복
    document.write("0에서 " + n + "까지 합은 " + sum);
</script>
</body>
</html>
```

localhost 내용:

0보다 큰 정수를 입력하세요

25

확인   취소

do-while 문 - Chrome — ☐ ✕

ⓘ localhost/6/ex6-19.html

do-while 문으로 0에서 n까지 합

0에서 25까지 합은 325

break 문

break 문은 반복문을 벗어난다. 여러 반복문으로 중첩된 경우 현재 반복문 하나만 벗어난다.

```
break;
```

그림 6-10은 break 문에 의해 반복문의 제어가 변경되는 것을 보여준다.

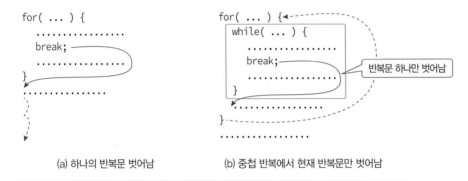

(a) 하나의 반복문 벗어남 (b) 중첩 반복에서 현재 반복문만 벗어남

그림 6-10 break 문으로 반복문 벗어나기

예제 **6-20** break 문

while과 break를 이용하여 1에서 얼마까지 더해야 3000을 넘는지 구하라.

```html
<!DOCTYPE html>
<html>
<head>
<meta charset="utf-8">
<title>break 문</title>
</head>
<body>
<h3>1에서 얼마까지 더해야 3000을 넘는가?</h3>
<hr>
<script>
    let i=0, sum=0;
    while(true) { // 무한 반복
        sum += i;
        if(sum > 3000)
            break; // 합이 3000보다 큼. 반복문 벗어남
        i++;
    }
    document.write(i + "까지 더하면 3000을 넘음 : " + sum);
</script>
</body>
</html>
```

1에서 얼마까지 더해야 3000을 넘는가?

77까지 더하면 3000을 넘음 : 3003

continue 문

continue 문은 다음 반복으로 넘어가고자 할 때 사용된다.

```
continue;
```

그림 6-11은 continue 문에 의해 반복문의 실행 경로가 변경되는 것으로 보여준다.

```
for(초기문; 조건식; 반복 후 작업) {        while(조건식) {        do {
    .........                              .........              .........
    continue;                              continue;              continue;
    .........                              .........              .........
}                                      }                      } while(조건식);
```

그림 6-11 continue 문에 의한 반복문의 실행 경로 변경

예제 **6**-21 continue 문

for와 continue를 이용하여 1에서 10까지 정수 중 3으로 나눈 나머지가 1인 수만 더한 합을 출력하라.

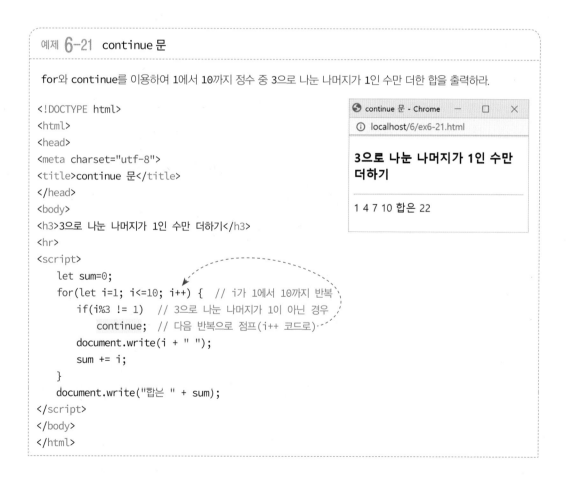

```html
<!DOCTYPE html>
<html>
<head>
<meta charset="utf-8">
<title>continue 문</title>
</head>
<body>
<h3>3으로 나눈 나머지가 1인 수만 더하기</h3>
<hr>
<script>
    let sum=0;
    for(let i=1; i<=10; i++) {  // i가 1에서 10까지 반복
        if(i%3 != 1)  // 3으로 나눈 나머지가 1이 아닌 경우
            continue;  // 다음 반복으로 점프(i++ 코드로)
        document.write(i + " ");
        sum += i;
    }
    document.write("합은 " + sum);
</script>
</body>
</html>
```

6. 함수

함수는 데이터를 전달받아 처리한 후 결과를 돌려주는(리턴하는) 코드 블록이다. 함수 없는 자바스크립트 프로그램은 상상할 수 없다. 지금부터 함수에 대해 알아보자.

함수 개념

그림 6-12의 사례를 보자. 더하기의 천재인 '애더'에게 친구들은 가끔 덧셈을 부탁한다. 친구들은 애더의 왼손과 오른손에 들린 종이에 수를 적어 주어 계산을 시키고 계산 결과를 듣는다.

그림 6-12 덧셈의 천재 '애더'

애더가 전달받은 두 수를 더하고 결과를 말해주는 것처럼, 자바스크립트에서 데이터를 전달받아 정해진 작업을 수행하고 그 결과를 돌려(리턴)주도록 작성된 코드 블록이 바로 **함수**이다. 함수는 전달받는 데이터 없이 정해진 작업을 하기도 하고, 결과를 돌려주지 않기도 한다.

함수

함수의 구성

자바스크립트 함수는 그림 6-13과 같은 형식으로 작성한다.

```
function 함수 이름(arg1, arg2, ..., argn) {
    ...프로그램 코드...
    결과를 반환(리턴)하는 return 문
}
```

함수 선언   함수 이름   매개 변수

```
function adder ( a,  b ) {
    let sum;
    sum = a + b;
    return sum;    // 덧셈 합 리턴
}
```
반환 키워드   반환 값

그림 6-13 자바스크립트 함수 형식과 사례

그림 6-13의 함수의 구성에 대해 자세히 알아보자.

함수 선언

- function – 함수 선언을 표시하는 키워드
- 함수 이름 – 개발자가 정하는 것으로 함수의 목적에 맞게 이름 붙임
- arg1, arg2, ..., argn – 함수를 호출하는 곳으로부터 값을 받는 매개 변수. 여러 개 있을
  때 콤마(,)로 분리. 값을 받지 않는 경우 매개변수 필요 없음
- 프로그램 코드 – 함수의 작업을 실행하는 자바스크립트 코드
- return 문 – 함수의 실행을 종료하고 호출한 곳으로 되돌아 가면서 함수의 실행 결과를 반
  환하는 문

함수 호출

함수에게 일을 지시하고 결과를 받는 것을 함수 호출(function call)이라고 부른다. '애더'가 함수 호출
요청받지 않으면 덧셈을 하지 않는 것처럼, 함수 역시 호출하지 않으면 실행되지 않는다. 함수의
호출에는 다음 2가지 방법이 있다.

- 변수 이름 = 함수 이름(arg1, arg2, ..., argN);　// 함수 호출 후 리턴 값 받음
- 함수 이름(arg1, arg2, ..., argN);　// 함수 호출 후 리턴 값 받지 않음

함수가 아무 값도 리턴하지 않거나, 리턴한다고 해도 리턴 받는 값이 필요 없으면 두 번째 경
우처럼 함수만 호출하면 된다. 이제, adder() 함수를 호출하는 다음 코드를 통해 함수의 실행 과
정을 알아보자.

```
let n = adder(10, 20);
```

그림 6-14는 함수 호출이 실행되는 과정을 보여준다. adder(10, 20)을 호출하면, 10이 매개
변수 a에, 20이 매개 변수 b에 전달된다. 그리고 adder() 함수가 실행되어 합한 결과 30을 리턴
한다. 리턴된 값 30은 변수 n에 저장된다.

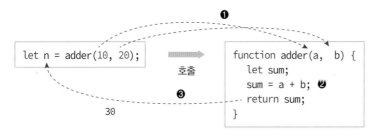

그림 6-14　let n = adder(10, 20);이 호출되고 실행되는 과정

함수 adder()를 작성하고 호출하는 사례를 작성하라.

```html
<!DOCTYPE html>
<html>
<head>
<meta charset="utf-8">
<title>함수</title>
<script>
function adder(a, b) {  // 함수 작성
    let sum;
    sum = a + b;
    return sum;
}
</script>
</head>
<body>
<h3>함수 adder()</h3>
<hr>
<script>
    let n = adder(24567, 98374);  // 함수 호출
    document.write("24567 + 98374는 " + n + "<br>");
</script>
</body>
</html>
```

자바스크립트의 전역 함수

자바스크립트 처리기는 표 6-9와 같이 여러 개의 전역 함수를 제공한다. 몇 개만 알아보자.

eval() 함수

eval()은 수식이나 자바스크립트 문장을 문자열 형태로 전달받아 실행한 후 결과를 리턴한다. 예를 들면 다음과 같이 수식을 계산한다.

```javascript
let res = eval("2*3+4*6");        // res는 30
```

parseInt() 함수

parseInt()는 다음과 같이 문자열을 숫자로 변환하여 리턴한다.

```javascript
let l = parseInt("32");          // "32"를 10진수로 변환하여, 정수 32 리턴
let m = parseInt("32", 16);      // "32"를 16진수로 해석하여, 정수 50 리턴
let n = parseInt("0x32");        // "0x32"를 자동으로 16진수로 해석하여, 정수 50 리턴
```

isNaN() 함수와 parseInt() 함수

false가 거짓 값을 나타내는 리터럴 키워드인 것과 같이 NaN은 숫자가 아님을 나타내는 리터럴 키워드이다. isNaN()은 매개 변수의 값이 NaN 인지 비교하여 맞으면 true를 리턴하는 자바스크립트 함수이다.

NaN
숫자가 아님을 나타내는 상수 키워드

```
let n = NaN;
let b = isNaN(n);  // true 리턴
```

isNaN()은 주로 parseInt() 함수의 리턴 값을 검사하기 위해 다음과 같이 사용된다.

isNaN()

```
let n = parseInt("hello");  // "hello"는 정수로 변환할 수 없으므로 parseInt("hello")는 NaN 리턴
if(isNaN(n))   // true
    document.write("hello는 숫자가 아닙니다");
```

혹은 직접 매개변수에 값을 주어 isNaN()을 호출하기도 한다.

```
isNaN(32)         // false 리턴. 32는 숫자이므로
isNaN('32')       // false 리턴. '32'는 숫자값의 문자열이므로
isNaN("32")       // false 리턴. "32"는 숫자값의 문자열이므로
isNaN("hello")    // true 리턴. "hello"는 숫자가 아니므로
isNaN(NaN)        // true 리턴. NaN는 숫자가 아니므로
```

표 6-9 자바스크립트에서 제공하는 전역 함수

전역 함수명	설명
eval(exp)	exp의 자바스크립트 식을 계산하고 결과 리턴
parseInt(str)	str 문자열을 10진 정수로 변환하여 리턴
parseInt(str, radix)	str 문자열을 radix 진수로 해석하고, 10진 정수로 바꾸어 리턴
parseFloat(str)	str 문자열을 실수로 바꾸어 리턴
isFinite(value)	value가 숫자이면 true 리턴
isNaN(value)	value가 숫자가 아니면 true 리턴

> **잠깐!** NaN이 뭘까?
>
> NaN은 Not A Number를 줄여 만든 단어이다. false, true, null처럼 NaN은 숫자가 아님을 나타내는 상수이다.

예제 **6**-23 eval(), parseInt(), isNaN()

```html
<!DOCTYPE html>
<html>
<head>
<meta charset="utf-8">
<title>자바스크립트 전역함수</title>
<script>
function evalParseIntIsNaN() {
    let res = eval("2*3+4*6");  // res는 30
    document.write("eval(\"2*3+4*6\")는" + res + "<br>");
    let m = parseInt("32");
    document.write("parseInt(\"32\")는 " + m + "<br>");
    let n = parseInt("0x32");
    document.write("parseInt(\"0x32\")는 " + n + "<br><br>");

    // "hello"는 정수로 변환할 수 없으므로 parseInt("hello")는 NaN 리턴
    n = parseInt("hello");
    if(isNaN(n))   // true
        document.write("hello는 숫자가 아닙니다.");
}
</script>
</head>
<body>
<h3>eval(), parseInt(), isNaN()</h3>
<hr>
<script>
    evalParseIntIsNaN();
</script>
</body>
</html>
```

🌐 자바스크립트 전...   —   □   ✕

ⓘ localhost/6/ex6-23.html

eval(), parseInt(), isNaN()

eval("2*3+4*6")는 30
parseInt("32")는 32
parseInt("0x32")는 50

hello는 숫자가 아닙니다.

┌ 잠깐! ┐ eval() 함수 ○─

eval() 함수는 여러 가지 위험성을 내포하고 있어 사용을 권하지 않는다. 하지만 문자열로 구성된 산술식을 쉽게 계산할 수 있기 때문에 여전히 사용된다. eval()을 사용하지 않으려면 무료나 상용으로 배포되는 산술 계산 자바스크립트 패키지를 사용할 것을 권한다.

구구단을 출력하는 함수를 만들고, 1~9사이의 정수를 입력받아 구구단을 출력하는 HTML 페이지를 작성하라.

```
<!DOCTYPE html>
<html>
<head>
<meta charset="utf-8">
<title>함수 만들기</title>
<script>
function gugudan(n) {  // 함수 작성
    let m = parseInt(n);  // 문자열 n을 숫자로 바꿈
    if(isNaN(m) || m < 1 || m > 9) {        n이 1~9 사이의 숫자가 아닌 경우 처리
        alert("잘못입력하셨습니다.");
        return;
    }
    for(let i=1; i<=9; i++) {  // i는 1~9까지 반복
        document.write(m + "x" + i + "=" + m*i + "<br>");
    }
}
</script>
</head>
<body>
<h3>구구단 출력 함수 만들기</h3>
<hr>
<script>
    let n = prompt("구구단 몇 단을 원하세요", "");
    gugudan(n);  // 구구단 출력 함수 호출
</script>
</body>
</html>
```

localhost 내용:

구구단 몇 단을 원하세요

6

확인   취소

함수 만들기 -...   □   ×

localhost/6/ex6-24.html

구구단 출력 함수 만들기

6x1=6
6x2=12
6x3=18
6x4=24
6x5=30
6x6=36
6x7=42
6x8=48
6x9=54

Q 자바스크립트 언어를 간략히 소개하면 어떤 언어인가?

A 자바스크립트는 C 언어에 뿌리는 두고 변수 타입, 포인터 등의 복잡한 개념을 제거하여 단순화시킨 언어이다. 자바스크립트 언어의 요소를 간략히 정리하면 다음과 같다.

- 변수와 함수
- +, -, *, /, %, <<, >>, &&, ||, == 등(C 언어에 있는 연산자 대부분)
- if, if-else, switch 등의 조건문(C/C++, 자바와 거의 동일)
- for, while, do while 등의 반복문(C/C++, 자바와 거의 동일)
- 주석문은 //나 /* */ 사용
- 문장 끝에는 세미콜론(;) 사용, 한 줄에 한 문장의 경우 생략 가능

Q 자바스크립트 코드는 웹 페이지에서 어떤 목적으로 사용되는가?

A 자바스크립트는 웹 페이지의 내용이나 모양의 동적 변경, 사용자의 마우스나 키보드 입력에 대응하는 코드(이벤트 리스너) 작성, 브라우저 윈도우를 새로 열거나 크기를 조절하는 등의 브라우저 제어, 웹 서버와의 통신, 그리고 캔버스에 그래픽을 그리거나 웹 스토리지에 데이터를 저장하는 등 웹 애플리케이션 작성에 사용된다.

Q 자바스크립트 언어에서는 데이터 타입을 선언하지 않는다는데?

A 자바스크립트 언어에는 정수, 실수, 문자열, 논리값(true, false) 등 데이터 종류들이 있지만, 타입 선언 없이 let 키워드를 이용하여 다음과 같이 간단히 변수를 선언한다.

```
let name="황기태";  // C 언어에서는 char* name = "황기태";
let age = 21;  // C 언어나 자바에서는 int age = 21;
```

또한 함수의 매개 변수와 리턴 값에도 타입을 선언하지 않는다.

Q 자바스크립트에는 사용자에게 정보를 출력하거나 사용자로부터 입력을 받는 기능이 마련되어 있는가?

A 사용자 인터페이스를 위해 3개의 함수가 마련되어 있다. alert("경고문")을 호출하면 경고창이 출력되며, prompt() 함수를 호출하면 입력 창을 출력하고 사용자가 입력한 문자열을 리턴한다. confirm() 함수를 호출하면 사용자에게 '확인', '취소'의 두 가지 중 선택하도록 하고 사용자의 선택을 리턴한다.

Q 자바스크립트에서 함수는 어떤 모양으로 작성하는가?

A 두 개의 수를 받아 더하고 결과를 리턴하는 함수의 작성과 호출 사례는 다음과 같다.

```
function add(a, b) {  // a, b는 매개 변수. 리턴 타입과 매개변수 타입 없음
    let sum = a + b;
    return sum;  // 합한 결과 리턴
}
let s = add(3, 5);  // add() 함수 호출. 3이 a에 5가 b에 전달. s는 8
```

Open Challenge 06

별문자(*) 출력하기

다음 조건을 따라 prompt()로 정수를 입력받아 개수만큼 *를 출력하는 웹 페이지를 작성하라.   난이도 6

- 별 문자를 출력하는 함수를 만들고 이름을 printStar()로 하라.
- prompt() 입력 창에 사용자가 실수, 문자열 등 양의 정수가 입력되지 않은 경우 모두 "입력 오류입니다."를 출력하라.

정상적으로 양의 정수가 입력된 경우

양의 정수가 입력되지 않은 경우

힌트 Hint prompt()가 리턴한 문자열을 parseInt()를 이용하여 정수로 변환하고 정수로 잘 변환되었는지 isNaN() 함수로 확인하면 된다.

이론문제

1. 자바스크립트의 특징이 아닌 것은?

　① 자바스크립트 프로그램은 컴파일 과정이 간단한다.
　② 자바스크립트 프로그램은 HTML 페이지에 소스 코드 형태로 삽입된다.
　③ Netscape사가 처음 개발하였다.
　④ 웹 페이지에 동적인 변화를 만드는데 사용된다.

2. 자바스크립트 언어로 할 수 없는 것은?

　① 사용자로부터 마우스나 키 입력을 처리할 수 있다.
　② 새 브라우저 윈도우를 생성할 수 있다.
　③ 로컬 컴퓨터의 파일을 삭제할 수 있다.
　④ CSS3 프로퍼티 값을 변경하여 HTML 태그의 모양을 동적으로 바꿀 수 있다.

3. 다음 중 리터럴이 아닌 것을 찾아라.

```
0, 12.34, "a", 0xff, ff, null, false, "hello", 4+5
```

4. 3/2+"px"의 연산 결과는 무엇인가?

　① "1px"　　　　② "2px"　　　　③ "1.5px"　　　　④ "3/2px"

5. 자바스크립트 언어의 구문이 아닌 것은?

　① break　　　　② loop　　　　③ switch　　　　④ continue

6. case 문으로 잘못 사용한 것은?

　① case 3 :　　　　② case "s" :　　　　③ case 3+2 :　　　　④ case x>6 :

7. 다음 문장의 실행 결과 w, x, y, z의 값은 무엇인가?

(1)
```
let x=1, y=2, z=3, w=4;
y = x++;
z += x;
w = (w > 3) ? w-3 : 3-w;
```

(2)
```
let a=1, b=2, c=3, d=4;
let x = (a > 1) || (c != 3);
let y = (a != b) && (c != d);
let z = b << c;
let w = (a==1);
```

8. 다음 문장의 실행 결과 s, t의 값은 무엇인가?

(1)
```
let s = 1 + 2 + "hello" + 3;
let t = 1 + "hello" + 2 + 3;
```

(2)
```
let s = ("hello" > "javascript");
let t = ("아버지" > "어머니");
```

9. 다음 코드에서 지역변수와 블록 변수 그리고 전역변수를 찾아 나열하라.

(1)
```
let x;
function f() {
    let y = x + 5;
    z = y + 5;
    return z;
}
```

(2)
```
sum = 0;
function f() {
    let x = 1;
    for(let n=0; n<5; n++)
        sum += x;
}
```

10. 다음 코드의 실행 결과 출력되는 내용은 무엇인가?

(1)
```
let sum = 0;
function acc() {
    let sum = 0;
    for(let i=0; i<10; i++)
        sum += i;
}
acc();
document.write("합 = " + sum);
```

(2)
```
var sum = 0;
function acc() {
    var sum = 0;
    for(let i=0; i<10; i++)
        this.sum += i;
}
acc();
document.write("합 = " + sum);
```

11. 다음 중 연산과 결과가 틀린 것은?

① 53+10 = 63 ② 53/10 = 5 ③ 53%10 = 3 ④ 53*10 = 530

12. 다음 웹 페이지가 출력되는 모양을 그려라.

```html
<!DOCTYPE html>
<html>
<head>
<meta charset="utf-8">
<title>1</title>
</head>
<body>
<script>
   document.write("Welcome");
</script>
</body>
</html>
```

```html
<!DOCTYPE html>
<html>
<head>
<meta charset="utf-8">
<title>2</title>
</head>
<body>
<script>
function print() {
   document.write("Welcome<br>");
}
</script>
</body>
</html>
```

13. 다음과 같이 변수 a, b가 선언되어 있을 때, 각 계산 후 a, b 값은 무엇인가?

```
let a=20, b=2;
```

식	a	b
(1) a += b;		
(2) a = a << b;		
(3) a = (a>100)?a:b;		
(4) b = (a>10)&&(a<30);		

14. 다음과 같이 변수 a, b가 선언되어 있을 때, 각 계산 후 a, b 값은 무엇인가?

```
let a="123", b="45";
```

식	a	b
(1) a += b;		
(2) a = parseInt(a) + parseInt(b);		
(3) a = 10 + a + b;		
(4) b = 10 + parseInt(a) + "ab";		

1. HTML 페이지와 출력 결과를 보고 물음에서 요구하는 대로 페이지를 수정하라.

```html
<!DOCTYPE html>
<html>
<head>
<meta charset="utf-8">
<title>자바스크립트 코드 위치</title>
</head>
<body>
<h3>마우스를 올려 보세요</h3>
<hr>
<div onmouseover="this.style.background='yellow'"
     onmouseout="this.style.background='white'">
여기에 마우스를 올리면 배경색이 노란색으로 변합니다.
</div>
</body>
</html>
```

(1) HTML 페이지를 수정하여 자바스크립트 코드를 <script> 태그에 삽입하라.

(2) 자바스크립트 코드를 6-1.js 파일에 저장하고 <script> 태그로 6-1.js 파일을 불러오도록 HTML 페이지를 수정하라.

2. document.write()를 이용하여 다음 <script> 태그 안에 자바스크립트 코드를 완성하라.

```html
<!DOCTYPE html>
<html>
<head>
<meta charset="utf-8">
<title>document.write()</title>
</head>
<body>
<script>
    // 이곳에 자바스크립트 코드를 작성하라.
</script>
</body>
</html>
```

3. document.write()를 이용하여 문제 2에 주어진 <script> 태그에 자바스크립트 코드를 완성하여 다음과 같이 출력되게 하라.

(1)
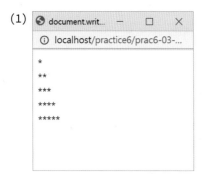

(2)
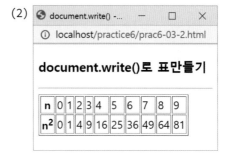

4. prompt() 함수를 이용하여 월, 화, 수, 목, 금, 토, 일 중 하나를 입력받아 월~목의 경우 '출근'을, 다른 날의 경우 '휴일'을 출력하는 자바스크립트 코드를 작성하여 웹 페이지를 완성하라.

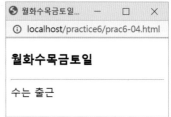

5. 정확한 암호가 입력될 때까지 계속 prompt()를 출력하여 암호를 입력받는 웹 페이지를 작성하라. 암호는 you이다. you가 입력되면 오른쪽과 같이 출력된다.

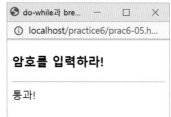

6. 브라우저 화면과 같이 출력되도록 <script> 태그 내에 함수를 작성하라.

(1)
```
<!DOCTYPE html>
<html>
<head>
<meta charset="utf-8">
<title>1</title>
</head>
<body>
<script>
        // (1) big 함수를 작성하라.
</script>
<script>
    let b = big("625", "555");
    document.write("큰수=" + b);
</script>
</body>
</html>
```

(2)
```
<!DOCTYPE html>
<html>
<head>
<meta charset="utf-8">
<title>2</title>
</head>
<body>
<script>
        // (2) pr 함수를 작성하라.
</script>
<script>
    pr("%", 5);
</script>
</body>
</html>
```

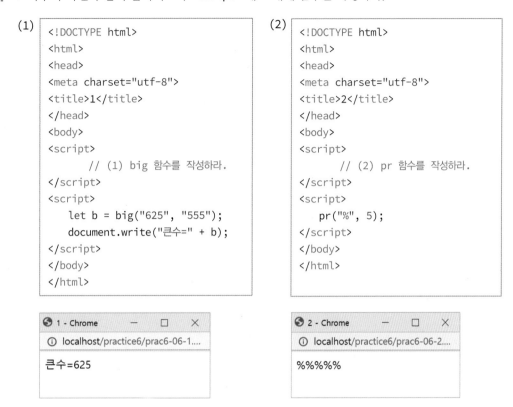

7. prompt() 함수로 사용자로부터 숫자를 입력받고 제일 큰 자리 수와 제일 낮은 자리의 수가 같으면 '성공', 아니면 '다름'을 출력하는 웹 페이지를 작성하라. 문자열 연산으로 풀지 말고 while을 이용하여 제일 큰 자리의 수와 낮은 자리의 수를 구하여 풀도록 하라.

힌트 5675/10=567.5로 나눗셈(/)은 실수 연산을 실행한다. 이 연산에서 소숫섬 이하를 세거하여 567을 얻고자 하면 n − Math.floor(5675/10);으로 하면 된다. Math.floor()은 7장에서 다룬다.

8. prompt() 함수를 통해 수식을 입력받아 계산 결과를 출력하는 웹 페이지를 작성하라. 수식 계산은 eval() 함수를 이용하라.

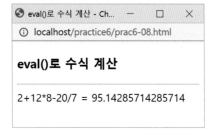

07

자바스크립트 코어 객체와 배열

자바스크립트 코어 객체와 배열

1. 객체 개념

자바스크립트 객체

객체

현실 세계는 객체들의 집합이다. 사람, 책상, 자동차, TV, 컴퓨터 등은 모두 객체이다. 객체는 자신만의 고유한 속성이 있다. 예를 들면 그림 7-1과 같이 자동차는 <제조사:한성, 배기량:3000, 색상:오렌지, 번호:서울 1-1>의 속성이 있고, 사람은 <이름:이재문, 나이:20, 성별:남, 주소:서울>과 같은 속성이 있고, 눈에 보이지는 않지만 은행 계좌도 하나의 객체로서 <소유자:황기태, 계좌번호:111, 잔액:35000>과 같은 속성이 있다. 실세계에 존재하는 객체는 하나의 값으로 표현할 수 없고 여러 개의 속성과 값의 묶음으로 표현된다.

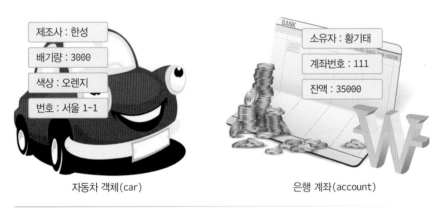

자동차 객체(car)   은행 계좌(account)

그림 7-1 자동차 객체와 은행 계좌 객체의 속성

프로퍼티

메소드

실세계의 객체들을 다룰 수 있도록 자바스크립트에 객체 개념이 도입되었다. 객체의 고유한 속성을 프로퍼티(property)라고 부르며, 객체는 여러 '프로퍼티'와 '값'의 쌍으로 표현된다. 또한 객체는 여러 개의 함수를 가질 수 있는데 함수를 메소드(method)라고 부른다. 메소드는 다른 객체나 코드로부터 호출되며, 주로 객체 내부의 프로퍼티 값을 조작하거나 연산을 수행하고 결과를 리턴한다. 그림 7-2는 은행 계좌를 표현하는 account 객체를 만든 자바스크립트 코드이다. account와 같이 사용자 객체를 만드는 자세한 방법은 7절에서 설명한다.

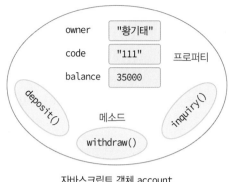

```
let account = {
    owner    :  "황기태",
    code     :  "111",
    balance  :  35000,
    deposit  :  function() { ... },
    withdraw :  function() { ... },
    inquiry  :  function() { ... }
};
```

자바스크립트 객체 account   account 객체를 만드는 자바스크립트 코드

그림 7-2 자바스크립트 객체 account

자바스크립트 언어는 단순히 여러 객체들이 활용되는 객체 기반 언어(Object Based Language)였다. C++, Java, C#과 같은 객체 지향 언어(Object Oriented Language)가 되기 위한 필수적인 특성인 캡슐화, 상속, 다형성의 특징을 완벽히 갖추고 있지 못하기 때문이었지만, 최근 자바스크립트의 표준이 되는 ECMAScript6(ES6)에서 class를 지원함으로써 객체지향적 개념을 거의 모두 수용하고 있다. 이제는 자바스크립트를 객체 지향 언어로 볼 만하다.

자바스크립트 객체의 유형

개발자가 자바스크립트 코드로 객체를 만들어 사용할 수도 있지만, 브라우저는 많은 자바스크립트 객체들을 만들어 제공하므로 이들을 사용하기만 하면 된다. 브라우저가 제공하는 자바스크립트 객체들은 다음 3가지 유형으로 나뉜다.

- 코어 객체
- HTML DOM 객체
- 브라우저 관련 객체(BOM)

코어 객체는 기본 객체로서 Array, Date, String, Math 타입 등이 있으며, 웹 페이지나 웹 서버 응용프로그램 어디서나 사용할 수 있다.   코어 객체

HTML DOM 객체는 HTML 페이지에 작성된 HTML 태그들을 브라우저가 하나씩 객체화한 것들로 HTML 페이지의 내용과 모양을 제어하기 위해 사용되는 객체들이다.   HTML DOM 객체

브라우저 관련 객체는 브라우저의 종류나 스크린의 크기 정보를 제공하거나 새 윈도우를 생성하는 등 브라우저와 관련된 객체들로서 BOM(Browser Object Model)이라고도 부른다.   브라우저 관련 객체

이 장에서는 코어 객체에 대해서만 설명하고, HTML DOM 객체는 8장에서, 브라우저 관련 객체들은 10장에서 설명한다.

2. 코어 객체 다루기

코어 객체 종류

코어 객체들은 자바스크립트 언어가 실행되는 어디서나 사용 가능한 객체들로서 여러 타입이 있다.

- Array
- Date
- String
- Math

new 키워드로 코어 객체 생성

new 코어 객체의 생성은 항상 **new** 키워드를 이용한다. Date와 String 타입의 객체를 생성하는 예를 들면 다음과 같다.

```
let today = new Date();        // 시간 정보를 다루는 Date 타입의 객체 생성
let msg = new String("Hello");  // "Hello" 문자열을 담은 String 타입의 객체 생성
```

레퍼런스 여기서 today와 msg는 생성된 객체를 가리키는 레퍼런스 변수이다. 하지만 많은 경우 그냥 객체라고 부른다.

객체 접근

객체가 생성되면 객체 내부에는 프로퍼티와 메소드가 존재하게 되며, 이들은 점(.) 연산자를 이용하여 접근한다. 객체 obj의 프로퍼티와 메소드를 접근하는 코드 모양은 다음과 같다.

```
obj.프로퍼티 = 값;              // 객체 obj의 프로퍼티 값 변경
변수 = obj.프로퍼티;            // 객체 obj의 프로퍼티 값 알아내기
obj.메소드(매개변수 값들);       // 객체 obj의 메소드 호출
```

읽기 전용 프로퍼티의 경우, 값을 바꿀 수 없기 때문에 프로퍼티를 사용할 때 읽기 전용인지 객체에 대한 매뉴얼을 자세히 읽기 바란다.

예제 7-1 자바스크립트 객체 생성 및 활용

Date 타입의 객체와 String 타입의 객체를 생성하고, 메소드를 호출하고, 프로퍼티 값을 읽는 코드 사례를 보인다. new Date()로 생성한 객체는 생성 당시의 날짜와 시간 정보로 초기화된다.

```html
<!DOCTYPE html>
<html>
<head>
<meta charset="utf-8">
<title>객체 생성 및 활용</title>
</head>
<body>
<h3>객체 생성 및 활용</h3>
<hr>
<script>
    // Date 객체 생성
    let today = new Date();          객체 생성

    // Date 객체의 toLocaleString() 메소드 호출
    document.write("현재 시간 : " + today.toLocaleString()
                    + "<br>");          메소드 호출

    // String 객체 생성
    let mystr= new String("자바스크립트 공부하기");
    document.write("mystr의 내용 : " + mystr + "<br>");
    document.write("mystr의 길이 : " + mystr.length + "<br>");    프로퍼티 읽기
    // mystr.length=10;  // 이 문장은 오류이다.
</script>
</body>
</html>          length는 읽기 전용
```

객체 생성 및 활용 - Chrome — □ ×

ⓘ localhost/7/ex7-01.html

객체 생성 및 활용

현재 시간 : 2021. 12. 21. 오후 3:32:28
mystr의 내용 : 자바스크립트 공부하기
mystr의 길이 : 11

잠깐! 자바스크립트에서 객체 소멸 방법은 없다.

자바스크립트에서 new 연산자를 이용하여 객체를 생성할 수는 있지만 객체를 소멸시키는 코드나 방법은 없다. 자바스크립트는 자바와 마찬가지로 사용하지 않는 객체들을 자동으로 수거하는 가비지 컬렉션(garbage collection) 기법이 사용된다.

3. 배열과 Array

배열

배열은 여러 개의 원소들을 연속적으로 저장하고 전체를 하나의 단위로 다루는 데이터 구조이다. 그림 7-3은 자바스크립트에서 2개의 배열 cities와 n을 만든 코드를 보여준다.

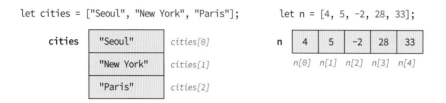

그림 7-3 3개의 원소를 가진 배열 cities와 5개의 원소를 가진 배열 n

배열의 각 원소는 [] 기호와 0에서 시작하는 인덱스를 이용하여 접근한다. cities 배열의 경우 원소의 개수가 3이므로, 사용가능한 인덱스는 0~2까지이다. cities 배열의 원소를 접근하는 예를 들면 다음과 같다.

```
let name = cities[0];          // name은 "Seoul"
cities[1] = "Gainesville";     // "New York" 자리에 "Gainesville" 저장
```

배열을 이용하면 반복문으로 데이터 처리를 쉽게 할 수 있다. 다음은 for문을 이용하여 그림 7-3에 작성된 배열 n[]의 원소들의 합을 구하는 코드이다.

```
let sum = 0;
for (let i=0; i<5; i++)
    sum = sum + n[i];
document.write("합은 " + sum);
```

배열을 만드는 방법

자바스크립트에서 배열은 다음 2가지 방법으로 만들 수 있다.

- []로 배열 만들기
- Array 객체로 배열 만들기

만드는 방법은 다르지만 일단 배열이 생성되면 배열을 사용하는 방법은 동일하다.

[ ]로 배열 만들기

배열 만들기

[] 연산자를 이용하여 쉽게 배열을 만들 수 있다. [] 안에는 만들고자 하는 원소들의 초기 값들을 나열하면 된다. week와 plots 배열을 만들어보자.

```
let week = ["월", "화", "수", "목", "금", "토", "일"];
let plots = [-20, -5, 0, 15, 20];
```

이 코드에서 week와 plots는 배열의 이름이다. week는 크기가 7인 배열이며 각 원소는 순서대로 "월", "화", "수", "목", "금", "토", "일"의 문자열이다. 마찬가지로 plots는 -20, -5, 0, 15, 20으로 초기화된 크기가 5인 배열이다.

만들어진 배열은 다음과 같이 인덱스로 접근한다.

```
week[6] = "Sunday";        // week[6]의 값을 "일"에서 "Sunday"로 변경
let p = plots[1];          // p는 -5
```

배열 크기와 원소 추가

배열은 처음 만들어진 크기로 고정되지 않고, 원소를 추가하면 늘어난다. 다음과 같이 크기가 5인 plots 배열에 원소를 더할 수 있다. 다음 코드를 보자.

```
plots[5] = 33;        // plots 배열에 6번째 원소 추가. 배열 크기는 6이 됨
plots[6] = 22;        // plots 배열에 7번째 원소 추가. 배열 크기는 7이 됨
```

처음 plots 배열의 크기가 5이므로 plots[5]는 배열의 범위를 넘어섰다. 하지만, 자바스크립트 처리기는 이것을 오류로 처리하지 않고, 마지막 원소를 추가하여 plots 배열의 크기를 6으로 늘리고 plots[5]에 33을 저장한다. 마찬가지로 7번째 원소 plots[6]도 추가되며 22가 저장된다.

하지만 다음은 주의할 코드이다. 현재 원소가 7개 있는 상태에서 인덱스 10에 원소를 삽입하면 중간에 있는 plots[7], plots[8], plots[9] 원소들의 값은 undefined가 되므로 주의하기 바란다.

```
plots[10] = 33;           // 주의, plots 배열의 크기는 11이 됨
```

주의

인덱스 10에 값을 넣으면 plots 배열의 중간 원소들이 undefined 값을 가짐

예제 **7-2** []로 배열 만들기

[]로 정수 5개의 배열을 만들고, 원소의 값만큼 '*'를 출력하는 프로그램을 작성하라.

```html
<!DOCTYPE html>
<html>
<head>
<meta charset="utf-8">
<title>[]로 배열 만들기</title>
</head>
<body>
<h3>[]로 배열 만들기</h3>
<hr>
<script>
    let plots = [20, 5, 8, 15, 20];  // 원소 5개의 배열 생성
    document.write("let plots = [20, 5, 8, 15, 20]<br>");

    for(let i=0; i<5; i++) {                    plots.length로 해도 됨
        let size = plots[i]; // plots 배열의 i번째 원소
        while(size>0) {
            document.write("*");
            size--;
        }
        document.write(plots[i] + "<br>");
    }
</script>
</body>
</html>
```

```
[]로 배열 만들기...   —   ☐   ✕
① localhost/7/ex7-02.html

[]로 배열 만들기
─────────────────────
var plots = [20, 5, 8, 15, 20]
********************20
*****5
********8
***************15
********************20
```

Array로 배열 만들기

자바스크립트의 코어 객체인 Array를 이용하여 배열을 생성할 수 있으며 표 7-1과 같이 여러 가지 방법이 있다. 자바스크립트는 []로 만든 배열도 Array 객체로 똑같이 다룬다.

초기 값을 가진 배열 생성

앞 절에서 []로 만든 week 배열을 Array를 이용하여 다시 만들어보자. 다음과 같이 new를 이용하여 Array 객체를 생성한다.

```
let week = new Array("월", "화", "수", "목", "금", "토", "일");
```

week는 7개의 원소를 가진 배열 객체로서 "월", "화", "수", "목", "금", "토", "일"로 초기화되며, let week = ["월", "화", "수", "목", "금", "토", "일"]로 만든 배열과 완전히 동일하게 다루어진다.

new Array()로 생성한 배열도 0부터 시작하는 인덱스와 []를 이용하여 다음과 같이 원소를 접근한다.

```
let day = week[0];  // day는 "월"
week[1] = "tuesday";  // "화" 대신 "tuesday"가 저장
```

초기화되지 않은 배열 생성

배열 객체를 일단 생성한 후 나중에 원소에 값을 저장할 수 있다. 다음은 7개 원소를 가진 week 배열을 생성한 후 원소에 값을 저장하는 경우이다.

```
let week = new Array(7);  // 7개의 원소를 가진 배열 생성. 원소가 초기화되어 있지 않음
week[0] = "월";
week[1] = "화";
...
week[6] = "일";
```

빈 배열 생성

초기에 배열의 원소 개수를 예상할 수 없는 경우 다음과 같이 빈 배열을 생성할 수 있다.

```
let week = new Array();  // 빈 배열 생성
```

week는 처음에 빈 배열이지만, 원소를 순서대로 삽입하면 배열 크기가 자동으로 늘어난다. 반드시 인덱스 순서대로 하나씩 삽입하여야 한다.

배열 크기가
자동으로 늘어남

```
week[0] = "월";    // 배열 week의 크기는 자동으로 1이 된다.
week[1] = "화";    // 배열 week의 크기는 자동으로 2가 된다.
```

표 7-1 Array를 이용한 배열 생성 방법

배열 생성 방법	설명
new Array()	빈 배열 생성. 원소를 추가할 때마다 배열 크기 자동 늘림
new Array(size)	size 개수의 배열 생성. 원소가 초기화되어 있지 않음
new Array(e_0, e_1, ..., e_{n-1})	n 개의 원소에 대한 초기 값과 함께 배열 생성

배열의 원소 개수, length 프로퍼티

length Array 객체의 **length** 프로퍼티는 배열의 크기를 나타낸다. 다음과 같이 length 프로퍼티로 배열의 원소 개수를 알아낼 수 있다.

```
let plots = [-20, -5, 0, 15, 20];
let week = new Array("월", "화", "수", "목", "금", "토", "일");
let m = plots.length; // m은 5
let n = week.length;  // n은 7
```

length는 Array 객체에서 자동 관리하는 프로퍼티이지만, 사용자가 임의로 값을 변경하여 배열을 줄이거나 늘일 수 있다.

```
plots.length = 10; // plots의 크기는 5에서 10으로 늘어난다. 늘어난 5개는 비어 있음
plots.length = 2;  // plots의 크기가 2로 줄어들고, plots의 처음 2개 원소 외는 삭제됨
```

예제 **7-3** Array 객체로 배열 만들기

```
<!DOCTYPE html>
<html>
<head>
<meta charset="utf-8">
<title>Array 객체로 배열 만들기</title>
</head>
<body>
<h3>Array 객체로 배열 만들기</h3>
<hr>
<script>
    let degrees = new Array(); // 빈 배열 생성
    degrees[0] = 15.1;
    degrees[1] = 15.4;
    degrees[2] = 16.1;
    degrees[3] = 17.5;
    degrees[4] = 19.2;
    degrees[5] = 21.4;

    let sum = 0;
    for(let i=0; i<degrees.length; i++)        // 배열 크기만큼 루프
        sum += degrees[i];

    document.write("평균 온도는 " + sum/degrees.length + "<br>");    // 배열 degrees의 크기, 6
</script>
</body>
</html>
```

Array 객체로 배열 만들기

localhost/7/ex7-03.html

Array 객체로 배열 만들기

평균 온도는 17.45

배열의 특징

자바스크립트 배열의 특징을 정리해보자.

배열은 Array 객체이다.

자바스크립트에서 배열은 []로 생성하든 new Array()로 생성하든, 모두 Array 객체로 다룬다. 그러므로 모두 표 7-2의 Array 객체 메소드를 활용할 수 있다.

배열에는 여러 타입의 데이터가 섞여 저장될 수 있다.

변수와 마찬가지로, 배열에도 정수, 실수, 문자열, 논리 값, 객체, 함수 주소 등 다양한 데이터가 혼재되어 저장될 수 있다. 다음은 any 배열에 다양한 데이터를 저장하는 사례이다.

```
let any = new Array(5);    // 5개의 원소를 가진 배열 생성
any[0] = 0;
any[1] = 5.5;
any[2] = "이미지 벡터";
any[3] = new Date();       // Date 객체 저장
any[4] = convertFunction; // function convertFunction(){...}의 주소 저장
```

Array 객체의 메소드 활용

표 7-2는 Array 객체의 메소드이며 예제 7-4는 이들 메소드를 활용하는 사례를 보여준다.

표 7–2 Array 객체의 주요 메소드

메소드	설명
concat(arr)	현재 배열에 배열 arr의 원소들을 덧붙여 만든 새 배열 리턴. 현재 배열은 변하지 않음
join([separator])	배열의 모든 원소를 연결하여 하나의 문자열로 만들어 리턴. 각 원소 사이에 separator로 지정된 문자열 삽입. separator가 생략되면 ","이 사용
reverse()	원소를 역순으로 재배열하고, 이를 복사한 새로운 배열 리턴
slice(idxA[,idxB])	두 인덱스 idxA와 idxB 사이의 원소들로 구성된 새 배열 리턴. 인덱스 idxB의 원소는 포함되지 않음. idxB가 생략되면 끝 원소까지 포함
sort()	문자열 배열의 경우 문자열을 사전 순으로 정렬하고 이를 복사한 새 배열 리턴. 문자열 배열이 아닌 경우 배열의 원소들을 정렬하기 위해, 원소들을 비교하는 함수를 작성하여 sort(비교함수) 형식으로 호출해야 한다. 이것은 이 책의 범위를 넘어가므로 본문에서 다루지 않고 홈페이지의 블로그를 참고하기 바람
toString()	원소들을 모두 연결하여 하나의 문자열로 만들어 리턴. 원소와 원소 사이에 "," 삽입

```
<!DOCTYPE html>
<html>
<head>
<meta charset="utf-8">
<title>Array 객체의 메소드 활용</title>
<script>
function pr(msg, arr) {
    document.write(msg + arr.toString() + "<br>");
}
</script>
</head>
<body>
<h3>Array 객체의 메소드 활용</h3>
<hr>
<script>
    let a = new Array("황", "김", "이");
    let b = new Array("박");
    let c;

    pr("배열 a = ", a);
    pr("배열 b = ", b);
    document.write("<hr>");

    c = a.concat(b);  // c는 a와 b를 연결한 새 배열
    pr("c = a.concat(b)후 c = ", c);
    pr("c = a.concat(b)후 a = ", a);

    c = a.join("##");  // c는 배열 a를 연결한 문자열
    pr("c = a.join() 후 c = ", c);
    pr("c = a.join() 후 a = ", a);

    c = a.reverse();  // a.reverse()로 a 자체 변경
    pr("c= a.reverse() 후 c = ", c);
    pr("c= a.reverse() 후 a = ", a);

    c = a.slice(1, 2);  // c는 새 배열
    pr("c= a.slice(1, 2) 후 c = ", c);
    pr("c= a.slice(1, 2) 후 a = ", a);

    c = a.sort();  // a.sort()는 a 자체 변경
    pr("c= a.sort() 후 c = ", c);
    pr("c= a.sort() 후 a = ", a);

    c = a.toString();  // toString()은 원소 사이에 ","를 넣어 연결된 문자열 생성
    document.write("a.toString() : " + c);
</script>
</body>
</html>
```

Array 객체의 메...   —   □   ×

ⓘ localhost/7/ex7-04.html

Array 객체의 메소드 활용

배열 a = 황,김,이
배열 b = 박

c = a.concat(b)후 c = 황,김,이,박
c = a.concat(b)후 a = 황,김,이
c = a.join() 후 c = 황##김##이
c = a.join() 후 a = 황,김,이
c= a.reverse() 후 c = 이,김,황
c= a.reverse() 후 a = 이,김,황
c= a.slice(1, 2) 후 c = 김
c= a.slice(1, 2) 후 a = 이,김,황
c= a.sort() 후 c = 김,이,황
c= a.sort() 후 a = 김,이,황
a.toString() : 김,이,황

4. Date

Date 객체는 시간 정보를 담는 객체이다. Date 객체도 new를 이용하여 생성하며 표 7-3과 같이 여러 가지 방법이 있다. 다음은 new Date()를 이용하면 현재 시간으로 초기화된 Date 객체를 생성한다.

new Date()
현재 시간

```
let now = new Date();      // 현재 날짜와 시간(시, 분, 초) 값으로 초기화된 객체 생성
```

표 7-4의 메소드를 이용하면 now 객체에서 년, 월, 일, 시, 분, 초 값을 모두 알아낼 수 있다. 다른 예를 들어보자. 다음은 학기 시작일인 2017년 3월 1일의 날짜 정보를 기억하기 위해 Date 객체를 생성한 사례이다.

```
let startDay = new Date(2017, 2, 1);       // 학기 시작일. 2017년 3월 1일(2는 3월을 뜻함)
```

Date 객체에서 월(month) 값이 0부터 시작하며 0은 1월, 11은 12월을 뜻한다. 그러므로 앞의 코드는 3월을 나타내기 위해 2를 사용하였다.

Date 객체는 객체 속에 들어 있는 시간이나 날짜 정보를 리턴하거나 설정하는 다양한 메소드를 제공한다(표 7-4 참고). 다음은 오늘 날짜와 현재 시간을 알아내는 코드이다.

```
let now = new Date();       // 현재 2017년 5월 15일 저녁 8시 48분이라면
let date = now.getDate();   // 오늘 날짜. date = 15
let hour = now.getHours();  // 지금 시간. hour = 20
```

표 7-3 Date 객체 생성 방법

객체 생성 방법	설명
new Date()	현재 날짜와 시간 값으로 초기화된 객체 생성
new Date(y,m,d)	y, m, d는 각각 년, 월(0~11), 일(1~31)을 나타내며, 이 시간 정보를 가진 객체 생성
new Date(y,m,d,hour,min,sec)	y, m, d, hour, min, sec는 각각 년, 월, 일, 시, 분, 초의 값이며, 이 시간 정보를 가진 객체 생성

표 7-4 Date 객체의 주요 메소드

메소드	설명
getFullYear()	2018과 같이 4 자리 연도 리턴(getYear(), setYear()는 폐기 되었음)
getMonth()	0~11 사이의 정수 리턴. 1월=0, 2월=1, 12월=11
getDate()	한 달 내의 날짜 리턴(1~31)
getDay()	한 주 내 요일을 정수로 리턴. 일요일=0, 월요일=1, 토요일=6

표 7-4 계속

getHours()	0~23 사이의 정수 시간 리턴
getMinutes()	0~59 사이의 정수 분 리턴
getSeconds()	0~59 사이의 정수 초 리턴
getMilliseconds()	0~999 사이의 정수 밀리초 리턴
getTime()	1970년 1월 1일 0시 0분 0초를 기준으로 현재 시간까지 경과된 밀리초 개수 리턴
setFullYear(year)	year를 년도 값으로 저장(getFullYear() 참조)
setMonth(month)	month(0~11)를 달 값으로 저장
setDate(date)	date(1~31)를 한 달 내의 날짜 값으로 저장
setHours(hour)	hour(0~23)를 시간 값으로 저장
setMinutes(minute)	minute(0~59)를 분 값으로 저장
setSeconds(second)	second(0~59)를 초 값으로 저장
setMilliseconds(ms)	ms(0~999)를 밀리초 값으로 저장
setTime(t)	밀리초 단위인 t 값으로 시간 저장(getTime() 참조)
toUTCString()	객체에 든 시간 정보를 UTC 문자열로 리턴
toLocaleString()	객체에 든 시간 정보를 로칼 표현의 문자열로 리턴
toLocaleTimeString()	객체에 든 시간 정보를 로칼 시간 10:12:32와 같이 표현

예제 7-5 Date 객체 생성 및 활용

new Date()로 현재 시간을 출력하고 임의의 시간을 저장하는 자바스크립트 코드를 작성하라.

```html
<!DOCTYPE html>
<html>
<head>
<meta charset="utf-8">
<title>Date 객체로 현재 시간 알아내기</title>
</head>
<body>
<h3>Date 객체로 현재 시간 알아내기</h3>
<hr>
<script>
    let now = new Date();  // 현재 시간 값을 가진 Date 객체 생성
    document.write("현재 시간 : " + now.toUTCString()
                + "<br><hr>");
    document.write(now.getFullYear() + "년도<br>");
    document.write(now.getMonth() + 1 + "월<br>");
    document.write(now.getDate() + "일<br>");
    document.write(now.getHours() + "시<br>");
    document.write(now.getMinutes() + "분<br>");
    document.write(now.getSeconds() + "초<br>");
    document.write(now.getMilliseconds() + "밀리초<br><hr>");
    let next = new Date(2023, 7, 15, 12, 12, 12);  // 7은 8월
    document.write("next.toLocaleString() : "
                + next.toLocaleString() + "<br>");
</script>
</body>
</html>
```

Date 객체로 현재... — □ ×

⚠ 주의 요함 | 223.194.132.35/7/ex...

Date 객체로 현재 시간 알아 내기

현재 시간 : Thu, 20 Jan 2022 03:17:33 GMT

2022년도
1월
20일
12시
17분
33초
211밀리초

next.toLocaleString() : 2023. 8. 15. 오후 12:12:12

웹 페이지를 방문할 때, 초시간이 짝수이면 문서의 배경을 violet으로, 홀수이면 lightskyblue로 칠하는 자바 스크립트 코드를 작성하라. 브라우저에서 새로 고침(F5) 메뉴를 누르면 초 시간에 따라 배경색이 변하는 것을 볼 수 있다.

```
<!DOCTYPE html>
<html>
<head>
<meta charset="utf-8">
<title>방문 시간에 따라 변하는 배경색</title>
</head>
<body>
<h3>페이지 방문 초시간이  짝수이면 violet,
    홀수이면 lightskyblue 배경</h3>
<hr>
<script>
    let current = new Date();  // 현재 시간을 가진 Date 객체 생성
    if(current.getSeconds() % 2 == 0)
        document.body.style.backgroundColor = "violet";
    else
        document.body.style.backgroundColor = "lightskyblue";

    document.write("현재 시간 : ");
    document.write(current.getHours(), "시,");
    document.write(current.getMinutes(), "분,");
    document.write(current.getSeconds(), "초<br>");
</script>
</body>
</html>
```

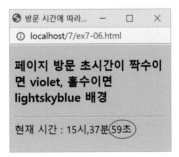

잠깐! new Date()

let now = new Date();는 Date 객체가 생성되는 시점의 시간 정보를 가진다. 하지만 시간이 흐른다고 해서 now가 현재 시간으로 자동으로 계속 업데이트되는 것은 아니다.

5. String

문자열은 자바스크립트에서 가장 많이 사용되는 데이터로서 무엇보다도 중요하다. String은 문자열을 객체로 만들어 문자열을 다루기 쉽도록 해주며 문자열을 다루는 많은 메소드를 제공한다.

String 객체

String 객체는 new String()을 이용하여 생성하지만, 문자열 리터럴을 사용하면 자동으로 String 객체가 된다. 다음은 "Hello" 문자열을 담은 String 객체를 생성하는 2가지 경우와 생성된 String 객체의 내부를 보여준다.

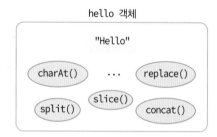

```
// 2 경우 모두 오른쪽과 같은 String 객체 생성
let hello = new String("Hello");
let hello = "Hello";
```

String 객체 내부에는 표 7-5와 같은 많은 메소드가 존재하며, 이들을 통해 다양한 방식으로 문자열을 조작할 수 있다.

String 객체는 수정 불가

String 객체는 일단 생성되면 내부의 문자열 수정이 불가능하다. 다음 코드와 결과를 보자. hello.concat()이 실행되어도 원본 hello 객체의 문자열은 변하지 않음을 보여준다.

```
let hello = new String("Hello");
let res = hello.concat("Javascript");
// concat() 후 hello의 문자열 변화 없음
```

hello 객체
"Hello"

res 객체
"HelloJavascript"

hello.concat("Javascript")는 "Hello"와 "Javascript"를 연결한 새로운 문자열 "HelloJavascript"를 생성하여 리턴하며, 원본 hello 객체의 문자열 "Hello"는 변함없이 그대로 남는다. 이 원칙은 String의 모든 메소드에 대해 동일하다.

문자열 길이, length

String 객체의 **length** 프로퍼티는 문자열의 길이를 알려주는 읽기 전용 프로퍼티이다.

length

```
let hello = new String("Hello");
let every = "Boy and Girl";
let m = hello.length;    // m은 5
let n = every.length;    // n은 12
```

length 프로퍼티는 다음과 같이 문자열 리터럴에도 적용된다.

```
let n = "Thank you".length;  // n은 9
```

[ ]로 문자 접근

문자열은 배열처럼 [] 연산자를 사용하여 각 문자를 접근할 수 있다.

```
let hello = new String("Hello");
let c = hello[0];  // c = "H". 문자 H가 아니라 문자열 "H", 자바스크립트는 문자 타입 없음
```

String 메소드

문자열 조작은 자바스크립트 프로그래밍에서 빈번하게 일어나며, String 객체는 표 7-5와 같이 다양한 메소드로 문자열 조작이 쉽도록 도와준다.

표 7-5 String 객체의 주요 메소드

메소드	설명
charAt(index)	인덱스 idx에 있는 문자를 문자열로 만들어 리턴
charCodeAt(index)	인덱스 idx에 있는 문자의 16비트 유니코드(Unicode) 값 리턴
concat(s1, s2, …, sN)	현재 문자열 뒤에 문자열 s1, s2, … sN을 순서대로 연결한 새로운 문자열 리턴
indexOf(s[,idx])	인덱스 idx 위치부터 문자열 s가 처음으로 나타나는 인덱스 리턴. idx가 생략되면 처음부터 검색. 발견할 수 없으면 -1 리턴
replace(strA, strB)	문자열 strA를 찾아 strB로 수정한 새로운 문자열 리턴
slice(idxA[,idxB])	인덱스 idxA에서 idxB 앞까지 문자열을 복사하여 리턴. idxB가 생략되면 idxA에서 끝까지 리턴
split([separator[,limit]])	separator 문자열을 구분자로 하여 문자열을 분리하여 문자열 배열을 만들어 리턴. limit는 리턴하는 배열의 크기를 제한하는 정수

표 7-5 계속

substr(idxA[,len])	인덱스 idxA에서부터 len 문자 개수만큼 새로운 문자열 리턴. len이 생략되면 문자열 끝까지 리턴
substring(idxA, idxB)	idxA에서 idxB 앞까지 두 인덱스 사이의 문자열 리턴
trim()	문자열의 앞뒤 공백 문자(빈칸, 탭, 엔터키)를 제거한 새로운 문자열 리턴
toLowerCase()	소문자로 변환된 새로운 문자열 리턴
toUpperCase()	대문자로 변환된 새로운 문자열 리턴
fromCharCode(char)	char의 문자를 문자열로 만들어 리턴

String 활용

String의 메소드를 활용하는 사례를 알아보자.

문자열 비교

== 연산자   두 문자열이 같은 지 비교할 때는 간단히 == 연산자를 이용한다. == 연산자는 대소문자는 서로 다른 것으로 처리한다.

```
if(hello == "Hello") {   // true
    ...     // 두 문자열이 같은 경우
}
```

사전 순서   >, <, >=, <= 연산자는 두 문자열의 길이를 비교하는 것이 아니며, 사전에 나오는 순서를 비교한다. "hello"가 "yes"보다 사전에 먼저 나오기 때문에 다음 연산의 결과는 true이다.

```
"hello" < "yes"   // true
```

문자열 연결

문자열 연결은 '+' 연산자나 concat() 메소드를 호출한다.

```
let res = hello.concat("Javascript"); // res="HelloJavascript". hello="Hello"로 변하지 않음
```

서브 스트링 찾기

indexOf()는 문자열 내에서 문자열을 검색하여 시작 인덱스를 리턴한다. 없으면 -1을 리턴한다.

```
let every = "Boys and Girls";
let index = every.indexOf("and");     // every에서 "and"를 검색하여 인덱스 5 리턴
```

서브스트링 리턴

slice()와 substr(), substring()은 내부 문자열을 리턴한다. 다음은 모두 "and"를 리턴한다.

```
let a = every.slice(5, 8);       // 인덱스 5에서 8 이전의 문자열 "and" 리턴
let b = every.substr(5, 3);      // 인덱스 5부터 3개의 문자로 구성된 "and" 리턴
let c = every.substring(5, 8);   // 인덱스 5부터 8 이전의 문자열 "and" 리턴
```

문자열 변경

replace()를 이용하면 일부 문자열을 다른 문자열로 변경할 수 있다.

```
let d = every.replace("and", "or");   // "and"를 찾아 "or"로 변경. d = "Boys or Girls"
let daughter = "황기태".replace("기태", "수희");   // daughter는 "황수희"
```

대소문자 변경

toUpperCase()는 문자열을 대문자로, toLowerCase()는 소문자로 변경한다.

```
let upper = every.toUpperCase();  // upper = "BOYS AND GIRLS"
let lower = every.toLowerCase();  // lower = "boys and girls"
```

문자열 분할

split()은 문자열을 여러 개의 문자열로 분할 리턴한다. 다음은 빈칸(" ")을 기준으로 every의 문자열을 "Boys", "and", "Girls"로 분할하고 이 3개의 문자열로 구성된 배열을 리턴한다.

```
let sub = every.split(" ");
// 실행 결과 3개의 문자열을 가진 배열 sub 생성. sub[0]="Boys", sub[1]="and", sub[2]="Girls"
// sub 배열의 원소 개수는 3, sub.length로 알 수 있음
```

문자열 앞뒤의 공백 제거

trim() 메소드는 문자열 앞뒤의 공백(빈칸, '\t', '\n' 등)을 제거한다.

```
let name = " kitae ";
name = name.trim();  // trim()은 앞뒤 공백을 제거하여 "kitae" 리턴
```

trim()은 어디에 사용될까? 폼으로부터 이름을 받을 때 사용자는 " kitae "와 같이 부주의하게 이름 앞뒤에 빈칸을 입력하는 경우가 종종 발생한다. 이때 사용자가 입력한 그대로 " kitae "를 사용하여 웹 서버의 데이터베이스를 검색하면 검색이 정확히 이루어지지 않게 된다. 그러므로 먼저 자바스크립트 코드에서 앞뒤 공백을 제거하여 "kitae"로 만들어야 한다.

문자열 내의 문자 알아내기

문자열 내에서 특정 위치에 있는 문자를 알아내기 위해서는 charAt()를 이용하면 된다. 다음 코드는 every 객체의 첫 번째 문자 B를 문자열 "B"로 리턴된다.

```
let first = every.charAt(0);  // first="B"
```

예제 **7-7** String 객체의 메소드 활용

```html
<!DOCTYPE html>
<html>
<head>
<meta charset="utf-8">
<title>String 객체의 메소드 활용</title>
</head>
<body>
<h3>String 객체의 메소드 활용</h3>
<hr>
<script>
let a = new String("Boys and Girls");
let b = "!!";

document.write("a : " + a + "<br>");
document.write("b : " + b + "<br><hr>");

document.write(a.charAt(0) + "<br>");
document.write(a.concat(b, "입니다") + "<br>");
document.write(a.indexOf("s") + "<br>");
document.write(a.indexOf("And") + "<br>");
document.write(a.slice(5, 8) + "<br>");
document.write(a.substr(5, 3) + "<br>");
document.write(a.toUpperCase() + "<br>");
document.write(a.replace("and", "or") + "<br>");
document.write("   kitae   ".trim() + "<br><hr>");
let sub = a.split(" ");
document.write("a를 빈칸으로 분리<br>");
for(let i=0; i<sub.length; i++)
    document.write("sub" + i + "=" + sub[i] + "<br>");

document.write("<hr>String 메소드를 실행 후 a와 b 변함 없음<br>");
document.write("a : " + a + "<br>");
document.write("b : " + b + "<br>");
</script>
</body>
</html>
```

6. Math

Math 객체는 수학 계산을 위해 표 7-6, 7-7과 같은 프로퍼티와 메소드를 제공한다. Math 객체는 new Math()로 객체를 생성하지 않고 다음과 같이 사용한다.

```
Math.프로퍼티 또는 Math.메소드()
```

Math의 사용 사례는 다음과 같다.

```
let sq = Math.sqrt(4);   // 4의 제곱근을 구하면 2
let area = Math.PI*2*2;  // 반지름이 2인 원의 면적
```

난수 발생

Math.random()을 사용하면 난수를 만들 수 있다. Math.random()은 1보다 작은 0~1 사이의 실수를 리턴하므로, 0~100보다 작은 정수 10개를 랜덤하게 생성하는 자바스크립트 코드를 만들면 다음과 같다.

Math.random()
0~1 사이의 실수

```
for(let i=0; i<10; i++) {
    let m = Math.random()*100;  // m은 0~99.999... 보다 작은 실수 난수
    let n = Math.floor(m);  // n은 m에서 소수점 이하를 제거한 정수(0~99사이)
    document.write(n + " ");
}
```

표 7-6 Math 객체의 주요 메소드(x와 y는 정수/실수 가능)

메소드	설명
abs(x)	x의 절대값 리턴
sin(x)	싸인 x 값 리턴
exp(x)	e^x 값 리턴
pow(x,y)	x^y 값 리턴
random()	0~1보다 작은 임의의 실수 리턴
floor(x)	x보다 작거나 같은 수 중 가장 큰 정수 리턴. Math.floor(3.2)=3
round(x)	x를 반올림한 정수 리턴. Math.round(3.7)=4, Math.round(3.2)=3
sqrt(x)	x의 제곱근 리턴

표 7-7 Math 객체의 주요 프로퍼티

프로퍼티	설명
E	Euler 상수
PI	원주율, 3.141592...

예제 **7-8** Math를 이용한 구구단 연습

Math.random()을 이용하여 구구단 문제를 하나 만들어 prompt()를 이용하여 출력하고 사용자로부터 답을 받아 정답이면 그림과 같이 출력하고, 틀리면 '아니오'를 출력하는 웹 페이지를 작성하라.

```html
<!DOCTYPE html>
<html>
<head>
<meta charset="utf-8">
<title>Math를 활용한 구구단 연습</title>
<script>
    function randomInt() { // 1~9의 십진 난수 리턴
        return Math.floor(Math.random()*9) + 1;
}
</script>
</head>
<body>
<h3>Math를 활용한 구구단 연습</h3>
<hr>
<script>
    // 구구단 문제 생성
    let ques = randomInt() + "*" + randomInt();
    // 사용자로부터 답 입력
    let user = prompt(ques + " 값은 얼마입니까?", 0);
    if(user == null) {   // 취소 버튼이 클릭된 경우
        document.write("구구단 연습을 종료합니다");
    }
    else {
        let ans = eval(ques);  // 구구단 정답 계산
        if(ans == user)   // 정답과 사용자 입력 비교
            document.write("정답! ");
        else
            document.write("아니오! ");
        document.write(ques + "=" + "<strong>" + ans
                                + "</strong>입니다<br>");
    }
</script>
</body>
</html>
```

localhost 내용:

7*6 값은 얼마입니까?

42

확인   취소

Math를 활용한...   —   □   ×

localhost/7/ex7-08.html

Math를 활용한 구구단 연습

정답! 7*6=**42**입니다

7. 사용자 객체 만들기

개발자는 Array, String, Date 등 자바스크립트에서 제공하는 코어 객체 외 새로운 타입의 객체를 만들어 사용할 수 있다. 개발자가 선언하는 새로운 객체 타입을 프로토타입(prototype)이라고 부른다. 이 장에서는 프로토타입 없이 간단히 사용자 객체를 만드는 2가지 방법과 프로토타입을 만들고 객체를 생성하는 사례를 설명한다. 프로토타입은 자바스크립트에서 중요한 내용이지만 학습할 내용이 많고 약간 어렵기 때문에 이 책의 범위를 넘어간다. 독자들이 스스로 학습하길 바란다. 지금부터 그림 7-4의 account 객체를 자바스크립트 코드로 만들고 활용해 보자.

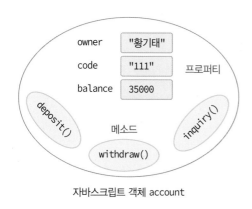

자바스크립트 객체 account

그림 7-4 은행 계좌를 표현하는 account 객체

new Object()로 객체 만들기

자바스크립트 코어 객체 중 Object 타입을 이용하면 사용자 객체를 쉽게 만들 수 있다.

사용자 객체 만들기

new Object()로 프로퍼티가 없는 빈 객체를 만들고 프로퍼티와 메소드를 추가하여 객체를 완성한다. 다음은 account 이름의 객체를 만들고, owner, code, balance 프로퍼티를 추가하는 코드이다. 프로퍼티 추가 시 이름과 함께 값을 주어야 한다.

```javascript
let account = new Object();
account.owner = "황기태";        // 프로퍼티 owner 생성 및 초기화
account.code = "111";           // 프로퍼티 code 생성 및 초기화
account.balance = 35000;        // 프로퍼티 balance 생성 및 초기화
```

이제 3개의 프로퍼티 owner, code, balance를 가진 account 객체가 만들어졌다.

사용자 객체의 프로퍼티 사용

만들어진 account 객체의 프로퍼티는 다음과 같이 다양하게 접근할 수 있다.

```
let name = account["owner"];        // name="황기태"
account["balance"] = 10000;         // balance 프로퍼티에 값 10000 저장. 잔금 10000원
account.balance += 20000;           // balance 프로퍼티에 20000 더하기. 잔금 30000원
```

사용자 객체에 메소드 만들기

객체에 메소드를 만들려면 먼저 메소드 이름과 동일한 이름의 함수를 작성한다. 그리고 객체의
메소드 이름을 함수 이름으로 초기화하면 된다. 다음은 account 객체에 deposit() 메소드를 만
드는 코드이다.

```
function deposit(money) {            // 메소드로 사용할 함수 작성
    this.balance += money;          // 객체(this)의 프로퍼티 balance에 money 더하기
}
account.deposit = deposit;          // 메소드 deposit(money) 만들기 완성
```

이제 deposit() 메소드는 다음과 같이 호출할 수 있다.

```
account.deposit(1000);              // deposit(1000)이 실행된다.
```

this

함수를 만들 때 꼭 기억해야 하는 중요한 것이 하나 더 있다. 앞의 deposit() 함수에서 this
는 이 객체를 뜻하며, this.balance는 이 객체의 balance 프로퍼티를 뜻한다. 만일 this 없이
balance라고만 쓰면 이것은 전역변수나 지역변수 balance를 접근하는 것이다. 그러므로 객체의
멤버 변수인 프로퍼티를 접근할 때는 반드시 this를 사용해야 한다.

예제 7-9 new Object()로 계좌를 표현하는 account 객체 만들기

new Object()를 이용하여 그림 7-4의 account 객체를 작성하고 활용하는 사례를 보여라.

```html
<!DOCTYPE html>
<html>
<head>
<meta charset="utf-8">
<title>new Object()로 사용자 객체 만들기</title>
<script>
    // 메소드로 사용할 3개의 함수 작성
    function inquiry() { return this.balance; }  // 잔금 조회
    function deposit(money) { this.balance += money; }  // money 만큼 저금
    function withdraw(money) {  // 예금 인출, money는 인출하고자 하는 액수
        // money가 balance보다 작다고 가정
        this.balance -= money;
        return money;
    }


    // 사용자 객체 만들기
    let account = new Object();
    account.owner = "황기태";       // 계좌 주인 프로퍼티 owner 생성 및 초기화
    account.code = "111";           // 코드 프로퍼티 code 생성 및 초기화
    account.balance = 35000;        // 잔액 프로퍼티 balance 생성 및 초기화
    account.inquiry = inquiry;      // 메소드 작성
    account.deposit = deposit;      // 메소드 작성
    account.withdraw = withdraw;    // 메소드 작성
</script>
</head>
<body>
<h3>new Object()로 사용자 객체 만들기</h3>
<hr>
<script>
    // 객체 활용
    document.write("account : ");
    document.write(account.owner + ", ");
    document.write(account.code + ", ");
    document.write(account.balance + "<br>");

    account.deposit(10000);         // 10000원 저금
    document.write("10000원 저금 후 잔액은 " + account.inquiry() + "<br>");
    account.withdraw(5000);         // 5000원 인출
    document.write("5000원 인출 후 잔액은 " + account.inquiry() + "<br>");
</script>
</body>
</html>
```

> this.balance는 객체의 balance 프로퍼티

> 사용자 객체 만드는 코드

new Object()로 사용자 객체 만들기

account : 황기태, 111, 35000
10000원 저금 후 잔액은 45000
5000원 인출 후 잔액은 40000

리터럴 표기법으로 객체 만들기

account 객체는 예제 7-10과 같이 중괄호를 이용하여 프로퍼티와 메소드를 한 번에 작성할 수 있다. 이것을 리터럴 표기법이라고 한다. 이 방법은 메소드와 프로퍼티가 블록 안에 모두 만들어지기 때문에 가독성이 높다.

예제 **7-10** 리터럴 표기법으로 계좌를 표현하는 account 객체 만들기

```html
<!DOCTYPE html>
<html>
<head>
<meta charset="utf-8">
<title>리터럴 표기법으로 객체 만들기</title>
<script>
    // 사용자 객체 만들기
    let account = {
        // 프로퍼티 생성 및 초기화
        owner : "황기태",  // 계좌 주인
        code : "111",      // 계좌 코드
        balance : 35000,  // 잔액 프로퍼티

        // 메소드 작성
        inquiry : function () { return this.balance; },
        deposit : function(money) { this.balance += money; },
        withdraw : function (money) {
            // money가 balance보다 작다고 가정
            this.balance -= money;
            return money;
        }
    };
</script></head>
<body>
<h3>리터럴 표기법으로 사용자 객체 만들기</h3>
<hr>
<script>
    document.write("account : ");
    document.write(account.owner + ", ");
    document.write(account.code + ", ");
    document.write(account.balance + "<br>");

    account.deposit(10000);  // 10000원 저금
    document.write("10000원 저금 후 잔액은 " + account.inquiry() + "<br>");
    account.withdraw(5000);  // 5000원 인출
    document.write("5000원 인출 후 잔액은 " + account.inquiry() + "<br>");
</script>
</body>
</html>
```

사용자 객체 만드는 코드

리터럴 표기법으로 객... localhost/7/ex7-10.html

리터럴 표기법으로 사용자 객체 만들기

account : 황기태, 111, 35000
10000원 저금 후 잔액은 45000
5000원 인출 후 잔액은 40000

프로토타입의 개념과 사용자 객체 만들기

Array와 String 객체를 생성하기 위해 new 연산자를 사용했던 기억을 떠올려보자.

```
let week = new Array(7);
let hello = new String("hello");
```

new 뒤에 따라오는 Array, Date, String 등을 프로토타입(prototype)이라 부른다(C++, Java 등에서는 클래스라고 부르지만, 자바스크립트에는 클래스가 없다). 개발자도 프로토타입을 만들고 new 연산자로 객체를 생성하여 활용할 수 있다.

프로토타입은 객체의 모양을 가진 틀과 같다. 그러므로 프로토타입에는 객체의 프로퍼티와 메소드를 만들어 두어야 한다. 예컨대, 붕어빵은 객체이고, 붕어빵을 찍어내는 틀은 프로토타입이며, new 연산자는 프로토타입으로부터 객체를 찍어내도록 하는 명령이다.

프로토타입은 함수로 만든다.

프로토타입은 함수로 작성한다. 다음은 대학명(univ), 학생이름(name)과 점수(score) 프로퍼티, 그리고 학점을 계산하는 getGrade() 메소드를 가진 프로토타입 Student를 작성한 사례이다.

```
// 프로토타입 Student 작성
function Student(name, score) {
    this.univ = "한국대학"; // this.univ을 이용하여 univ 프로퍼티 작성
    this.name = name; // this.name을 이용하여 name 프로퍼티 작성
    this.score = score; // this.score를 이용하여 score 프로퍼티 작성
    this.getGrade = function () { // getGrade() 메소드 작성
            if(this.score > 80) return "A";
            else if(this.score > 60) return "B";
            else return "F";
        }
}
```

프로토타입을 만들 때 사용하는 함수를 생성자 함수(constructor)라고 부르는데, 이것은 new로 객체가 생성될 때 호출되는 함수이기 때문이다. 자바스크립트에서 제공하는 Array, Date, String 역시 함수로 만들어져 있다.

new로 객체를 생성하고 활용한다

이제 new를 이용하여 Student 객체를 생성해보자. 객체는 원하는 만큼 생성할 수 있다.

```
let kitae = new Student("황기태", 75);     // Student 객체 생성
let jaemoon = new Student("이재문", 93);   // Student 객체 생성
```

학생들의 학점은 다음과 같이 출력할 수 있다.

```
document.write(kitae.name + "의 학점은 " + kitae.getGrade() + "<br>");
document.write(jaemoon.name + "의 학점은 " + jaemoon.getGrade() + "<br>");
```

예제 7-11 프로토타입으로 객체 만들기

```
<!DOCTYPE html>
<html>
<head>
<meta charset="utf-8">
<title>프로토타입으로 객체 만들기</title>
<script>
    // 프로토타입 만들기 : 생성자 함수 작성
    function Account(owner, code, balance) {
        // 프로퍼티 만들기
        this.owner = owner;          // 계좌 주인 프로퍼티 만들기
        this.code = code;                 // 계좌 코드 프로퍼티 만들기
        this.balance = balance; // 잔액 프로퍼티 만들기

        // 메소드 만들기
        this.inquiry = function () { return this.balance; }
        this.deposit = function (money) { this.balance += money; }
        this.withdraw = function (money) { // 예금 인출, money는 인출하는 액수
            // money가 balance보다 작다고 가정
            this.balance -= money;
            return money;
        }
    }
</script></head>
<body>
<h3>Account 프로토타입 만들기</h3>
<hr>
<script>
    // new 연산자 이용하여 계좌 객체 생성
    let account = new Account("황기태", "111", 35000);

    // 객체 활용
    document.write("account : ");
    document.write(account.owner + ", ");
    document.write(account.code + ", ");
    document.write(account.balance + "<br>");

    account.deposit(10000); // 10000원 저금
    document.write("10000원 저금 후 잔액은 " + account.inquiry() + "<br>");
    account.withdraw(5000); // 5000원 인출
    document.write("5000원 인출 후 잔액은 " + account.inquiry() + "<br>");
</script>
</body></html>
```

프로토타입 만드는 코드

객체생성

프로토타입으로 객체... ─ □ ✕
ⓘ localhost/7/ex7-11.html

Account 프로토타입 만들기

account : 황기태, 111, 35000
10000원 저금 후 잔액은 45000
5000원 인출 후 잔액은 40000

Q 자바스크립트 언어에서도 객체를 사용한다. 객체는 어떤 요소로 구성되는가?

A 자바스크립트 객체는 여러 개의 프로퍼티(property)와 메소드(method)로 구성된다. 프로퍼티는 변수나 상수이며 메소드는 함수이다.

Q 브라우저는 HTML 페이지 내에 자바스크립트 프로그램에게 어떤 객체들을 제공하는가?

A 브라우저는 개발자에게 3가지 종류의 객체들을 제공한다. 첫째, Date, String, Math와 같은 코어 객체로, 웹 서버에서 작동되는 자바스크립트 코드에서나 웹 페이지에 작성된 자바스크립트 코드에서 항상 이용할 수 있다. 둘째, 브라우저가 HTML 페이지에 작성된 각 HTML 태그를 객체로 만든 것으로 HTML DOM이라고 하며, 이들을 이용하여 HTML 페이지의 내용과 모양을 동적으로 제어할 수 있다. 셋째, BOM이라고 불리는 객체들로서 HTML 페이지와 상관없이 브라우저의 정보를 얻거나 모양을 제어할 수 있다.

Q 자바스크립트에서 배열을 만드는 방법은 어떤 것이 있는가?

A 배열은 다음 두 가지 방법으로 만들 수 있다.

```
let plots = [-20, -5, 0, 15, 20];  // 5개의 원소를 가진 배열
let plots = new Array(-20, -5, 0, 15, 20);  // Array 객체 이용
```

어떻게 만들든지 배열은 모두 Array 객체로 다루어지며, Array 객체는 length라는 프로퍼티를 통해 배열의 길이 정보를 제공하고, 배열을 다루는 다양한 메소드를 제공한다.

Q Date 객체는 어디에 사용되는가?

A 자바스크립트 코드는 Date 객체를 생성하여 시간 정보를 저장해둔다. 특별히 Date 객체는 생성될 때, 현재 시간 값으로 초기화되므로 현재 시간을 알기 위해서도 사용할 수 있다. let day = new Date(); 후 day를 이용하여 지금 시간의 년, 월, 일, 시간, 분, 초 등의 정보를 알 수 있다.

Q String 객체의 용도는 무엇인가?

A String 객체는 문자열을 담아 객체처럼 사용하기 위한 목적이다. String 객체는 문자열 분할, 문자열 내 문자 찾기, 부분적으로 문자열 수정, 대소문자 변환 등 문자열 조작을 쉽게 해준다.

Q Math 객체는 언제 사용하는가?

A Math 객체를 이용하면 난수 발생, 반올림, sin 값 계산, cos 값 계산 등 여러 수학 계산을 쉽게 할 수 있다.

Q 자바스크립트 개발자가 자신만의 객체를 설계하고 만들어 사용할 수 있는가?

A 당연히 가능하다. 3가지 방법이 있는데, new Object()로 빈 객체를 만들고 프로퍼티와 메소드를 다는 방법과, 리터럴 표기법으로 객체를 작성하는 방법, 그리고 가장 정통적인 프로토타입 작성 방법이 있다.

Open Challenge 07

배열을 리스트의 아이템으로 출력하기

다음 배열에 들어 있는 각 문자열을 다음 브라우저 화면과 같이 리스트의 아이템으로 출력하는 웹 페이지를 작성하라. 난이도 5

```
let itemlist = ["라면", "계란", "물", "파"];
```

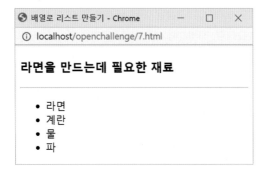

힌트 웹 페이지 구조는 다음과 같다.

```
...
...
<body>
<h3>라면을 만드는데 필요한 재료</h3>
<hr>
<script>
    let itemlist = ["라면", "계란", "물", "파"];
    // 이곳에 코드를 완성하면 된다.
</script>
</body>
</html>
```

이론문제

1. 자바스크립트 객체를 생성할 때 사용하는 키워드는?

① creat   ② +   ③ new   ④ make

2. 다음 중 값 1,2,3으로 초기화한 배열 values를 생성하는 자바스크립트 코드는?

① let values [] = {1, 2, 3};   ② let values = {1, 2, 3};
③ let values [] = [1, 2, 3];   ④ let values = [1, 2, 3];

3. 다음 배열에 대한 설명 중 틀린 것은?

```
let months = new Array("Jan", "Feb", "March");
```

① let months = ["Jan", "Feb", "March"]; 로 대신할 수 있다.
② months.length는 3이다.
③ months[1] = "February"; 코드는 "Feb"을 "February"로 수정한다.
④ months.length = 5로 지정하여 배열의 크기를 5개로 늘일 수 없다.

4. 다음 배열에 대한 설명 중 틀린 것은?

```
let grades = new Array("A", "B", "C", "D");
```

① grades[4] = "F";를 실행하면 grades 배열의 크기가 1 늘어난다.
② grades[3] = 70;은 잘못된 코드이다. 왜냐하면 문자열 배열에 정수를 넣기 때문이다.
③ grades.reverse()를 호출한 결과 grades 배열 내부가 ["D", "C", "B", "A"]로 변한다.
④ grades.length는 4이다.

5. 주석에 맞게 다음 빈 칸에 자바스크립트 코드로 채워라.

```
let _____         // Array를 이용하여 크기가 3인 배열 money 생성
_____ = 5;        // money의 첫 번째 원소에 5 삽입
_____ = 7;        // money의 두 번째 원소에 7 삽입
_____ = -3;       // money의 세 번째 원소에 -3 삽입
let sum = 0;
for(let i=0; i<_____; i++) sum += money[i]; // 배열 합 구하기
document.write(_____);   // 평균 출력
```

6. 코어 객체에 대한 설명으로 잘못된 것은?

① let d = new Date();로 생성한 객체 d는 현재 시간 값을 가진다.
② Math 객체는 new Math()로 생성하지 않고 사용할 수 있다.
③ "text"는 String 객체이다.
④ new Array()로 생성한 객체는 []로 생성한 배열과 약간 다르다.

7. 다음 자바스크립트 코드가 있을 때, 아래 각 항목의 실행 결과 변수 x의 값은 무엇인가?

```
let text = "Web Programming";
```

(1) let x = text.length;
(2) let x = text[2];
(3) let x = text.split(" ").length;
(4) let x = text.replace("Web", "HTML5");
(5) let x = text.charAt(4);

8. 1부터 10사이(10 포함) 임의의 정수를 리턴하는 자바스크립트 코드를 let x = Math.random() *10+1;로 작성하면 안 되는 이유를 설명하고, 바르게 수정하라.

9. student 객체를 생성하는 다음 코드를 리터럴 표기 방식으로 다시 작성하라.

```
let student = new Object();
student.id = 1;
student.name = "kitae";
student.grade = 3.9;
```

10. 리터럴 표기 방식으로 작성된 다음 box 객체가 있다.

```
let box = {
    color : "red",
    size : 10,
    amount : 0,
    fill : function() { this.amount += 2; },
    consume : function() { this.amount -= 2; }
};
```

(1) box 객체를 new Object()를 이용하는 방법으로 다시 작성하라.

(2) 다음 주석에 지정된 대로 자바스크립트 코드를 작성하라.

```
_____  // box 객체의 fill() 메소드 호출
_____  // document.write()로 amount 프로퍼티 값 출력
_____  // box 객체의 consume() 메소드 호출
_____  // document.write()로 amount 프로퍼티 값 출력
```

(3) 앞의 문제 (2)의 실행 결과 출력되는 것은 무엇인가?

실습문제

1. 1에서 100(100 포함)사이의 난수 10개를 생성하여 plots 이름의 배열에 저장하고, 배열에 저장된 수 중 가장 큰 수를 출력하는 웹 페이지를 작성하라.

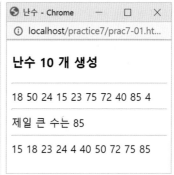

```
<!DOCTYPE html>
<html>
<head>
<meta charset="utf-8"><title>난수</title>
</head>
<body>
<h3>난수 10 개 생성</h3>
<hr>
<script>
    let n=[]; // 배열 n 선언
    for(let i=0; i<10; i++) { // 난수 10개 배열에 저장
        _____
        _____
    }
    for(let i=0; i<10; i++) // 배열 출력
        _____

    document.write("<hr>");
    let big = n[0];   // big은 제일 큰 수 저장
    for(let i=0; i<10; i++) { // 큰 수 찾기
        _____
        _____
    }
    document.write("제일 큰 수는 " + big);
    document.write("<hr>");
    _____ // 배열 정렬
    for(let i=0; i<10; i++)
        _____ // 배열 출력
</script>
</body></html>
```

2. prompt() 함수를 반복 호출하여 5개의 정수를 입력받아 배열에 저장하고 입력된 반대 순으로 출력하는 웹 페이지를 작성하라.

3. 예제 7-6을 수정하여 웹 페이지를 접속할 때 오전이면 배경색을 lightskyblue로, 오후이면 orange로 출력되게 하라.

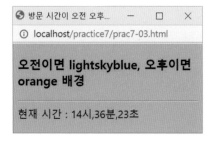

4. 예제 7-6을 수정하여, 웹 페이지를 접속할 때 월요일~토요일이면 배경색을 gold로, 일요일이면 pink로 출력되게 하라.

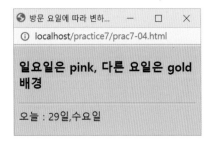

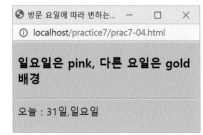

5. 이름 문자열이 들어 있는 배열 names는 다음과 같다.

```
let names = new Array("wonsun", "jaemoonlee", "kitae", "gracehwang");
```

다음 문항에서 요구하는 자바스크립트 코드를 작성하라.

(1) names 배열에 들어 있는 각 이름을 출력하라.
(2) names 배열에서 가장 긴 이름을 출력하라.
(3) names 배열에서 사전에서 가장 먼저 나오는 이름을 출력하라.
(4) names 배열을 증가 순으로 재 정렬하여 출력하라.

다음은 앞의 4개 코드를 실행한 결과이다.

6. prompt() 함수를 호출하여 사용자로부터 문자열을 입력받고 "&" 문자를 기준으로 분할하여 출력하는 웹 페이지를 작성하라.

prompt() 함수를 이용하여 입력받은 문자열을 String에 담고, String 객체의 split() 함수를 이용하면 "&"를 기준으로 분할된 문자열을 배열로 얻을 수 있다.

7. 다음과 같이 색 이름을 가진 문자열 배열 colorNames를 만들고, 문자열을 `<div>` 태그로 출력하라.
`<div>` 태그의 배경색은 해당 색으로 칠하라.

```
let colorNames = ["maroon", "red", "orange", "yellow", "olive", "purple",
          "fuchsia", "white", "lime", "green", "navy", "blue", "aqua", "teal",
          "black", "silver", "gray"];
```

힌트 `<div>` 태그를 인라인 블록 박스로 출력하기 위해서는 다음 CSS3 스타일 시트가 필요하다.

```
div { display : inline-block; width : 60px; padding : 10px; }
```

8. 다음 브라우저 화면과 같이, document.write()를 이용하여 16개의 `<div>` 태그를 출력하고 각
`<div>` 태그에 출력되는 배경색을 랜덤한 색으로 칠하는 웹 페이지를 작성하라. 웹 페이지를 로드할
때마다 색이 랜덤하게 바뀐다.

힌트 `<div>` 태그를 인라인 블록 박스로 출력하기 위해서는 다음 CSS3 스타일 시트가 필요하다.

```
div { display : inline-block; width : 150px; padding : 10px; }
```

9. book 객체를 만들려고 한다. 이 객체는 title, author, price의 3개의 프로퍼티로 구성되며 각 프로퍼티는 "HTML5", "황기태", 20000으로 각각 초기화된다.

(1) new Object()를 이용하여 book 객체를 작성하고 객체를 출력하라.

(2) 리터럴 표기법으로 book 객체를 작성하고 객체를 출력하라.

(3) 프로토타입 Book을 작성하고 book 객체를 출력하라.

10. 문제 9의 (1)에서 new Object()를 이용하여 생성한 book 객체를 이용하여 book의 객체 배열 bookArray를 생성하고, 다음과 같이 prompt() 함수를 통해 5개 책 정보를 입력받은 후 가장 비싼 책의 이름을 출력하는 웹 페이지를 작성하라.

08

HTML DOM과 Document

08 | HTML DOM과 Document

1. HTML DOM 개요

HTML 페이지와 자바스크립트 객체

HTML 페이지가 브라우저 윈도우나 탭에 로드되면 브라우저로부터 자바스크립트 코드에서 활용 가능한 많은 객체들을 제공받는다. 이 객체들은 그림 8-1과 같이 코어 객체, HTML DOM 객체, BOM 객체의 3 그룹이다.

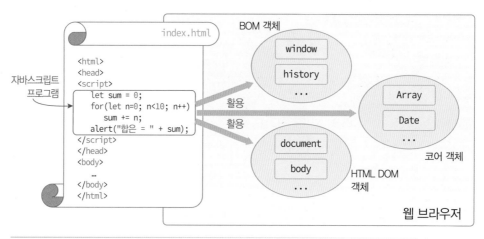

그림 8-1 HTML 페이지가 로드된 후, 활용 가능한 자바스크립트 객체들

이 3개의 객체 그룹에 대해 간략히 알아보자.

자바스크립트 코어 객체

자바스크립트 코어 객체는 7장에서 설명한 것으로 브라우저의 종류나 HTML 페이지의 구조에 관계없이 자바스크립트 프로그램에서 항상 활용할 수 있는 기본 객체들이다. 코어 객체에는 String, Math, Date, Array, Function 등 여러 가지가 있다.

HTML DOM 객체

브라우저는 HTML 페이지를 로드하는 과정에서 각 HTML 태그를 하나의 객체로 만든다. 예를 들어 <p>...</p>로 구성된 요소는 p 객체로, <div>...</div>로 구성된 요소는 div 객체로 생성한다. 이들은 HTML 문서의 각 요소를 객체화한 것이라는 뜻으로 HTML DOM(Document Object Model) 객체라고 부른다. HTML DOM은 W3C의 표준이므로 모든 브라우저에서 호환된다. HTML DOM을 앞으로 간단히 DOM이라고 줄여 부르기로 한다. HTML 태그를 동적으로 제어하기 위해서는 HTML DOM에 대한 지식이 반드시 필요하다.

각 HTML 태그를 하나의 객체로 만듦

BOM 객체

브라우저에 관한 정보를 제공하거나 브라우저의 모양을 제어하도록 제공되는 객체들을 BOM (Browser Object Model) 객체라고 부른다. BOM 객체에는 브라우저 윈도우를 나타내는 window 객체, 웹 페이지의 히스토리 정보를 나타내는 history 객체, screen 객체 등이 있으며 10장에서 자세히 다룬다.

> **잠깐!** HTML DOM, BOM 객체는 브라우저 사이에 호환이 잘 안되요
>
> 많은 브라우저들이 W3C의 표준 DOM 모델을 따르고 있지만, 초기 시장을 지배한 익스플로러는 여전히 다른 속성을 가진 객체들과 이벤트 모델을 유지하고 있다. 또한 Firefox, 구글 크롬 등 후발 브라우저도 W3C의 표준을 다 만족시키지 못한 채 그들만의 속성을 가진 객체들과 이벤트 모델을 가지고 있다. 그러므로 웹 개발자가 모든 브라우저에 작동하는 HTML 문서나 자바스크립트 코드를 만드는 것은 간단치 않다. W3C 표준을 지켜 작성된 HTML 문서나 자바스크립트 코드 역시 브라우저에 따라 지원되지 않을 수도 있다. 꼼꼼히 브라우저의 매뉴얼을 확인하는 것이 필요하다.

DOM의 목적

DOM 객체는 HTML 페이지에 작성된 각 HTML 태그를 객체로 만든 것이다. 브라우저는 왜 HTML 페이지를 로드하면서 각 태그를 객체로 만드는 것일까? 그것은 HTML 페이지가 출력된 후, DOM 객체를 통해 HTML 태그가 출력된 모양과 콘텐츠를 제어하기 위해서이다.

HTML 태그가 출력된 모양과 콘텐츠 제어

첫째, 각 HTML 태그에는 모양을 결정하는 CSS3 스타일 시트가 동반되므로, DOM 객체를 통해 CSS3 스타일의 프로퍼티 값을 바꾸면 HTML 태그가 출력된 색이나 모양을 동적으로 제어할 수 있다.

둘째, DOM 객체를 통해 HTML 태그의 콘텐츠, 즉 텍스트나 이미지도 바꿀 수도 있다.

DOM 트리

HTML 태그의 포함 관계

브라우저는 HTML 페이지를 로드하면서 HTML 태그의 포함 관계에 따라 DOM 객체들을 트리(tree) 구조로 만드는데 이것을 DOM 트리(DOM tree)라고 부른다. 자바스크립트 코드는 DOM 트리를 따라 DOM 객체들을 마음대로 접근할 수 있다.

DOM 트리

지금부터 DOM 트리에 대해 자세히 알아보자. 그림 8-2는 HTML 페이지와 DOM 트리의 관계를 보여준다. HTML 태그마다 하나의 DOM 객체가 생성된 것을 볼 수 있고, HTML 태그의 포함 관계에 따라 DOM 객체들이 부모 자식의 계층 관계로 구성됨을 볼 수 있다.

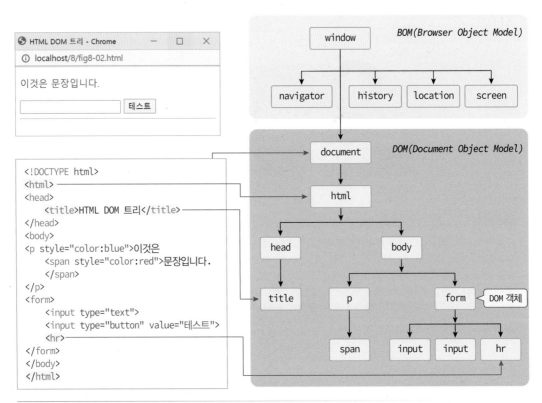

그림 8-2 HTML 페이지의 구조와 태그에 따라 생성된 DOM 객체와 DOM 트리

window 객체는 BOM과 DOM을 포함하여 전체 객체의 최상위에 있으며, document 객체는 window 객체의 자식이면서 DOM 객체의 최상위에 있다. <html> 태그에 의해 생성된 html 객체는 head와 body의 두 자식을 가지며, form 객체는 두 개의 input 객체와 한 개의 hr 객체를 자식으로 가진다. DOM 객체는 DOM 트리의 한 노드이므로 DOM 노드(Node) 혹은 DOM 엘리먼트(Element)라고도 부른다.

DOM 트리의 특징

DOM 객체와 DOM 트리의 특징을 몇 가지 정리해 보자.

DOM 트리의 루트는 document 객체이다.

DOM 트리는 그림 8-2와 같이 document 객체와 그 이하 자식들로 구성된다. 하지만 document 객체는 DOM 객체가 아님에 주의하라.

document 객체는
DOM 객체가 아님

DOM 객체의 종류는 HTML 태그 종류만큼 있다.

DOM 객체는 HTML 태그 당 하나씩 있으며, 이름은 태그 이름과 같다. 예를 들면 html 객체는 <html> 태그의 속성과 CSS 스타일 정보를 가지며, p 객체는 <p> 태그의 속성과 스타일 정보를 가진다. 그림 8-3은 DOM 객체의 종류를 보여준다.

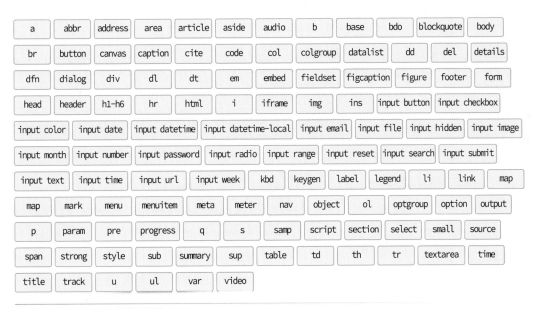

그림 8-3 HTML DOM 객체의 종류

HTML 태그 당 DOM 객체가 하나씩 생성된다.

HTML 페이지에 작성된 각 태그마다 하나의 DOM 객체가 생성된다. 같은 태그가 여러 개 있다고 해도 각 태그마다 DOM 객체가 생긴다. 그림 8-2에서 HTML 페이지에 두 개의 <input> 태그에 있지만 <input> 태그마다 input 객체가 생성된 것을 볼 수 있다.

DOM 트리는 HTML 태그의 포함관계에 따라 부모 자식 관계로 구성된다.

<html> 태그 안에 <head>와 <body>가 있으므로 html 객체는 head와 body를 자식 객체로 가진다. body는 p와 form 객체를, 다시 form 객체는 두 input 객체와 hr 객체를 자식으로 가진다.

HTML 태그의 출력과 DOM 객체

얼핏 브라우저가 HTML 페이지를 읽으면서 HTML 태그를 화면에 바로 출력하는 것으로 생각할 수 있지만, 사실은 브라우저가 HTML 태그로부터 먼저 DOM 객체를 생성하고 DOM 트리를 구성한 후, DOM 객체를 화면에 출력한 것이다. HTML 페이지는 로드된 후 사라지며, 브라우저에는 DOM 객체와 DOM 트리만 존재한다. 그러므로 자바스크립트 코드로 DOM 객체를 제어하면 그에 따라 즉각 브라우저 화면에서 HTML 태그의 모양이나 콘텐츠가 바뀐다.

그림 8-4는 HTML 페이지의 DOM 트리와 브라우저 화면 사이의 관계를 보여준다. DOM 객체를 제어하면 해당 HTML 태그를 제어하는 효과, 즉 브라우저 화면을 갱신하는 효과가 발생한다.

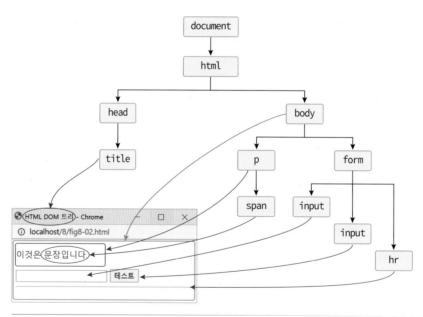

그림 8-4 DOM 객체와 HTML 페이지의 화면 출력

DOM 객체의 구성요소

DOM 객체는 **HTML 태그의 속성이 그대로 반영**되어 만들어진다. HTML 태그의 속성(attribute)과   HTML 태그의 속성 반영
DOM 객체 내부 구조 사이의 관계에 대해 알아보자.

HTML 태그의 요소

HTML 태그는 **엘리먼트**(element)라고도 불리며 다음 5가지 요소로 구성된다. <p> 태그의 예를   엘리먼트
들면 그림 8-5와 같다.

엘리먼트 이름, 속성, CSS3 스타일, 이벤트 리스너, 콘텐츠

그림 8-5 <p> 태그의 요소

   HTML 태그에는 속성(attribute)뿐 아니라 CSS3 스타일과 이벤트 리스너도 있다. 이벤트 리
스너에는 HTML 태그에 발생한 이벤트를 처리하는 자바스크립트 코드를 작성한다. 시작 태그와
종료 태그 사이에 포함된 HTML 콘텐츠를 **innerHTML**이라고 한다. 이 5가지의 정보들은 모두 DOM   innerHTML
객체의 구성 요소가 된다.

DOM 객체의 구성 요소(W3C의 표준)

DOM 객체는 HTML 태그의 5 요소를 그대로 반영하여 다음 5 종류의 속성으로 구성된다.

- 프로퍼티(property)
- 메소드(method)
- 컬렉션(collection)
- 이벤트 리스너(event listener)
- CSS3 스타일

   프로퍼티는 DOM 객체의 멤버 변수로서 HTML 태그의 속성(attribute)들을 반영한다. DOM 객   프로퍼티
체의 프로퍼티 값으로부터 HTML 태그의 속성을 알아내거나 프로퍼티 값을 바꾸어 HTML 태그에
변화를 줄 수 있다. **메소드**는 DOM 객체의 멤버 함수로서, HTML 태그를 제어하는데 활용된다.   메소드

컬렉션

컬렉션은 정보를 집합적으로 표현하는 일종의 배열이다. 예를 들면, children 컬렉션은 DOM 객체의 모든 자식 DOM 객체에 대한 주소를 가진다.

이벤트 리스너

DOM 객체는 HTML 태그에 작성된 이벤트 리스너를 그대로 가진다. 자바스크립트 코드를 이용하면 직접 DOM 객체에 이벤트 리스너를 등록할 수 있다. 현재 약 70개 이상의 이벤트가 있으며 자세한 내용은 9장에서 다룬다.

style

DOM 객체는 style 프로퍼티를 통해 HTML 태그에 적용된 CSS3 스타일 시트를 접근할 수 있다. 스타일 시트 역시 객체로 구성되어 있다.

표 8-1은 W3C에서 정한 DOM 객체들의 주요 공통 프로퍼티, 메소드, 컬렉션을 보여준다.

HTML 태그와 DOM 객체 사이의 관계

HTML 태그와 그를 반영한 DOM 객체의 구체적 사례를 한 번 보자. 그림 8-6은 <p> 태그로부터 만들어진 DOM 객체 p의 구성을 보여준다.

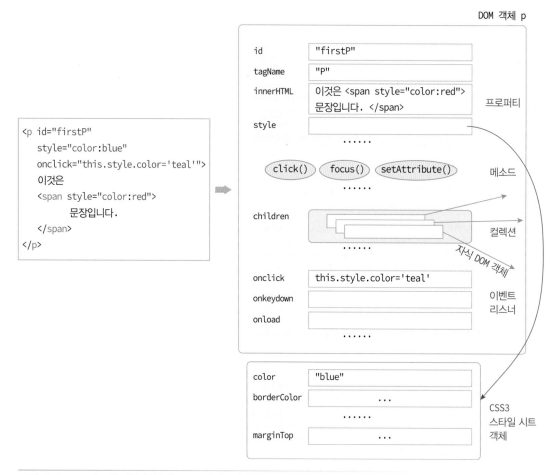

그림 8-6 <p> 태그와 이를 반영하는 DOM 객체 p의 구조

DOM 객체들 사이의 관계

DOM 객체들은 DOM 트리에서 그림 8-7과 같이 부모, 자식, 형제의 관계로 연결되는데, 이들은 다음 4개의 프로퍼티가 이용된다.

- parentElement 프로퍼티 – 부모 객체
- children 프로퍼티 – 직계 자식들의 컬렉션
- firstElementChild 프로퍼티 – 첫 번째 직계 자식
- lastElementChild 프로퍼티 – 마지막 직계 자식

sibling이란 DOM 트리에서 같은 부모의 형제 DOM 객체를 지칭하는 관계이다. sibling 관계에 있는 DOM 객체들은 다음 2개의 프로퍼티로 접근한다.

- previousElementSibling 프로퍼티 – 왼쪽 형제 객체, 왼쪽에 형제가 없으면 null
- nextElementSibling 프로퍼티 – 오른쪽 형제 객체, 오른쪽에 형제가 없으면 null

모든 DOM 객체들은 W3C의 표준에 따라 이 6개의 프로퍼티를 가지고 다른 DOM 객체를 쉽게 접근할 수 있다. 그림 8-7은 DOM 트리에서 DOM 객체들 사이의 관계를 프로퍼티와 함께 보여준다.

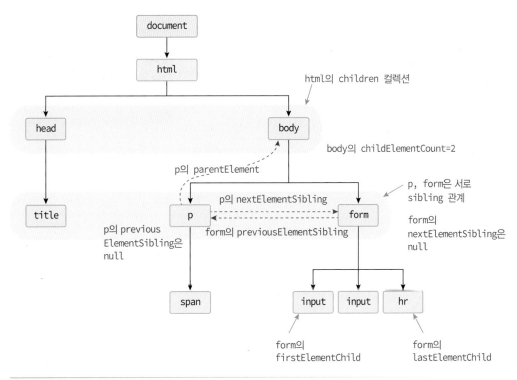

그림 8-7 DOM 트리에서 DOM 객체들 사이의 관계

이 예제는 그림 8-6의 DOM 객체 p의 프로퍼티와 이벤트 리스너 그리고 CSS3 스타일 시트를 접근한 사례를 보여준다. 다음 코드는 DOM 트리에서 id 속성이 "firstP"인 HTML 태그(\<p\>)의 DOM 객체를 찾는 자바스크립트 코드이다.

```
let p = document.getElementById("firstP");
```

```html
<!DOCTYPE html>
<html>
<head>
<meta charset="utf-8">
<title>HTML DOM 트리</title>
</head>
<body>
<h3>DOM 객체 p의 프로퍼티, 스타일, 이벤트 리스너</h3>
<hr>
<p id="firstP"
   style="color:blue; background:yellow"
   onclick="this.style.color='teal'">
   이것은 <span style="color:red">
        문장입니다.
        </span>
</p>
<script>
   let p = document.getElementById("firstP");
   let text = "p.id = " + p.id + "\n";
   text += "p.tagName = " + p.tagName + "\n";
   text += "p.innerHTML = "  + p.innerHTML + "\n";
   text += "p.style.color = " + p.style.color + "\n";
   text += "p.onclick = " + p.onclick + "\n";
   text += "p.childElementCount = "
                    + p.childElementCount + "\n";
   text += "너비 = " + p.offsetWidth + "\n";
   text += "높이 = " + p.offsetHeight + "\n";

   alert(text);
</script>
</body>
</html>
```

id가 firstP인 태그의 DOM 객체 찾기

HTML DOM 트...   —   □   ✕

ⓘ localhost/8/ex8-01.html

DOM 객체 p의 프로퍼티, 스타일, 이벤트 리스너

이것은 문장입니다.

localhost 내용:

p.id = firstP
p.tagName = P
p.innerHTML = 이것은
↖문장입니다.

p.style.color = blue
p.onclick = function onclick(event) {
this.style.color='teal'
}
p.childElementCount = 1
너비 = 239
높이 = 21

확인

표 8-1 W3C에서 표준화한 DOM 객체의 주요 공통 프로퍼티, 컬렉션, 메소드

	프로퍼티	설명	r/w
기본	id	태그의 id 속성 값	r/w
	lang	태그의 lang 속성 값	r/w
	style	style 객체에 대한 레퍼런스	r/w
	title	태그의 title 속성 값	r/w
	tagName	태그 이름 문자열. 항상 대문자로 표시됨 예) SPAN, DIV	r
	innerHTML	시작 태그와 종료 태그 사이의 HTML 텍스트	r/w
DOM 트리 관련	childElementCount	자식 DOM 객체 개수	r
	firstElementChild	첫 번째 자식 객체	r
	lastElementChild	마지막 자식 객체	r
	nextElementSibling	오른쪽 형제 객체. 없으면 null	r
	parentElement	부모 객체	r
	previousElementSibling	왼쪽 형제 객체. 없으면 null	r
크기와 위치	offsetHeight	패딩, 테두리, 스크롤바를 포함한 높이	r
	offsetWidth	패딩, 테두리, 스크롤바를 포함한 폭	r
	offsetLeft	객체의 출력 위치. 수평 옵셋	r
	offsetTop	객체의 출력 위치. 수직 옵셋	r

컬렉션	설명
children	자식 DOM 객체들의 컬렉션(자식들을 가리키는 레퍼런스 배열)

메소드	설명
addEventListener()	새로운 이벤트 리스너 등록
appendChild()	마지막 자식 뒤에 새로운 자식 추가
click()	사용자가 마우스를 클릭한 것과 동일한 작업 수행
focus()	키 입력을 받을 수 있도록 이 객체에 포커스 지정
setAttribute()	속성 추가
insertBefore()	지정된 자식 앞에 새 자식 추가
querySelector()	지정된 CSS3 셀렉터와 일치하는 첫 번째 자식 리턴
removeChild()	자식 삭제
replaceChild()	자식 대체
removeEventListener()	addEventListener()로 등록한 이벤트 리스너 제거
getAttribute()	속성 알아내기

2. DOM 객체 다루기

DOM 객체를 활용하여 HTML 페이지에 동적인 변화를 주는 방법을 알아보자.

DOM 객체 구분, id 속성

HTML 페이지 내에 같은 HTML 태그가 여러개 있는 경우 id 속성 값으로 구분한다. 그러므로 다음
두 <p> 태그는 구분하기 위해 id 속성 값을 다르게 주었다.

```
<p id="firstP">안녕하세요</p>
<p id="secondP">안녕하세요</p>
```

id 속성 값은 HTML 페이지 내에서 유일하도록 작성되어야 한다. 만일 동일한 id 값을 가진 태
그가 여러 개 있는 경우 이들이 화면에 출력되는 것에는 문제가 없지만, 다음 절과 같이 id 속성
값을 이용하여 DOM 객체를 찾을 때 HTML 페이지에 먼저 나온 태그가 항상 찾아지게 되는 문제가
있다.

DOM 객체 찾기, document.getElementById()

getElementById()

DOM 트리에서 특정 DOM 객체를 찾아내는 방법을 알아보자. 가장 간단한 방법은 id 속성 값을 매
개 변수로 document 객체의 **getElementById()** 메소드를 호출하면 된다.

```
document.getElementById(idVal)
```

• idVal : 찾고자 하는 객체의 id 속성 값, 문자열

DOM 트리에서 id 속성값이 idVal인 DOM 객체를 찾아 리턴한다. idVal 값을 가진 객체가 없다면, null을 리
턴한다. 같은 값을 가진 객체가 여러 개 있다면 HTML 페이지에 먼저 등장하는 객체를 리턴한다.

자바스크립트 코드 사례를 보자.

```
let p = document.getElementById("firstP");  // id 속성 값이 firstP인 DOM 객체 p 리턴
p.style.color = "red";                       // p 객체의 글자 색을 red로 변경
```

이 코드의 실행 하면, DOM 트리에서 id 속성이 firstP인 <p> 태그로부터 만들어진 DOM 객체
를 찾아 변수 p가 가리키게 된다. 그리고 변수 p를 이용하여 <p> 태그의 글자 색을 red로 변경하
였다. 앞의 두 라인은 다음과 같이 한 줄로 작성해도 된다.

```
document.getElementById("firstP").style.color = "red";
```

> **잠깐!** getElementById() 메소드는 왜 document의 멤버일까? ○─────
>
> HTML 문서 전체를 대표하는 객체가 document이고 DOM 트리의 루트이기 때문이다.

DOM 객체의 CSS3 스타일 동적 변경

style 객체는 HTML 태그의 CSS3 스타일 시트 정보만을 가진 객체로서, DOM 객체의 **style 프로** **퍼티**로 접근한다. style 객체를 이용하면 이미 출력된 HTML 태그의 모양을 변경할 수 있다.   *style 프로퍼티*

　HTML 문서에서 CSS3 스타일 시트의 프로퍼티는 background-color나 border-bottom 과 같이 하이픈(-)으로 구성되지만, style 객체에서는 **하이픈(-)없이** backgroundColor나 borderBottom과 같은 이름의 프로퍼티를 사용한다. 어떤 DOM 객체 obj의 배경색을 green으로 변경하고자 하면 다음과 같은 자바스크립트 코드를 사용하면 된다.   *하이픈(-)없이 사용*

```
obj.style.backgroundColor = "green";       // DOM 객체 obj의 배경을 green 색으로 설정
```

　또 다른 방법은 다음과 같이 style 객체의 cssText 프로퍼티에 CSS3 스타일 시트를 직접 주어도 된다.

```
obj.style.cssText = "background-color : green";
```

> **잠깐!** 자바스크립트에서 색 표현 ○─────
>
> 자바스크립트 코드에 색을 사용하는 방법은 HTML과 CSS3가 동일하다. 문서의 배경색을 green으로 변경하는 자바스크립트 코드는 다음과 같다.
>
> ```
> document.body.style.backgroundColor = "green";
> document.body.style.backgroundColor = "#007F00";        // #과 함께 16진수 표현
> document.body.style.backgroundColor = "rgb(0, 127, 0)"; // 10진수로 표현
> ```

스타일 동적 변경 사례

출력된 HTML 태그의 글자색이나 모양을 DOM 객체를 이용하여 동적을 변경하는 자바스크립트 코드 사례를 알아보자.

다음과 같이 글자를 red 색으로 출력하도록 작성된 <span> 태그가 있다고 하자.

```
<span id="mySpan" style="color:red">문장입니다.</span>
```

먼저, 자바스크립트 코드를 이용하여 id 속성 값이 "mySpan"인 태그를 찾는다.

```
let span = document.getElementById("mySpan");      // id가 "mySpan"인 DOM 객체 찾기
```

그러고 나서 span.style을 이용하여 다음과 같이 스타일을 변경한다.

- 색 변경 : '문장입니다.'의 글자 색을 green으로 변경

```
span.style.color = "green";
```

- 폰트 변경 : '문장입니다.'의 폰트를 30px 크기로 변경

```
span.style.fontSize = "30px";
```

- 박스 유형, 테두리, 여백 변경 : <span>을 블록 박스로 변경하고 테두리와 여백 변경

```
span.style.display = "block";                // 블록 박스로 변경
span.style.width = "6em";                    // 박스의 폭을 6 글자 크기로 지정
span.style.border = "3px dotted magenta";    // 3픽셀의 magenta 색 점선 테두리 지정
span.style.margin = "20px";                  // 상하좌우 여백을 20px 크기로 지정
```

DOM 객체의 CSS3 스타일 프로퍼티 읽기

앞서, HTML 태그에 적용된 CSS3 스타일 프로퍼티의 값을 변경하여 HTML 태그가 출력되는 모양을 바꾸는 방법을 설명하였다. 하지만 자바스크립트 코드로 CSS3 스타일 프로퍼티의 값을 읽는 방법은 그리 간단치 않다.

다음 문장처럼 HTML 태그 안에 지정된 인라인 CSS3 스타일의 경우,

```
<span id="mySpan" style="color:red">문장입니다.</span>
```

다음 자바스크립트 코드로 간단히 color 프로퍼티의 값을 읽을 수 있다.

```
let span = document.getElementById("mySpan");
let color = span.style.color;      // color="red"
```

하지만, 셀렉터를 이용하여 CSS3 스타일이 지정된 경우, 앞의 방식으로 CSS3 프로퍼티 값을 읽을 수 없다. DOM 객체의 CSS3 스타일 프로퍼티의 값을 읽는 전형적이고 확실한 방법은 다음과 같다.

```
let span = document.getElementById("mySpan");
let style = window.getComputedStyle(span);      // span 객체의 CSS3 스타일 객체
let value = style.getPropertyValue("color");    // value는 color 프로퍼티의 값 "red"
```

예제 8-2 자바스크립트로 <span> 태그의 CSS3 스타일 동적 변경

자바스크립트 코드로 id 속성 값이 **"mySpan"**인 **<span>** 태그를 찾아 박스 유형, 글자 크기, 글자 색, 테두리 등을 변경하는 예를 보인다.

```html
<!DOCTYPE html>
<html>
<head>
<meta charset="utf-8">
<title>CSS 스타일 동적 변경</title>
<script>
function change() {
    let span = document.getElementById("mySpan");
    span.style.color = "green";  // 글자색 green
    span.style.fontSize = "30px";  // 글자 크기는 30픽셀
    span.style.display = "block";  // 블록 박스로 변경
    span.style.width = "6em";  // 박스의 폭. 6 글자 크기
    span.style.border = "3px dotted magenta";
                            // 3픽셀 점선 magenta 테두리
    span.style.margin = "20px";  // 상하좌우 여백 20px
}
</script>
</head>
<body>
<h3>CSS 스타일 동적 변경</h3>
<hr>
<p style="color:blue" >이것은
    <span id="mySpan" style="color:red">문장입니다.
    </span>
</p>
<input type="button" value="스타일변경"
        onclick="change()">
</body>
</html>
```

DOM 객체의 innerHTML 프로퍼티

DOM 객체의 innerHTML 프로퍼티는 시작 태그와 종료 태그 사이에 들어 있는 HTML 콘텐츠를 나타내는 문자열 정보이다. 다음 <p> 태그를 보자.

```
<p id="firstP" style="color:blue">
    여기에<span style="color:red">클릭하세요.</span>     ← innerHTML
</p>
```

innerHTML 프로퍼티를 이용하면 다음과 같이 <p></p>사이의 HTML 텍스트를 읽을 수 있다.

```
let p = document.getElementById("firstP");
let text = p.innerHTML;
```

다음 자바스크립트 코드는 <p> 태그의 텍스트를 지우고 강아지 이미지를 삽입한다.

```
p.innerHTML= "나의 <img src='puppy.jpg'> 강아지입니다.";
```

예제 **8-3** innerHTML을 이용하여 HTML 콘텐츠 동적 변경

이 예제는 innerHTML 프로퍼티를 이용하여 <p> 태그의 콘텐츠를 변경한 코드 사례를 보여준다.

```html
<!DOCTYPE html>
<html>
<head>
<meta charset="utf-8">
<title>innerHTML 활용</title>
<script>
function change() {
    let p = document.getElementById("firstP");
    p.innerHTML= "나의 <img src='puppy.png'> 강아지";
}
</script>
</head>
<body>
<h3>innerHTML 활용 : 아래 글자에 클릭하면
 예쁜 강아지가 보입니다.</h3>
<hr>
<p id="firstP" style="color:blue"
    onclick="change()">
    여기에 <span style="color:red">클릭하세요</span>
</p>
</body></html>
```

마우스 클릭하면 아래와
같이 변경됩니다.

this

this는 객체 자신을 가리키는 자바스크립트 키워드로서, DOM 객체에서 객체 자신을 가리키는 용도로 사용된다. this는 Java와 C++ 객체 지향 언어에서 동일한 의미도 사용되므로 꼭 알아두어야 한다. 다음 코드를 보자.

```
<div onclick="this.style.backgroundColor='orange'">
```

여기서 this는 div 객체 자신을 가리키며, this.style.backgroundColor='orange'는 자신의 배경을 orange로 바꾼다. 마찬가지로 다음 코드에서 this는 button 객체 자신을 가리키며, 버튼이 클릭되면 자신의 배경색을 orange로 바꾼다.

this는 div 객체 자신

```
<button onclick="this.style.backgroundColor='orange'">
```

예제 **8**-4 this 활용

이 예제는 버튼이나 `<div>` 텍스트를 클릭하면 this를 이용하여 자신의 글자색과 크기를 변경하는 사례이다.

```
<!DOCTYPE html>
<html>
<head>
<meta charset="utf-8">
<title>this 활용</title>
<script>
function change(obj, size, color) {
    obj.style.color = color;
    obj.style.fontSize = size;
}
</script>
</head>
<body>
<h3>this 활용</h3>
<hr>
<button onclick="change(this, '30px', 'red')">
    버튼</button>
<button onclick="change(this, '30px', 'blue')">
    버튼</button>
<div onclick="change(this, '25px', 'orange')">
    여기 클릭하면 크기와 색 변경
</div>
</body>
</html>
```

this는 이 `<button>` 객체를 가리키므로 객체의 주소가 change() 함수에 obj 매개 변수에 전달된다.

this 활용 - Chrome

localhost/8/ex8-04.html

this 활용

버튼 버튼
여기 클릭하면 크기와 색 변경

this 활용 - Chrome

localhost/8/ex8-04.html

this 활용

버튼 버튼
여기 클릭하면 크기와 색 변경

버튼이나 텍스트를 클릭하면 색과 크기 변경

3. document 객체

document 개요

그림 8-2, 8-4를 다시 들여다보자. document는 DOM 트리의 최상위 객체이다. 브라우저는 HTML 문서를 로드하기 전에 document 객체를 먼저 만든다. 그리고 document 객체를 뿌리로 하여 DOM 트리를 만든다. document 객체는 이름 그대로 HTML 문서 전체를 대변하는 객체이며, 모든 DOM 객체를 접근하는 경로의 시작점이다.

HTML 문서의
전반적인 속성

　　document 객체는 많은 프로퍼티를 통해 HTML 문서의 전반적인 속성을 나타내고, 여러 메소드를 통해 DOM 객체의 검색, 새로운 DOM 객체 생성 등 HTML 문서의 전반적인 제어를 지원한다. 또한 HTML 문서에 만들어진 동일한 이름의 HTML 태그들을 배열처럼 접근할 수 있는 컬렉션을 두고 있다. 예를 들면 모든 <img> 태그들은 images 컬렉션으로, 모든 <form> 태그들은 forms 컬렉션으로 접근할 수 있다. document 객체를 통해 현재 출력된 문서에 관한 정보를 전반적으로 알아낼 수 있고 또한 제어할 수 있다. 표 8-2는 document 객체의 주요 프로퍼티, 컬렉션, 메소드를 간략히 보여준다.

images 컬렉션
forms 컬렉션

　　document 객체는 window의 자식으로 다음 두 가지 방법으로 접근할 수 있다.

```
window.document 또는 document
```

　　document 객체는 DOM 객체가 아니다. 연결된 CSS3 스타일 시트도 없고 따라서 style 객체도 없다. 다음은 잘못된 코드이다.

오류
document에는
CSS3 스타일
시트가 없음

```
document.style.color = "red";    // 오류
```

이벤트 리스너

document에 등록할 수 있는 주요한 이벤트 리스너는 다음과 같다.

```
onabort, onblur, onchange, onclick, oncontextmenu, ondblclick, onerror, onfocus,
onkeydown, onkeypress, onkeyup, onload, onmousedown, onmouseenter, onmouseleave,
onmousemove, onmouseout, onmouseover, onmouseup, onreadystatechange, onreset, onresize,
onscroll, onsearch, onselect, onsubmit, onwheel
```

표 8-2 document 객체의 주요 프로퍼티, 컬렉션, 메소드

프로퍼티	설명	r/w
location	현재 문서의 URL 정보를 가진 location 객체의 레퍼런스(10장 5절)	w
domain	서버의 도메인 이름	r
referrer	이 HTML 문서를 로드한 원래 문서의 URL 문자열. 이 문서가 처음이면 빈 문자열	r
cookie	쿠키에 대한 레퍼런스(12장 2절)	r/w
lastModified	"MM/DD/YYYY hhmmss" 형식. 문서의 최근 수정 시간	r
readyState	문서의 현재 로딩 상태를 나타내는 문자열. 로딩되는 동안 "loading", "interactive", "complete" 순으로 변함. "interactive"는 문서의 파싱(해독)이 끝난 상태로, 여전히 로딩 중. 이때 사용자는 보이는 폼 요소에 입력 가능. 문서가 완전히 화면에 출력되면 "complete" 로 변경	r
title	문서의 제목 문자열. <title> 태그가 없으면 빈 문자열	r/w
body	body 객체에 대한 레퍼런스	r/w
head	head 객체에 대한 레퍼런스	r
defaultView	문서가 출력된 브라우저 윈도우(window)에 대한 레퍼런스	r
activeElement	문서가 포커스를 받을 때 문서내 포커스를 받는 자식 객체	r
documentElement	html 객체에 대한 레퍼런스	r
URL	현재 문서의 URL	r

컬렉션	설명	r/w
images	문서 내의 모든 <img> 객체들의 컬렉션	r
links	문서 내의 href 속성을 가진 모든 링크 객체(<a>나 <area>)들의 컬렉션	r
forms	문서 내의 모든 폼 <form> 객체들의 컬렉션	r

메소드	설명
getElementsByTagName()	주어진 태그 이름을 가진 모든 태그(DOM 객체)의 컬렉션 리턴
getElementsByClassName()	주어진 class 속성 값을 가진 모든 태그(DOM 객체)의 컬렉션 리턴
getElementsByName()	주어진 name 속성 값을 가진 모든 태그(DOM 객체)의 컬렉션 리턴
getElementById()	주어진 id 속성 값을 가진 첫 번째 DOM 객체 리턴
addEventListener()	document 객체에 이벤트 리스너 등록
close()	document 객체에 있는 HTML 콘텐츠를 브라우저에 출력하고, 더 이상 쓰기를 받지 않음
createElement()	HTML 태그의 동적 생성
open()	document에 담긴 콘텐츠를 모두 지우고, 새로운 HTML 콘텐츠를 쓸 수 있도록 열기
removeEventListener()	document 객체에 등록된 이벤트 리스너 제거
write()	document에 HTML 콘텐츠 삽입. DOM 트리에 연결되고 브라우저에 출력됨
writeln()	write() 후 '\n' 추가 출력. '\n'의 효과는 빈칸 하나에 불과

예제 **8-5** document 객체의 프로퍼티 출력

이 예제는 HTML 페이지를 로드한 직후 document 객체의 프로퍼티 값을 읽어 HTML 페이지의 다양한 속성들을 경고창을 통해 출력한다.

```html
<!DOCTYPE html>
<html>
<head id="myHead">
<meta charset="utf-8">
<title>document 객체의 주요 프로퍼티</title>
<script>
    let text = "문서 로딩 중일 때 readyState = " + document.readyState + "\n";
</script>
</head>
```

> 오른쪽에 붙여서 문서 출력 지시

```html
<body style="background-color:yellow; color:blue; direction:rtl"
        onload="printProperties()">
<h3>document의 주요 프로퍼티</h3>
<hr>
<a href="http://www.naver.com">네이버 홈페이지</a>
<div>이곳은 div 영역입니다.</div>
<input id="input" type="text" value="여기 포커스가 있습니다">
```

> 문서의 로딩이 완료되면 printProperties()함수 호출

```html
<script>
// 문서가 완전히 로드(출력)되었을 때, 현재 document의 프로퍼티 출력
function printProperties() {
    document.getElementById("input").focus();   // <input> 태그에 포커스를 줌

    text += "1. location =" + document.location + "\n";
    text += "2. URL =" + document.URL + "\n";
    text += "3. title =" + document.title + "\n";
    text += "4. head의 id =" + document.head.id + "\n";
    text += "5. body color =" + document.body.style.color + "\n";
    text += "6. domain =" + document.domain + "\n";;
    text += "7. lastModified =" + document.lastModified + "\n";
    text += "8. defaultView = " + document.defaultView + "\n";
    text += "9. 문서의 로드 완료 후 readyState = " + document.readyState + "\n";
    text += "10. referrer = " + document.referrer + "\n";
    text += "11. activeElement = " + document.activeElement.value + "\n";
    text += "12. documentElement의 태그 이름 = " + document.documentElement.tagName + "\n";
    alert(text);
}
</script>
```

> 경고창에 text 출력

```html
</body>
</html>
```

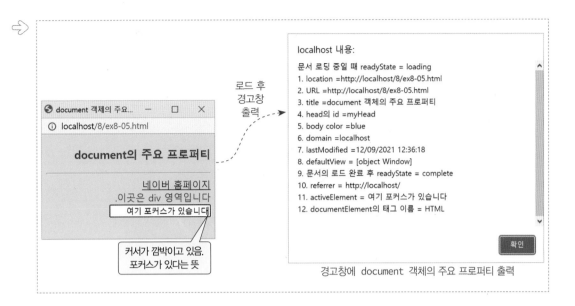

로드 후
경고창
출력

localhost 내용:

문서 로딩 중일 때 readyState = loading
1. location =http://localhost/8/ex8-05.html
2. URL =http://localhost/8/ex8-05.html
3. title =document 객체의 주요 프로퍼티
4. head의 id =myHead
5. body color =blue
6. domain =localhost
7. lastModified =12/09/2021 12:36:18
8. defaultView = [object Window]
9. 문서의 로드 완료 후 readyState = complete
10. referrer = http://localhost/
11. activeElement = 여기 포커스가 있습니다
12. documentElement의 태그 이름 = HTML

확인

경고창에 document 객체의 주요 프로퍼티 출력

document 객체의 주요...
localhost/8/ex8-05.html

document의 주요 프로퍼티

네이버 홈페이지
이곳은 div 영역입니다.
여기 포커스가 있습니다

커서가 깜박이고 있음.
포커스가 있다는 뜻

태그 이름으로 DOM 객체 찾기, getElementsByTagName()

document 객체의 getElementsByTagName() 메소드를 호출하면 동일한 HTML 태그 이름을 가진 DOM 객체들을 모두 찾아 컬렉션을 만들어 리턴한다. 다음은 모든 <div> 태그를 찾는 코드이다.

동일한 HTML 태그 이름

```
let divTags = document.getElementsByTagName("div");
let n = divTags.length;  // 웹 페이지에 있는 <div> 태그의 개수
```

컬렉션은 []와 인덱스를 이용하여 각 원소를 접근할 수 있다. 예제 8-6을 참고하라.

class 속성으로 DOM 객체 찾기, getElementsByClassName()

document 객체의 getElementsByClassName() 메소드는 동일한 class 이름을 가진 모든 DOM 객체를 찾아 컬렉션 형태로 리턴한다. 예를 들어 다음 태그들이 있다고 하자.

동일한 class 이름

```
<div class="plain">...</div>
<div class="important">...</div>
<div class="plain">...</div>
```

다음 자바스크립트 코드는 class="plain"인 태그 2개를 찾아 컬렉션을 리턴한다.

```
let plainClasses = document.getElementsByClassName("plain");
let n = plainClasses.length;  // 웹 페이지에 class="plain" 속성을 가진 태그 개수, 2
```

예제 **8-6** 태그 이름으로 DOM 객체 찾기, getElementsByTagName()

버튼을 클릭하면 웹 페이지에 있는 \<span\> 태그를 모두 찾아, 글자를 orchid 색에 20px 크기로 바꾸는 자바스크립트 코드를 작성하라.

```html
<!DOCTYPE html>
<html>
<head>
<meta charset="utf-8">
<title>document.getElementsByTagName()</title>
<script>
function change() {
    let spanArray = document.getElementsByTagName("span");
    for(let i=0; i<spanArray.length; i++) {
        let span = spanArray[i];
        span.style.color = "orchid";
        span.style.fontSize = "20px";
    }
}
</script>
</head>
<body>
<h3>내가 좋아하는 과일
    <button onclick="change()">누르세요</button>
</h3>
<hr>
저는 빨간 <span>사과</span>를 좋아해서
아침마다 한 개씩 먹고 있어요. 운동할 때는 중간 중간에
<span>바나나</span>를 먹지요. 탄수화물 섭취가 빨라
힘이 납니다. 또한 달콤한 향기를 품은 <span>체리</span>와
여름 냄새 물씬 나는 <span>자두</span>를 좋아합니다.
</body>
</html>
```

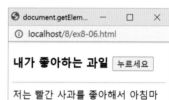

웹 페이지에는 class="place"의 속성을 가진 태그들과 class="food"의 속성을 가진 태그들이 있다. "가고 싶은 곳" 버튼을 누르면 class="place" 속성을 가진 태그들의 글자에 밑줄을 긋고 orchid 색에 20px 크기로 변경하고, "먹고 싶은 것" 버튼을 누르면 class="food" 속성을 가진 태그들의 글자 색을 "darkcyan"로 변경하는 자바스크립트 코드를 작성하라.

```
<!DOCTYPE html>
<html>
<head>
<meta charset="utf-8">
<title>document.getElementsByClassName()</title>
<script>
function viewPlace() {
    let tagArray =
        document.getElementsByClassName("place");
    for(let i=0; i<tagArray.length; i++) {
        let tag = tagArray[i];
        tag.style.color = "orchid";
        tag.style.fontSize = "20px";
        tag.style.textDecoration = "underline";
    }
}
function viewFood() {
    let tagArray =
        document.getElementsByClassName("food");
    for(let i=0; i<tagArray.length; i++) {
        var tag = tagArray[i];
        tag.style.color = "darkcyan";
    }
}
</script>
</head>
<body>
<h3>가고 싶은 곳 먹고 싶은 것</h3><br>
    <button onclick="viewPlace()">가고 싶은 곳</button>
    <button onclick="viewFood()">먹고 싶은 것</button>
</h3>
<hr>
<p><span class="place">제주도</span>에 가서 <span class="food">
흑돼지</span>를 먹고 싶고요.
<span class="place">독도</span>에 가서 <span class="food">독도
새우</span>도 먹고 싶어요. 제일 가고 싶은 곳 <span class="place">부
산 자갈치 시장</span>에서 <span class="food">꼼장어 구이</span>도
먹고 싶어요</p>
</body></html>
```

document.write()와 document.writeln()

브라우저는 HTML 문서를 로드하기 전 빈 상태의 document 객체를 생성한다. 그리고 HTML 문서를 위에서 아래로 해석하면서 HTML 태그들을 document 객체에 담아간다. 이 태그들은 곧장 DOM 객체로 만들어져 DOM 트리에 연결된다. </html> 태그를 만나면 document 객체를 완성하고 닫는다.

HTML 텍스트 추가   document.write()는 현재 document 객체에 담긴 내용의 끝에 HTML 텍스트를 추가하는 코드이다. 추가되는 HTML 텍스트는 DOM 객체로 바뀌고 DOM 트리에 추가된다. 그 결과 삽입된 HTML 텍스트가 브라우저 화면에 출력된다. document.write()는 document 객체가 닫히기 전에만 실행가능하다. write()를 사용하는 예를 들면 다음과 같다.

```
document.write("<h3>Welcome to my home</h3>");
document.write(2+3);   // 합한 결과 5 출력
```

writeln()은 HTML 텍스트에 '\n'을 덧붙여 출력한다. 브라우저는 '\n'을 공백 문자 한 개로 처리하므로 한 칸 띄는 효과 밖에 없다. 한 줄을 띄려면 다음과 같이 한다.

```
document.write("<br>");
```

예제 8-8 write()와 writeln() 활용

```
<!DOCTYPE html>
<html>
<head>
<meta charset="utf-8">
<title>write()와 writeln() 활용</title>
</head>
<body>
<h3>write()와 writeln() 활용</h3>
<hr>
<script>
   document.write("<h3>동물원에 소풍갑시다</h3>");
   document.write("<p style='color:blue'>날씨가 좋아 ");
   document.write("소풍갑니다</p>");
   document.write(2+3);
   document.write("명입니다.<br>"); // 다음 줄로 넘어가기

   document.writeln(5); // 다음 줄에 넘어가지 못함
   document.writeln("명입니다.<br>");
</script>
</body>
</html>
```

document.write() 사용 시 주의할 점

HTML 텍스트를 HTML 문서에 추가하기 위해 document.write()를 사용한다. 하지만 HTML 문서가 로드되어 출력이 모두 이루어지고 나면 document 객체가 닫히기 때문에, 더 이상 HTML 텍스트를 추가(출력)할 수 없다.

document 객체가 닫힌 후 document.write()가 실행되면, 브라우저는 document 객체에 담긴 현재 문서를 지우고 빈 document를 새로 연다. 그러므로 HTML 문서가 완전히 로드된 후 document.write()가 실행된다면, 현재 HTML 문서가 지워지고 새 문서가 작성되는 결과가 되고 말 것이다.

예제 8-9는 HTML 문서의 로드가 이미 완료된 후 document.write()를 실행하여, 기존 HTML 문서가 화면에서 사라지고 새로운 문서가 시작되는 사례를 보여준다. 예제에서 HTML 문서가 모두 출력된 후 사용자가 브라우저의 바탕 아무 곳이나 클릭하면, 다음 onclick 리스너 코드가 실행된다.

```
<body onclick="document.write('<h3>새로운 문서가 작성됩니다</h3>')">
```

이미 document 객체가 닫혔으므로, onclick 리스너에 의해 실행되는 document.write()는 document에 담긴 내용을 모두 비우고, '<h3>새로운 문서가 작성됩니다</h3>'를 document에 담아 출력한다.

예제 **8-9** document가 닫힌 후 document.write()를 잘못 사용하는 예

```html
<!DOCTYPE html>
<html>
<head>
<meta charset="utf-8">
<title>write()를 잘못 사용하는 예</title>
</head>
<body onclick="document.write('<h3>클릭되었습니다</h3>')">
<h3>write()를 잘못 사용하는 예</h3>
<hr>
<p>웹브라우저의 바탕 아무 곳이나 클릭해보세요.</p>
</body>
</html>
```

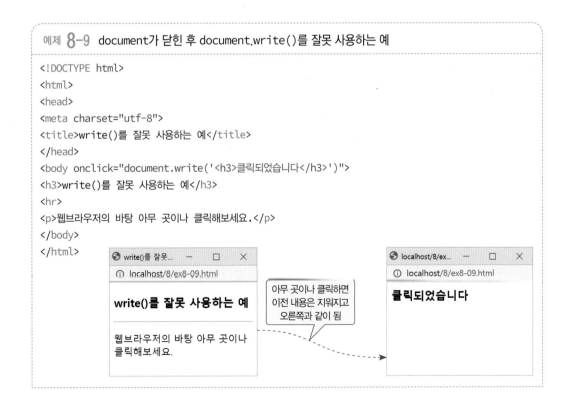

document의 열기와 닫기, open()과 close()

현재 브라우저 윈도우에 출력된 HTML 텍스트를 지워버리고 새로운 내용을 출력하려면 먼저 document.open()을 호출하여 document 객체를 열어야 한다. '열기'는 document 객체에 만들어진 현재 HTML 텍스트를 모두 지우고 새로운 HTML 텍스트를 받아들일 준비를 하는 것이다. 그러고 나서 document.write()로 HTML 텍스트를 쓰고 document.close()를 호출하여 document 객체를 닫는다.

현재 브라우저 윈도우에 새로운 HTML 텍스트를 출력하는 자바스크립트 코드는 다음과 같다.

```
document.open();
document.write("<html><head>...<body>안녕하세요.");
document.write(".......");
document.write("</body></html>");
document.close();
```

document.close()가 실행된 후에는 HTML 텍스트를 덧붙일 수 없다.

다음 코드는 새 윈도우를 열고 그 곳에 HTML 문서(HTML 텍스트)를 출력하는 사례이다. HTML 텍스트를 모두 쓴 후에는 당연히 닫기를 해야 한다.

```
let newWin = window.open("", "outWin", "");  // 새 윈도우 열기
newWin.document.open();  // newWin 윈도우의 document 객체 열기
newWin.document.write("<html><head>...<body>안녕하세요");
newWin.document.write(".......");
newWin.document.write("</body></html>");
newWin.document.close();
```

> **잠깐!** window와 document
>
> window와 document를 혼동하는 독자들이 있다. document는 HTML 문서 전체를 나타내는 객체이고, window는 document 객체가 그려지는 브라우저 윈도우를 나타내는 객체이다. window가 소멸되면(닫히면) 그 속에 담긴 document도 소멸된다. window 객체는 10장에서 자세히 다룬다.

이 예제는 HTML 문서 작성을 연습하는 웹 페이지를 만든 사례이다. 사용자가 HTML 문서를 키보드로 입력하고 버튼을 누르면 입력한 HTML 문서를 새 브라우저 윈도우에 출력한다.

```html
<!DOCTYPE html>
<html>
<head>
<meta charset="utf-8">
<title>HTML 문서 작성기 만들기</title>
<script>
let win=null;
function showHTML() {
    if(win == null || win.closed)
        win = window.open("", "outWin",
                        "width=300,
                        height=200");

    let textArea =
            document.getElementById("srcText");
    win.document.open();
    win.document.write(textArea.value);
    win.document.close();
}
</script>
</head>
<body>
<h3>HTML 문서 작성기 만들기 </h3>
<hr>
<p>아래에 HTML 문서를 작성하고 버튼을 클릭해 보세요.
새 윈도우에 HTML 문서가 출력됩니다.</p>
<textarea id="srcText" rows="10" cols="50">
</textarea>
<br>
<br>
<button onclick="showHTML()">
    HTML 문서 출력하기
</button>
</body>
</html>
```

버튼을 클릭하면 새 윈도우 출력

4. HTML 문서의 동적 구성

HTML 문서의 로드가 완료된 document에 새로운 HTML 태그를 추가할 수 있는가? 당연히 삽입할 수 있다. 자바스크립트 코드를 이용하여 추가하고 싶은 HTML 태그를 나타내는 DOM 객체를 생성하여 DOM 트리에 직접 삽입하면 된다.

DOM 객체 동적 생성

createElement()   document.createElement("태그이름")를 호출하면 HTML 태그의 DOM 객체를 생성할 수 있다. 다음은 \<div\> 태그의 DOM 객체를 생성하는 코드이다.

```
let newDIV = document.createElement("div");
```

innerHTML   이제 newDIV 객체의 프로퍼티를 이용하여 \<div\> 태그를 완성할 수 있다. 다음은 innerHTML 프로퍼티를 이용하여 \<div\> 태그에 HTML 텍스트를 삽입하는 코드이다.

```
newDIV.innerHTML = "새로 생성된 DIV입니다.";
```

다음 자바스크립트 코드를 이용하여 \<div\> 태그에 속성을 추가하거나 CSS3 스타일 시트도 달 수 있다.

setAttribute()
```
newDIV.setAttribute("id", "myDiv");
newDIV.style.backgroundColor = "yellow";
```

앞의 코드를 통해 사실상 그림 8-8과 같은 \<div\> 태그 정보를 가진 DOM 객체가 되었다.

```
let newDIV = document.createElement("div");
newDIV.innerHTML = "새로 생성된 DIV입니다.";
newDIV.setAttribute("id", "myDiv");
newDIV.style.backgroundColor = "yellow";
```
```
<div id="myDiv"
     style="background-color:yellow">
    새로 생성된 DIV입니다.
</div>
```

   * 이 자바스크립트 코드는 사실상 오른쪽의
    \<div\> 태그 정보를 가진 DOM 객체 생성

그림 8-8 \<div\> 태그의 DOM 객체 동적 생성

DOM 트리에 삽입

이제 이 newDIV 객체를 DOM 트리에 삽입해보자. DOM 객체를 DOM 트리에 삽입하는 여러 가지 방법이 있지만 대표적으로 다음 2가지 방법을 활용한다(표 8-1 참조).

```
부모.appendChild(DOM객체);              // DOM 객체를 부모의 마지막 자식으로 삽입
부모.insertBefore(DOM객체 [, 기준자식]);   // DOM 객체를 부모의 자식 객체 중 기준자식 앞에 삽입
```

다음은 앞에서 만든 newDiv 객체를 <p "id=p"> 태그의 마지막 자식으로 추가하는 자바스크립트 코드이다.

```
let p = document.getElementById("p");    // <p "id=p"> 태그의 DOM 객체 찾기
p.appendChild(newDiv);
```
appendChild()

이 코드에 의해 newDIV가 삽입되면 DOM 트리가 바뀌고 브라우저 화면이 바로 갱신된다.

DOM 객체의 삭제

removeChild() 메소드를 이용하면 부모에게서 자식 객체를 떼어낼 수 있다.

```
let removedObj = 부모.removeChild(떼어내고자하는자식객체);
```

"id=myDiv"인 DOM 객체를 DOM 트리에서 떼어내고자 하면 다음과 같이 한다.

```
let myDiv = document.getElementById("myDiv");
let parent = myDiv.parentElement;   // 부모 객체 알아내기
parent.removeChild(myDiv);          // 부모로부터 myDiv 객체 떼어내기
```
removeChild()

DOM 객체가 DOM 트리에서 제거되면 브라우저 화면이 즉각 갱신되어 DOM 객체에 의해 출력된 HTML 콘텐츠가 사라진다. 떼어낸 myDiv 객체는 DOM 트리의 임의의 위치에 다시 부착할 수 있다.

예제 8-11은 <div> 태그 객체를 동적으로 생성하여 DOM 트리에 삽입하고 삭제하는 실제 사례를 보여준다.

현재 웹 페이지에 `<div>` 태그를 동적으로 삽입하고 삭제하는 코드 사례를 보인다.

```html
<!DOCTYPE html>
<html>
<head>
<meta charset="utf-8">
<title>문서의 동적 구성</title>
<script>
function createDIV() {
    let obj = document.getElementById("parent");
    let newDIV = document.createElement("div");
    newDIV.innerHTML = "새로 생성된 DIV입니다.";
    newDIV.setAttribute("id", "myDiv");
    newDIV.style.backgroundColor = "yellow";
    newDIV.addEventListener("click",
            function () {
                let p = this.parentElement;  // 부모 HTML 태그 요소
                p.removeChild(this);  // 자신을 부모로부터 제거
            });
    obj.appendChild(newDIV);
}
</script>
</head>
<body id="parent">
<h3>DIV 객체를 동적으로 생성, 삽입, 삭제하는 예제</h3>
<hr>
<p>DOM 트리에 동적으로 객체를 삽입할 수 있습니다.
   createElement(), appendChild(),
   removeChild() 메소드를 이용하여 새로운 객체를 생성,
   삽입, 삭제하는 예제입니다.</p>
<a href="javascript:createDIV()">DIV 생성</a><p><p>
</body>
</html>
```

> `<div>` 태그에 onclick 이벤트 리스너를 달았음. `<div>` 태그를 클릭하면 자신을 제거함

왼쪽 브라우저 화면

문서의 동적 구성 - Ch...

localhost/8/ex8-11.html

DIV 객체를 동적으로 생성, 삽입, 삭제하는 예제

DOM 트리에 동적으로 객체를 삽입할 수 있습니다. createElement(), appendChild(), removeChild() 메소드를 이용하여 새로운 객체를 생성, 삽입, 삭제하는 예제입니다.

DIV 생성

> 클릭하면 오른쪽과 같이 `<div>` 태그가 삽입

오른쪽 브라우저 화면

문서의 동적 구성 - Ch...

localhost/8/ex8-11.html

DIV 객체를 동적으로 생성, 삽입, 삭제하는 예제

DOM 트리에 동적으로 객체를 삽입할 수 있습니다. createElement(), appendChild(), removeChild() 메소드를 이용하여 새로운 객체를 생성, 삽입, 삭제하는 예제입니다.

DIV 생성

새로 생성된 DIV입니다.

> 클릭하면 삭제

Q 브라우저가 자바스크립트 코드에서 활용할 수 있도록 어떤 객체들을 제공하는가?

A 브라우저는 HTML DOM 객체들, BOM 객체들, 코어 객체들을 제공한다.

Q HTML DOM 객체는 브라우저가 HTML 태그마다 하나의 객체로 만든 것이다. 그리고 이들을 트리 구조로 연결한다. DOM 객체와 DOM 트리를 만드는 이유는 무엇인가?

A HTML 페이지가 출력된 후, 웹 페이지의 출력된 콘텐츠와 모양을 제어하기 위해 DOM 객체를 생성하는 것이다. DOM 객체의 프로퍼티나 스타일 값을 바꾸면, 해당 태그에 의해 출력된 콘텐츠나 모양을 바꿀 수 있다. 또한 DOM 트리에서 DOM 객체를 삭제하거나 DOM 객체를 삽입함으로써 윈도우에서 출력된 태그 정보를 삭제하거나 새로운 태그 정보를 삽입할 수 있다.

Q 자바스크립트 코드에서 HTML 태그에 의해 만들어진 DOM 객체를 어떻게 찾는가?

A document.getElementById("id 속성 값")를 호출하여 id 속성 값을 가진 태그를 찾는다.

Q 자바스크립트로 HTML 태그가 출력된 모양을 어떻게 바꿀 수 있는가?

A DOM 트리에서 HTML 태그를 찾아 DOM 객체의 스타일 속성을 바꾸면 된다. `<div id="x">hello</div>` 태그의 글자를 빨간색을 바꾸는 코드는 다음과 같다.

```
let obj = document.getElementById("x");
obj.style.color="red";
```

Q HTML 태그에 의해 이미 윈도우에 출력된 콘텐츠를 동적으로 바꿀 수 있는가?

A DOM 객체의 innerHTML 프로퍼티를 이용하면 된다. `<div id="x">hello</div>`에 의해 출력된 'hello'를 '헬로'로 바꾸는 코드는 다음과 같다.

```
let obj = document.getElementById("x");
obj.innerHTML="헬로";
```

Q document.write()는 어떤 코드인가?

A 브라우저가 HTML 페이지를 로드하는 과정 중에 HTML 콘텐츠를 추가한다. 페이지의 로딩이 완료된 후 이 코드가 실행되면, 로드된 콘텐츠를 지우고 빈 HTML 페이지에 새로 HTML 콘텐츠를 삽입한다.

Q 그러면, HTML 페이지가 로드된 후 HTML 태그를 동적으로 삽입하는 방법은 있는가?

A 있다. HTML 태그의 DOM 객체를 생성하여 DOM 트리에 삽입하면 된다. `<div>hello</div>` 태그를 `<p id="p">` 태그 내(`<p>` 태그의 자식으로)에 삽입하고자 하면 다음과 같이 한다.

```
let newDIV = document.createElement("div");  // <div> 태그의 DOM 객체 생성
newDIV.innerHTML = "hello";
let p = document.getElementById("p");  // <p id="p"> 태그 찾기
p.appendChild(newDIV);  // newDIV 객체가 나타내는 <div> 태그를 <p>의 자식으로 삽입
```

Open Challenge 08

갬블링 게임 웹 페이지 만들기

3개의 숫자가 모두 같으면 성공하는 갬블링 게임 웹 페이지를 작성하라. 처음에는 3개의 숫자 모두 0으로 출력되지만, 각 숫자를 클릭하면 0~2 사이의 랜덤한 값으로 출력한다. 마지막 숫자를 클릭할 때 3개의 숫자를 검사하여 모두 같으면 성공한 것으로 한다. 난이도 7

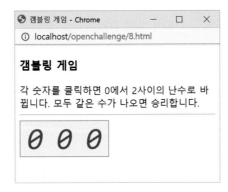

3개의 수가 모두 0인 초기화면

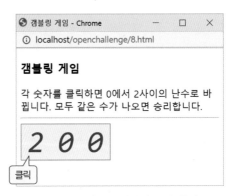

첫 번째 수를 클릭하여 2가 출력

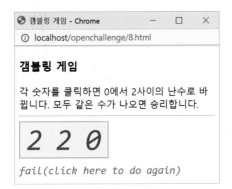

3개의 수를 모두 클릭하였지만
실패한 경우

3개의 수를 모두 클릭한 후
성공한 경우

이론문제

1. 다음 중 DOM 객체는?

  ① window 객체   ② navigator 객체   ③ event 객체   ④ html 객체

2. 다음 중 DOM 객체가 아닌 것은?

  ① p 객체   ② document 객체   ③ div 객체   ④ span 객체

3. HTML DOM 트리에 대해 잘못 말한 것은?

  ① 브라우저에 의해 만들어진다.
  ② HTML 문서가 로드되면 만들어진다.
  ③ HTML 태그의 포함 관계에 의해 DOM 객체들 사이에 부모 자식 관계가 형성된다.
  ④ DOM 트리에서 DOM 객체를 찾는 기능은 window.getElementById()이다.

4. 브라우저가 HTML DOM 트리를 만드는 목적은 무엇인가?

5. 다음은 웹 페이지에 작성된 <div id="myADiv">...</div> 태그를 찾는 자바스크립트 코드이다.

```
let obj = document.getElementById("myDiv");
```

이 <div> 태그의 모양을 제어하기 위해 잘못 사용한 것은?

  ① obj.style.zIndex = 4;
  ② obj.style.backgroundcolor = "red";
  ③ obj.style.margin = "10px";
  ④ obj.style.fontSize = "10px";

6. 다음 중 document 객체의 메소드 이름이 잘못된 것은?

  ① getElementById()   ② getElementByTagName()
  ③ writeln()   ④ getElementsByClassName()

7. 다음 웹 페이지에 대해 물음에 답하라.

```
1   <!DOCTYPE html>
2   <html>
3   <head><meta charset="utf-8"><title>라면을 끓이는 순서</title></head>
4   <body>
5   <h3>라면을 끓이는 순서</h3>
6   <hr>
7   <ol type="A">
8       <li>물을 끓인다.</li>
9       <li onclick="alert(this.innerHTML)"><span>라면</span>과 스프를 넣는다.</li>
10      <li>5분 후 먹는다.</li>
11  </ol>
12  </body>
13  </html>
```

(1) 라인 9의 <li> 태그에 의해 생성된 DOM 객체의 innerHTML 프로퍼티 값은 무엇인가? (웹 페이지를 출력하고 라인 9를 클릭하면 확인해 볼 수 있다.)

(2) 라인 7을 <ol type="A" onclick="alert(this.innerHTML)">로 수정하여 웹 페이지를 출력하고 라인 8이나 10의 위치에 클릭하면 무엇이 출력되는가?

8. 다음 웹 페이지를 로드하면 경고창이 출력되는가? 답에 대한 이유를 설명하라.

```
<!DOCTYPE html>
<html>
<head><meta charset="utf-8"><title>자바스크립트 테스트</title>
<script>
    let elem = document.getElementById("myBody");
    if(elem == null)
        alert("body is not made yet");
</script>
</head>
<body id="myBody">
    <p id="first">hello</p>
</body>
</html>
```

9. HTML 페이지에 다음 태그가 작성되어 있을 때,

```
<div id="myDiv"></div>
```

다음 코드를 작성하여 <div> 태그가 출력되는 영역에 "hello"을 삽입하여 hello를 출력시키고자 한다. 빈 칸을 완성하라.

```
let div = document.getElementById("myDiv");  // id가 myDiv인 DOM 객체를 알아냄
let span = document._____ ;  // <span> 태그를 나타내는 DOM 객체 동적 생성
span._____ = _____ ;  // "hello"를 <span> 태그의 텍스트로 삽입
div._____ ;  // span을 div의 자식으로 삽입
```

실습문제

1. 다음은 HTML 페이지와 브라우저의 출력 결과이다.

```
<!DOCTYPE html>
<html>
<head>
<title>라면을 끓이는 순서</title></head>
<body>
<h3>라면을 끓이는 순서</h3>
<hr>
<ol type="A" >
    <li>물을 끓인다.</li>
    <li>라면과 스프를 넣는다.</li>
    <li>파를 썰어 넣는다.</li>
    <li>5분 후 <strong>맛있게</strong> 먹는다.</li>
</ol>
</body>
</html>
```

(1) HTML 페이지의 HTML DOM 트리를 그려라.
(2) </ol>와 </body> 태그 사이에 다음과 같이 자바스크립트 코드를 작성하여 모든 <li> 태그를 찾아 글자 색을 green으로 출력하라.

```
...
</ol>
<script>
    // 이곳에 자바스크립트 코드를 작성하라.
</script>
</body>
...
```

 document.getElementsByTagName("li") 메소드를 이용할 것.

(3) 리스트가 출력된 공간 아무 곳이나 클릭하면 리스트 전체의 배경색을 yellowgreen으로 바꾸는
자바스크립트 코드를 작성하라.

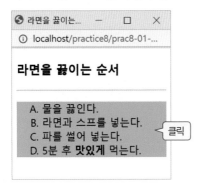

힌트 <ol onclick="...">로 이벤트 리스너를 작성하면 된다.

2. 다음은 HTML 페이지와 브라우저의 출력 결과이다.

```
<!DOCTYPE html>
<html>
<head>
<title>자바스크립트 연습</title>
</head>
<body>
<h3>자바스크립트란?
   <button>border</button>
   <button>p</button>
</h3>
<hr>
<p>자바스크립트는 웹 프로그래밍 언어로서 웹
   페이지를 동적 변경시킬 수 있다.</p>
<p><span id="mySpan">C 언어</span>를 아는
   사용자는 빠르게 학습할 수 있다.</p>
<p>이벤트 등 GUI 프로그래밍에 필요한 요소들이
   있어 학습에 약간의 어려움이 있다.</p>
</body>
</html>
```

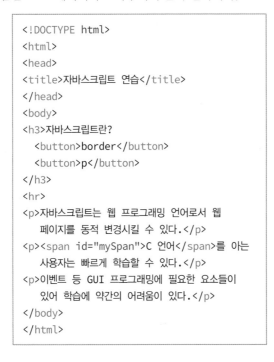

(1) HTML 페이지의 HTML DOM 트리를 그려라.

(2) "border" 버튼을 클릭하면 다음과 같이 id="mySpan"인 <span> 태그에 2픽셀의 violet 색 점선 테두리가 생기도록 자바스크립트 코드를 작성하라.

힌트 2픽셀 violet 점선 테두리를 나타내는 CSS3 스타일은 "2px dotted violet"이다.

(3) "p" 버튼을 클릭하면 <p> 태그가 몇 개 있는지 alert()를 통해 다음과 같이 출력되도록 자바스크립트 코드를 삽입하여 HTML 페이지를 수정하라.

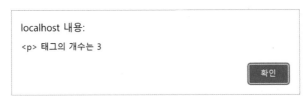

3. 다음은 예제 5-7을 수정하여 출력한 결과이다. 예제에 버튼(show/hide)을 추가하고 자바스크립트 코드를 삽입하여 버튼을 클릭하면 답이 보이게 하고, 다시 클릭하면 숨기도록 구현하였다. 웹 페이지를 작성하라.

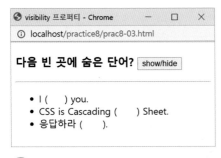
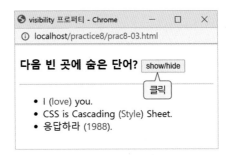

힌트 괄호 안은 모두 <span> 태그로 되어 있기 때문에, getElementsByTagName("span")으로 <span> 태그들을 찾고, CSS3의 visibility 프로퍼티의 값을 "hidden"이나 "visible"로 지정하면 된다.

4. 다음과 같이 계산식이 출력되고 '답'을 클릭하면 계산 결과를 출력하는 웹 페이지를 작성하고자 한다. HTML 소스의 빈칸을 채우고 HTML 페이지를 완성하라.

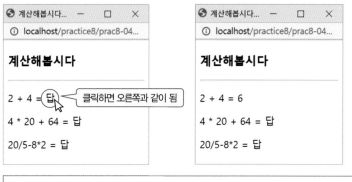

```
...
<p>2 + 4 = <span onclick="this._____=eval(2+4)">답</span><p>
<p>4 * 20 + 64 = <span onclick="this._____=eval(4*20+64)">답</span><p>
<p>20/5-8*2 = <span onclick="this._____=20/5-8*2">답</span><p>
...
```

힌트 빈칸은 모두 동일한 한 단어이다.

5. 다음 HTML 페이지를 출력하면 동일한 크기의 카드 4개가 겹쳐 있어, 맨 위에 배치된 카드만 보인다 (예제 5-6 참고). 이것은 각 카드 이미지의 z-index 스타일 프로퍼티 값을 다르게 설정하여 값이 클수록 위에 배치되도록 하였기 때문이다. 카드 이미지를 클릭하면 클릭된 카드가 맨 밑으로 들어가고 바로 밑의 카드가 나타나도록, 자바스크립트 코드를 작성하라.

```
<!DOCTYPE html>
<html>
<head>
<meta charset="utf-8"><title>z-index 스타일 프로퍼티</title>
<style>
div { position : absolute; }
img { position : absolute; }
</style>
</head>
<body>
<h3>z-index 스타일 프로퍼티</h3>
<hr>
<div>
    <img src="media/spade-A.png" width="100" height="140" alt="스페이드A">
    <img src="media/spade-2.png" width="100" height="140" alt="스페이드2">
    <img src="media/spade-3.png" width="100" height="140" alt="스페이드3">
    <img src="media/spade-7.png" width="100" height="140" alt="스페이드7">
</div>
```

⇨ 문제 5 계속

```
<script>
    // 여기에 자바스크립트 코드 작성
</script>
</body>
</html>
```

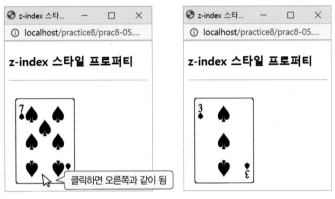

getElementsByTagName("img")로 <img> 태그를 모두 알아내어 z-index 스타일 프로퍼티 값을 0부터 1씩 증가시키면서 지정하고, left, top 프로퍼티를 모두 같게 하면 겹쳐 출력된다. 그리고 모두 동일한 자바스크립트 코드를 onclick 리스너로 등록 한다. onclick 리스너에서는 각 이미지의 z-index 값을 수정하여 밑의 카드가 보이게 한다.

6. DOM 객체의 innerHTML 프로퍼티를 다루는 연습을 해보자. 다음과 같이 <p></p> 태그로 출력된 텍스트에 마우스로 클릭하면, prompt() 창을 출력하고 사용자가 입력한 HTML 텍스트로 <p> 태그의 내용을 바꾸는 웹 페이지를 작성하라.

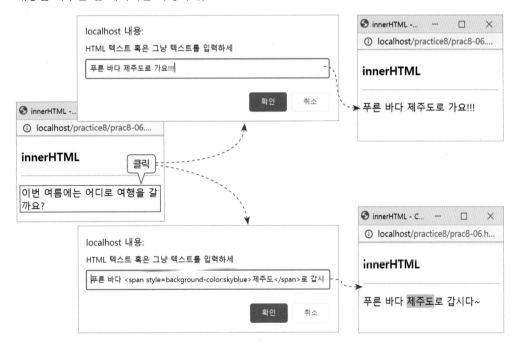

7. 이미지를 마우스로 클릭하면 이미지를 90도 회전시키는 웹 페이지를 작성하라.

(1) 클릭하면 한 번만 90도 회전하기

(2) 클릭할 때마다 90도씩 계속 회전하기

> **힌트** 5장 5절의 변환 CSS3 transform 프로퍼티를 참고하라. obj.style.transform="rotate(90deg)";는 obj를 90도 회전시킨 모양으로 출력한다.

8. 이미지를 클릭할 때마다 옆으로 2, 3, 4배로 확대하여 출력하는 웹 페이지를 작성하라.

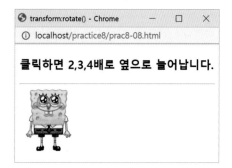

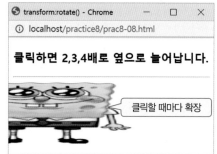

> **힌트** 5장 5절의 변환 CSS3 transform 프로퍼티를 참고하라. obj.style.transform="scale(2,1)";은 obj를 옆으로 2배 확대시킨 모양으로 출력한다.

9. 다음은 HTML 페이지와 브라우저의 출력 결과이다.

```
<!DOCTYPE html>
<html>
<head><meta charset="utf-8">
<title>라면을 끓이는 순서</title></head>
<body>
<h3>라면을 끓이는 순서</h3>
<hr>
<ol type="A" style="background-color:yellowgreen">
    <li>물을 끓인다.</li>
</ol>
</body>
</html>
```

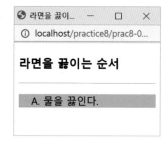

yellowgreen 색으로 칠해진 영역은 <ol>이 출력된 영역이다. 이 영역에 마우스로 클릭하면 다음과 같이 prompt() 함수를 출력하고, 사용자로부터 입력받은 문자열로 라면을 끓이는 순서를 하나씩 삽입하는 자바스크립트 코드를 삽입하라.

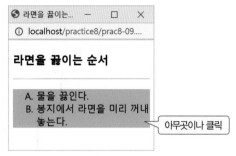

10. 다음 오른쪽 위 화면에서 답보기 버튼을 누르면 아래 화면과 같이 정답이 출력된다.

(1) 정답은 다음 코드에서 <p> 객체를 동적으로 생성하여 삽입한다. 코드를 완성하라.

```html
<!DOCTYPE html>
<html>
<head>
<meta charset="utf-8">
<title>DOM 객체 동적 삽입</title>
<script>
function addAnswer(obj, text) {
    // 이곳을 완성하라.
}
</script>
</head>
<body>
<h3>정답의 동적 삽입</h3>
<hr>
<div><p>Q. 거울아 거울아 세상에서 누가 제일 예쁘니?</p>
    <button onclick="addAnswer(this, '백설공주')">
    답보기</button>
</div>
<div><p>Q. 죽느냐 사느냐 어떤 것이 문제인가?</p>
    <button onclick="addAnswer(this, '둘다')">
    답보기</button>
</div>
</body>
</html>
```

(2) 문제 (1)의 코드를 수정하여 정답으로 출력된 '백설 공주'나 '둘다'를 클릭하면 정답이 다시 제거되게 하라.

09

이벤트 기초 및 활용

09 이벤트 기초 및 활용

1. 이벤트

이벤트 개요

이벤트(event)란 그림 9-1과 같이 마우스 클릭, 키보드 입력, 이미지나 HTML 문서의 로딩, 타임 아웃 등 사용자의 입력 행위, 문서나 브라우저의 상태 변화를 브라우저가 자바스크립트 코드에게 알리는 통지(notification)이다.

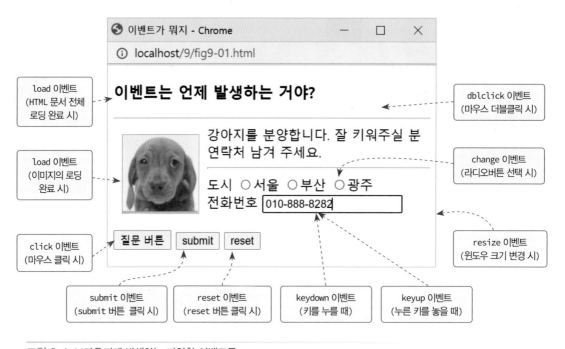

그림 9-1 브라우저에 발생하는 다양한 이벤트들

이벤트 리스너 　　발생한 이벤트에 적절히 대처하기 위해 작성된 자바스크립트 코드를 이벤트 리스너(event listener)라고 부른다. 이벤트가 발생하지 않으면 브라우저 화면에는 아무 변화도 없다. 그림

9-1을 보자. 다양한 이벤트가 발생하는 상황을 볼 수 있다. 이벤트가 발생하면 브라우저는 개발자가 작성한 이벤트 리스너 코드를 호출하여 이벤트를 처리하도록 한다. 이벤트를 이용하면 이벤트가 발생하는 각 상황에서 웹 페이지를 동적으로 변화시킬 수 있다.

HTML 태그, DOM 객체, HTML 객체

이벤트를 다루기 전에 용어를 정리하고 넘어가자. HTML 페이지에 작성된 각 HTML 태그는 브라우저에 의해 DOM 객체로 바뀌고 화면에 출력된다. 그러므로 "이벤트가 HTML 태그에 발생한다", "DOM 객체에 이벤트가 발생한다", "객체에 이벤트가 발생한다"는 모두 같은 뜻이다. 또한 이 책에서 이벤트를 설명할 때 상황에 따라 다음 용어를 혼용하여 사용하므로 기억하기 바란다.

> HTML 태그, DOM 객체, HTML 객체

이벤트 종류

HTML5 표준 이벤트는 70개 남짓하다. 표 9-1은 이벤트 리스너의 종류와 발생하는 경우에 대해 간단히 설명한다. 이벤트 리스너의 이름은 이벤트 이름 앞에 on을 덧붙인다. 예를 들어 mousedown 이벤트의 리스너는 onmousedown이며, keydown 이벤트의 리스너는 onkeydown이다.

mousedown

onmousedown

표 9-1 주요 이벤트 리스너

이벤트 리스너	이벤트가 발생하는 경우
onkeydown	사용자가 아무 키가 누르는 순간
onkeypress	사용자가 알파뉴메릭 키를 누르는 순간
onkeyup	사용자가 누른 키를 놓는 순간
onclick	사용자가 객체에 클릭할 때
oncontextmenu	객체에 오른쪽 마우스 버튼이 클릭될 때. 컨텍스트 메뉴를 출력하고자 할 때
ondblclick	객체에 더블 클릭될 때
onmousedown	객체에 마우스 버튼이 눌러지는 순간
onmouseenter	마우스 커서가 객체 영역 안으로 들어가는 순간
onmouseleave	마우스 커서가 객체 영역에서 벗어나는 순간
onmousemove	객체 위에서 마우스가 움직이는 동안 계속 발생
onmouseover	마우스 커서가 객체 영역(자식들도 포함) 안으로 들어가는 순간
onmouseout	마우스 커서가 객체 영역(자식들도 포함)에서 벗어나는 순간
onmouseup	눌러진 마우스 버튼을 놓는 순간
onwheel	마우스 휠을 굴리는 매 순간. onmousewheel은 폐기되었음
onabort	이미지나 문서의 로딩이 중단된 경우

표 9-1 계속

onerror	문서나 이미지, 리소스 로딩 시 오류가 발생할 때
onload	문서나 이미지의 로딩이 완료된 직 후
onresize	윈도우, 프레임 혹은 객체의 크기가 변경될 때
onunload	웹 페이지가 언로드된 후
onbeforeprint	웹 페이지 프린트나 미리보기를 시작하기 직전
onafterprint	웹 페이지 프린트를 끝냈거나 미리보기를 마치고 돌아갈 때
onfocus	객체가 포커스를 가지게 되었을 때
onblur	객체가 포커스를 잃을 때
onchange	`<input>`, `<keygen>`, `<select>`, `<textarea>`의 텍스트나 선택된 내용, 체크 상태 등이 변할 때
onreset	사용자가 폼의 reset 버튼을 누르거나 자바스크립트 코드로 폼을 리셋시켰을 때, 폼의 모든 요소들이 초기 상태로 리셋될 때
onsearch	`<input type="search">`에 검색 텍스트를 입력하고 `<Enter>` 키를 누를 때
onselect	`<textarea>`나 `<input type="text|password">`에 입력된 텍스트를 사용자가 선택할 때(예를 들어 마우스로 긁어 선택하는 경우)
onsubmit	사용자가 submit 버튼을 클릭하여 폼을 전송할 때. 자바스크립트 코드로 form 객체의 submit() 메소드를 호출할 때는 이벤트 발생 않음

이벤트 리스너 만들기

자바스크립트 코드로 이벤트 리스너를 작성하는 방법은 다음 3가지이다.

- HTML 태그 내에 작성
- DOM 객체의 이벤트 리스너 프로퍼티에 작성
- DOM 객체의 addEventListener() 메소드 이용

HTML 태그 내에 이벤트 리스너 작성

HTML 태그의 이벤트 리스너 속성에 리스너 코드를 직접 작성할 수 있다. 다음은 사용자가 `<p>` 태그에 마우스를 올리면 배경을 orchid 색으로, 내리면 흰색으로 변경하는 onmouseover, onmouseout 리스너를 작성한 사례이다.

```
<p onmouseover="this.style.backgroundColor='orchid'"
   onmouseout="this.style.backgroundColor='white'">마우스 올리면 orchid 색으로 변경
</p>
```

이 방법은 리스너 코드가 짧은 경우 적합하다.

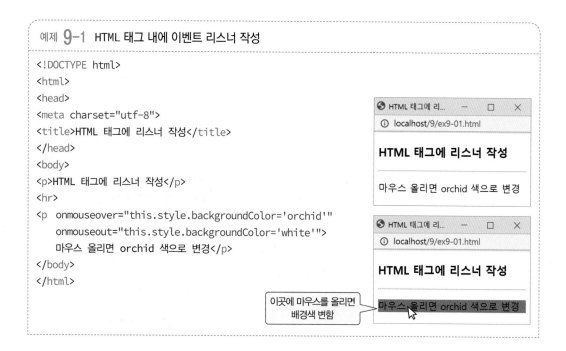

예제 9-1 HTML 태그 내에 이벤트 리스너 작성

```
<!DOCTYPE html>
<html>
<head>
<meta charset="utf-8">
<title>HTML 태그에 리스너 작성</title>
</head>
<body>
<p>HTML 태그에 리스너 작성</p>
<hr>
<p  onmouseover="this.style.backgroundColor='orchid'"
    onmouseout="this.style.backgroundColor='white'">
    마우스 올리면 orchid 색으로 변경</p>
</body>
</html>
```

이곳에 마우스를 올리면
배경색 변함

DOM 객체의 이벤트 리스너 프로퍼티에 리스너 등록

DOM 객체의 이벤트 리스너 프로퍼티에 이벤트 리스너 코드를 작성할 수 있다. 다음과 같이 `<p>` 태그가 있다고 하자.

```
<p id="p">마우스 올리면 orchid 색으로 변경</p>
```

함수 over()를 다음과 같이 작성하고,

```
function over() {  // onmouseover 리스너로 작성한 함수
    ...
}
```

over() 함수를 객체 p의 onmouseover 리스너로 등록한다.

```
let p = document.getElementById("p");
p.onmouseover = over;  // onmouseover 리스너로 over() 함수 등록
```

이때, 함수이 이름만 등록해야 한다. 다음은 잘못된 이벤트 리스너 등록 사례이다.

오류
잘못된
이벤트 리스너
등록

```
p.onmouseover = over();  // 오류
```

이 예제는 예제 9-1을 수정하여, DOM 객체의 이벤트 리스너 프로퍼티에 리스너 함수를 등록하였다. 코드에서 <body onload="init()">은 문서가 완전히 로드되면(load 이벤트 발생) init()함수를 호출한다. init() 이 리스너 함수 over()와 out()를 등록한다.

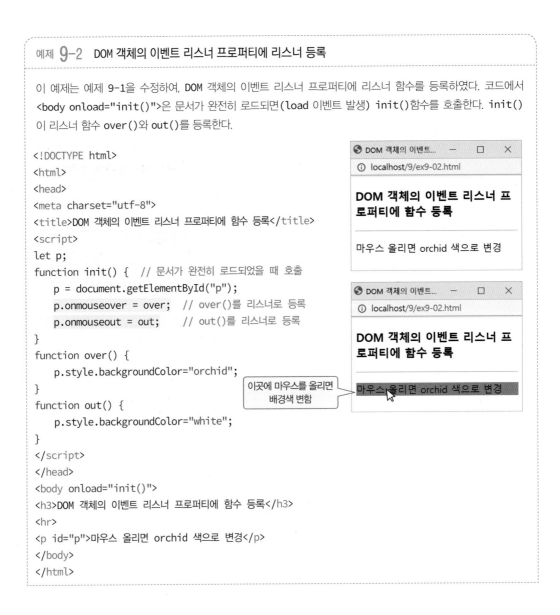

```html
<!DOCTYPE html>
<html>
<head>
<meta charset="utf-8">
<title>DOM 객체의 이벤트 리스너 프로퍼티에 함수 등록</title>
<script>
let p;
function init() {  // 문서가 완전히 로드되었을 때 호출
    p = document.getElementById("p");
    p.onmouseover = over;  // over()를 리스너로 등록
    p.onmouseout = out;    // out()를 리스너로 등록
}
function over() {
    p.style.backgroundColor="orchid";
}
function out() {
    p.style.backgroundColor="white";
}
</script>
</head>
<body onload="init()">
<h3>DOM 객체의 이벤트 리스너 프로퍼티에 함수 등록</h3>
<hr>
<p id="p">마우스 올리면 orchid 색으로 변경</p>
</body>
</html>
```

이곳에 마우스를 올리면 배경색 변함

DOM 객체의 addEventListener() 메소드 활용

W3C의 표준 방법으로서 DOM 객체의 addEventListener() 메소드로 리스너를 등록할 수 있다.

> *addEventListener(eventName, listener[, useCapture])*
>
> • eventName : 이벤트 타입을 나타내는 문자열. click, load, keydown 등
> • listener : 이벤트 리스너로 등록할 함수 이름
> • useCapture : true이면 이벤트 흐름 중 캡쳐 단계에서 실행될 리스너(listener 함수) 등록.
>   false이면 버블 단계에서 실행될 리스너 등록. 생략 가능하며 디폴트는 false.
>   이벤트 흐름은 3절에서 자세히 설명
>
> listener 함수를 eventName의 이벤트를 처리할 리스너로 등록한다.

addEventListener()를 사용하여 함수 over()를 객체 p의 onmouseover 리스너로 등록하는
코드는 다음과 같이 작성한다. 다른 방법과 달리, addEventListener()를 사용하면 등록한 리스
너를 removeEventListener() 메소드를 이용하여 제거할 수 있고, 동일한 이벤트 리스너에 여   여러 함수 중복 등록
러 함수를 중복하여 등록할 수 있다.

```
p.addEventListener("mouseover", over);    // onmouseover 리스너로 over() 함수 등록
```
on 없이 이벤트 이름만 사용

예제 **9-3** addEventListener() 사용

```
<!DOCTYPE html>
<html>
<head>
<meta charset="utf-8">
<title>addEventListener()를 이용한 리스너 등록</title>
<script>
let p;
function init() { // 문서가 완전히 로드되었을 때 호출
    p = document.getElementById("p");
    p.addEventListener("mouseover", over); // 리스너 등록
    p.addEventListener("mouseout", out);   // 리스너 등록
}
function over() {
    p.style.backgroundColor="orchid";
}
function out() {
    p.style.backgroundColor="white";
}
</script>
</head>
<body onload="init()">
<h3>addEventListener()를 이용한 리스너 등록</h3>
<hr>
<p id="p">마우스 올리면 orchid 색으로 변경</p>
</body>
</html>
```

이곳에 마우스를 올리면
배경색 변함

addEventListener()를 이용한
리스너 등록

마우스 올리면 orchid 색으로 변경

addEventListener()를 이용한
리스너 등록

마우스 올리면 orchid 색으로 변경

잠깐! addEventListener()로 여러 리스너 함수 등록 ○

addEventListener()의 이름에 add가 사용된 이유는 동일한 이벤트에 대해 여러 개의 리스너를 중복 등록할 수 있기
때문이다. 리스너들은 등록된 순서대로 호출된다. 다음 코드는 두 개의 함수를 onmouseover 리스너로 등록한 경우로,
mouseover 이벤트가 발생하면 func1(), func2()가 순서대로 호출된다.

```
p.addEventListener("mouseover", func1); // 함수 func1()을 onmouseover 리스너로 등록
p.addEventListener("mouseover", func2); // 함수 func2()를 onmouseover 리스너로 추가 등록
```

attachEvent()는 오래전부터 익스플로러에서 이벤트 리스너를 등록하는 방법으로 사용되어 왔지만 익스플로러 11 버전부터는 폐기하였고 W3C의 표준인 addEventListener()를 사용하도록 권고하고 있다.

익명 함수로 이벤트 리스너 작성

익명 함수 **익명 함수**(anonymous function)란 함수의 이름 없이 필요한 곳에 함수의 코드를 바로 작성하는 방법이다. 다음은 앞의 p 객체의 onmouseover에 등록한 리스너 코드를 익명 함수로 만든 사례이다.

```
p.onmouseover = function () { this.style.backgroundColor = "orchid"; };
p.addEventListener("mouseover",
                   function () { this.style.backgroundColor = "orchid"; } );
```
익명 함수

코드가 짧거나 한 곳에서만 사용하는 경우 익명 함수가 편리하다.

예제 **9-4** 익명 함수로 이벤트 리스너 작성

```html
<!DOCTYPE html>
<html>
<head>
<meta charset="utf-8">
<title>익명 함수로 이벤트 리스너 작성</title>
<script>
let p;
function init() {      // 문서가 완전히 로드되었을 때 호출
    p = document.getElementById("p");
    p.onmouseover = function () {      익명 함수
        this.style.backgroundColor = "orchid";
    };
    p.addEventListener("mouseout",
        function () {      익명 함수
            this.style.backgroundColor = "white";
        }
    );
}
</script>
</head>
<body onload="init()">
<h3>익명 함수로 이벤트 리스너 작성</h3>
<hr>
<p id="p">마우스 올리면 orchid 색으로 변경</p>
</body>
</html>
```

익명 함수로 이벤트... □ ×
ⓘ localhost/9/ex9-04.html

익명 함수로 이벤트 리스너 작성

마우스 올리면 orchid 색으로 변경

익명 함수로 이벤트... □ ×
ⓘ localhost/9/ex9-04.html

익명 함수로 이벤트 리스너 작성

이곳에 마우스를 올리면 배경색 변함 → 마우스 올리면 orchid 색으로 변경

2. 이벤트 객체

이벤트 객체란?

이벤트가 발생하면, 브라우저는 발생한 이벤트에 관련된 다양한 정보를 담은 이벤트 객체(event object)를 만들어 이벤트 리스너에 전달한다. 예를 들어 mousedown 이벤트의 경우 이벤트 객체에 담겨지는 정보는 마우스 좌표와 버튼 번호 등이며, keydown 이벤트의 경우 키 코드 값, <Shift> 키가 눌러졌는지, <Alt> 키가 함께 눌러졌는지 등의 정보이다.

이벤트에 관련된 다양한 정보

이벤트 리스너는 이벤트 객체의 프로퍼티 값을 통해 발생한 이벤트에 관한 자세한 사항을 알 수 있다.

이벤트가 처리되고 나면 이벤트 객체는 소멸된다(3절의 이벤트 흐름 참조). 이벤트가 연이어 발생할 수 있지만 브라우저는 한 개의 이벤트를 완전히 처리한 후 다음 이벤트를 처리하므로, 이벤트 리스너의 실행 중에는 오직 한 개의 이벤트 객체만 존재한다.

이벤트 객체 소멸

이벤트 객체 전달받기

이벤트 리스너가 이벤트 객체를 전달받는 방법은 3가지가 있다. W3C 표준에서 이벤트 객체는 이벤트 리스너 함수의 첫 번째 매개변수로 전달된다. 하지만 이벤트 리스너를 작성하는 방법에 따라 약간씩 다르므로 경우별로 알아보자.

1. 이름을 가진 이벤트 리스너 함수의 경우

이벤트 리스너 함수는 다음과 같이 첫 번째 매개변수를 통해 이벤트 객체를 전달받을 수 있다. 매개변수 이름은 e 대신 마음대로 붙여도 된다.

```
function f(e) {    // 매개변수 e에 이벤트 객체를 전달받음. e는 생략 가능
   ...
}
obj.onclick = f;  // obj 객체의 onclick 리스너로 함수 f 등록
```

2. 익명 함수의 경우

익명 함수 경우에도 다음과 같이 첫 번째 매개변수(e)를 통해 이벤트 객체를 전달받는다.

```
obj.onclick = function(e) {  // 매개법수 e에 이벤트 객체를 진틸받음. e는 생략 가능
   ...
}
```

3. HTML 태그의 리스너 경우

event   HTML 태그에 리스너를 만드는 경우 이벤트 객체는 **event**라는 이름으로 전달된다.

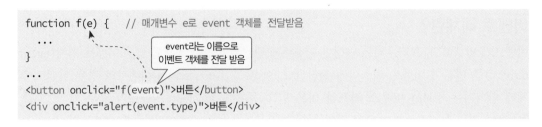

```
function f(e) {    // 매개변수 e로 event 객체를 전달받음
    ...
}
...
<button onclick="f(event)">버튼</button>
<div onclick="alert(event.type)">버튼</div>
```

event라는 이름으로
이벤트 객체를 전달 받음

예제 9-5 이벤트 리스너에서 이벤트 객체 전달 받기

이 예제는 이벤트 객체를 전달받아 이벤트 타입을 출력하는 코드를 보여준다. 함수 f()를 <button>의 onclick 리스너로, 그리고 <p>의 onmouseover 리스너로 중복 등록하였다.

```
<!DOCTYPE html>
<html>
<head>
<meta charset="utf-8">
<title>이벤트 객체 전달받기</title>
</head>
<body>
<p id="p">이곳에 마우스를 올려 보세요</p>
<button onclick="f(event)">클릭하세요</button>
<script>
function f(e) {  // e는 현재 발생한 이벤트 객체
    alert(e.type);  // 이벤트 종류 출력
}

document.getElementById("p").onmouseover = f;
</script>
</body>
</html>
```

e.type은 발생한
이벤트 종류

텍스트 위 아무 곳이나
마우스를 올릴 때

이곳에 마우스를 올려 보세요

localhost 내용:
mouseover
확인

이곳에 마우스를 올려 보세요

localhost 내용:
click
확인

잠깐! window.event는 표준이 아님

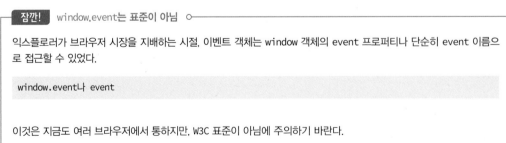

익스플로러가 브라우저 시장을 지배하는 시절, 이벤트 객체는 window 객체의 event 프로퍼티나 단순히 event 이름으로 접근할 수 있었다.

```
window.event나 event
```

이것은 지금도 여러 브라우저에서 통하지만, W3C 표준이 아님에 주의하기 바란다.

이벤트 객체에 들어 있는 정보

이벤트 객체에는 발생한 이벤트에 관한 정보를 담고 있는 프로퍼티들과 이벤트의 흐름 등을 제어하는 여러 메소드가 들어 있으며 이벤트의 종류에 따라 프로퍼티와 메소드도 조금씩 다르다. 예를 들어 mousedown 이벤트의 경우 마우스 위치, 마우스 버튼 번호 등이 이벤트 객체에 저장되지만, keydown 이벤트의 경우 키 정보가 저장된다. W3C 표준에서 정한 이벤트 객체들의 공통 멤버들은 표 9-2와 같다.

이벤트 타겟과 target 프로퍼티

target 프로퍼티는 이벤트 타겟 객체를 가리킨다. 이벤트 타겟(event target)이란 <mark>이벤트를 유발시킨 객체</mark>(태그)이다. 예를 들어 브라우저 화면에서 <button> 태그를 클릭하였다면 click 이벤트의 타겟은 button 객체이다.

이벤트를 유발시킨 객체

target과 유사한 것으로 currentTarget 프로퍼티는 이벤트가 흘러가는 경로 상에 있는 DOM 객체 중 현재 이벤트 리스너를 실행하고 있는 DOM 객체를 가리킨다. 뒤의 '3. 이벤트 흐름' 절을 참고하라.

예제 9-6 이벤트 객체의 프로퍼티 출력

이 예제는 이벤트 객체의 프로퍼티를 알아보기 위해 <button> 태그를 클릭하여 click 이벤트를 발생시키고 click 이벤트 객체의 프로퍼티를 출력하였다.

```
<!DOCTYPE html>
<html>
<head>
<meta charset="utf-8">
<title>이벤트 객체 프로퍼티</title>
</head>
<body>
<h3>이벤트 객체의 프로퍼티 출력</h3>
<hr>
<p id="p">버튼을 클릭하면 이벤트 객체를 출력합니다.</p>
<button onclick="f(event)">클릭하세요</button>
<script>
function f(e) {  // e는 현재 발생한 이벤트 객체
    let text = "type: " + e.type + "<br>"
        + "target: " + e.target + "<br>"
        + "currentTarget: " + e.currentTarget + "<br>"
        + "defaultPrevented: " + e.defaultPrevented;

    let p = document.getElementById("p");
    p.innerHTML = text;  // 이벤트 객체의 프로퍼티 출력
}
</script>
</body></html>
```

표 9-2 이벤트 객체들의 공통 멤버(프로퍼티는 모두 읽기 전용)

멤버	종류	설명
type	프로퍼티	현재 발생한 이벤트의 종류를 나타내는 문자열(click, load 등)
target	프로퍼티	이벤트를 발생시킨 객체(DOM 객체 혹은 HTML 태그)
currentTarget	프로퍼티	현재 이벤트 리스너를 실행하고 있는 DOM 객체
defaultPrevented	프로퍼티	이벤트의 디폴트 행동이 취소되었는지를 나타내는 true/false 값
preventDefault()	메소드	이벤트의 디폴트 행동을 취소시키는 메소드

이벤트의 디폴트 행동 취소, preventDefault( )

디폴트 행동   HTML 태그 중 몇몇은 특정 이벤트에 대해 디폴트 행동(default action)을 한다. 예를 들면, <a> 태그를 클릭하면 웹 페이지를 로드하는 것이나, submit 버튼을 클릭하면 폼 데이터를 웹 서버로 전송하는 것이나, reset 버튼을 클릭하면 폼을 초기화하는 것들이다. 자바스크립트로 이러한 디폴트 행동이 일어나지 않게 할 수 있는데 2가지 방법이 있다. <a> 태그의 사례를 들어 보자.

첫째, 이벤트 리스너에서 false를 리턴하면 디폴트 행동을 취소 시킬 수 있다. 다음은 링크를 클릭해도 네이버에 접속하지 않는다.

return false

```
<a href="http://www.naver.com" onclick="return false">이동 안되는 링크</a>
```

<a>를 클릭할 때의 디폴트 행동 취소

다른 사례로서 체크 박스를 클릭하면 디폴트 행동으로 체크가 이루어진다. 체크 박스 클릭시 onclick 리스너가 호출되므로 다음과 같이 하면 클릭해도 체크가 이루어지지 않게 할 수 있다.

```
<input type="checkbox" onclick="return false">체크 안되는 체크 박스
```

false를 리턴하는 것은 고전적인 방법으로 상황에 따라 작동하지 않을 수 있다. 확실한 방법은 다음 두 번째 방법이다.

둘째, 이벤트 객체의 preventDefault()를 호출하면 된다.

event.preventDefault()

```
<a href="http://www.naver.com" onclick="event.preventDefault()">이동 안되는 링크</a>
```

현재 발생한 이벤트의 디폴트 행동 취소

> **잠깐!** 모든 이벤트의 디폴트 행동을 금지시킬 수 있는가?
>
> 모든 이벤트에 대해 디폴트 행동을 취소할 수 있는 것은 아니다. 이벤트 객체의 cancelable 프로퍼티가 true인 경우만 취소 가능하다. 객체마다 디폴트 행동이 다양하므로 자세한 것은 브라우저 매뉴얼을 참고하기 바란다.

이 예제는 `<a>` 태그와 `<input type="checkbox">` 태그를 클릭하였을 때, 디폴트 행동을 취소시키는 사례를 보여준다. `<a>`의 경우 링크를 클릭하면 `confirm()` 창을 열어 사용자로부터 네이버로 이동할지를 묻고 사용자가 '취소'를 선택하면 `false`를 리턴하여 네이버로 이동하지 못하게 하였다. `<input type="checkbox">` 태그의 경우 이벤트 객체의 `preventDefault()`를 호출하여 체크가 일어나지 않게 하였다.

```html
<!DOCTYPE html>
<html>
<head>
<meta charset="utf-8">
<title>이벤트의 디폴트 행동 취소</title>
<script>
function query() {
    let ret = confirm("네이버로 이동하시겠습니까?");
    return ret; // confirm()의 리턴 값은 true 또는 false
}

function noAction(e) {
    e.preventDefault(); // 이벤트의 디폴트 행동 강제취소
}
</script>
</head>
<body>
<h3>이벤트의 디폴트 행동 취소</h3>
<hr>
<a href="http://www.naver.com"
    onclick="return query()">
    네이버로 이동할 지 물어보는 링크</a>
<hr>
<form>
    <input type="checkbox">빵(체크 됨)<br>
    <input type="checkbox"
        onclick="noAction(event)">술(체크 안됨)
</form>
</body>
</html>
```

취소 버튼을 누르면
네이버로 이동하지 않음

3. 이벤트 흐름

이벤트 흐름과 이벤트 리스너

발생한 이벤트는 타겟 객체에 전달된다. 하지만 이벤트가 단번에 타겟 객체로 전달되고 사라지는 것은 아니다. 발생한 이벤트는 window 객체로부터 DOM 트리를 타고 중간 DOM 객체들을 거쳐 타겟 객체로 흘러가고, 다시 반대 방향으로 이동하여 window 객체에 도달한 후 없어진다. 이

이벤트 흐름   과정을 이벤트 흐름(event propagation)이라고 부른다. 이벤트가 흘러가는 경로에 있는 모든 DOM 객체들에게 순서대로 이벤트 객체가 전달되며 DOM 객체에 이벤트 리스너가 작성되어 있으면 모두 실행된다. W3C에서는 이벤트 흐름을 다음 2개의 과정으로 나누어 설명한다.

캡쳐 단계(capturing phase)

window에서 타겟 객체까지 이벤트 객체가 전파되는 과정이다. window와 중간에 있는 모든 DOM 객체들을 거쳐 타겟 객체에 이벤트 객체가 전달된다. 캡쳐 단계에서 실행되도록 작성된 이벤트

캡쳐 리스너   리스너가 있다면 흐름순으로 실행된다. 캡쳐 단계에서 실행되도록 작성된 리스너를 캡쳐 리스너라고 부른다.

버블 단계(bubbling phase)

이제 다시 타겟 객체에서 거꾸로 window까지 이벤트 객체가 전파되는 과정이 진행된다. 버블 단계에서 실행되도록 작성된 이벤트 리스너가 있다면 순서대로 실행된다. 버블 단계에서 실행되도

버블 리스너   록 작성된 이벤트 리스너를 버블 리스너라고 부른다.

    DOM 객체들은 동일한 이벤트에 대해 캡쳐 리스너와 버블 리스너를 모두 가질 수 있다.

이벤트 흐름 사례

그림 9-2는 사용자가 <input type="button">으로 만들어진 버튼을 클릭하였을 때, click 이벤트의 흐름을 보여준다. 그림 9-2(b)에서 클릭된 버튼이 이벤트 타겟이다.

이벤트 캡쳐 단계

click 이벤트는 window에서 DOM 트리를 따라 window, document, html, body, form 객체를 거

이벤트 타겟   쳐 이벤트 타겟인 input 객체에 도달한다. 만일 window, document, html, body, form 객체와 input 객체에 onclick 캡쳐 리스너가 있으면 순서대로 실행된다.

이벤트 버블 단계

다시 click 이벤트는 타겟 객체에서 DOM 트리를 따라 window까지 거꾸로 전파된다. 전파 도중 DOM 객체에 onclick 버블 리스너가 있으면 실행된다. window 객체에 도달한 후 click 이벤트는 사라진다.

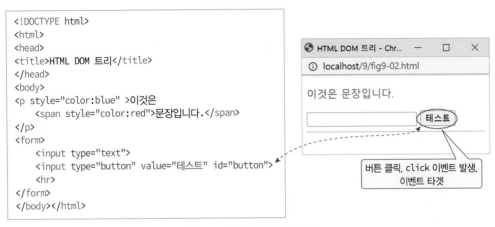

(a) HTML 페이지와 브라우저 출력

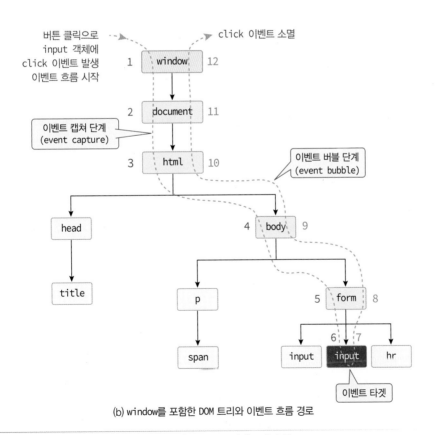

(b) window를 포함한 DOM 트리와 이벤트 흐름 경로

그림 9-2 캡처 단계, 이벤트 버블 단계로 구성되는 click 이벤트의 흐름

초기 브라우저와 자바스크립트를 만든 넷스케이프사(Netscape)는 이벤트가 window에서 타겟 객체로 흘러가도록 이벤트 캡쳐 모델을 만들었다. 그 후 마이크로소프트는 이와 반대로 타겟 객체에 먼저 이벤트가 도달하고 window까지 흘러가는 이벤트 버블 모델을 익스플로러(Internet Explorer)에 사용하였다. 그래서 웹 페이지를 작성할 때 넷스케이프와 익스플로러에서 이벤트를 처리하는 자바스크립트 코드를 모두 만들고, 브라우저를 탐지하여 적절한 코드가 실행되도록 하였다.

최근 W3C에서 브라우저들의 이벤트 흐름 모델을 통일하기 위해. 이벤트 캡쳐와 버블을 결합한 이벤트 흐름 표준을 만들었고 대부분의 브라우저들이 W3C의 표준 모델을 지원하고 있다.

캡쳐 리스너와 버블 리스너

하나의 DOM 객체는 캡쳐 리스너와 버블 리스너를 모두 가질 수 있다. 그러므로 이벤트 리스너를 등록할 때 캡쳐 리스너인지 버블 리스너인지 분명히 지정하여야 한다. addEventListener()의 경우, 3번째 매개 변수가 true이면 캡쳐 리스너로, false이면 버블 리스너로 등록한다. 3번째 매개 변수가 생략되면 false가 전달된 것으로 처리된다. 예를 들어보자. 다음 코드는 button 객체에 click 이벤트가 흘러오게 되면, 캡쳐 단계에서는 capFunc() 함수를, 버블 단계에서는 bubbleFunc() 함수를 실행하도록 등록한다.

addEventListener()

```
let b = document.getElementById("button");
b.addEventListener("click", capFunc, true);      // 캡쳐 단계에서 capFunc() 실행
b.addEventListener("click", bubbleFunc, false);  // 버블 단계에서 bubbleFunc() 실행
```

addEventListener() 외 다른 방법으로 이벤트 리스너를 등록하는 경우 버블 리스너로 자동 등록된다.

표 9-3 이벤트 객체의 멤버 중 이벤트의 흐름과 관계된 멤버

멤버	종류	설명
cancelable	프로퍼티	디폴트 행동 취소 가능한 이벤트 여부. true/false 값
stopPropagation()	메소드	객체에 등록된 리스너들 모두 실행 후 이벤트 흐름 중단
stopImmediatePropagation()	메소드	현재 리스너만 실행하고 이벤트 흐름 즉각 중단

나를 깨우는 이벤트는 자명종 소리야

capture()와 bubble() 함수를 작성하고 <input type="button">에는 함수 bubble()을 click 이벤트의 버블 리스너로 달고, <body>에는 capture()와 bubble() 함수를 각각 캡처 리스너와 버블 리스너에 달았다. 그림 9-3은 리스너가 등록된 모양을 보여준다. 버튼을 클릭하면, <body>에 등록한 capture() 함수가 먼저 실행된다. 그리고 버블 단계에서 <input type="button">에 등록한 bubble() 함수가 실행된다. 그리고 나서 <body>에 등록된 bubble() 함수가 실행된다.

```
<!DOCTYPE html>
<html>
<head><meta charset="utf-8"><title>이벤트 흐름</title></head>
<body>
<p style="color:blue">이것은
    <span style="color:red" id="span">문장입니다.</span>
</p>
<form>
    <input type="text" name="s">
    <input type="button" value="테스트" id="button">
    <hr>
</form>
<div id="div" style="color:green"></div>
<script>
let div = document.getElementById("div");  // 이벤트 메시지 출력 공간
let button = document.getElementById("button");

// body 객체에 캡처 리스너 등록
document.body.addEventListener("click", capture, true);  // 캡처 단계(1)

// 타겟 객체에 버블 리스너 등록
button.addEventListener("click", bubble, false);  // 버블 단계(2)

// body 객체에 버블 리스너 등록
document.body.addEventListener("click", bubble, false);  // 버블 단계(3)

function capture(e) {  // e는 이벤트 객체
    let obj = e.currentTarget;  // 현재 이벤트를 받은  DOM 객체
    let tagName = obj.tagName;  // 태그 이름
    div.innerHTML += "<br>capture 단계 : " + tagName + " 태그 " + e.type + "이벤트";
}

function bubble(e) { // e는 이벤트 객체
    let obj = e.currentTarget;  // 현재 이벤트를 받은  DOM 객체
    let tagName = obj.tagName;  // 태그 이름
    div.innerHTML += "<br>bubble 단계 : " + tagName + " 태그 " + e.type + "이벤트";
}
</script>
</body>
</html>
```

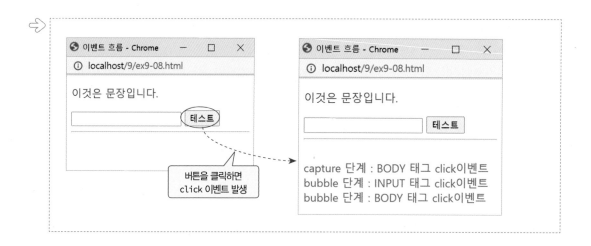

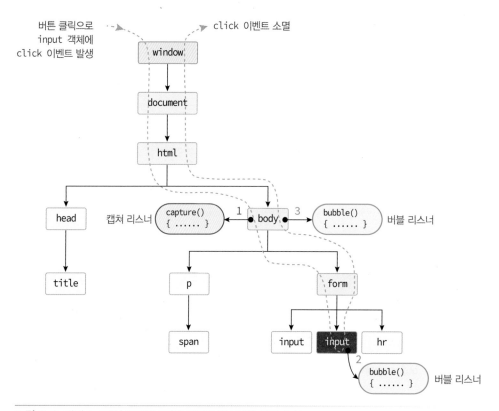

그림 9-3 예제 9-8에서 등록된 3개의 이벤트 리스너와 실행 순서

잠깐! 이벤트 흐름은 항상 일어나는가? NO

모든 이벤트에 대해 캡처 단계는 항상 진행되지만, 이벤트에 따라 버블 단계는 생략되기도 한다. 버블 단계가 생략되는 대표적인 이벤트가 blur와 focus이다.

이벤트 흐름을 중단시킬 수 있는가? YES

이벤트가 흘러가는 도중 임의의 리스너에서 다음과 같이 이벤트 객체의 **stopPropagation()** 메 stopPropagation()
소드를 호출하면 이벤트는 더 이상 전파되지 않고 사라진다.

```
event.stopPropagation();   // event가 이벤트 객체일 때
```

다음은 예전에 사용한 방법으로 표준이 아니니 사용하지 않는 것이 좋다.

표준 아님

```
event.cancelBubble = true;
```

> **잠깐!** 캡처와 버블 리스너중 어떤 것이 좋을까?
>
> DOM 객체는 캡처 리스너와 버블 리스너를 모두 가질 수 있지만, 대부분 개발자들은 한 개의 리스너만 작성한다. 익스플 로러에 익숙해서 그런지 현재 많은 웹 개발자들이 버블 리스너를 선호한다.

4. 마우스 핸들링

이 절에서는 웹 페이지 개발에 가장 많이 활용되는 마우스 관련 이벤트를 다루고자 한다.

마우스 이벤트 객체의 프로퍼티

마우스 관련 이벤트가 발생할 때 이벤트 객체에는 표 9-4와 같이 마우스 포인터의 위치, 클릭된 버튼 등의 정보가 담겨 있다.

표 9-4 마우스 이벤트 객체의 프로퍼티

프로퍼티	
x, y	(x, y)는 타겟 객체의 부모 객체 내에서의 마우스 좌표
clientX, clientY	(clientX, clientY)는 브라우저 윈도우의 문서출력 영역 내에서의 마우스 좌표
screenX, screenY	(screenX, screenY)는 스크린을 기준으로 한 마우스 좌표
offsetX, offsetY	(offsetX, offsetY)는 타겟 객체 내에서의 마우스 좌표

표 9-4 계속

button	눌러진 마우스 버튼 • 0 : 아무 버튼도 눌러지지 않았음 • 1 : 왼쪽 버튼이 눌러졌음 • 2 : 오른쪽 버튼이 눌러졌음 • 3 : 왼쪽, 오른쪽 버튼이 모두 눌러졌음 • 4 : 중간 버튼이 눌러졌음
wheelDelta	마우스 휠이 구른 방향 • 양수 : 위쪽으로 굴린 경우(실제 wheelDelta 값은 120) • 음수 : 아래쪽으로 굴린 경우(실제 wheelDelta 값은 -120)

onclick과 ondblclick

onclick은 사용자가 HTML 태그를 클릭하였을 때, ondblclick은 더블클릭하였을 때 실행하는 이벤트 리스너이다. 이들은 모든 HTML 태그에 적용된다.

예제 9-9 onclick 리스너로 계산기 만들기

계산 버튼을 누르면 입력 받은 수식을 계산하여 출력하는 간단한 계산기 페이지를 작성하라.

```
<!DOCTYPE html>
<html>
<head>
<meta charset="utf-8"><title>onclick</title>
<script>
function calculate() {
    let exp = document.getElementById("exp");
    let result = document.getElementById("result");
    result.value = eval(exp.value);
}
</script>
</head>
<body >
<h3> onclick, 계산기 만들기</h3>
<hr>
계산하고자 하는 수식을
입력하고 계산 버튼을 눌러봐요.
<br><br>
<form>
식 <input type="text" id="exp" value=""><br>
값 <input type="text" id="result">
<input type="button" value=" 계산  "
        onclick="calculate()">
</form>
</body>
</html>
```

onclick, 계산기 만들기

계산하고자 하는 수식을 입력하고 계산 버튼을 눌러봐요.

식 `3*5-2*5/4`
값 `12.5` 계산

---

onmousedown, onmouseup, onmouseover, onmouseout, onmouseenter, onmouseleave, onwheel

마우스와 관련된 이벤트 리스너가 호출되는 경우는 다음과 같다.

- onmousedown : HTML 태그에 마우스 버튼을 누르는 순간
- onmouseup : 눌러진 마우스 버튼이 놓여지는 순간
- onmouseover : 마우스가 HTML 태그 위로 올라오는 순간. 자식 영역 포함
- onmouseout : 마우스가 HTML 태그를 벗어나는 순간. 자식 영역 포함
- onmouseenter : 마우스가 HTML 태그 위로 올라오는 순간. 이벤트 버블 단계 없음
- onmouseleave : 마우스가 HTML 태그를 벗어나는 순간. 이벤트 버블 단계 없음
- onwheel : HTML 태그에 마우스 휠이 구르는 동안 계속 호출

onmouseover과 onmouseenter는 거의 같으나 onmouseenter의 경우 이벤트 버블 단계가 없다. 그러므로 자식 객체에서 mouseenter 이벤트가 발생한 경우, 부모 객체에 onmouseenter 리스너를 달아서 처리할 수는 없다. 저자는 여러 가지 이유로 독자들에게 onmouseover/onmouseout을 사용할 것을 권한다.

onwheel은 마우스를 굴릴 때마다 호출된다. onwheel 리스너에서는 이벤트 객체의 **wheelDelta** 프로퍼티를 통해 휠이 구른 방향을 전달받을 수 있다. 사용자가 휠을 위쪽으로 굴리면 wheelDelta 값이 양수(120)이고, 아래쪽으로 굴리면 wheelDelta 값이 음수(-120)이다. 다음과 같이 wheelDelta의 값에 따라 어느 방향으로 휠을 굴렸는지 알 수 있다.

wheelDelta

```
obj.onwheel = function (e) {  // onwheel 리스너 익명함수
   if(e.wheelDelta < 0) {  // 아래쪽으로 휠을 굴린 경우
      ...
   }
   else {  // 위쪽으로 휠을 굴린 경우
      ...
   }
};
```

위로 굴리면
wheelDelta 값이
양수가 되네

예제 **9-10** 마우스 관련 이벤트 리스너

```html
<!DOCTYPE html>
<html>
<head>
<meta charset="utf-8">
<title>마우스 관련 리스너</title>
<script>
let width=1;  // 테두리 두께
function down(obj) {
    obj.style.fontStyle = "italic";
}
function up(obj) {
    obj.style.fontStyle = "normal";
}
function over(obj) {
    obj.style.borderColor = "violet";
}
function out(obj) {
    obj.style.borderColor = "lightgray";
}
function wheel(e, obj) {  // e는 이벤트 객체
    if(e.wheelDelta < 0) { // 휠을 아래로 굴릴 때
        width--;  // 폭 1 감소
        if(width < 0)
            width = 0;  // 폭이 0보다 작아지지 않게
    }
    else  // 휠을 위로 굴릴 때
        width++;  // 폭 1 증가
    obj.style.borderStyle = "ridge";
    obj.style.borderWidth = width + "px";
}
</script>
</head>
<body >
<h3>마우스 관련 이벤트 리스너</h3>
<hr>
<div>마우스 관련
    <span   onmousedown="down(this)"
            onmouseup="up(this)"
            onmouseover="over(this)"
            onmouseout="out(this)"
            onwheel="wheel(event, this)"
            style="display:inline-block">이벤트
    </span>가 발생합니다.
</div>
</body>
</html>
```

주목
<span> 태그의 박스가 wheel() 함수에 의해 테두리 두께 조절이 가능하도록 inline-block으로 스타일 변경

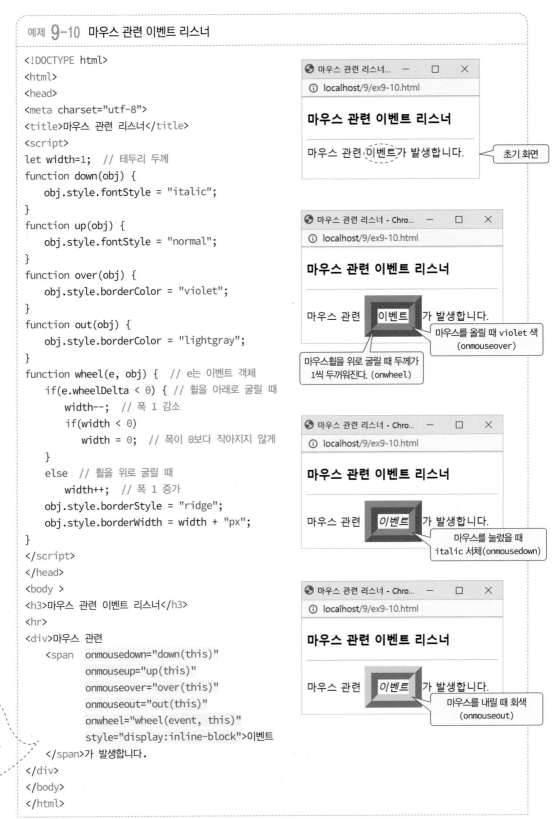

초기 화면

마우스를 올릴 때 violet 색
(onmouseover)

마우스휠을 위로 굴릴 때 두께가
1씩 두꺼워진다. (onwheel)

마우스를 눌렀을 때
italic 서체(onmousedown)

마우스를 내릴 때 회색
(onmouseout)

onmousemove

onmousemove 리스너는 마우스가 움직이는 동안 계속 호출된다.

예제 **9-11** onmousemove와 마우스 위치 및 버튼

`<img>` 태그의 이미지 위에서 마우스를 움직이면 onmousemove 리스너에서 마우스 포인터의 좌표를 `<div>` 태그에 출력하는 사례이다.

```html
<!DOCTYPE html>
<html>
<head>
<meta charset="utf-8">
<title>onmousemove</title>
<style>
div {
    background : skyblue;
    width : 250px;
}
</style>
</head>
<body>
<h3>마우스 이벤트 객체의 프로퍼티와
onmousemove</h3>
<hr>
이미지 위에 마우스를 움직일 때
onmousemove 리스너가 실행되고,
마우스의 위치를 보여줍니다.<br><br>
<img src="media/beach.png"
        onmousemove="where(event)"><br><br>
<div id="div"></div>
<script>
let div = document.getElementById("div");
function where(e) {
    let text = "버튼=" + e.button + "<br>";
    text += "(screenX, screenY)=" +
        e.screenX + "," + e.screenY + "<br>";
    text += "(clientX, clientY)=" +
        e.clientX + "," + e.clientY + "<br>";
    text += "(offsetX, offsetY)=" +
        e.offsetX + "," + e.offsetY + "<br>";
    text += "(x, y)=" + e.x + "," + e.y + "\n";
    div.innerHTML = text;
}
</script>
</body>
</html>
```

text를 <div> 태그에 출력

마우스 이벤트 객체의 프로퍼티 - C... — □ ✕

localhost/9/ex9-11.html

96

마우스 이벤트 객체의 프로퍼티와 onmousemove

이미지 위에 마우스를 움직일 때 onmousemove 리스너가 실행되고, 마우스의 위치를 보여줍니다.

202 (88, 46)

버튼=0
(screenX, screenY)=653,644
(clientX, clientY)=156,205
(offsetX, offsetY)=149,44
(x, y)=156,205

두 좌표가 같은 이유는 <img> 객체의 부모가 <body>로서, 브라우저 윈도우이기 때문

oncontextmenu

컨텍스트 메뉴

oncontextmenu

사용자가 브라우저의 바탕화면(<body> 태그)이나 HTML 태그 위에 마우스 오른쪽 버튼을 클릭할 때 출력되는 메뉴를 컨텍스트 메뉴(context menu)라고 한다. 컨텍스트 메뉴에는 보통 소스 보기나 이미지 다운로드 등의 기능을 둔다. 하지만, 컨텍스트 메뉴가 출력되기 전에 oncontextmenu 리스너가 먼저 호출되므로 여기서 개발자가 특별한 작업을 할 수 있다. oncontextmenu 리스너가 false를 리턴하면 컨텍스트 메뉴가 출력되는 디폴트 행동을 취소하여 소스 보기나 이미지 다운로드를 할 수 없게 된다.

```
document.oncontextmenu = function () {
    ...
    return false;       // 컨텍스트 메뉴 출력 금지
}
```

예제 9-12 oncontextmenu로 소스 보기나 이미지 다운로드 금지

이 예제는 document 객체의 oncontextmenu 리스너에 hideMenu() 함수를 등록하여 브라우저의 아무 위치에 마우스 오른쪽 버튼을 클릭해도 hideMenu()가 실행되게 하였다. hideMenu() 함수는 경고창을 출력하고 false를 return하여 컨텍스트 메뉴가 출력되지 않도록 한다.

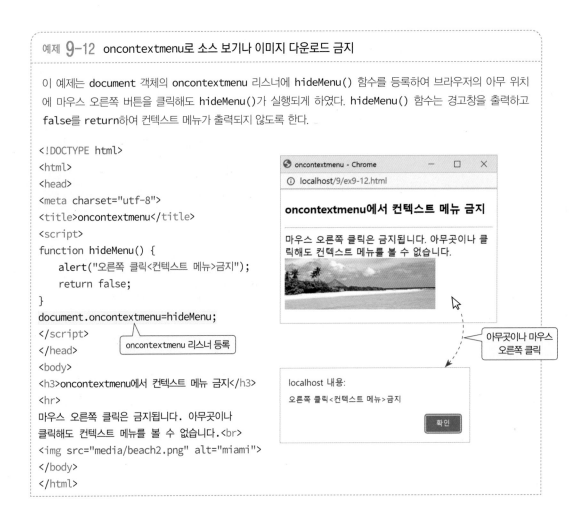

```
<!DOCTYPE html>
<html>
<head>
<meta charset="utf-8">
<title>oncontextmenu</title>
<script>
function hideMenu() {
    alert("오른쪽 클릭<컨텍스트 메뉴>금지");
    return false;
}
document.oncontextmenu=hideMenu;
</script>
</head>
<body>
<h3>oncontextmenu에서 컨텍스트 메뉴 금지</h3>
<hr>
마우스 오른쪽 클릭은 금지됩니다. 아무곳이나
클릭해도 컨텍스트 메뉴를 볼 수 없습니다.<br>
<img src="media/beach2.png" alt="miami">
</body>
</html>
```

oncontextmenu 리스너 등록

아무곳이나 마우스
오른쪽 클릭

5. 문서와 이미지 로딩, onload

onload는 HTML 문서나 이미지의 로딩이 완료되는 시점에 호출되는 이벤트 리스너이다.

문서의 로딩 완료와 onload

브라우저 윈도우에 웹 페이지 출력(로딩)이 완료된 시점을 어떻게 알 수 있을까? 그것은 load 이벤트로 알 수 있다. 웹 페이지의 출력(로딩)이 완료되면 **window 객체에 load 이벤트가 발생한** 다. onload 리스너는 다음과 같이 2가지 방법으로 작성할 수 있다.

window 객체에 load 이벤트

```
window.onload = "alert('onload')";
<body onload = "alert('onload')">
```

    <body> 태그에 onload 리스너를 만드는 것은 사실상 window.onload를 이용하는 것과 동일하다. document.onload = function() { alert('onload') }는 과거에 사용하였지만 대부분의 브라우저에서 현재 잘 동작하지 않는다.

예제 **9-13** onload에서 사이트 이전을 알리는 공고창 출력

웹 페이지의 로딩(출력)이 완료될 때, 경고창을 출력하여 웹 사이트 이전에 대한 공고문을 출력하는 사례를 보인다.

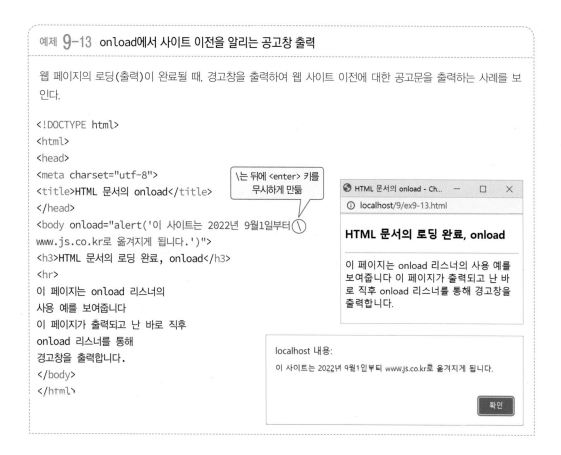

```
<!DOCTYPE html>
<html>
<head>
<meta charset="utf-8">
<title>HTML 문서의 onload</title>
</head>
<body onload="alert('이 사이트는 2022년 9월1일부터
www.js.co.kr로 옮겨지게 됩니다.')">
<h3>HTML 문서의 로딩 완료, onload</h3>
<hr>
이 페이지는 onload 리스너의
사용 예를 보여줍니다
이 페이지가 출력되고 난 바로 직후
onload 리스너를 통해
경고창을 출력합니다.
</body>
</html>
```

\는 뒤에 <enter> 키를 무시하게 만듦

HTML 문서의 로딩 완료, onload

이 페이지는 onload 리스너의 사용 예를 보여줍니다 이 페이지가 출력되고 난 바로 직후 onload 리스너를 통해 경고창을 출력합니다.

localhost 내용:
이 사이트는 2022년 9월1일부터 www.js.co.kr로 옮겨지게 됩니다.

확인

이미지 로딩 완료와 onload

자바스크립트 코드를 이용하면 <img> 태그에 원하는 이미지를 마음대로 출력할 수 있다. 이 때

이미지 로딩 과정
이미지 출력 과정

이미지가 출력되는 과정은 이미지 파일로부터 로딩하는 과정과 로딩된 이미지가 출력되는 두 과정으로 나뉜다. 하지만 어떤 경우든 이미지 로딩이 완료된 후에야 이미지를 사용할 수 있다. 그 전에는 이미지의 크기나 이미지 비트맵 등을 알 수 없다. 지금부터 이미지 로딩 방법과 이미지 로딩이 완료될 때 발생하는 onload 이벤트를 활용하는 방법에 대해 자세히 알아보자.

<img> 태그와 Image 객체

Image 객체는 <img> 태그에 의해 생성된 DOM 객체로서, 자바스크립트 코드로 이미지를 다룰 수 있게 한다. Image 객체의 프로퍼티는 표 9-5와 같다.

표 9–5 Image 객체의 프로퍼티

프로퍼티	설명
src	이미지 주소
width	이미지가 출력될 폭. 이미지가 로딩되면 이미지의 실제 폭으로 초기화
height	이미지가 출력될 높이. 이미지가 로딩되면 이미지의 실제 높이로 초기화
complete	이미지의 로딩이 완료되었는지 여부, true/false

Image 객체를 활용해 보자. 다음은 apple.png를 출력하는 <img> 태그이다.

```
<img id="myImg" src="apple.png" width="..." height="...">
```

<img> 태그에 출력된 이미지를 banana.png로 바꾸어 보자. 다음과 같이 <img> 태그를 찾아 Image 객체를 알아내고, Image 객체의 src 프로퍼티에 banana.png 파일명을 지정하면 된다.

```
1  let myImg = document.getElementById("myImg");  // myImg는 Image 객체
2  myImg.src = "banana.png";  // <img> 태그에 banana.png 이미지 출력
```

이미지 로딩 완료와 onload

다음은 앞의 코드에 banana.png 이미지의 폭을 알아내는 한 줄 코드를 추가하였다.

```
1  let myImg = document.getElementById("myImg");  // myImg는 Image 객체
2  myImg.src = "banana.png";    // <img> 태그에 출력되는 이미지를 banana.png로 변경
3  let width = myImg.width;     // width는 banana.png 이미지의 폭
```

이 코드를 실행하여 3번 라인에서 banana.png 이미지의 폭을 알아낼 수 있을까? yes라고 명

확히 말할 수 없다. 그 이유가 무엇인지 다음 2번 라인의 실행 과정을 통해 자세히 알아보자.

```
2   myImg.src = "banana.png";
```

이 코드는 myImg 객체가 출력할 이미지 파일명을 banana.png로 지정하는 것뿐이다. 이 코드가 실행되면 banana.png 파일을 로드하여 myImg 객체에 출력하는 별도의 백그라운드 작업을 진행시키고, 로드가 완료되었는지 확인하지 않은 채 바로 다음 라인 3으로 넘어간다.

파일을 로드하여 출력하는 별도의 백그라운드 작업

```
3   let width = myImg.width;
```

그러므로 라인 3의 코드가 실행될 때 2번 라인에서 지시한 banana.png의 로드가 아직 완료되지 않았을 가능성이 있다. 이미지 로딩이 완료되지 않았다면 myImg.width는 0으로 나타난다. 이미지의 크기에 따라 웹 서버의 전송시간이 달라 이미지의 로딩 시간은 예측할 수 없다.

그러면 이미지의 로딩이 완료되는 시점을 어떻게 알 수 있을까? 이미지 로딩이 완료될 때 onload 리스너가 호출되므로 앞의 코드는 다음과 같이 수정하면 된다. 이미지 로딩을 지시하기 전에 onload 리스너를 먼저 등록한다.

이미지 로딩 완료 시점
onload 리스너
먼저 등록

```
1   let myImg = document.getElementById("myImg");
2   myImg.onload = function () {  // 이미지 로딩 완료 시 실행되는 함수
3       let width = myImg.width;  // 정확한 이미지 폭 알 수 있음
4   }
5   myImg.src = "banana.png";        // 이미지를 로딩하여 출력하도록 지시
```

예제 **9-14** onload로 이미지 크기 알아내기

onload 리스너를 이용하여, <select> 태그에서 선택된 이미지와 이미지의 크기를 함께 출력하는 사례이다.

```
<!DOCTYPE html>
<html>
<head>
<meta charset="utf-8">
<title>onload로 이미지 크기 출력</title>
<script>
function changeImage() {
    let sel = document.getElementById("sel");
    let img = document.getElementById("myImg");
    img.onload = function () {  // 이미지 크기 출력
        let mySpan = document.getElementById("mySpan");
        mySpan.innerHTML = img.width + "x" + img.height;
    }
```

⇨

```
        let index= sel.selectedIndex;  // 선택된 옵션 인덱스
        img.src = sel.options[index].value;
        // 이미지 로딩 시작, 완료 후 onload 리스너 호출
    }
    </script>
    </head>
    <body onload="changeImage()">
    <h3>onload로 이미지 크기 출력</h3>
    <hr>
    <form>
    <select id="sel" onchange="changeImage()">
        <option value="media/apple.png">사과
        <option value="media/banana.png">바나나
        <option value="media/mango.png">망고
    </select>
    <span id="mySpan">이미지 크기</span>
    </form>
    <p><img id="myImg" src="media/apple.png" alt="."></p>
    </body>
    </html>
```

onload로 이미지 크기 출력

바나나 ∨ 125x98 ← banana.png의 이미지 크기

<body> 태그에 onload="changeImage()"를 작성하는 이유는 처음부터 이미지의 크기를 출력하기 위해서이다.

new Image()로 이미지 로딩과 출력

<img> 태그를 사용하지 않고 자바스크립트 코드로 Image 객체를 생성하여 이미지를 로딩할 수 있다. 다음 코드는 동적으로 Image 객체를 만들고 banana.png 이미지를 로딩시키는 코드이다.

new Image()

```
let bananaImg = new Image();        // 이미지 객체 생성
bananaImg.src = "banana.png";       // 이미지 로딩 지시. 이미지 로딩이 완료될때 onload 호출
```

이미지 저장 목적

<img> 태그를 통해
출력

new Image()에 의해 생성된 Image 객체는 이미지를 로딩하여 저장해 두는 목적으로만 사용된다. Image 객체에 로딩된 이미지는 <img> 태그를 통해서만 화면에 출력된다.

로딩된 이미지 출력

다음은 bananaImg 객체에 로딩된 이미지를 <img id="myImg"> 태그를 통해 브라우저 화면에 출력하는 코드이다.

```
let myImg = document.getElementById("myImg");
myImg.src = bananaImg.src;  // bananaImg 객체에 로딩된 이미지를 <img> 태그에 출력
```

이미지 갤러리 같이 해상도가 높아 크기가 큰 이미지를 많이 다루는 웹 페이지에서는 new Image()로 이미지 객체를 만들어 미리 이미지를 로딩 해놓으면 화면의 출력 속도를 높일 수 있다.

예제 9-15 이미지 갤러리 만들기: new Image()로 이미지 로딩

이미지 갤러리를 만들어 본다. 하나의 `<img>` 태그를 사용하여 클릭할 때마다 8개의 이미지를 돌아가면서 출력한다. 이를 위해 8개의 이미지는 new Image()로 생성한 Image 객체에 미리 로딩해 두었다.

```html
<!DOCTYPE html>
<html>
<head>
<meta charset="utf-8">
<title>new Image()로 이미지 로딩</title>
<script>
// 미리 로딩해 둘 8개의 이미지 파일 이름 배열
let files = ["media/Penguins.jpg",
            "media/Lighthouse.jpg",
            "media/Chrysanthemum.jpg",
            "media/Desert.jpg",
            "media/Hydrangeas.jpg",
            "media/Jellyfish.jpg",
            "media/Koala.jpg",
            "media/Tulips.jpg"];
let imgs = new Array();  // 이미지 객체를 저장할 배열
for(let i=0; i<files.length; i++) {
    imgs[i] = new Image();   // 이미지 객체 생성
    imgs[i].src = files[i];  // 이미지 로딩 지시
}

let next = 1;
function change(img) {  // 다음 이미지 출력
    img.src = imgs[next].src;  // 이미지 변경
    next++;  // 다음 이미지에 대한 인덱스
    next %= imgs.length;  // 개수를 넘으면 처음으로
}
</script>
</head>
<body>
<h3>new Image()로 이미지 로딩</h3>
<hr>
이미지를 클릭하면 다음 이미지를 보여줍니다.<p>
<img style="border:20px ridge wheat"
     src="media/Penguins.jpg" alt="."
     width="200" height="200"
     onclick="change(this)">
</body></html>
```

클릭하면 다음 이미지를 보여준다.

6. 폼과 이벤트 활용

폼 요소에는 키 관련 이벤트, 포커스 관련 이벤트, change 이벤트 등 많은 이벤트가 발생한다.

onblur와 onfocus

포커스는 키 입력에 대한 독점권

이들은 포커스(focus)가 변경될 때 호출된다. 포커스는 키 입력에 대한 독점권으로, 여러 개의 텍스트 창이나 라디오버튼, 체크 박스 등이 있을 때, 마우스로 선택하면 그 폼 요소로 포커스가 옮겨가며 포커스를 가지고 있던 것은 포커스를 잃게 된다. HTML 요소가 포커스가 받게 될 때 onfocus 리스너가 호출되고, 포커스를 잃는 요소에는 onblur 리스너가 호출된다.

예제 **9-16** onfocus와 onblur, 이름을 입력하지 않고 다른 창으로 갈 수 없음

이 예제는 '이름 입력 창'에 이름을 입력하지 않고 다른 입력 창으로 갈 수 없도록 만든 예제이다. HTML 문서가 로드되면 처음부터 이름 입력 창에 포커스를 주기 위해 `<body>` 태그를 다음과 같이 만들었다.

```
<body onload="document.getElementById('name').focus();">
```

```
<!DOCTYPE html>
<html>
<head>
<meta charset="utf-8">
<title>onfocus와 onblur</title>
<script>
function checkFilled(obj) {
    if(obj.value == "") { // obj에 입력된 것이 없다면
        obj.focus(); // obj에 다시 포커스
    }
}
</script>
</head>
<body onload=
    "document.getElementById('name').focus();">
<h3>onfocus와 onblur</h3>
<hr>
<p>이름을 입력하지 않고 다른 창으로 이동할 수 없습니다.</p>
<form>
이름 <input type="text" id="name"
            onblur="checkFilled(this)"><p>
학번 <input type="text">
</form>
</body>
</html>
```

이름을 입력하지 않은 상태에서 다른 곳을 클릭하면 커서는 다른 곳으로 이동하지 않음

라디오버튼과 체크박스

라디오버튼 객체

radio 객체는 <input type="radio">로 만들어진 라디오버튼을 나타내는 DOM 객체이다. 3개의 라디오버튼을 가진 다음의 폼을 보자.

```
<form>
    <input type="radio" name="city" value="seoul">서울
    <input type="radio" name="city" value="busan">부산
    <input type="radio" name="city" value="chunchen">춘천
</form>
```

○ 서울 ● 부산 ○ 춘천

주목

name 속성 값이 같아야 라디오버튼 그룹이 된다.

태그의 name 속성이 동일한 radio 객체들이 하나의 그룹을 이루기 때문에 name 속성 값으로   name 속성 동일 그룹
radio 객체를 찾아야 한다. DOM 트리에서 앞의 3개의 radio 객체들을 알아내는 자바스크립트 코드는 다음과 같다.

```
let kcity = document.getElementsByName("city");
```

getElementsByName()는 HTML 태그의 name 속성 값이 일치하는 HTML 태그를 모두 찾아 컬렉션을 만들어 리턴하는 메소드이다. 그러므로 이 코드는 name 속성이 city인 HTML 태그를 모두 찾아 컬렉션을 리턴한다. kcity[0], kcity[1], kcity[2]는 3개의 radio 객체들을 나타낸다.

선택된 라디오버튼 알아내기

선택 상태인 라디오버튼을 알아내기 위해서는 radio 객체의 checked 프로퍼티를 조사하면 된다. 다음은 선택 상태의 라디오버튼을 찾는 코드이다.

```
let found = null;
let kcity = document.getElementsByName("city");
for(let i=0; i<kcity.length; i++) {
    if(kcity[i].checked == true)
        found = kcity[i];
}
if(found != null)
    alert(found.value + "이 선택되었음");
else
    alert("선택된 것이 없음");
```

이 예제는 버튼을 클릭하면 현재 선택된 라디오 버튼을 찾아 경고창에 출력하는 코드 사례이다.

```html
<!DOCTYPE html>
<html>
<head>
<meta charset="utf-8">
<title>선택된 라디오버튼 알아내기</title>
<script>
function findChecked() {
    let found = null;
    let kcity = document.getElementsByName("city");
    for(let i=0; i<kcity.length; i++) {
        if(kcity[i].checked == true)
            found = kcity[i];
    }
    if(found != null)
        alert(found.value + "이 선택되었음");
    else
        alert("선택된 것이 없음");
}
</script>
</head>
<body>
<h3>버튼을 클릭하면 선택된 라디오 버튼의 value를 출력합니다.</h3>
<hr>
<form>
    <input type="radio" name="city" value="seoul" checked>서울
    <input type="radio" name="city" value="busan">부산
    <input type="radio" name="city" value="chunchen">춘천
    <input type="button" value="find checked" onclick="findChecked()">
</form>
</body>
</html>
```

체크박스 객체

checkbox 객체는 <input type="checkbox">로 만들어진 체크박스를 나타내는 DOM 객체이다. checkbox 객체들은 radio 객체들과는 달리 그룹을 형성하지 않기 때문에 name 속성(프로퍼티)이 모두 다르다.

예제 **9-18** 체크박스로 선택한 물품 계산

이 예제는 구입 물품을 나타내는 3개의 체크박스를 두고, 체크박스를 선택하면 바로 물품 전체 가격을 계산하는 코드 사례를 보여준다.

```html
<!DOCTYPE html>
<html>
<head>
<meta charset="utf-8">
<title>선택된 물품 계산하기</title>
<script>
let sum = 0;
function calc(cBox) {
    if(cBox.checked)
        sum += parseInt(cBox.value);
    else
        sum -= parseInt(cBox.value);
    document.getElementById("sumtext").value = sum;
}
</script>
</head>
<body>
<h3>물품을 선택하면 금액이 자동 계산됩니다</h3>
<hr>
<form>
<input type="checkbox" name="hap" value="10000"
        onclick="calc(this)">모자 1만원
<input type="checkbox" name="shose" value="30000"
        onclick="calc(this)">구두 3만원
<input type="checkbox" name="bag" value="80000"
        onclick="calc(this)">명품가방 8만원<br>
지불하실 금액 <input type="text" id="sumtext" value="0" >
</form>
</body>
</html>
```

select 객체와 onchange

select 객체는 `<select>` 태그에 의해 만들어진 콤보박스를 나타내며, option 객체는 `<option>` 태그로 표현되는 옵션 아이템을 나타낸다. 다음은 하나의 select 객체에 3개의 option 객체가 있는 폼이다.

```
<select id="fruits">
    <option value="1">딸기</option>
    <option value="2" selected>바나나</option>
    <option value="3">사과</option>
</select>
```

표 9-6은 select 객체의 프로퍼티와 컬렉션을, 표 9-7은 option 객체를 보여준다.

선택된 옵션 알아내기

selectedIndex

앞의 폼에서 선택된 옵션은 다음과 같이 select 객체의 **selectedIndex**로 알아낼 수 있다.

```
let sel = document.getElementById("fruits");
let index = sel.selectedIndex;    // index는 선택 상태의 옵션에 대한 인덱스
```

selectedIndex 프로퍼티 값이 음수이면 아무 옵션도 선택되지 않은 상태이다.

select와 onchange 리스너

select 객체에 다른 옵션이 선택되면 select 객체의 onchange 리스너가 호출된다. 다음은 onchange 리스너에서 drawImage() 함수를 호출하도록 만든 코드이다.

```
<select id="fruits" onchange="drawImage()">...</select>
```

표 9-6 select 객체의 프로퍼티와 컬렉션

프로퍼티	설명	r/w
length	옵션 개수	r
selectedIndex	선택된 옵션의 인덱스 번호	r/w
size	콤보박스에 보여지는 옵션의 개수	r/w

컬렉션	설명
options	콤보 박스에 들어 있는 모든 옵션 객체(option 타입)들의 컬렉션

표 9-7 option 객체의 프로퍼티

프로퍼티	설명	r/w
selected	옵션이 선택 상태이면 true	r/w
text	옵션 문자열	r/w
value	value 속성 문자열	r/w

예제 **9-19** select 객체에서 선택한 과일 출력

onchange 리스너를 이용하여 <select> 태그에서 옵션을 선택할 때마다 해당 이미지를 출력하는 사례를 보인다.

```
<!DOCTYPE html>
<html>
<head>
<meta charset="utf-8">
<title>select 객체에서 선택한 과일출력</title>
<script>
function drawImage() {
    let sel = document.getElementById("fruits");
    let img = document.getElementById("fruitimage");
    img.src = sel.options[sel.selectedIndex].value;
}
</script>
</head>
<body onload="drawImage()">
<h3>select 객체에서 선택한 과일 출력</h3>
<hr>
과일을 선택하면 이미지가 출력됩니다.<p>
<form>
<select id="fruits" onchange="drawImage()">
    <option value="media/strawberry.png">딸기
    <option value="media/banana.png" selected>바나나
    <option value="media/apple.png">사과
</select>
<img id="fruitimage" src="media/banana.gif" alt="">
</form>
</body>
</html>
```

<body> 태그에 onload="drawImage()"를 작성하는 이유는 웹 페이지가 로드된 직후 처음부터 <select> 태그에 작성된 <option> 중 선택 상태(selected)인 것을 찾아 그 이미지를 출력하기 위함이다.

키 이벤트, onkeydown, onkeypress, onkeyup

키와 관련된 이벤트 리스너는 onkeydown, onkeypress, onkeyup으로 모두 3개 있으며 다음 각 경우에 호출된다.

- onkeydown : 모든 키에 대해 키가 눌러지는 순간 호출
- onkeypress : \<Enter\>, \<Space\>, \<Esc\> 키와 문자키에 대해서만 키가 눌러지는 순간 추가 호출. \<F1\>, \<Shift\>, \<PgDn\>, \<Del\>, \<Ins\> 등 문자키가 아닌 경우 호출되지 않음
- onkeyup : 모든 키에 대해 눌러진 키가 떼어지는 순간 호출

키 이벤트 객체는 입력된 키 정보를 표 9-8의 프로퍼티들을 통해 전달한다.

표 9-8 키 이벤트 객체의 프로퍼티

프로퍼티	설명	r/w
code	눌러진 키의 이름 저장	r
key	눌러진 키의 문자열 저장. 키 판별에 사용	r
altKey	\<Alt\> 키가 눌러진 상태이면 true	r
ctrlKey	\<Ctrl\> 키가 눌러진 상태이면 true	r
shiftKey	\<Shift\> 키가 눌러진 상태이면 true	r

key 프로퍼티
code 프로퍼티

키 이벤트 객체의 key 프로퍼티는 눌러진 키를 알아낼 때 사용하도록 권고되는 프로퍼티로서 키가 눌러질 때 표 9-9와 같은 문자열을 가진다. 한편 키 이벤트의 code 프로퍼티는 현재 눌러진 키의 이름 문자열로 가지는 프로퍼티로서 key와는 조금 다르다. 예를 들어, code 프로퍼티는 Shift, Alt, Ctrl 키 등에 대해 "ShiftLeft", "ShiftRight" 등 왼쪽 오른쪽에 따라 다른 문자열로 나타내기도 한다. 예제 9-20을 실행하면서 key와 code 프로퍼티의 차이점을 확인하도록 하라.

표 9-9 키 이벤트 객체의 key 프로퍼티 값

키 종류	key 프로퍼티에 저장되는 문자열
숫자, 문자, 기호	"0"~"9", "a"~"z", "A"~"Z", "!", "@", "#" 등의 각 기호
Modifier 키	"Alt", "Control", "Shift", "NumLock", "CapsLock" 등
Function 키	"F1"~"F20"
공백 키	"Enter"(엔터키), "Tab"(탭키), " "(스페이스바) 등
번호/항해 키	"0"~"9", "ArrowDown", "ArrowLeft", "ArrowRight", "ArrowUp", "End", "Home", "PageDown", "PageUp" 등
편집 키	"Backspace", "Delete", "Insert", "Escape", "Pause" 등

onreset과 onsubmit

onreset 리스너는 reset 버튼(<input type="reset">)을 클릭하여 폼을 초기화할 때 호출되며, onsubmit 리스너는 submit(<input type="submit">) 버튼이 클릭되어 폼을 서버로 전송할 때 호출된다. onreset 리스너에서 false를 리턴하면 폼이 초기화되지 않고, onsubmit 리스너에서 false를 리턴하면 폼은 서버로 전송되지 않는다. 이 두 리스너는 다음과 같이 <form> 태그에 작성된다.

```
<form onreset="..." onsubmit="...">
```

예제 9-20 키 이벤트 리스너

```
<!DOCTYPE html>
<html>
<head>
<meta charset="utf-8">
<title>키 이벤트</title>
<script>
function whatKeyDown(e) {
    let str = "";
    let div = document.getElementById("div");
    div.innerHTML = ""; // div 객체 내용 초기화
    str += "e.key = " + e.key + "<br>";
    str += "e.code = " + e.code + "<br>";
    div.innerHTML = str; // div 객체에 html 문자열 출력
}
</script>
</head>
<body>
<h3>키 리스너와 키 이벤트 객체의 프로퍼티</h3>
<hr>
텍스트 창에 키를 눌러 보세요. Alt, Shift, Ctrl 키도 가능합니다.<br>
<input type="text" id="text" onkeydown="whatKeyDown(event)">
<div id="div" style="background-color:skyblue; width:250px; height:50px">
</div>
</body>
</html>
```

키 이벤트를 활용해보자. 3x3 표를 만들고 상하좌우 키를 이용하여 셀의 배경색을 바꾸면서 표의 셀 사이를 이동하는 사례로 테트리스와 같은 게임을 만들 때 활용가능하다.

```html
<!DOCTYPE html>
<html><head><meta charset="utf-8"><title>키 이벤트 응용</title>
<style>
    td { width:50px; height:50px; border:1px solid orchid;  }
</style>
<script>
let tds;
let prevIndex=0, index=0;
window.onload = function () { // 웹 페이지의 로딩 완료 시 실행
    tds = document.getElementsByTagName("td");
    tds[index].style.backgroundColor = "orchid";
}
window.onkeydown = function (e) {
    switch(e.key) {
        case "ArrowDown" :
            if(index/3 >= 2) return; // 맨 위 셀의 경우
            index += 3;
            break;
        case "ArrowUp" :
            if(index/3 < 1) return; // 맨 아래 셀의 경우
            index -= 3;
            break;
        case "ArrowLeft" :
            if(index%3 == 0) return; // 맨 왼쪽 셀의 경우
            index--;
            break;
        case "ArrowRight" :
            if(index%3 == 2) return; // 맨 오른쪽 셀의 경우
            index++;
            break;
    }
    tds[index].style.backgroundColor = "orchid";
    tds[prevIndex].style.backgroundColor = "white";
    prevIndex = index;
}
</script></head>
<body>
<h3>화살표 키로 셀 위로 이동하기</h3><hr>
<table>
    <tr><td></td><td></td><td></td></tr>
    <tr><td></td><td></td><td></td></tr>
    <tr><td></td><td></td><td></td></tr>
</table>
</body></html>
```

Q 웹 페이지에서 이벤트란 무엇인가?

A 이벤트는 사용자가 마우스나 키보드로 입력하거나 체크 박스를 선택하는 등의 행위를 브라우저가 자바스크립트 코드에게 알려주는 통지이다. 이 외에도 다른 태스크로부터 메시지가 오거나 네트워크 연결이 오는 경우에도 이벤트가 발생한다.

Q 이벤트 리스너란 무엇인가?

A 이벤트를 처리하기 위해 만든 자바스크립트 코드이다. 예를 들어 마우스를 누르는 이벤트는 mousedown이고 이를 처리하는 이벤트 리스너는 onmousedown이다.

Q 이벤트 리스너로 사용할 자바스크립트 코드는 어디에 작성하면 되는가?

A HTML 태그 내에 간단히 작성하기도 하고, 함수로 만들고 DOM 객체의 이벤트 리스너 프로퍼티에 직접 등록하거나, 이벤트가 발생하면 처리하고자 하는 DOM 객체의 addEventListener() 메소드를 호출하여 등록한다.

Q 이벤트 객체는 어떤 정보를 담은 객체인가?

A 현재 발생한 이벤트에 관한 여러 정보를 담은 객체이다. 마우스 관련 이벤트의 경우, 이벤트 객체에는 이벤트 타겟, 마우스 포인터의 위치, 눌러진 마우스 버튼 등이 저장되어 이벤트 리스너에게 전달된다.

Q 이벤트 타겟이란 무엇인가?

A 이벤트를 발생시킨 대상 객체를 말한다. 예를 들어 마우스로 버튼을 클릭하였다면 버튼이 click 이벤트의 이벤트 타겟이다.

Q 이벤트가 흘러간다는 뜻은 무엇이며, 이벤트 캡쳐와 이벤트 버블은 무엇인가?

A 이벤트가 발생하면 이벤트 객체는 window 객체에서 시작하여 DOM 트리를 따라 이벤트 타겟에 전달되며, 이 과정을 이벤트 캡쳐라고 부른다. window를 포함하여 이 과정에서 거쳐 가는 모든 DOM 객체에 대해 캡쳐 리스너가 등록되어 있으면 순서대로 실행된다. 다시 이벤트 객체는 타겟 객체에서 시작하여 window 객체로 거꾸로 전달된다. 이 과정을 이벤트 버블이라고 부르고, 이 과정에서 거쳐 가는 모든 DOM 객체들에 버블 리스너가 등록되어 있으면 순서대로 실행된다. 그리고 이벤트는 소멸된다.

Q 마우스 관련 이벤트 리스너에는 어떤 것들이 있는가?

A onclick, ondblclick, onmousedown, onmouseup, onmouseover, onmouseout, onmouseenter, onmouseleave, onwheel, onmousemove, oncontextmenu 등이다.

Q 이미지를 그리는데 onload 이벤트는 어떻게 활용되는가?

A HTML 페이지나 이미지의 로딩의 완료될 때 onload 리스너가 호출된다. 이미지의 경우 onload가 발생하기 전에는 이미지 파일로부터 이미지 로딩이 이루어지지 않았기 때문에 이미지 크기를 알 수 없고 이미지를 그려서도 안 된다. 그러므로 이미지를 그리는 코드는 onload 리스너에 작성되어야 한다.

Open Challenge 09

마우스 클릭 연습

마우스 클릭을 연습하는 웹 페이지를 작성해보자. 10×10의 셀을 가진 표를 만들고 랜덤하게 선택한 셀에 이미지를 출력하라. 이미지를 클릭하면 다른 셀을 랜덤하게 선택하여 이미지를 출력한다. 난이도 7

힌트 10×10셀을 만드는 방법은 여러가지가 있다. 저자는 단순한 방법으로 작성하였다. 10×10 셀을 가진 표를 만들고 각 셀에 `<img src="">`를 삽입하여 이미지가 없게 하였다. 그리고 `<body onload="...">`의 onload 리스너에서 `<img>` 태그 중에서 한 개를 랜덤하게 선택하고 이곳에 donkey.png 이미지를 출력하였다.
웹 페이지에 있는 모든 이미지는 다음 컬렉션으로 알 수 있다.

```
document.images[]
```

i번째 `<img>` 태그에 donkey.png 이미지를 출력하는 코드는 다음과 같다.

```
document.images[i].src="donkey.png";
```

이론문제

1. 자바스크립트 이벤트에 대한 설명으로 틀린 것은?

   ① 마우스를 클릭하면 이벤트가 발생한다.
   ② 이벤트를 발생시킨 DOM 객체를 이벤트 타겟이라고 부른다.
   ③ 이벤트는 반드시 이벤트 타겟 객체에서만 처리된다.
   ④ 발생한 이벤트에 관한 여러 정보를 가진 객체를 이벤트 객체라고 부른다.

2. 다음과 같은 자바스크립트 코드가 있을 때, 버튼을 클릭하면 실행 결과는 무엇인가?

```
let button = document.getElementById("button");
button.addEventListener("click", function () { alert("ONE") });
button.addEventListener("click", function () { alert("TWO") });
button.addEventListener("click", function () { alert("THREE") });
```

   ① ONE 문자열을 가진 경고창이 출력된다.
   ② THREE 문자열을 가진 경고창이 출력된다.
   ③ ONE, TWO, THREE 문자열을 가진 3개의 경고창이 순서대로 출력된다.
   ④ THREE, TWO, ONE 문자열을 가진 3개의 경고창이 순서대로 출력된다.

3. 이벤트 리스너 중 같지 않은 것은?

   ① div1.addEventListener("onclick", function() { this.innerHTML ="hello"; });
   ② div1.onclick = function() { this.innerHTML ="hello"; }
   ③ div1.onclick = function(e) { this.innerHTML ="hello"; }
   ④ div1.onclick = f; function f() { this.innerHTML ="hello"; }

4. 다음 함수와 태그가 있을 때 물음에 답하여라.

```
function f() { // obj 객체의 배경색을 orchid로 변경하는 함수
    obj.style.backgroundColor = "orchid";
}

<div id="div1">안녕하세요. 환영합니다.</div>
```

   (1) id가 "div1"인 DOM 객체를 알아내는 코드를 작성하라.
       let obj = _____;

(2) <div> 태그를 클릭하면 f() 함수가 실행하도록 addEventListener()를 이용하여 이벤트 리스너를 등록하라.

obj._____;

(3) <div> 태그를 클릭하면 f() 함수가 실행하도록 onclick 프로퍼티에 이용하여 이벤트 리스너를 등록하라.

obj._____;

(4) f()를 익명 함수로 작성하여 onclick 리스너로 등록하라. onclick 프로퍼티를 이용하라.

obj._____;

5. 이벤트 캡쳐 단계는 어디서부터 어디까지 이벤트가 흘러가는 과정인가?

① window 객체에서부터 타겟 객체까지
② 타겟 객체에서부터 window 객체까지
③ document 객체에서부터 타겟 객체까지
④ 타겟 객체에서부터 document 객체까지

6. 이벤트 버블에 대해 잘못 말한 것은?

① 익스플로러에서 처음으로 제안한 이벤트 흐름 모델
② 이벤트가 타겟 객체에서 DOM 트리를 따라 window 객체로 흘러가는 모델
③ 이벤트 버블이나 이벤트 캡쳐 단계 중 한 단계에서만 이벤트 리스너 작성 가능
④ 이벤트에 따라 이벤트 버블 단계는 없을 수도 있다.

7. 다음 자바스크립트 코드가 실행되면 웹 페이지에 작성된 어떤 onclick 리스너도 실행되지 못한다. 이유를 설명하라.

```
window.addEventListener("click", function(e) { e.stopPropagation(); }, true);
```

8. 다음 중 버블 단계에서 실행되도록 작성된 onclick 리스너를 모두 골라라.

① window.onclick = function(e) { alert(e.type); }
② window.addEventListener("click", function(e) { alert(e.type) }, true);
③ window.addEventListener("click", function(e) { alert(e.type) }, false);
④ window.onclick = f; function f(e) { alert(e.type); }

9. 다음은 HTML 페이지의 일부분이다.

```
<body>
<h3>이벤트 흐름</h3>
<hr>
<p id="p">이벤트가 어디서 시작하여 어디로 흘러가는지
<strong id="strong">이벤트 흐름</strong>을
아는 것은 매우 중요하다.
</p>
</body>
```

(1) 앞의 코드에서 '이벤트 흐름' 부분을 클릭하였을 때 경고창에 "strong+이벤트 흐름"을 출력하려고 한다. 다음 코드를 완성하라.

let strong = document.getElementById("strong");

strong.onclick = _____

_____

(2) 앞의 코드에서 '이벤트 흐름' 부분을 클릭하였을 때 경고창에 "p+이벤트 흐름"을 출력하려고 한다. 다음 코드를 완성하라.

let p = document.getElementById("p");

p.addEventListener(_____

_____

_____, true);

(3) 문제 (1)과 (2)의 코드를 모두 HTML 페이지에 작성하였을 때, "이벤트 흐름"을 클릭하면 출력 결과는 무엇인가?

① 문제 (1)의 경고창이 출력된 후 문제 (2)의 경고창이 출력된다.

② 문제 (2)의 경고창이 출력된 후 문제 (1)의 경고창이 출력된다.

③ 문제 (1)의 경고창만 출력된다.

④ 문제 (2)의 경고창만 출력된다.

10. 다음 코드를 addEventListener() 메소드를 이용하여 다시 작성하라.

```
p.onclick = function (e) { alert("hello"); }
```

1. 브라우저 내의 아무곳이나 클릭하면 왼쪽 화면과 같고, 브라우저 바깥의 아무 곳에 마우스를 클릭하면 브라우저의 배경색이 lightgray로 바뀌도록 웹 페이지를 작성하라.

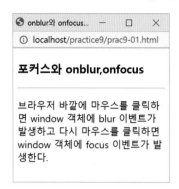 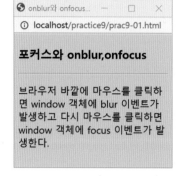

(포커스를 가지고 있는 상태)　　　　　　(포커스를 잃게 되는 경우)

> **힌트** 브라우저 바깥에 마우스를 클릭하면 브라우저의 window 객체는 포커스를 잃게 되어 blur 이벤트가 발생한다. window 객체에 onblur 리스너를 작성하면 된다.

2. 라디오버튼으로 선택하면 해당 이미지를 출력하는 웹 페이지를 작성하라.

> **힌트** 예제 9-17과 예제 9-19를 참고하라.

3. 계산식을 입력받아 결과를 출력하는 웹 페이지를 작성하라. 식 입력 후 <Enter> 키를 치면 수식을 계산하고 결과를 출력한다.

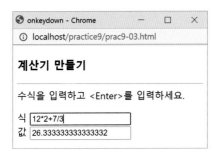

 예제 9-9를 참고하라. 그리고 <Enter>키를 알아내기 위해 이벤트 객체 e에 대한 e.key와 문자열 "Enter"를 비교하면 된다. (표 9-9 참고)

4. onmousemove를 이용하여 웹 페이지에 마우스가 움직일 때 이미지를 마우스 커서처럼 사용하도록 웹 페이지를 작성하라. 이미지는 가로 30픽셀, 세로 30픽셀 크기로 하라.

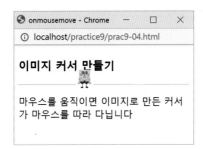

 이미지를 가진 <div> 블록을 만들고 절대 위치 display:absolute로 지정하고, document.onmousemove(혹은 window.onmousemove)에서 마우스의 위치를 따라 계속 <div> 위치를 변경하면 된다.

5. 브라우저의 아무 곳이나 더블클릭하면 바탕색이 랜덤하게 바뀌는 웹 페이지를 작성하라.

 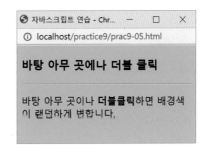

 배경색을 바꾸는 자바스크립트 코드의 예를 들면 다음과 같다.

```
document.body.style.backgroundColor = "rgb(55, 46, 126)";
```

6. 이미지 위에 마우스 휠을 위로 굴리면 이미지가 5%씩 축소되고 아래로 굴리면 5%씩 확대되는 웹 페이지를 작성하라.

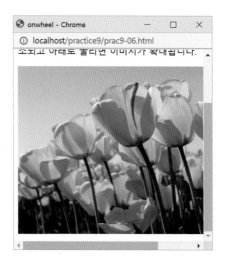

7. 웹 페이지에 있는 모든 <span> 태그에 대해, 마우스가 올라오면 해당 태그의 텍스트에 밑줄을 긋고, 내려가면 밑줄을 지우는 자바스크립트 코드를 완성하라.

```
<!DOCTYPE html>
<html>
<head><meta charset="utf-8">
<title>이벤트 객체의 target</title>
<script>
window.onmouseover = function(e) {
    // 이곳에 자바스크립트 코드 작성
}
window.onmouseout = function(e) {
    // 이곳에 자바스크립트 코드 작성
}
</script>
</head>
<body>
<h3>span 태그에만 onmouseover/onmouseout</h3>
<hr>
<p>span 태그에 대해서만 <span>마우스</span>가
올라올 때 밑줄이 그어지고 <span>마우스</span>
가 내려갈 때 밑줄이 사라지도록
<span>자바스크립트 코드</span>를 작성한다.
</p>
</body></html>
```

힌트 이벤트가 발생하면, 이벤트 객체를 검사하여 e.target.tagName=="SPAN"인 경우만 처리하면 된다. tagName 프로퍼티는 항상 대문자의 문자열을 가진다.

8. 다음 웹 페이지에서 <li> 아이템을 클릭하면 텍스트 크기를 1.3배(1.3em)로 출력하도록 자바스크립트 코드를 작성하라. 다른 아이템이 클릭되면 이전 아이템을 원래 크기로(1em) 출력한다.

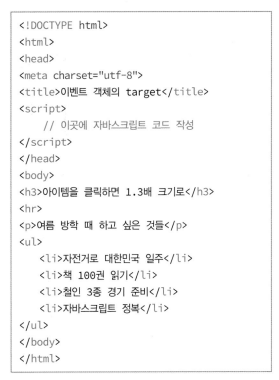

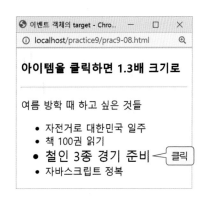

힌트 document.getElementsByTagName("li")를 이용하라.

9. 리스트를 만들고 아이템 영역 안에 마우스를 들어오면 다음과 같이 자세한 설명을 출력하는 웹 페이지를 작성하라.

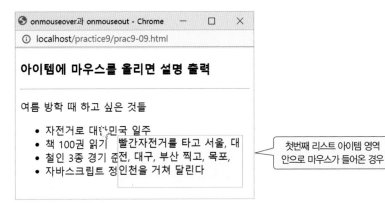

힌트 <li> 태그에 onmouseover, onmouseout 리스너를 작성하고, onmouseover에서는 미리 position:absolute로 지정한 <div> 태그를 마우스가 올라온 위치로 배치하고 <div> 태그의 innerHTML에 적당한 텍스트를 출력한다. 또한 visibility 스타일에 "visible"을 주어 보이게 한다. onmouseout에서는 <div> 태그의 visibility 스타일에 "hidden"을 주어 보이지 않게 한다.

10. 다음 브라우저 화면과 같은 모양의 계산기 웹 페이지를 작성하라. 입력 창에는 초기에 0이 출력된다. 숫자와 연산자 버튼을 눌러 계산식을 만들고 = 버튼을 클릭하면 계산 결과를 출력한다. BACK 버튼을 누르면 입력창의 마지막 문자를 지운다. CE나 C 버튼은 같은 기능으로, 입력 창의 내용을 모두 지우고 처음처럼 0이 출력되게 한다. NONE 버튼은 아무 기능이 없다.

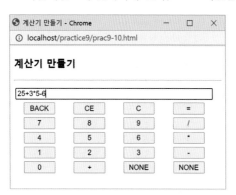

힌트 만들어진 수식은 eval() 함수를 이용하여 계산하면 된다. 예제 9-9를 참고하라.

10

윈도우와 브라우저 관련 객체

10 윈도우와 브라우저 관련 객체

1. 브라우저 관련 객체 개요

BOM 이란

이 장에서는 BOM(Browser Object Model) 객체들을 다룬다. 8장 1절에서 다룬 그림을 그림 10-1 에서 다시 보자. DOM 객체들은 HTML 페이지의 각 HTML 태그들을 객체화한 것으로 자바스크립트 코드로 화면에 출력된 HTML 태그의 콘텐츠나 모양을 변경하기 위해 설계되었다.

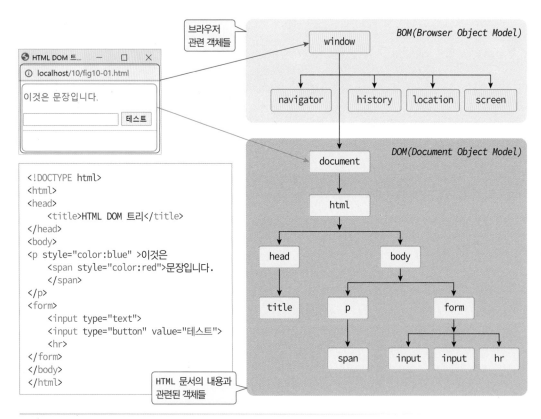

그림 10-1 브라우저가 제공하는 BOM 객체

한편, BOM은 윈도우, 윈도우에 로드된 문서의 URL, 브라우저가 출력된 스크린 장치, 브라우저의 종류와 기능 등 브라우저와 브라우저가 실행되고 있는 환경을 자바스크립트 코드로 접근하고 제어할 수 있도록 설계된 객체들의 그룹을 일컫는다. 그러므로 BOM에 속한 객체들은 HTML 페이지의 내용과 관계없는 순수 브라우저와 관련된 객체들이다.

BOM의 종류

대부분의 브라우저들은 다음 BOM 객체들을 제공하여, 개발자들이 자바스크립트를 이용하여 브라우저와 관련된 정보를 얻고 브라우저와 윈도우를 제어하도록 한다. window 객체는 브라우저가 제공하는 BOM 객체의 최상위에 존재한다.

- window
- navigator
- history
- location
- screen

> **잠깐!** BOM의 표준은 없다
>
> BOM에 대한 W3C의 표준이 없다. 브라우저마다 BOM 객체들의 종류가 다르고, 이름이 같더라도 브라우저에 따라 프로퍼티와 메소드가 다를 수 있다. 이 책은 브라우저들의 공통 BOM 객체들과 프로퍼티, 메소드를 다룬다.

2. window 객체

window 객체의 생성

window 객체는 열려 있는 브라우저 윈도우나 탭 윈도우를 나타내는 객체로, 윈도우마다 하나의 window 객체가 생성된다. window 객체가 생성되는 경우는 다음 3가지이다.

브라우저 윈도우
탭 윈도우

- 브라우저가 새로운 웹 페이지를 로드할 때 window 객체 자동 생성
- `<iframe>` 태그 당 하나의 window 객체 자동 생성
- 개발자가 다음 자바스크립트 코드로 임의의 window 객체 생성

```
window.open("웹페이지 URL", "윈도우이름", "윈도우속성")
```

window.open()이 실행되면 새 윈도우(혹은 탭 윈도우)가 열리고 웹 페이지가 출력된다.

window.open()

window 객체의 프로퍼티와 메소드

window 객체는 표 10-1과 같이 윈도우에 관한 정보를 가진 프로퍼티들과 윈도우의 모양이나 위치, 크기 등을 제어할 수 있는 메소드를 가지고 있다. 하지만 브라우저마다 조금씩 다르므로 주의가 필요하다. 윈도우는 자바스크립트 코드로 다음과 같이 접근하면 된다.

```
window, window.self, self
```

표 10-1 window 객체의 프로퍼티와 컬렉션, 메소드

프로퍼티/컬렉션	설명	r/w
window	현재 윈도우 객체에 대한 레퍼런스	r
self	현재 윈도우 객체에 대한 레퍼런스	r
document	윈도우에 담긴 document 객체에 대한 레퍼런스	r
name	윈도우 이름 문자열	r/w
location	location 객체에 대한 레퍼런스	r
history	history 객체에 대한 레퍼런스	r
locationbar	위치바 객체에 대한 레퍼런스	r
menubar	메뉴바 객체에 대한 레퍼런스	r
personalbar	북마크 툴바 등 사용자 개인의 취향에 따라 기능을 두는 바	r
scrollbars	스크롤바 객체에 대한 레퍼런스	r
statusbar	상태바 객체에 대한 레퍼런스	r
toolbar	툴바 객체에 대한 레퍼런스	r
status	상태바에 출력한(되는) 문자열. 보안의 이유로 대부분의 브라우저에서 이를 허용하도록 셋팅을 해야 문자열 변경 가능	r/w
closed	현재 창이 닫혀 보이지 않는 상태이면 true	r
frames	윈도우에 존재하는 iframe 객체에 대한 컬렉션	r
length	윈도우에 존재하는 iframe의 개수	r
top	윈도우 계층 구조에서 최상위 윈도우 객체에 대한 레퍼런스	r
parent	현재 윈도우의 부모 윈도우 객체에 대한 레퍼런스	r
navigator	navigator 객체에 대한 레퍼런스	r
localStorage	로컬 스토리지 객체에 대한 레퍼런스	r
sessionStorage	세션 스토리지 객체에 대한 레퍼런스	r
innerWidth	수직 스크롤바를 포함하여 브라우저 내에 HTML 문서가 출력되는 영역의 폭	r
innerHeight	수평 스크롤바를 포함하여 브라우저 내에 HTML 문서가 출력되는 영역의 높이	r
outerWidth	윈도우 전체의 폭	r

⇨ 표 10-1 계속

outerHeight	윈도우 전체의 높이	r
screenX	스크린 상의 윈도우 x좌표	r
screenY	스크린 상의 윈도우 y좌표	r
pageXOffset	scrollX와 동일하며 현재 문서의 스크롤 x 값	r
pageYOffset	scrollY와 동일하며 현재 문서의 스크롤 y 값	r
scrollX	pageXOffset과 동일하며 현재 문서의 스크롤 x 값	r
scrollY	pageYOffset과 동일하며 현재 문서의 스크롤 y 값	r

메소드	설명
open()	새 윈도우를 연다.
close()	윈도우를 닫는다.
focus()	윈도우에 포커스를 주어 키보드 입력을 받을 수 있는 상태로 만든다.
blur()	현재 윈도우는 포커스를 잃는다.
getSelection()	윈도우 내에 선택된 텍스트를 문자열로 리턴한다.
stop()	HTML 페이지 로딩을 중단시킨다. 브라우저의 STOP 버튼을 누른 것과 동일하다.
alert()	경고 다이얼로그를 출력한다.
confirm()	확인 다이얼로그를 출력한다.
prompt()	프롬프트(입력) 다이얼로그를 출력한다.
print()	현재 페이지를 출력하기 위해 프린트 다이얼로그를 출력한다.
postMessage()	다른 윈도우나 워커 태스크로 문자열 데이터를 보낸다.
setInterval()	타임아웃 코드가 반복 호출되도록 타이머를 가동시킨다.
clearInterval()	setInterval()로 가동 중인 타이머를 중단시킨다.
setTimeout()	타임아웃 코드를 1회 호출하도록 타이머를 가동시킨다.
clearTimeout()	setTimeout()로 설정된 타이머를 중단시킨다.
moveBy()	지정된 픽셀만큼 윈도우를 이동시킨다.
moveTo()	지정된 위치로 윈도우를 이동시킨다.
resizeBy()	지정된 크기만큼 윈도우의 크기를 조절한다.
resizeTo()	지정된 크기로 윈도우의 크기를 조절한다.
scrollBy()	주어진 픽셀만큼 상하좌우 스크롤한다.
scrollTo()	특정한 좌표로 스크롤한다.

window의 이벤트 리스너

window 객체는 다음과 같이 많은 이벤트를 처리할 수 있다.

onabort, onafterprint, onbeforeprint, onblur, onchange, onclick, oncontextmenu, ondblclick, onerror, onfocus, onkeydown, onkeypress, onkeyup, onload, onmessage, onmousedown, onmousemove, onmouseout, onmouseover, onmouseup, onwheel, onresize, onscroll, onselect, onstorage, onsubmit, onunload

윈도우 속성과 window의 프로퍼티

윈도우 속성이란 윈도우의 모양, 크기, 위치 등의 정보로, 이들 정보를 나타내는 window 객체의 프로퍼티에 대해 알아보자.

윈도우의 바(bar)와 관련된 프로퍼티

그림 10-2는 브라우저 윈도우에 있는 여러 바와 관련된 window 객체의 프로퍼티를 보여준다.

menubar, locationbar, toolbar, personalbar

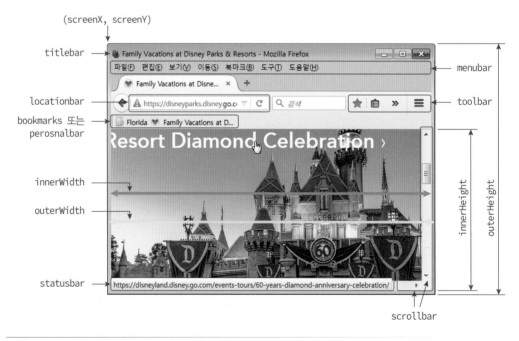

그림 10-2 윈도우 영역과 윈도우 크기 및 위치 관련 window의 프로퍼티 관계(Mozilla Firefox 브라우저)

personalbar 프로퍼티는 브라우저마다 다르지만 대부분 북마크 리스트를 보여주는 영역을 나타낸다. 타이틀바(titlebar)는 웹 페이지의 `<title>` 태그의 문자열이 출력되는 공간으로 window 객체에는 타이틀바를 나타내는 프로퍼티가 없다.

윈도우의 위치 및 크기 관련 프로퍼티

윈도우의 위치 및 크기와 관련된 프로퍼티는 다음과 같고, 그림 10-2는 이들과 연관된 윈도우 속성을 함께 보여준다.

```
screenX, screenY, innerWidth, innerHeight, outerWidth, outerHeight
```

(screenX, screenY) 좌표는 모니터 스크린을 기준으로 윈도우가 출력된 좌표이며, innerWidth와 innerHeight는 스크롤바를 포함하여 HTML 문서가 출력되는 영역의 크기를 나타내고, outerWidth와 outerHeight는 윈도우의 전체 크기를 나타낸다. 이들은 모두 읽기 전용이으로 윈도우의 위치나 크기를 변경하려면 moveBy(), moveTo(), resizeBy(), resizeTo() 메소드를 사용해야 한다.

윈도우 열기, window.open()

window의 기능 중 가장 많이 사용하는 것이 새 윈도우를 여는 것이다. window.open()은 윈도우를 새로 열고 그 곳에 웹 페이지를 출력한다. 다음은 윈도우를 새로 열고 네이버 페이지를 출력하는 코드이다.

```
window.open("http://www.naver.com", "", "");
```

window.open()은 3개의 매개변수를 가지며, 마지막 매개변수에는 윈도우의 모양, 크기 등의 속성을 표현하는 문자열을 전달한다.

---

window.open(sURL, sWindowName, sFeature)

- sURL : 윈도우에 출력할 웹 페이지 주소 문자열
- sWindowName : 새로 여는 윈도우의 이름 문자열로서 생략 가능
- sFeature : 윈도우의 모양, 크기 등의 속성들을 표현하는 문자열. 속성들은 빈칸 없이 콤마(',')로 분리하여 작성하며 생략 가능

---

window.open()의 각 매개 변수에 대해 알아보자.

sURL, 웹 페이지 주소

첫 번째 매개 변수로, 윈도우에 출력할 웹 페이지의 주소를 전달한다. sURL에 null을 사용하는 것은 허용되지 않는다. 다음은 잘못 사용한 사례이다.

오류
null
사용불가

```
window.open(null);   // 웹페이지 주소에 null을 전달할 수 없음
```

sWindowName, 윈도우 이름

두 번째 매개 변수로, 새로 여는 윈도우의 이름을 전달한다. 윈도우의 이름은 유일해야 한다. 만일 현재 열려 있는 윈도우 이름과 동일하게 주어지면, 새 윈도우 대신 이름이 동일한 기존 윈도우에 웹 페이지를 로드한다. 윈도우의 이름은 개발자가 임의로 정하지만, 다음 4 개의 윈도우 이름은 특별한 의미를 가진다. 2장 5절의 인라인 프레임과 그림 2-4를 참고하기 바란다.

- _blank : 이름 없는 새 윈도우를 열어, 웹 페이지를 출력한다.
- _parent : 새 윈도우를 열지 않고, 현재 윈도우(혹은 프레임)의 부모 윈도우에 웹 페이지를 출력한다. 부모 윈도우가 없으면 현재 윈도우를 이용한다.
- _self : 현재 윈도우(혹은 프레임)에 웹 페이지를 출력한다.
- _top : 브라우저 윈도우에 웹 페이지를 출력한다.

sFeature, 윈도우 속성

윈도우의 모양이나 크기

이 매개 변수에는 윈도우의 모양이나 크기 등의 속성들을 전달하는데, 속성들을 표 10-2에 요약하였다. yes/no(디폴트) 값으로 설정되는 속성의 경우 yes는 속성을 반영하도록 하는 지시이다. 다음 3 가지는 yes를 표현하는 동일한 표현들이다.

```
window.open("sample.html", "myWin", "resizable=yes");
window.open("sample.html", "myWin", "resizable=1");
window.open("sample.html", "myWin", "resizable");
```

　속성 값으로 no나 0은 같은 값이다. sFeature 매개 변수에 주어지는 윈도우 속성에 대한 표준이 없고 브라우저마다 다르기 때문에 주의하기 바란다.

표 10-2 window.open()의 3번째 매개 변수 sFeature의 값(윈도우 속성)

속성	설명	속성 값의 종류
width	윈도우의 폭. 픽셀 값	정수
height	윈도우의 높이. 픽셀 값	정수
left	스크린 상의 윈도우 x 좌표. 픽셀 값	정수
top	스크린 상의 윈도우 y 좌표. 픽셀 값	정수

표 10-2 계속

resizable	마우스로 윈도우 크기 조절 가능 여부	yes | no | 1 | 0
location	URL 입력 창을 출력하도록 지정	yes | no | 1 | 0
menubar	메뉴바를 출력하도록 지정	yes | no | 1 | 0
scrollbars	수직/수평 스크롤바를 출력하도록 지정	yes | no | 1 | 0
status	윈도우 하단에 상태바를 출력하도록 지정	yes | no | 1 | 0
toolbar	툴바를 출력하도록 지정	yes | no | 1 | 0

* no가 디폴트

윈도우 열기 사례

window.open()으로 윈도우를 여는 몇 가지 사례를 들어보자.

- myWin 이름에 툴바만 가지는 새 윈도우를 열고 sample.html 출력

```
window.open("sample.html", "myWin", "toolbar=yes");
```

- 현재 윈도우에 sample.html 출력

```
window.open("sample.html", "_self");
```

- 이름 없는 새 윈도우를 열고 sample.html 출력

```
window.open("sample.html", "_blank");
```

- (10, 10) 위치에 300×400 크기의 myWin 이름의 윈도우 열고 네이버 페이지 출력

```
window.open("http://www.naver.com", "myWin", "left=10,top=10,width=300,height=400");
```

- 이름과 속성이 없는 새 윈도우 열기

```
window.open("http://www.naver.com");
window.open("http://www.naver.com", null, "");   // null 대신 ""가능
```

- 새로운 빈 윈도우 열기. 아래 4 경우는 모두 동일

```
window.open();
window.open("");
window.open("", "", "");
window.open("", null, null);
```

이름 있는 윈도우와 이름 없는 윈도우의 차이점

이름 있는 윈도우와 이름 없는 윈도우는 어떤 차이가 있을까? 다음은 이름 없는 윈도우를 여는 코드이다.

```
<button onclick="window.open('http://www.naver.com', '', 'width=600,height=600')">
    새 윈도우 열기                                    윈도우 이름 없음
</button>
```

버튼을 클릭하면 600×600 크기의 새 윈도우가 열리고 이곳에 네이버 사이트가 접속된다. 하지만 버튼을 클릭할 때마다 동일한 크기의 새 윈도우가 계속 열린다.

이제, 다음과 같이 myWin 이름을 가진 새 윈도우를 열도록 수정해보자.

```
<button onclick="window.open('http://www.naver.com', 'myWin', 'width=600,height=600')">
    새 윈도우 열기                                    윈도우 이름, myWin
</button>
```

myWin 윈도우 공유   여기서 버튼을 클릭하면 600×600 크기의 새 윈도우를 한번만 열고 이후부터는 열린 myWin 윈도우를 공유한다.

잠깐!   window.open()시 window를 생략하지 않도록 주의

다음과 같이 HTML 태그나 DOM 객체에서 단순히 open()을 호출하면 document.open()으로 처리된다.

```
<button onclick="open('sample.htm')">버튼을 클릭하면 document.open() 호출</button>
```

윈도우를 열고자 하면 window.open()이라고 분명히 하는 것이 바람직하다.

윈도우 닫기

윈도우 스스로 닫고자 하면 다음 코드를 사용하면 된다. 윈도우가 닫히면 윈도우는 웹 페이지와 함께 사라진다.

```
window.close(); 혹은 self.close();
```

하지만, 이 코드는 브라우저에 따라 보안의 이유로 작동되지 않는다. 그렇지만 거의 모든 브라우저에서는 자신이 만든 윈도우에 close() 메소드를 호출하여 윈도우를 닫게 허용한다. 다음은 자신이 연 윈도우를 닫는 코드 사례이다.

```
let win = window.open(); // 현재 윈도우에서 새 윈도우 열기
...
win.close();             // 자신이 연 윈도우를 닫음
```

윈도우 닫기는 보안 때문에 브라우저마다 다른 정책을 사용하므로 주의하기 바란다.

예제 10-1 window.open()으로 윈도우 열기

3개의 링크를 가진 웹 페이지를 작성하고, 각 링크를 클릭하면 myWin 이름의 새 윈도우를 열고 해당 사이트를 출력하라. myWin 윈도우는 공유된다. 새 윈도우는 스크린의 (300, 300) 위치에 400×300 크기로 출력된다.

```html
<!DOCTYPE html>
<html>
<head>
<meta charset="utf-8">
<title>윈도우 열기</title>
<script>
function load(URL) {
    window.open(URL, "myWin", "left=300,top=300,width=400,height=300");
}
</script>
</head>
<body>
<h3>window.open()으로 윈도우 열기</h3>
<hr>
<a href="javascript:load('http://www.graceland.com')">
        엘비스 프레슬리 홈 페이지</a><br>
<a href="javascript:load('http://www.universalorlando.com')">
        유니버설 올랜드 홈 페이지</a><br>
<a href="javascript:load('http://www.disneyworld.com')">
        디즈니월드 홈 페이지</a><br>
</body>
</html>
```

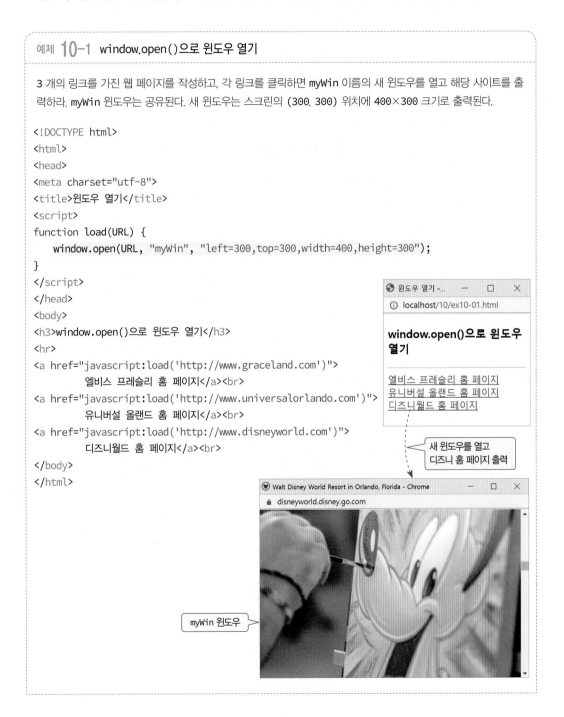

이 예제에서는 윈도우가 스스로 닫는 경우와 자신이 연 윈도우를 닫는 두 코드 사례를 보인다. 첫 번째 링크를 클릭하면 새 윈도우가 열린다. 세 번째 링크를 클릭하면 열어 놓은 윈도우가 닫힌다. 두 번째 링크는 자신을 닫는 것으로 크롬에서 작동되지 않는다.

```html
<!DOCTYPE html>
<html>
<head>
<meta charset="utf-8">
<title>윈도우 닫기</title>
<script>
let newWin = null;  // 새로 연 윈도우 기억
function load(URL) {
    newWin = window.open(URL, "myWin", "left=300,top=300,width=400,height=300");
}
function closeNewWindow() {
    if(newWin==null || newWin.closed)  // 윈도우가 열리지 않았거나 닫힌 경우
        return;  // 그냥 리턴
    else
        newWin.close();  // 열어 놓은 윈도우 닫기
}
</script>
</head>
<body>
<h3>window의 close()로 윈도우 닫기</h3>
<hr>
<a href="javascript:load('http://www.disneyworld.com')">
        새 윈도우 열기(디즈니월드)</a><br>
<a href="javascript:window.close()">
        현재 윈도우 닫기</a><br>
<a href="javascript:closeNewWindow()">
        새 윈도우 닫기</a>
</body>
</html>
```

윈도우 닫기 - Chro... 　 □ 　 ✕

localhost/10/ex10-02.html

window의 close()로 윈도우 닫기

새 윈도우 열기(디즈니월드)
현재 윈도우 닫기
새 윈도우 닫기

자신의 브라우저 윈도우 닫기

첫번째 링크에 의해 열려진 디즈니 월드 윈도우 닫기

iframe 객체와 window 객체

iframe 객체는 <iframe> 태그로 만들어진 프레임 윈도우를 나타낸다. 브라우저 윈도우는 <iframe> 태그로 만들어진 여러 프레임 윈도우를 담을 수 있다. 이 경우 프레임 윈도우는 브라우저 윈도우의 자식 윈도우이며 브라우저 윈도우는 프레임 윈도우의 최상위 윈도우이다(2장 5절 그림 2-4 참조). 자식 윈도우는 window 객체의 **frames 컬렉션**을 통해 접근할 수 있고, 그 개수는 window.length 프로퍼티로 알 수 있다. 브라우저 윈도우에서 각 프레임 윈도우는 다음과 같이 접근한다.

frames 컬렉션

```
window.frames[0], window.frames[1], window.frames[window.length-1]
```

프레임 윈도우에서는 다음 프로퍼티로 부모 윈도우나 최상위 윈도우를 접근한다.

- window, self : 프레임 윈도우 자신을 가리키는 레퍼런스
- parent : 부모 윈도우에 대한 레퍼런스
- top : 최상위 브라우저 윈도우에 대한 레퍼런스

3. window의 타이머 활용

window에는 타이머를 작동시키는 메소드가 있어 이를 이용하면 시간에 따라 웹 페이지에 동적인 변화를 줄 수 있다. window 타이머는 다음 2가지 기능으로 활용된다.

- 타임아웃 코드 1회 호출 : setTimeout()/clearTimeout()
- 타임아웃 코드 반복 호출 : setInterval()/clearInterval()

이들 메소드를 호출할 때 window는 생략할 수 있다.

setTimeout()/clearTimeout()

setTimeout() 메소드에 밀리초 단위의 타임아웃 지연 시간과 타임아웃 코드를 지정하면, 타임아웃 지연 시간 후 **타임아웃 코드**를 실행한다. 타임아웃 코드는 1회만 실행된다.

타임아웃 코드

```
let timerID = setTimeout("timeOutCode", msec)
clearTimeout(timerID)
```

- **timeOutCode** : 타임아웃 자바스크립트 코드
- **msec** : 밀리초 단위의 정수로서, 타임아웃 지연 시간

  setTimeout()은 msec 후에 timeOutCode를 1회 실행하도록 타이머를 설정하고, 타이머 ID를 리턴한다. clearTimeout()은 작동 중인 timerID의 타이머를 해제한다.

setTimeout()을 활용해보자. 다음은 3초 후 경고창을 출력하는 사례이다.

```
function myAlert(time) {
    alert(time + "초 지났습니다");
}
let timerID = setTimeout("myAlert(3)", 3000);    // 3초 후 myAlert('3') 호출
```

이 코드는 간단히 한 줄로도 쓸 수 있다.

```
setTimeout("alert('3초 지났습니다')", 3000);
```

타이머 ID　setTimeout()의 리턴 값은 타이머 ID로서, 이를 매개변수로 clearTimeout()을 호출하면 타임아웃 전에 타이머를 해제시킬 수 있다.

```
let timerID = setTimeout("myAlert(3)", 3000);
clearTimeout(timerID);    // timerID의 타이머 해제
```

setInterval()/clearInterval()

무한 반복 실행　setInterval()은 타임아웃 시간 주기로 타임아웃 코드를 무한 반복 실행하도록 타이머를 설정한다. clearInterval()은 setInterval()에 의해 설정된 타이머를 해제시킨다.

```
let timerID = setInterval("timeOutCode", msec)
clearInterval(timerID)
```

- **timeOutCode** : 타임아웃 자바스크립트 코드
- **msec** : 밀리초 단위의 정수로서, 타임아웃 지연 시간

  setInterval()은 msec 주기로 timeOutCode를 무한 반복하도록 타이머를 설정하고, 타이머의 ID를 리턴한다. clearInterval()은 timerID의 타이머를 해제한다.

예제 10-3 setTimeout()으로 웹 페이지 자동 연결

setTimeout()을 이용하여, 이미지 위에 마우스를 올린 상태로 5초가 지나면 네이버에 연결하며, 5초 전에 이미지를 벗어나면 타이머를 해제하도록 웹페이지를 작성하라.

```html
<!DOCTYPE html>
<html>
<head>
<meta charset="utf-8">
<title>setTimeout()으로 웹 페이지 자동 연결</title>
</head>
<body>
<h3>이미지에 마우스를 올리고 5초간 그대로 있을 때 사이트로 이동합니다</h3>
<hr>
<img id="img" src="media/naver.gif"
     onmouseover="startTimer(5000)"
     onmouseout="cancelTimer()">
<script>
let timerID = null;
function startTimer(time) {
    // 타이머 시작
    timerID = setTimeout("load('http://www.naver.com')", time);

    // 이미지에 마우스 올리면 나타내는 툴팁 메시지
    document.getElementById("img").title = "타이머 작동 시작...";
}
function cancelTimer() {
    if(timerID != null)
        clearTimeout(timerID);  // 타이머 중단
}
function load(url) {
    window.location = url;  // 현재 윈도우에 url 사이트 로드
}
</script>
</body>
</html>
```

마우스를 올리고 5초간 그대로 있을 때

툴팁 메시지

다음은 함수 f()가 1초 주기로 반복 호출되도록 타이머를 작동시키는 코드이다.

```
function f() {
    // 함수 코드
}
let timerID = setInterval("f()", 1000);   // 1초 주기로 f()가 호출되도록 타이머 작동
```

다음은 timerID의 타이머를 해제시키는 코드이다.

```
clearInterval(timerID);  // timerID의 타이머 해제
```

예제 10-4 setInterval()로 텍스트 회전

setInterval()을 이용하여 텍스트를 옆으로 반복 회전시키는 코드를 작성하라. 텍스트 위에 마우스를 클릭하면 회전이 중단된다.

```
<!DOCTYPE html>
<html>
<head>
<meta charset="utf-8">
<title>setInterval()로 텍스트 회전</title></head>
<body>
<h3>텍스트가 자동 회전하며, 마우스로 클릭하면 중단합니다.</h3>
<hr>
<div><span id="span" style="background-color:yellow">
            자동 회전하는 텍스트입니다.</span>
</div>
<script>
let span = document.getElementById("span");
let timerID = setInterval("doRotate()", 200);   // 200밀리초 주기로 doRotate() 호출

span.onclick = function (e) {  // 마우스 클릭 이벤트 리스너
    clearInterval(timerID);  // 타이머 해제. 문자열 회전 중단
}

function doRotate() {
    let str = span.innerHTML;
    let firstChar = str.substr(0, 1);       // str 텍스트의 첫 문자 알아내기
    let remains = str.substr(1, str.length-1);   // str 텍스트의 나머지 문자열 알아내기
    str = remains + firstChar;
    span.innerHTML = str;  // str 텍스트를 span 객체에 출력
}
</script>
</body></html>
```

4. window 객체 활용

윈도우 위치 및 크기 조절

윈도우의 위치와 크기는 window의 프로퍼티로 조절할 수 없고, moveBy(), moveTo(), resizeBy(), resizeTo()를 사용해야 한다. 이때 window를 생략해도 된다. 예를 들어 보자.

- 윈도우를 오른쪽으로 5픽셀, 아래쪽으로 10픽셀 이동

```
window.moveBy(5, 10);
```

- 윈도우를 스크린의 (25, 10) 위치로 이동

```
window.moveTo(25, 10); 혹은 self.moveTo(25, 10);
```

- 윈도우 크기를 5픽셀 좁게, 10픽셀 길게 변경

```
window.resizeBy(-5, 10); 혹은
window.resizeTo(self.outerWidth-5, self.outerHeight+10);
```

- 윈도우 크기를 200×300으로 변경

```
window.resizeTo(200, 300);
```

예제 **10-5** 윈도우의 위치와 크기 조절

window 객체의 메소드를 활용하여 윈도우를 10픽셀씩 움직이거나 크기를 조절하는 웹 페이지를 작성하라.

```
<!DOCTYPE html>
<html>
<head>
<meta charset="utf-8">
<title>윈도우의 위치와 크기 조절</title></head>
<body>
<h3>윈도우의 위치와 크기 조절</h3>
<hr>
<button onclick="window.moveBy(-10, 0)">left</button>
<button onclick="window.moveBy(10, 0)">right</button>
<button onclick="self.moveBy(0, -10)">up</button>
<button onclick="moveBy(0, 10)">down</button>
<button onclick="resizeBy(10, 10)">+</button>
<button onclick="resizeBy(-10, -10)">-</button>
</body>
</html>
```

window 생략 가능

🌐 윈도우의 위치...   —   □   ×

ⓘ localhost/10/ex10-05.html

윈도우의 위치와 크기 조절

[left] [right] [up] [down] [+] [-]

브라우저에서 이 예제를 바로 실행시
키면 위치와 크기 조절이 되지 않지만
window.open()으로 생성된 위도우
에서는 위치와 크기 조절이 잘 됨
(www.webprogramming.co.kr에서
실행해 볼 것)

웹 페이지 스크롤

scrollBy()
scrollTo()

window 객체를 이용하면 웹 페이지를 상하좌우로 스크롤할 수 있다. scrollBy()는 웹 페이지를 현재 위치에서 픽셀크기 만큼 스크롤하며, scrollTo()는 정해진 위치로 스크롤한다. 예를 들어 보자.

- 웹 페이지를 위로 10픽셀 스크롤(스크롤 다운)

```
window.scrollBy(0, 10);
```

- 웹 페이지를 왼쪽으로 10픽셀, 아래로 15픽셀 스크롤(스크롤 업)

```
window.scrollBy(10, -15);
```

- 웹 페이지의 (0, 200) 부분이 현재 윈도우의 왼쪽 상단 모서리에 출력되도록 스크롤

```
window.scrollTo(0, 200);
```

웹 페이지 프린트

자바스크립트로 웹 페이지를 프린트하는 방법과 프린트하는 동안 발생하는 이벤트에 대해 알아 보자.

웹 페이지 프린트

다음 코드는 현재 윈도우에 로드된 웹 페이지를 프린트한다. 이 코드가 실행되면 인쇄 다이얼로그가 열리고, 확인 버튼을 누르면 인쇄가 이루어진다.

print()

```
window.print(); 또는 print();
```

예제 10-6 1초마다 10픽셀씩 자동 스크롤

웹 페이지가 로드되자마자 자동으로 1초에 10픽셀씩 위로 웹 페이지가 올라가도록 작성하라.

```
<!DOCTYPE html>
<html>
<head>
<meta charset="utf-8">
<title>웹 페이지의 자동 스크롤</title>
<script>
function startScroll(interval) {
    setInterval("autoScroll()", interval);
}

function autoScroll() {
    window.scrollBy(0,10);  // 10픽셀 위로 웹페이지 이동
}
</script>
</head>
<body onload="startScroll(1000)">
<h3>자동 스크롤 페이지</h3>
<hr>
<h3>꿈길(이동순)</h3>
꿈길에<br>
발자취가 있다면<br>
님의 집 창밖<br>
그 돌계단 길이 이미 오래 전에<br>
모래가 되고 말았을 거예요<br><br>
하지만<br>
그 꿈길에서 자취 없다 하니<br>
나는 그것이 정말 서러워요<br><br>
이 밤도<br>
나는 님의 집 창밖<br>
그 돌계단 위에 홀로 서서<br>
혹시라도 님의 목소리가 들려올까<br>
고개 숙이고 엿들어요<br>
</body>
</html>
```

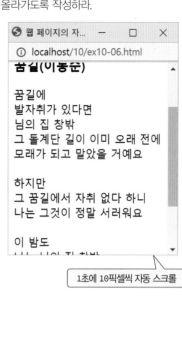

1초에 10픽셀씩 자동 스크롤

window.print()를 이용하여 웹 페이지를 프린트하는 사례를 보인다.

```
<!DOCTYPE html>
<html>
<head><meta charset="utf-8"><title>웹 페이지 프린트</title>
</head>
<body>
<h3>웹 페이지 프린트</h3>
<hr>
<p>window 객체의 print() 메소드를 호출하면
window 객체에 담겨 있는 웹 페이지가 프린트 됩니다.
<p>
<a href="javascript:window.print()">
    이곳을 누르면 프린트 됩니다.</a><p>
<input type="button" value="프린트"
       onclick="window.print()">
</body>
</html>
```

onbeforeprint와 onafterprint 리스너

웹 페이지를 프린트하는 방법은 window.print()를 호출하거나, 브라우저 메뉴나 컨텍스트 메뉴에서 프린트하는 등 여러 가지가 있다. 어떻게 프린트하든 웹 페이지의 프린트는 다음 과정으로 진행된다.

1. window 객체에 **onbeforeprint** 리스너 호출

2. 웹 페이지 프린트(브라우저가 웹 페이지를 프린터로 전송)

3. window 객체에 **onafterprint** 리스너 호출

그러므로 window 객체에 onbeforeprint 리스너를 작성하면, 프린트 직전에 웹 페이지를 수정할 수 있다. 예를 들어 웹 페이지의 바탕에 회사 로고를 삽입하는 경우이다. 그리고 나서 onafterprint 리스너에서 웹 페이지를 다시 수정하여 이전 상태로 되돌려 놓으면 된다.

onbeforeprint와 onafterprint 활용

onbeforeprint와 onafterprint 리스너를 활용하는 사례를 만들어보자. 예제 10-8은 onbeforeprint 리스너에서 웹 페이지에 회사 로고를 삽입하고, onafterprint 리스너에서는 로고 이미지가 보이지 않게 원래 웹 페이지로 되돌린다.

이 작업을 위해 웹 페이지에는 다음과 같이 미리 `<img>` 태그에 회사 로고 이미지를 삽입해 두고,

```
<div id="logoDiv"><img src="media/logo.png"></div>
```

CSS3 스타일 시트를 다음과 같이 작성하여 이미지가 보이지 않도록 하였다.

```
#logoDiv { display : none; }
```

그리고 onbeforeprint 리스너에서는 다음 코드를 실행하여 웹 페이지에 이미지가 나타나도록 한다.

```
logoDiv.style.display = "block";    // <div> 영역이 웹 페이지에 나타나게 함
```

결국 웹 페이지가 프린트되면 브라우저에서는 보이지 않는 로고 이미지가 배경으로 출력되고, 프린트가 끝나고, onafterprint 리스너에서는 hideLogo()를 호출하여 이미지가 보이지 않게 한다.

```
function hideLogo() {
    let logoDiv = document.getElementById("logoDiv");
    logoDiv.style.display = "none";  // 이미지를 포함하는 <div> 영역이 보이지 않게 함
    logoDiv.style.zIndex = -1;       // <div> 영역을 문서의 맨 바닥에 배치
}
```

onbeforeprint 리스너에서 회사 로고 이미지가 프린트 되게 하고, 프린트가 끝나면 onafterprint 리스너에서 다시 이미지를 숨긴다.

```html
<!DOCTYPE html>
<html>
<head><meta charset="utf-8"><title>onbeforeprint와 onafterprint</title>
<style>
#logoDiv {
    display : none;
    position : absolute; left : 0; top : 0;
    width : 100%; height : 100%;
    z-index : -1; /* 로고 이미지를 문서의 밑바닥에 배치 */
}
</style>
<script>
window.onbeforeprint = function (e) {
    let logoDiv = document.getElementById("logoDiv");
    logoDiv.style.display = "block";  // block으로 변경. 로고가 화면에 나타나게 함
}
window.onafterprint = hideLogo;
function hideLogo() {
    let logoDiv = document.getElementById("logoDiv");
    logoDiv.style.display = "none";  // 로고를 보이지 않게 함
}
</script></head>
<body>
<h3>onbeforeprint, onafterprint 이벤트 예</h3>
<hr>
<div id="logoDiv">
    <img src="media/logo.png" alt="이미지 없습니다.">
</div>
<p>안녕하세요. 브라우저 윈도우에서는 보이지 않지만, 프린트시에는 회사 로고가 출력되는 예제를
보입니다. 마우스 오른쪽 버튼을 눌러 인쇄 미리보기 메뉴를 선택해 보세요.</p>
</body>
</html>
```

5. location 객체

location 객체는 윈도우에 로드된 웹 페이지의 URL 정보를 나타내는 객체로서, 윈도우가 열릴 때 자동 생성된다. URL 정보는 다음과 같이 window의 location 프로퍼티를 통해 알아낼 수 있다.

```
window.location 혹은 location
```

표 10-3은 HTML5에서 권하는 내용을 기준으로 브라우저들이 공통적으로 가진 프로퍼티와 메소드를 소개한다. location 객체의 각 프로퍼티는 그림 10-3과 같이 URL의 각 요소를 반영한다.

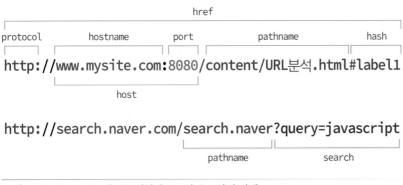

그림 10-3 location의 프로퍼티와 URL의 요소와의 관계

표 10-3 location 객체의 프로퍼티와 메소드

프로퍼티	설명	r/w
hash	'#'을 포함하는 앵커 이름 문자열	r/w
host	도메인과 포트 번호를 포함하는 웹 서버 주소 문자열	r/w
hostname	웹 서버 이름	r/w
href	URL 전체 문자열	r/w
pathname	디렉터리 부분 문자열	r/w
port	포트 번호 문자열	r/w
protocol	프로토콜 문자열	r/w
search	URL에서 '?'와 그 뒷부분 문자열로서, 주로 웹 서버로 검색을 요청할 때 동반되는 파라미터 문자열	r/w

메소드	설명
assign()	새로운 웹 페이지를 로드한다.
reload()	현재 웹 페이지를 다시 로드한다. 페이지가 수정되었으면 반영된다.
replace()	현재 웹 페이지의 URL을 히스토리에서 제거하고, 새로운 페이지를 로드한다.

예제 **10-9** location 객체로 웹 사이트 접속

<select>와 <option> 태그를 이용하여 웹 사이트의 목록을 만들고, window.location을 이용하여 선택한 웹 사이트를 현재 윈도우에 로드하는 HTML 페이지를 작성하라.

```
<!DOCTYPE html>
<html>
<head>
<meta charset="utf-8">
<title>window.location으로 웹 사이트 접속</title>
<script>
function load() {
    let select = document.getElementById("site");
    window.location = select.options[select.selectedIndex].value;
}
</script>
</head>
<body>
<h3>window.location으로 웹 사이트 접속</h3>
<hr>
사이트 선택 :
<select id="site">
    <option value="http://www.naver.com" selected>네이버
    <option value="http://www.google.com">구글
    <option value="http://www.microsoft.com">마이크로소프트
</select>
<p>
<button onclick="load()">웹 사이트 접속</button>
</body>
</html>
```

사용자가 선택한 옵션
(<option>) 인덱스

location 객체로 웹 페이지 로드

location 객체를 활용하면 윈도우에 새로운 웹 페이지를 쉽게 로드할 수 있다. 예를 들어 현재 윈도우에 네이버 페이지를 로드하는 자바스크립트 코드는 다음과 같다.

```
window.location = "http://www.naver.com";
window.location.href = = "http://www.naver.com";
```

이것은 location 객체의 메소드를 호출하여 재작성할 수 있다.

```
window.location.assign("http://www.naver.com");
window.location.replace("http://www.naver.com");
```

다음은 location 객체를 이용하여 새 윈도우에 네이버 페이지를 로드하는 사례이다.

```
let win = window.open();              // 빈 윈도우 열기
win.location="http://www.naver.com";  // 빈 윈도우에 네이버 페이지 로드
```

6. navigator 객체

navigator 객체는 현재 작동중인 브라우저에 대한 다양한 정보를 나타내는 객체로서 다음과 같이 접근하며 프로퍼티와 메소드는 표 10-4와 같다.   브라우저

```
window.navigator 또는 navigator
```

표 10-4 navigator 객체의 프로퍼티와 메소드

프로퍼티	설명	r/w
appCodeName	브라우저의 코드 이름을 가진 문자열	r
appName	브라우저 이름 문자열	r
appVersion	브라우저의 플랫폼과 버전에 관한 문자열	r
platform	운영체제 플랫폼의 이름	r
product	브라우저 엔진의 이름	r
userAgent	브라우저가 웹 서버로 데이터를 전송할 때, HTTP 헤더 속의 user-agent 필드에 저장하는 문자열로서 웹 서버가 클라이언트를 인식하기 위한 목적	r
vendor	브라우저 제작 회사의 이름 문자열	r

표 10-4 계속

language	브라우저의 언어를 나타내는 문자열로서, 영어는 "en-US", "ko-KR"	r
onLine	브라우저가 현재 온라인 작동중이면 true, 아니면 false	r
plugins	브라우저에 설치된 플러그인(plugin 객체)에 대한 컬렉션	r
cookieEnabled	브라우저에 쿠키를 사용할 수 있는 상태이면 true, 아니면 false	r
geolocation	위치 정보를 제공하는 geolocation 객체에 대한 레퍼런스	r

메소드	설명
javaEnabled()	자바 애플릿이 실행 가능하면 true 리턴, 아니면 false 리턴

예제 10-10 navigator 객체로 브라우저의 정보 출력

navigator 객체를 이용하여 현재 브라우저의 각종 정보를 출력하라.

```html
<!DOCTYPE html>
<html>
<head>
<meta charset="utf-8">
<title>브라우저 정보 출력</title>
<style>
span { color : red; }
div {
    border-color : yellowgreen;
    border-style : solid;
    padding : 5px;
}
</style>
<script>
function printNavigator() {
    let text = "<span>appCodeName</span>: " + navigator.appCodeName + "<br>";
        text += "<span>appName</span>: " + navigator.appName + "<br>";
        text += "<span>appVersion</span>: " + navigator.appVersion + "<br>";
        text += "<span>platform</span>: " + navigator.platform + "<br>";
        text += "<span>product</span>: " + navigator.product + "<br>";
        text += "<span>userAgent</span>: " + navigator.userAgent +"<br>";
        text += "<span>vendor</span>: " + navigator.vendor +"<br>";
        text += "<span>language</span>: " + navigator.language + "<br>";
        text += "<span>onLine</span>: " + navigator.onLine + "<br>";
        text += "<span>cookieEnabled</span>: " + navigator.cookieEnabled + "<br>";
        text += "<span>javaEnabled()</span>:" + navigator.javaEnabled() + "<br>";
        text += "<span>plugins.length</span>: " + navigator.plugins.length + "<br>";
        for(let j=0; j<navigator.plugins.length; j++) {
            text += "plugins" + j + " : <blockquote>";
```

```
            text += navigator.plugins[j].name + "<br>";
            text += "<i>" + navigator.plugins[j].description + "</i><br>";
            text += navigator.plugins[j].filename + "</blockquote>";
        }

    // div 태그에 출력
    let div = document.getElementById("div");
    div.innerHTML = text;
}
</script>
</head>
<body onload="printNavigator()">
<h3>브라우저에 관한 정보 출력</h3>
아래에 이 브라우저에 관한 여러 정보를 출력합니다.
<hr>
<p>
<div id="div"></div>
</body>
</html>
```

브라우저 정보 출력 - Chrome

ⓘ localhost/10/ex10-10.html

브라우저에 관한 정보 출력

아래에 이 브라우저에 관한 여러 정보를 출력합니다.

appCodeName: Mozilla
appName: Netscape
appVersion: 5.0 (Windows NT 10.0; Win64; x64)
AppleWebKit/537.36 (KHTML, like Gecko)
Chrome/96.0.4664.110 Safari/537.36
platform: Win32
product: Gecko
userAgent: Mozilla/5.0 (Windows NT 10.0; Win64; x64)
AppleWebKit/537.36 (KHTML, like Gecko)
Chrome/96.0.4664.110 Safari/537.36
vendor: Google Inc.
language: ko-KR
onLine: true
cookieEnabled: true
javaEnabled():false
plugins.length: 5
plugins0 :

    PDF Viewer
    Portable Document Format
    internal-pdf-viewer

plugins1 :

    Chrome PDF Viewer
    Portable Document Format

7. screen 객체

screen은 브라우저가 실행되는 스크린 장치에 관한 정보를 담고 있는 객체이다. screen 객체는   스크린 장치
다음과 같이 접근하며 프로퍼티와 메소드는 표 10-5와 같다.

window.screen 혹은 screen

표 10-5 screen 객체의 프로퍼티

프로퍼티	설명	r/w
availHeight	작업 표시줄 등을 제외하고 브라우저가 출력 가능한 영역의 높이	r
availWidth	작업 표시줄 등을 제외하고 브라우저가 출력 가능한 영역의 폭	r
pixelDepth	한 픽셀의 색을 나타내기 위해 사용되는 비트 수	r
colorDepth	한 픽셀의 색을 나타내기 위해 사용되는 비트 수로서 pixelDepth와 동일. 대부분의 브라우저에서 지원되므로 pixelDepth보다 colorDepth를 사용할 것을 권함	r
height	스크린의 수직 픽셀 수	r
width	스크린의 수평 픽셀 수	r

예제 10-11 스크린 장치에 관한 정보 출력

screen 객체를 이용하여 브라우저가 실행되고 있는 스크린에 관한 정보를 출력한다.

```html
<!DOCTYPE html>
<html>
<head>
<meta charset="utf-8">
<title>스크린 장치에 관한 정보 출력</title>
<script>
function printScreen() {
    let text = "availHeight:" + screen.availHeight + "<br>";
        text += "availWidth:" + screen.availWidth + "<br>";
        text += "colorDepth:" + screen.colorDepth + "<br>";
        text += "pixelDepth:" + screen.pixelDepth + "<br>";
        text += "height:" + screen.height + "<br>";
        text += "width:" + screen.width + "<br>";

    document.getElementById("div").innerHTML = text;
}
</script>
</head>
<body onload="printScreen()">
<h3>스크린 장치에 관한 정보</h3>
<hr>
<div id="div"></div>
</body>
</html>
```

스크린에 관한 정보...

localhost/10/ex10-11.html

스크린 장치에 관한 정보

availHeight:1195 ◁ 작업 표시줄 높이 제외
availWidth:2195
colorDepth:24 ◁ 픽셀당 2^{24} 색
pixelDepth:24
height:1235 ◁ 스크린 크기
width:2195

height와 width는 브라우저의 설정에서 확대/축소 값을 100%로 해야 정확한 값으로 출력됨

8. history 객체

history 객체는 사용자가 방문한 웹 페이지의 리스트 즉 히스토리 정보를 담고 있는 객체로 다음과 같이 접근하며 프로퍼티와 메소드는 표 10-6과 같다.   히스토리

```
window.history 혹은 history
```

history 객체를 사용하여 다음과 같이 웹 페이지를 이동할 수 있다.

```
history.back(); 또는 history.go(-1);   // 이전 페이지로 이동
history.forward(); 또는 history.go(1);   // 다음 페이지로 이동
```

표 10-6 history 객체의 프로퍼티와 메소드

프로퍼티	설명	r/w
length	히스토리 리스트에 있는 엔트리 수	r

메소드	설명
back()	히스토리에 있는 이전 웹 페이지로 이동. 브라우저의 <Back> 버튼과 동일
forward()	히스토리에 있는 다음 웹 페이지로 이동. 브라우저의 <Forward> 버튼과 동일
go(n)	히스토리에서 현재 웹 페이지에서 n 만큼 상대적인 웹 페이지로 이동

예제 **10-12** history 객체 활용

history 객체를 이용하여 이전, 다음 페이지로 이동하는 사례를 보인다.

```
<!DOCTYPE html>
<html>
<head>
<meta charset="utf-8">
<title>history 객체 활용</title>
</head>
<body>
<h3>history 객체 활용</h3>
<hr>
<button onclick="history.back()">back()</button>
<button onclick="history.forward()">forward()</button>
<button onclick="history.go(-1)">go(-1)</button>
</body>
</html>
```

Q BOM은 무엇인가?

A BOM은 Browser Object Model의 약자로서 브라우저를 자바스크립트 코드로 제어할 수 있도록 만든 객체들의 모델이다. BOM에는 window, navigator, location, screen, history 등의 객체가 있다. 국제 표준이 없기 때문에 이들의 기능이 브라우저들 간에 달라 자바스크립트 코드를 작성할 때 주의가 필요하다.

Q window 객체의 기능은 무엇인가?

A 브라우저 윈도우가 열릴 때마다 window 객체가 자동 생성되고 닫힐 때 자동 소멸된다. window는 현재 열린 윈도우의 크기, 모양, 로딩된 웹 페이지의 URL 등에 관한 정보를 가지며, 새로운 윈도우 열기, 닫기, 윈도우의 크기나 위치 제어, 타이머 등 다양한 기능을 제공한다.

Q 자바스크립트 코드로 새로운 윈도우를 열고 웹 페이지를 출력할 수 있는가?

A window.open()을 이용하면 된다.

Q window 객체에 타이머 기능이 있다고 하는데?

A window 객체는 2가지 타이머 기능을 제공한다. setTimeout()/clearTimeout() 메소드를 이용하여 타임아웃 코드가 1회 실행되도록 타이머를 설정하는 기능과, setInterval()/clearInterval() 메소드로 타임아웃 코드가 일정 시간을 주기로 반복 실행되도록 설정하는 기능이다.

Q 현재 윈도우에 로드된 웹 페이지의 URL을 알아내는 방법이 있는가?

A location 객체를 이용하면 된다. window.location으로도 이용 가능하며, location 객체를 이용하여 현재 윈도우에 새로운 웹 페이지를 로드할 수도 있다.

Q 현재 웹 페이지를 로드한 브라우저의 종류나 버전 정보를 알 수 있는가?

A navigator 객체를 이용하면 된다. window.navigator로도 이용 가능하며, 웹 브라우저의 이름, 버전, 운영체제 플랫폼 이름, 설치된 플러그인 등에 관해 알아낼 수 있다.

Q 현재 웹 페이지가 로드된 스크린 장치의 해상도를 알 수 있는가?

A screen 객체를 이용하면 된다. window.screen으로도 이용 가능하며, 픽셀 단위로 스크린 장치의 높이, 폭 등을 알아낼 수 있고, 한 픽셀의 색을 나타내는데 사용된 비트 수도 알아낼 수 있다.

Q 현재 브라우저 윈도우에서 그동안 방문한 웹 페이지 히스토리를 활용할 수 있는가?

A history 객체를 이용하면 된다. window.history로도 이용 가능하며, 브라우저의 <Back> 버튼이나 <Forward> 버튼을 누른것 같이 자바스크립트 코드로 이전 페이지나 다음 페이지로 이동시킬 수 있다.

Open Challenge 10

사갈의 눈 내리는 마을 만들기

눈이 내리는 웹 페이지를 작성하라. 눈은 시간에 따라 계속 아래로 내리고 바다 근처에 닿으면 다시 위에서 내리기 시작하도록 하라. 난이도 8

 • 다음 스타일 시트를 이용하여 <body> 태그에 배경 이미지를 넣고 배경 이미지가 브라우저 화면에 차도록 하라. 완벽히 되지 않을 수도 있다.

```
body {
    background-image : url("media/snow.jpg");
    background-size : 100%;
    background-repeat : no-repeat;
}
```

• <body></body> 태그 내에 자바스크립트 코드를 작성하여 <div> 태그로 30개의 눈을 만들어 랜덤한 위치에 뿌린다. <div> 태그는 position:absolute로 배치한다.

• setTimeout()이나 setInterval()을 이용하여 적절한 시간 간격으로 <div> 태그의 위치를 갱신하여 눈이 내리는 효과를 만든다.

이론문제

1. 브라우저에 의해 제공되는 BOM 객체들은 계층 관계로 이루어진다. 계층의 최상위에 있는 객체는 무엇인가?

   ① document   ② window   ③ body   ④ html

2. 다음 객체들 중 특징이 다른 하나를 골라라

   ① document   ② navigator   ③ div   ④ span

3. 다음 지시에 따라 window.open() 함수를 작성하라.

   (1) 이름이 win인 새 윈도우를 열어 test.html을 출력한다.
   (2) 현재 윈도우에 구글 웹 페이지를 출력한다.
   (3) 크기가 400×500인 새 윈도우에 네이버 페이지를 출력한다.
   (4) 스크린의 왼쪽 상단 모서리에 위치하는 새 윈도우를 열고, test.html을 출력한다.

4. window.open()을 이용하여 다음 조건에 맞게 윈도우를 여는 코드를 작성하라.

   (1) 스크린의 (100,100) 위치에 500×600 크기의 빈 윈도우 생성하라.
   (2) 이름이 google인 윈도우를 열고 구글 웹 페이지를 출력하라.

5. 현재 브라우저 윈도우에 네이버 페이지를 로드하는 경우가 아닌 것은?

   ① window.location.href = "http://www.naver.com";
   ② window.location.assign("http://www.naver.com");
   ③ window.location.reload("http://www.naver.com");
   ④ window.location.replace("http://www.naver.com");

6. 다음 중 브라우저에 어떤 플러그인이 설치되었는지 알아내는데 사용되는 객체는?

   ① navigator   ② browser   ③ window   ④ location

7. 다음 중 현재 윈도우에 출력된 웹 페이지를 다시 로드하는 코드가 아닌 것은?

   ① window.location.reload();   ② location.reload();
   ③ history.go(0);   ④ window.go(0);

8. 다음 중 navigator 객체를 통해 알 수 없는 정보는?

① 위치 정보　　　　　　　　　　　② 브라우저를 제작한 회사
③ 웹 페이지의 주소　　　　　　　　④ 브라우저 이름

9. window의 타이머를 활용하는 다음 코드가 있다. 이 코드를 잘 해석한 것은?

```
let sum=0;
function f() {
    sum++;
    if(sum == 10) clearInterval(id);
}
let id = setInterval("f()", 2);
```

① 2초마다 f() 함수가 10번 호출된다.
② 2밀리초 후에 f() 함수가 1번 호출된다.
③ 2밀리초 간격으로 f() 함수가 10번 호출된다.
④ f() 함수가 1초 간격으로 2번 호출된다.

10. 문제 9에서 주어진 코드를 setTimeout()/clearTimeout()을 이용하여 다시 작성하라.

실습문제

1. 다음과 같은 웹 페이지가 있다. 이 웹 페이지가 로드될 때, '접속 감사합니다!'라는 문장을 담은 200×80 크기의 새 윈도우를 별도로 출력하도록 웹 페이지를 수정하라.

```
<!DOCTYPE html>
<html><head><meta charset="utf-8">
<title>HTML5</title></head>
<body>
<h3>HTML5</h3>
<hr>
<p>
HTML5를 학습하는 사이트입니다.
여기서 HTML5, CSS3, 자바스크립트를
배울 수 있습니다.</p>
</body></html>
```

 <body>에 onload 리스너를 등록하고 onload 리스너에서 win=window.open(...)으로 새 윈도우를 열고 win.
document.write()를 이용하라.

2. 문제 1의 코드를 수정하여보자.

(1) 새 윈도우가 스크린 장치를 기준으로 (500, 400)에 출력되게 하라.

(2) 새 윈도우의 타이틀을 '환영'으로, 바탕색을 yellowgreen으로 출력되도록 하라.

힌트 새 윈도우 win에 콘텐츠를 출력하려면 win.document.write()를 이용한다. 타이틀과 바탕색은 각각 win.document.title과 win.document.body.style.backgroundColor 에 값을 지정하면 된다. 다만 이 둘은 write() 문이 하나라도 실행된 후에 실행되어야 한다.

3. 옵션을 선택하면 옵션에 주어진 사이트에 접속하는 웹 페이지를 작성하고자 한다.

(1) 옵션을 선택될 때마다 새 윈도우를 하나씩 열고 사이트를 접속하는 웹 페이지를 작성하라.

(2) 새 윈도우는 한 개만 열고, 옵션 선택시 이 윈도우를 공유하도록 웹 페이지를 작성하라.

4. 웹 페이지를 로드하자마자 크롬 브라우저인지를 판단하여 다음과 같이 alert()로 출력하는 웹 페이지를 작성하라.

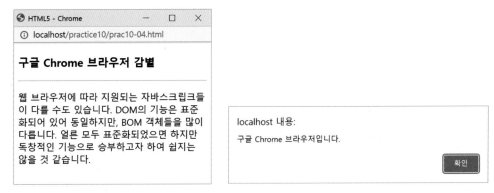

힌트 예제 10-10을 참고하면, navigator.userAgent 문자열 속에 "Chrome" 문자열이 보이고, navigator.vendor 문자열에는 "Google Inc." 문자열이 보인다. navigator.userAgent와 navigator.vendor의 문자열을 검사하여 판단하면 된다.

5. setTimeout()과 clearTimeout()을 이용하여 <div> 태그에 시계를 구현하라. 웹 페이지가 로드되면 즉각 현재 시각에서부터 시계가 가기 시작한다. 현재 시각 값은 new Date()로 얻으면 된다.

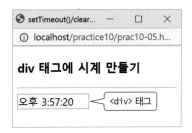

6. setInterval()과 clearInterval()을 이용하여 <div> 태그에 시계를 구현하라. 시계 위를 클릭하면 시계가 멈추고 클릭하면 현재 시각부터 시계가 다시 가도록 하라.

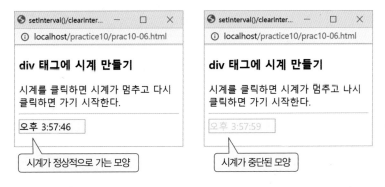

7. 수식을 출력하고 사용자로부터 답을 받아 채점하는 웹 페이지를 만들고자 한다.

(1) 다음과 같이 정해진 수식을 주고 사용자가 입력 창에 입력하고 채점 버튼을 클릭하면 맞은 개수를 출력한다. 답이 틀리면 문제 위에 줄을 긋는다. 수식은 웹 페이지 내에 HTML 태그로 작성한 수식이다.

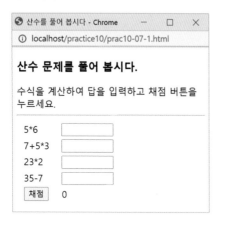

(2) 문제 (1)을 보완하여 처음부터 사칙 연산 문제를 랜덤하게 생성하고, 다시 버튼을 누를 때마다 문제가 만들어지도록 웹 페이지를 작성하라.

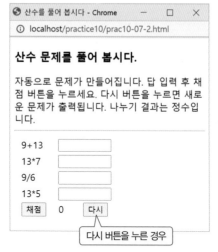

8. 문제 7을 수정해보자. 10초의 시간이 지나면 자동으로 채점하도록 웹 페이지를 작성하라. 다시 버튼을 누르면 새 문제가 주어진다.

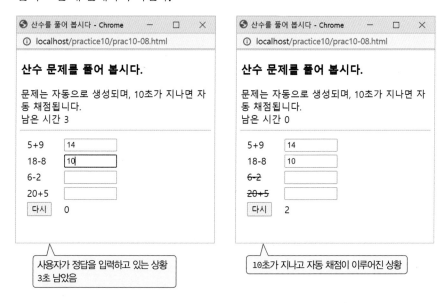

9. 스크린의 해상도가 1280*1024보다 작은 경우, 웹 페이지가 로드되자마자 "스크린 해상도가 낮습니다!"라고 경고 창을 출력하는 웹 페이지를 작성하라.

11

HTML5 캔버스 그래픽

11 | HTML5 캔버스 그래픽

1. HTML5와 캔버스

웹 페이지 그래픽의 전통적인 방법

웹 개발자들은 웹 페이지에 사진이나 그림 혹은 그래픽을 출력하기 위해 전통적으로 다음 2가지 방법을 사용해 왔다.

- 사진이나 그림은 <img> 태그 이용
- 그래픽은 자바 애플릿이나 플래시 등 플러그인 이용

<img>
플러그인

이미지 파일을 출력할 때는 <img> 태그를 이용하고, 그래픽 애니메이션이나 사용자 그래픽이 필요한 경우 자바 애플릿이나 플래시 등 플러그인을 활용하였다. 플러그인을 이용하는 방법은 플러그인 소프트웨어를 설치하는 번거로움과 웹 페이지의 로딩이 지연되는 문제가 있고, 플러그인에 따라서는 특정 브라우저만 실행되는 비호환성이 문제가 되어 왔다. 더구나 플러그인은 모바일 단말기에서는 설치할 수 없어 그래픽을 포함하는 범용 웹 페이지 개발은 더욱 어려움에 처해 있다.

캔버스 도입

HTML5에서는 이러한 어려움을 해결하기 위해 플러그인의 도움 없이 자바스크립트 코드로 웹 페이지에 자유롭게 그래픽을 수행할 수 있는 캔버스 기능을 도입하였다. 캔버스 기능은 새로 도입

<canvas> 태그

된 <canvas> 태그로 브라우저 화면상에 할당된 공간에서 이루어진다. 캔버스의 가장 큰 장점은 모바일 단말기나 PC를 포함하여 HTML5를 지원하는 모든 브라우저에서 작동한다는 점이다.

캔버스의 그래픽 기능을 이용하면 선, 원, 사각형, 곡선, 이미지, 2차원 문자 등을 자유자재로 그릴 수 있고 이미지 합성 및 변환을 쉽게 만들어 낼 수 있다. 이 기능을 이용하면 실시간 그래프, 애니메이션, 대화형 게임, 지도 등을 플러그인 없이 웹 페이지에 만들 수 있다. HTML5 캔버스의 도입은 웹이 문서를 보여주는 수준을 넘어 응용 프로그램으로 진화하는 계기가 되었다. 캔버스의 그래픽 그리기는 자바스크립트 코드로만 가능하다.

〈canvas〉 태그

HTML5에서는 웹 페이지에 캔버스 영역을 만드는 다음 〈canvas〉 태그를 도입하였다.

```
<canvas id="캔버스 객체 id"
        style="CSS3 스타일 시트"
        width="캔버스 영역의 폭"
        height="캔버스 영역의 폭">
    이 태그를 지원하지 않는 브라우저가 출력할 HTML 텍스트
</canvas>
```

• width, height : 캔버스가 만들어지는 영역의 크기(픽셀 단위)로 생략 가능. 각각 디폴트 300, 150 픽셀

브라우저는 〈canvas〉 태그가 만들어진 영역에 사각형의 빈 캔버스 공간을 할당하며, 하나의 웹 페이지에 여러 개의 캔버스를 만들 수 있다. 300×150픽셀 크기의 캔버스를 만드는 〈canvas〉 사용 사례는 다음과 같다.

```
<canvas id="myCanvas" width="300" height="150">
    <p>canvas가 지원되지 않네요. 죄송합니다.</p>
</canvas>
```
〈canvas〉 태그를 인식하지 못하는 브라우저가 출력하는 텍스트. 생략 가능

예제 **11-1** 〈canvas〉 태그로 캔버스 만들기

〈canvas〉 태그로 3개의 캔버스를 가진 HTML 페이지를 만든 사례이다. 캔버스 영역이 눈에 띄기 쉽도록 CSS3로 배경색을 달리하였다.

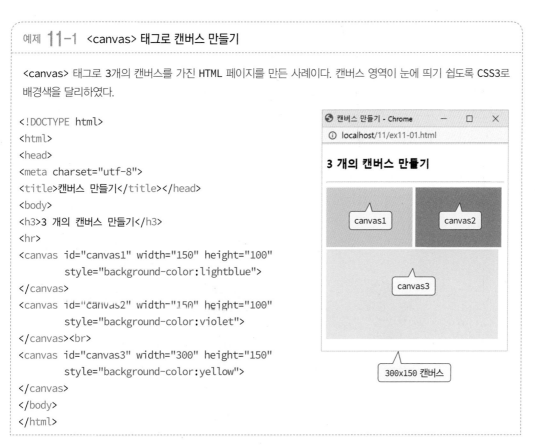

```
<!DOCTYPE html>
<html>
<head>
<meta charset="utf-8">
<title>캔버스 만들기</title></head>
<body>
<h3>3 개의 캔버스 만들기</h3>
<hr>
<canvas id="canvas1" width="150" height="100"
        style="background-color:lightblue">
</canvas>
<canvas id="canvas2" width="150" height="100"
        style="background-color:violet">
</canvas><br>
<canvas id="canvas3" width="300" height="150"
        style="background-color:yellow">
</canvas>
</body>
</html>
```

캔버스(canvas) 객체와 컨텍스트 객체

다음과 같이 캔버스를 만들고 자바스크립트로 그래픽을 수행하는 과정을 간단히 알아보자.

```
<canvas id="myCanvas" width="300" height="150"></canvas>
```

캔버스 객체 찾기

먼저 \<canvas\> 태그를 찾아 DOM 객체를 얻어낸다. 다음은 \<canvas\>를 찾는 코드이다.

getElementById()
```
let canvas = document.getElementById("myCanvas");  // 캔버스 찾기
```

캔버스 객체 canvas는 표 11-1과 같은 프로퍼티와 메소드를 가진다.

캔버스 컨텍스트 얻어내기

캔버스 객체를 찾았으면 캔버스 객체로부터 그림을 그리는 도구(rendering tool)를 얻어낸다.

컨텍스트 이 도구를 캔버스 컨텍스트(context) 혹은 간단히 **컨텍스트**(context)라고 부른다. 컨텍스트는 다음과 같이 canvas 객체의 getContext() 메소드로 알아낸다.

```
let context = canvas.getContext("2d");
```

getContext("2d") **getContext("2d")**가 리턴한 context 객체는 2차원 그래픽에 사용되는 프로퍼티와 메소드를 가진 CanvasRenderingContext2D 타입의 객체이다. CanvasRenderingContext2D가 이름이 길므로 간단히 컨텍스트 객체라고 부르기로 한다. 컨텍스트 객체의 프로퍼티와 메소드는 표 11-2, 11-3과 같다. 이제부터는 컨텍스트 객체가 제공하는 메소드로 그림을 그려보자.

컨텍스트 객체는 캔버스에 그림을 그리는 모든 도구를 갖추고 있어.

나도 그리고 싶다.

잠깐! **캔버스의 렌더링 기술** ○────

HTML5의 캔버스는 벡터 방식이 아니라, 비트맵 렌더링 엔진을 장착하여 브라우저에 즉시 그리기 때문에 그리는 속도가 현저히 빠르다. Adobe의 Flash나 Microsoft의 Silverlight를 충분히 대체할 수 있는 웹 표준 기술이다.

잠깐! `let wglContext=canvas.getContext("webgl");` ○────

캔버스 객체는 2차원이나 3차원 그래픽을 모두 지원한다. 2차원 그래픽을 수행하려면, canvas.getContext("2d")를, 3차원 그래픽을 수행하려면 canvas.getContext("webgl")를 호출하면 된다. getContext()는 매개변수에 따라 적절한 그래픽 도구(그래픽 라이브러리)를 리턴한다. webgl로 불리는 Web Graphics Library는 플러그인의 도움 없이 브라우저를 막론하고 2차원/3차원의 그래픽을 지원하는 자바스크립트 API이다. webgl은 이 책의 범위를 넘어가므로 스스로 공부하기 바란다.

표 11-1 canvas 객체의 프로퍼티와 메소드

멤버	속성	설명
width	프로퍼티	캔버스의 폭. 픽셀 값. 읽기 쓰기 가능
height	프로퍼티	캔버스의 높이. 픽셀 값. 읽기 쓰기 가능
style	프로퍼티	캔버스의 CSS3 스타일 시트 객체
getContext()	메소드	캔버스에 그림을 그리는 컨텍스트 객체 리턴

캔버스에 그리기

컨텍스트 객체의 메소드를 이용하여 도형을 그려보자. 사각형을 그리는 코드 예를 보자.

```
context.beginPath();
context.strokeStyle = "blue";      // 선 색을 파란 색으로 설정
context.rect(60, 60, 50, 50);      // 캔버스의 (60, 60)에서 50×50 크기의 사각형을 그린다.
context.stroke();                  // 현재까지 구성된 도형을 캔버스에 그린다.
```

beginPath()를 호출하면 새로 도형 그리기를 시작한다(그림 11-2에서 자세히 설명). 이 코드를 실행하면 캔버스의 왼쪽 상단 (60, 60) 지점에 50×50 크기의 파란색 사각형이 그려진다. rect() 메소드가 그린 사각형은 stroke()가 호출되어야 캔버스에 나타난다. strokeStyle은 도형의 외곽선 색을 지정할 때 사용된다.

rect()
stroke()
strokeStyle

context에는 표 11-3과 같이 rect() 외 선, 이미지, 원호 등을 그리는 많은 메소드가 있다. 뒤에서 하나씩 알아보기로 한다.

표 11-2 컨텍스트 객체의 프로퍼티

프로퍼티	설명	r/w
strokeStyle	선 색	r/w
fillStyle	채우기 색	r/w
lineWidth	도형의 선 두께. 픽셀 단위	r/w
font	텍스트 폰트	r/w
textAlign	텍스트 정렬 방식	r/w

표 11-3 컨텍스트 객체의 메소드

메소드	특징	설명
beginPath()	경로와 관련	이전 경로를 모두 지우고 새로 시작한다.
closePath()	경로와 관련	경로의 끝 점과 시작점을 연결하는 선을 추가하고 경로를 닫는다.
moveTo()	경로와 관련	경로에 새 점을 만든다.
lineTo()	경로와 관련	경로의 끝 점과 연결하는 선을 추가한다.
rect()	경로와 관련	경로에 사각형을 추가한다.
arc()	경로와 관련	경로에 원호를 추가한다.
fill()	경로에 있는 도형 캔버스 그리기	경로에 만들어진 모든 도형(사각형과 원호)을 외곽선 없이 내부만 색으로 채워 캔버스에 그린다.
stroke()	경로에 있는 도형 캔버스 그리기	경로에 담겨 있는 모든 도형을 외곽선만 캔버스에 그린다.
clearRect()	캔버스에 바로 그리기	캔버스에서 사각형 영역을 지운다.
fillRect()	캔버스에 바로 그리기	캔버스에 외곽선 없이 사각형 영역을 색으로 바로 칠한다.
strokeRect()	캔버스에 바로 그리기	사각형을 경로에 추가하지 않고 캔버스에 바로 그린다.
strokeText()	캔버스에 바로 그리기	텍스트(문자열)를 캔버스에 바로 그린다.
drawImage()	캔버스에 바로 그리기	이미지를 캔버스에 바로 그린다.

캔버스 그리기의 2가지 유형

캔버스에 그림을 그리는 방법은 다음 2가지가 있다.

경로

- 첫 번째 방법은 beginPath()를 호출하여 빈 경로를 만들고, 경로(path)에 먼저 선, 원, 사각형 등의 도형을 모아 놓고 한 번에 캔버스에 그림을 그리는 방법이다.
- 두 번째 방법은 경로에 담지 않고 바로 캔버스에 그리는 방법이다.

표 11-3에는 이 두 가지 방법에 따라 메소드를 구분해 놓았다.

캔버스에 도형과 텍스트를 출력하는 간단한 사례를 보인다.

```html
<!DOCTYPE html>
<html>
<head>
<meta charset="utf-8">
<title>캔버스 그리기 맛보기</title></head>
<body>
<h3>캔버스 그리기 맛보기</h3>
<hr>
<canvas id="myCanvas" style="background-color:aliceblue"
        width="250" height="150"></canvas>
<script>
    let canvas = document.getElementById("myCanvas");
    let context = canvas.getContext("2d");

    // 파란선으로 사각형 그리기
    context.beginPath();  // 빈 경로 만들기
    context.strokeStyle = "blue";  // 선 색  설정
    context.rect(30, 30, 50, 50);  // (30,30)에서 50x50 크기 사각형을 경로에 삽입
    context.stroke();  // 경로에 있는 모든 도형의 외곽선 그리기

    // violet 색으로 채운 사각형 그리기
    context.beginPath(); // 빈 경로 만들기
    context.fillStyle = "violet";  // 채우기 색
    context.rect(60, 60, 50, 50);  // (60,60)에서 50x50 크기 사각형을 경로에 삽입
    context.fill();  // 경로에 있는 모든 도형의 내부만 채워 그리기

    // green 색으로 텍스트 내부만 그리기
    context.font = "20px Gothic";
    context.fillStyle = "green";  // 채우기 색
    context.fillText("Text in Canvas", 100, 50);  // 텍스트를 경로에 넣지 않고 바로 그리기
</script>
</body>
</html>
```

캔버스의 크기 및 스타일 제어

캔버스의 크기, canvas의 width와 height **프로퍼티**

canvas 객체의 width, height 프로퍼티는 캔버스의 크기를 나타내며, 이 값들은 <canvas width="300" height="150">의 width, height 속성 값을 반영한다. 자바스크립트 코드는 canvas 객체를 통해 <canvas> 태그에 작성된 캔버스의 크기를 알아낼 수 있다. 다음 코드는 캔버스의 크기를 경고창에 출력한 사례이다.

```
<canvas id="myCanvas" width="300" height="150">
</canvas>
<script>
    let canvas = document.getElementById("myCanvas");
    let width = canvas.width;
    let height = canvas.height;
    alert("캔버스는 " + width + "x" + height);
</script>
```

localhost 내용:

캔버스는 300x150

확인

또한 canvas 객체의 width, height 프로퍼티 값을 변경하면 캔버스의 크기를 동적으로 바꿀 수도 있다.

```
canvas.width = 100;        // 캔버스의 폭을 100픽셀로 변경
```

캔버스의 스타일 제어

style 프로퍼티

canvas 객체의 style 프로퍼티를 통해 캔버스의 배경색이나 스타일을 제어할 수 있다. 다음은 캔버스의 배경색을 yellowgreen으로 변경하는 코드이다.

```
canvas.style.backgroundColor = "yellowgreen";
```

캔버스의 그래픽 좌표

캔버스 그래픽은 픽셀 단위의 좌표와 크기를 사용한다. 좌표는 그림 11-1과 같이 캔버스의 왼쪽 상단 모서리가 (0, 0)이고, 오른쪽으로 X축 값이 증가하며, 아래쪽으로 Y축 값이 증가한다.

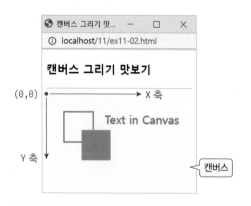

그림 11-1 캔버스의 그래픽 좌표 체계

캔버스의 그래픽 기능

캔버스를 이용하여 그릴 수 있는 그래픽 기능은 다음과 같다.

- 도형 그리기와 칠하기
- 글자 그리기
- 이미지 그리기
- 이미지 변환
- 클리핑

2. 도형 그리기와 채우기

캔버스에 그릴 수 있는 도형의 종류는 직선, 사각형, 원호 등이며, 외곽선만 그리거나 도형 내부를 색으로 채워 그릴 수 있다.

도형 그리는 과정

직선, 사각형, 원호 등의 도형은 텍스트나 이미지와 달리 다음 2단계를 거쳐 캔버스에 그려진다.

- 경로(path) 만들기
- 캔버스에 경로에 담긴 도형 모두 그리기

경로(path)란 생소하겠지만, 캔버스 위에 '붓(펜)이 지나기는 길'로 이해하면 될 것 같다. 경로 만들기는 캔버스에 그리고자 하는 도형들을 먼저 컨텍스트 내의 경로에 담는 과정이다. moveTo(), lineTo(), rect(), arc() 등의 메소드는 캔버스에 직접 그리지 않고 도형을 경로에 추가한다. stroke() 메소드가 불려질 때 비로소 경로에 담긴 도형들이 캔버스에 그려진다.

경로

stroke()

beginPath()	새로운 빈 경로를 만든다.
stroke()	경로에 담긴 모든 도형을 순서대로 캔버스에 그린다(외곽선만).
fill()	경로에 담긴 모든 도형을 순서대로 색으로 채워 캔버스에 그린다(외곽선 없이).
clothPath()	경로의 끝점과 경로의 시작점을 연결하는 직선을 추가하고 경로를 닫는다.

경로 만들기

경로를 만들기 위해서는 다음과 같이 먼저 빈 경로를 만든다.

beginPath()
```
context.beginPath();   // 빈 경로 구성
```

그러고 나면 moveTo()로 경로에 시작점을 설정한다.

```
context.moveTo(120, 20);   // (120, 20)을 시작점으로 설정
```

이 시작점에서부터 경로를 구성해 간다. 다음은 현재 경로의 끝 점에서 (20, 50)까지 직선을 경로에 추가하고, 다시 (20, 50)에서 (150, 120)까지의 직선을 경로에 추가하는 코드이다.

```
context.lineTo(20, 50);     // (120, 20)에서 (20, 50)까지의 직선을 경로에 추가
context.lineTo(150, 120);   // (20, 50)에서 (150, 120)까지의 직선을 경로에 추가
```

캔버스에 경로전체 그리기

stroke()
stroke() 메소드는 context의 경로에 담긴 도형을 순서대로 모두 그린다.

```
context.stroke();   // context의 경로 속 도형들을 캔버스에 모두 그린다.
```

stroke() 후에도 경로는 지워지지 않고 그대로 남아 있다. 그림 11-2는 빈 경로에서 시작하여 경로가 만들어지고 경로 속에 들어있는 도형이 그려지는 과정을 코드와 함께 보여준다.

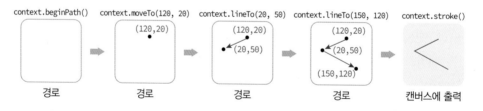

그림 11-2 경로를 만들고 캔버스에 그리는 과정

경로 지우기

context의 경로 안에 만들어진 도형을 모두 지우려면 다음과 같이 경로를 새로 시작하면 된다.

```
context.beginPath();
```

경로 닫기

경로 닫기는 **closePath()** 메소드를 이용하며, 현재 경로에 만들어진 도형의 끝점과 경로의 시작
점을 연결하는 직선을 자동으로 경로에 추가한다. 그러고 나서 경로에 도형을 추가할 수 없도록
닫아버린다.

closePath()

```
context.closePath();
```

예를 들어 보자. 그림 11-2에서 도형의 끝점이 경로의 시작점과 연결되어 있지 않다.
stroke() 전에 closePath()를 그림11-3과 같이 호출하면 자동으로 경로의 시작점과 도형의 끝
점을 연결하는 직선이 추가된다.

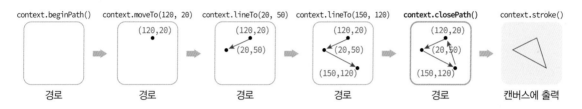

그림 11-3 그림 11-2에 closePath() 코드를 추가한 경우

예제 11-7과 그 앞부분의 'fill()로 원호 내부 칠하기'에 closePath()의 활용 사례를 볼 수
있다.

선 그리기

선을 그리기 위해 필요한 컨텍스트 객체의 메소드들은 다음과 같다.

> *moveTo(x, y)*   경로에 담긴 도형은 그대로 두고, 점 *(x, y)*를 새 시작점으로 삽입한다.
> *lineTo(x, y)*   경로의 끝 점에서 *(x, y)*까지 직선을 경로에 추가한다.

선을 그리기 위해서는 먼저 **moveTo()**를 이용하여 시작점을 설정하고 여러 개의 **lineTo()**로
선을 연결하여 나간다. moveTo(x, y)는 호출될 당시 경로에 있는 도형은 그대로 두고, (x,y)를
다음 도형을 연결해갈 새로운 시작점으로 한다.

moveTo()
lineTo()

```
<!DOCTYPE html>
<html>
<head>
<meta charset="utf-8">
<title>선으로 삼각형 그리기</title>
</head>
<body>
<h3>선으로 삼각형 그리기</h3>
<hr>
<canvas id="myCanvas"
        style="background-color:aliceblue"
        width="200" height="150"></canvas>
<script>
    let canvas = document.getElementById("myCanvas");
    let context = canvas.getContext("2d");

    context.beginPath();        // 빈 경로 만들기
    context.moveTo(120, 20);    // (120, 20)을 시작점으로 설정
    context.lineTo(20, 50);     // 경로에 (120, 20)에서 (20, 50)까지 직선 추가
    context.lineTo(150, 120);   // 경로에 (20, 50)에서 (150, 120)까지 직선 추가
    context.lineTo(120, 20);    // 경로에 (150, 120)에서 (120, 20)까지 직선 추가
    context.strokeStyle="magenta";  // 선의 색
    context.stroke();           // 경로에 포함된 모든 도형을 캔버스에 그린다
</script>
</body>
</html>
```

원호 그리기

arc()   컨텍스트 객체의 **arc()** 메소드를 이용하면 원호를 그릴 수 있다.

> *arc(x, y, radius, startAngle, endAngle, anticlockwise)*
>
> - x, y, radius : (x, y)는 원호의 중심이고 radius는 반지름
> - startAngle : 원호의 시작 각도. 3시를 기점으로 시계방향으로 각도 계산
> - endAngle : 원호의 끝 각도. 3시를 기점으로 시계방향으로 각도 계산
> - anticlockwise : true이면 반시계방향, false이면 시계방향으로 원호 그리기. 생략가능하며 디폴트는 시계방향(false)
>
>   (x, y)를 중심으로 반지름이 radius이고, startAngle(시작 각도) 지점과 endAngle(끝 각도) 지점을 연결하는 원호를 그린다. 원호는 anticlockwise의 값에 따라 반시계 방향이나 시계방향 중 하나로 그려진다.

arc() 메소드에서 startAngle(시작 각도)와 endAngle(끝 각도)는 원주율로 지정하며 각도는 3시 방향에서 시작한다. 그림 11-4(a)는 각도의 위치를 보여준다. 360°는 2π, 90°는 π/2이고, 180°는 π로 주면 된다. 예를 들어 270° 각을 만들고자 하면, 원주율 π(3.141592) 값을 가진 Math 클래스의 상수 PI를 사용하여 다음과 같이 한다.

```
1.5*Math.PI  // 270° = 3π/2
```

arc() 메소드로 원호를 그리는 사례를 보자. 다음은 0도에서 270도까지 반지름 10인 원호를 그리는 코드이며, 그린 모양은 그림 11-4(b)와 같다.

```
context.arc(50, 50, 10, 0, 1.5*Math.PI, false);  // (50, 50)을 중심으로 반지름이 10인 원호를 경로에
                                                 // 추가. 원호는 0~270도(3π/2 지점)까지 시계 방향
context.stroke();  // 캔버스에 원호를 그린다.
```

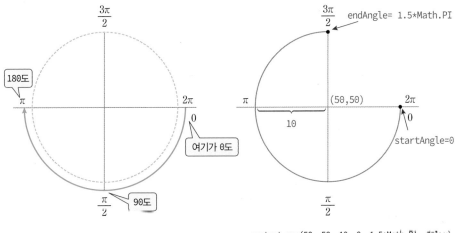

그림 11-4 startAngle(시작 각도)와 endAngle(끝 각도)를 계산하는 방법

예제 11-4 원호 그리기

중심이 (100, 70)이고 반지름이 각각 30, 50인 두 개의 원호를 그린 코드를 보여준다.

```
<!DOCTYPE html>
<html>
<head>
<meta charset="utf-8">
<title>원호 그리기</title>
</head>
<body>
<h3>원호 그리기</h3>
<hr>
<canvas id="myCanvas" style="background-color:aliceblue"
        width="200" height="150"></canvas>
<script>
    let canvas = document.getElementById("myCanvas");
    let context = canvas.getContext("2d");

    context.beginPath();   // 빈 경로 구성
    context.strokeStyle="magenta";
    context.arc(100, 70, 30, 0, 1.5*Math.PI, false);   // 시계 방향
    context.stroke();   // 경로에 있는 원호를 그린다

    context.beginPath();   // 이전 경로 지우고 빈 경로 구성    ← 라인 20:
    context.strokeStyle="blue";
    context.arc(100, 70, 50, Math.PI/2, Math.PI, true);   // 반시계 방향
    context.stroke();   // 경로에 있는 원호를 캔버스에 그린다
</script>
</body>
</html>
```

원호 그리기 - C...   localhost/11/ex11-04.html

원호 그리기

context.arc(100, 70, 50,
    Math.PI/2,
    Math.PI, true);

stroke()는 경로에 담긴 도형(직선, 원호, 곡선)을 직선 연결하여 그린다

stroke()는 직선, 원호, 곡선을 그릴 때 경로 안에 만들어진 순서로 도형들을 연결하여 그린다. 경로 안에 도형이 떨어져 있을 때도 도형을 연결하는 직선을 추가하여 그린다. 예제 11-4의 라인 20에 있는 context.beginPath();을 지우면 두 개의 원호를 연결하는 직선이 추가적으로 그려진다. 궁금한 독자는 해보기 바란다.

하지만 사각형의 경우 이전 도형을 연결하는 직선을 그리지 않는다.

사각형 그리기

사각형을 그리는데 필요한 컨텍스트 객체의 메소드는 다음과 같다.

```
rect(x, y, w, h)          (x, y)에서 w×h 크기의 사각형을 경로에 삽입한다.
strokeRect(x, y, w, h)    (x, y)에서 w×h 크기의 사각형을 경로에 삽입하지 않고 캔버스에 직접 그린다.
```

rect() 메소드는 사각형을 경로에 추가한다. 다음은 rect()를 이용하여 사각형을 캔버스에   *rect()*
그리는 간단한 코드이다.

```
context.rect(10, 10, 100, 100);   // (10, 10)에서 100×100 크기의 사각형을 경로에 추가
context.stroke();                 // 경로에 구성된 사각형을 캔버스에 그린다.
```

이와 달리 strokeRect() 메소드를 이용하면 사각형을 경로에 삽입하지 않고 캔버스에 바로
그릴 수 있다. 앞의 두 라인의 코드는 **strokeRect()**를 이용하여 다음 한 라인으로 작성할 수   *strokeRect()*
있다.

```
context.strokeRect(10, 10, 100, 100);     // (10, 10)에서 100×100 크기의 사각형 그리기
```

예제 **11-5** 사각형 그리기

```
<!DOCTYPE html>
<html>
<head>
<meta charset="utf-8">
<title>사각형 그리기</title>
</head>
<body>
<h3>사각형 그리기</h3>
<hr>
<canvas id="myCanvas"
        style="background-color:aliceblue"
        width="200" height="150"></canvas>
<script>
    let canvas = document.getElementById("myCanvas");
    let context = canvas.getContext("2d");

    context.beginPath();   // 빈 경로 구성
    for(let i=0; i<5; i++) {
        context.rect(10+i*30,10+i*10, 50,50);
    }
    context.strokeStyle="magenta";   // 선의 색
    context.stroke();   // 경로에 만들어진 사각형들을 캔버스에 그린다
</script>
</body>
</html>
```

beginPath()와 closePath()

경로는 beginPath() 이후 다음 beginPath()가 호출될 때까지 이어진다. stroke()는 경로에 있는 도형들을 모두 그리며 stroke() 후에도 경로가 사라지지 않는다. closePath()는 경로의 끝점에서 moveTo()로 설정된 시작점까지 직선을 경로에 추가하여 닫힌 도형이 되게 한다.

캔버스 지우기

캔버스에 그려진 그래픽을 모두 지우고자 하면 다음과 같이 하면 된다.

clearRect()

```
context.clearRect(0, 0, canvas.width, canvas.height);
```

하지만 이 코드가 context에 만들어진 경로까지 지우는 것은 아니다. 경로까지 모두 지우려면 다음 코드를 추가적으로 실행해야 한다.

```
context.beginPath();
```

도형 꾸미기

컨텍스트 객체의 프로퍼티를 이용하면, 선, 원호, 사각형, 글자 등에서 색이나 굵기를 조절할 수 있다.

색

strokeStyle

strokeStyle 프로퍼티를 이용하면 선의 색을 지정할 수 있다. 다음은 모두 선 색을 파란색으로 지정한 사례이다.

```
context.strokeStyle = "blue";
context.strokeStyle = "#0000FF";
context.strokeStyle = "rgb(0, 0, 255)";
```

fillStyle

채우기 색은 fillStyle 프로퍼티를 이용하여 fill(), fillRect(), fillText()에 활용된다.

```
context.fillStyle = "red";
```

선 굵기

lineWidth

lineWidth 프로퍼티를 이용하면 직선, 원호, 사각형, 곡선의 선 굵기를 지정할 수 있다.

```
context.lineWidth = 20;  // 선 굵기를 20픽셀로 지정
```

예제 11-6 선의 색과 굵기

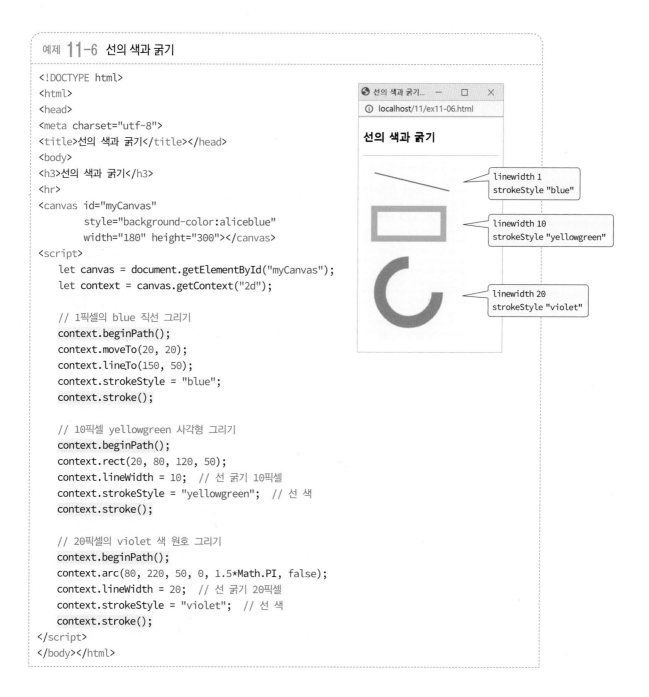

```html
<!DOCTYPE html>
<html>
<head>
<meta charset="utf-8">
<title>선의 색과 굵기</title></head>
<body>
<h3>선의 색과 굵기</h3>
<hr>
<canvas id="myCanvas"
        style="background-color:aliceblue"
        width="180" height="300"></canvas>
<script>
    let canvas = document.getElementById("myCanvas");
    let context = canvas.getContext("2d");

    // 1픽셀의 blue 직선 그리기
    context.beginPath();
    context.moveTo(20, 20);
    context.lineTo(150, 50);
    context.strokeStyle = "blue";
    context.stroke();

    // 10픽셀 yellowgreen 사각형 그리기
    context.beginPath();
    context.rect(20, 80, 120, 50);
    context.lineWidth = 10;  // 선 굵기 10픽셀
    context.strokeStyle = "yellowgreen";  // 선 색
    context.stroke();

    // 20픽셀의 violet 색 원호 그리기
    context.beginPath();
    context.arc(80, 220, 50, 0, 1.5*Math.PI, false);
    context.lineWidth = 20;  // 선 굵기 20픽셀
    context.strokeStyle = "violet";  // 선 색
    context.stroke();
</script>
</body></html>
```

칠하기

도형의 내부를 색으로 칠하는 기능은 다음 3 가지이다.

- 원호 내부 칠하기
- 사각형 내부 칠하기
- 텍스트 내부 칠하기

텍스트 내부 칠하기는 다음 절에서 설명하므로, 원호와 사각형 칠하기에 대해서만 설명한다.

fillStyle 프로퍼티

fillStyle   원호나 사각형, 텍스트의 내부를 칠할 색은 **fillStyle** 프로퍼티에 지정한다.

```
context.fillStyle = "violet";  // violet을 칠하는 색으로 지정
```

fillRect()로 채운 사각형 그리기

fillRect()
fill()과 달리 경로에
넣지 않고 캔버스에
바로 그린다.

fillRect()은 경로에 넣지 않고 fillStyle에 주어진 색으로 사각형을 캔버스에 바로 채워 그린다. 다음은 (20, 20)에서 100×100 크기의 외곽선 없는 사각형을 violet 색으로 칠하는 코드이다.

```
context.fillStyle = "violet";
context.fillRect(20, 20, 100, 100);  // 경로에 넣지 않고 바로 그리기
```

fill()로 경로에 만들어진 닫힌 도형 내부 칠하기

fill()   **fill()**은 경로에 담긴 닫힌 도형의 내부만 칠하는 메소드이다. 다음은 사각형의 내부는 violet으로, 외곽선은 gray 색으로 그리는 코드이다.

```
context.beginPath();
context.fillStyle = "violet";
context.rect(20, 20, 100, 100);  // 경로에 사각형 삽입
context.fill();  // 경로내 사각형 내부 칠하기
context.strokeStyle = "gray";
context.lineWidth = 10;
context.stroke();  // 경로내 사각형의 외곽선 그리기
```

fill()로 원호 내부 칠하기

fill()은 경로 내 닫힌 영역(도형들)의 내부를 칠하는 메소드이므로 fill()을 이용하여 원호의 내부를 칠하려면 닫힌 원호를 만들어야 한다. 원호 양 끝점을 중심과 잇는 2개의 직선을 추가해야 닫힌 원호가 만들어 진다. 0도에서 270도까지 원호를 그리고 원호의 내부를 yellowgreen으로 칠하는 코드는 다음과 같다.

```
context.beginPath();
context.moveTo(x, y); // 원호의 중심(x, y)을 경로의 시작점으로
context.arc(x, y, radius, 0, 1.5*Math.PI);
    // arc()의 실행 결과 경로의 시작점 (x,y)에서 원호의 시작점(0도 위치) 까
        지의 직선 자동 추가
context.closePath();
    // 원호의 끝점(270도)에서 경로 시작점(x, y)까지의 직선 자동 추가
context.fillStyle = "yellowgreen";
context.fill();   // 경로에 있는 닫힌 원호 내부 칠하기
```

예제 **11**-7 칠하기

```html
<!DOCTYPE html>
<html>
<head>
<meta charset="utf-8">
<title>채운 사각형과 원호 그리기</title></head>
<body>
<h3>채운 사각형과 원호 그리기</h3>
<hr>
<canvas id="myCanvas"
        style="background-color:aliceblue"
        width="180" height="420"></canvas>
<script>
    let canvas = document.getElementById("myCanvas");
    let context = canvas.getContext("2d");

    // fillRect()로 외곽선 없이 색으로 채운 사각형 그리기
    context.fillStyle = "violet";
    context.fillRect(20, 20, 100, 100);  // 채운 사각형 그리기

    // fill()로 사각형 내부 칠하기
    context.beginPath();
    context.rect(20, 150, 100, 100);  // 경로에 사각형 삽입
    context.fillStyle = "violet";
    context.fill();  // 사각형 내부 채워 그리기

    // stroke()로 사각형 외곽선 그리기
    context.strokeStyle = "gray";
    context.lineWidth = 10;
    context.stroke();  // 사각형 외곽선 그리기

    // fill()로 원호 내부 칠하기
    context.beginPath();
    context.moveTo(80, 340);  // 원호의 중심을 시작점으로 설정
    context.arc(80, 340, 50, 0, 1.5*Math.PI); // 경로에 원호 삽입
    context.closePath();  // 원호의 끝점과 경로 시작점(원호중심)을
                          // 연결하는 직선 자동 추가
    context.fillStyle = "yellowgreen";
    context.fill(); // 원호 내부 칠하기

    // 원호 외곽선 그리기
    context.strokeStyle = "gray";
    context.lineWidth = 20;
    context.stroke();  // 원호 외곽선 그리기
</script>
</body>
</html>
```

경로에 넣지 않는다.

채운 사각형과... — □ ×

localhost/11/ex11-07.html

채운 사각형과 원호 그리기

텍스트 그리기

캔버스에 텍스트(문자열)를 쓸 수 있다. 텍스트는 비트맵 이미지로 출력되므로 쓴다기보다 그린다는 것이 옳다. 그러므로 캔버스에서 텍스트만 지우거나 떼어 내어 옮기는 것은 불가능하다. 텍스트는 경로에 담지 않고 캔버스에 바로 그리며 다음 2가지 유형이 있다.

- 텍스트의 외곽선만 그리기 - strokeText()
- 외곽선 없이 텍스트 내부 채워 그리기 - fillText()

---

strokeText(text, x, y [, maxWidth])
fillText(text, x, y [, maxWidth])

- text : 출력하고자 하는 문자열 텍스트
- x, y : 텍스트가 출력되는 시작 점 (x, y)
- maxWidth : 텍스트가 출력되는 최대 폭. text가 이 값보다 크면 자동으로 다른 폰트로 대체됨

strokeText()는 strokeStyle 색으로 (x,y) 위치에 text의 외곽선만 그리며, fillText()는 외곽선없이 텍스트 내부를 fillStyle 색으로 칠한다.

텍스트 외곽선 그리기

strokeText()   strokeText()는 컨텍스트의 strokeStyle과 lineWidth에 지정된 값으로 텍스트의 외곽선을 그린다. 다음 코드는 (30, 100) 위치에 "Javascript" 외곽선을 1픽셀 blue 색으로 그린다.

```
context.strokeStyle = "blue";  // 외곽선 색
context.lineWidth = 1;  // 외곽선 굵기 1 픽셀
context.strokeText("Javascript", 30, 100);
```

텍스트 채워 그리기

fillText()   fillText()는 strokeStyle과 lineWidth를 무시하고 fillStyle 값만 반영하여 텍스트 내부를 채워 그린다. 다음은 (30, 200) 위치에 "Javascript" 내부를 green 색으로 칠한다.

```
context.fillStyle = "green";  // 채우기 색
context.fillText("Javascript", 30, 200);
```

폰트

font   텍스트의 폰트는 font 프로퍼티로 지정하며 디폴트는 10px의 sans-serif이다. font 프로퍼티에는 CSS3 스타일 시트와 동일한 문법이 사용된다. 폰트를 지정하는 예는 다음과 같다.

```
context.font = "20px arial";  // 20픽셀의 보통 스타일, arial 서체
context.font = "italic 20px arial";  // 20픽셀의 이탤릭 스타일, arial 서체
```

정렬

textAlign 프로퍼티에 "left"(디폴트), "right", "center", "start", "end" 중 한 값을 지정 textAlign
하여 텍스트의 출력 위치를 지정할 수 있다. 예를 들어 "right"는 텍스트의 오른쪽 끝을 정렬의
기준으로 하여 텍스트를 출력한다. 다음 코드는 오른쪽 끝이 (100, 10)이 되도록 "Javascript"
를 오른쪽 정렬로 출력한다.

```
context.textAlign = "right";  // 오른쪽 정렬
context.strokeText("Javascript", 100, 10);  // 정렬의 기준점 (100, 10)
```

예제 **11**-8 텍스트 그리기

```
<!DOCTYPE html>
<html>
<head>
<meta charset="utf-8">
<title>텍스트 그리기</title></head>
<body>
<h3>텍스트 그리기</h3>
<hr>
<canvas id="myCanvas" style="background-color:beige"
    width="500" height="400"></canvas>
<script>
    let canvas = document.getElementById("myCanvas");
    let context = canvas.getContext("2d");
    context.strokeStyle = "blue";

    // font 프로퍼티 활용
    for(let i=0; i<4; i++) {
        context.font = (10 + i*10) + "px forte";
        context.strokeText("Javascript 재밌다.",
                        10, 30+i*50);
    }

    // 텍스트 외곽선 그리기
    context.font = "italic 50px forte";
    context.strokeStyle = "magenta";
    context.lineWidth = 3;
    context.textAlign = "left";
    context.strokeText("Javascript 재밌다.", 50, 250);

    // 텍스트 채워 그리기
    context.fillStyle = "green";
    context.textAlign = "right";
    context.fillText("Javascript 재밌다.", 490, 300);
</script>
</body>
</html>
```

3. 이미지 그리기

이미지 객체 생성

캔버스에 이미지를 그리기 위해서는 이미지를 담을 이미지 객체가 필요하다. 이미지 객체는 다음 자바스크립트 코드로 생성한다. Image 객체는 9장을 참고하기 바란다.

new Image()

```
let img = new Image();
```

이미지 로딩과 onload

이미지 파일로부터 이미지를 로딩시키기 위해서는 Image 객체의 src 프로퍼티를 이용한다. 다음 코드는 test.png 파일을 읽어 비트맵 이미지를 img 객체에 저장하는 코드이다.

```
1   img.onload = function () {  // 이미지 로딩이 완료되면 함수 코드 실행
2      ...     // 이곳에 img 객체에 로드된 이미지를 그리는 코드 작성
3   }
4   img.src = "test.png";  // img 객체에 test.png 파일로부터 이미지 로딩 시작
```

img.onload

라인 4의 img.src = "test.png"; 라인은 이미지 로딩을 시작시키는 코드이다. 이미지 로딩이 완료되어야 이미지를 그릴 수 있으므로, 이미지 로딩을 지시하기 전 img.onload 리스너에 이미지가 로딩되었을 때 이미지를 그리는 자바스크립트 코드(라인 1~3)를 등록해둔다.

이미지 그리기

이미지 로딩이 완료되면 컨텍스트 객체의 drawImage() 메소드를 이용하여 이미지를 그린다.

drawImage()

drawImage()는 다음 몇 가지 유형이 있다.

원본 크기로 그리기

원본 이미지 크기 그대로 그리는 drawImage()는 다음과 같다.

> *drawImage(img, dx, dy)*
>
> • img : 이미지 객체
> • dx, dy : 이미지가 그려질 캔버스 좌표 (dx, dy)
>
> img 객체에 든 비트맵 이미지를 원본 크기로 캔버스의 (dx, dy) 위치에 그린다.

크기 조절하여 그리기

원본 이미지의 크기를 조절하여 그리는 drawImage()는 다음과 같다.

> *drawImage(img, dx, dy, dWidth, dHeight)*
>
> • dWidth, dHeight : 이미지가 그려지는 크기, dWidthxdHeight
>
>   img 객체의 비트맵 이미지를 캔버스의 (dx, dy) 위치에 dWidthxdHeight 크기로 변형하여 그린다.

원본의 일부분을 크기 조절하여 그리기

원본 이미지의 일부분을 택하고 크기를 조절하여 그리는 drawImage()는 다음과 같다.

> *drawImage(img, sx, sy, sWidth, sHeight, dx, dy, dWidth, dHeight)*
>
> • sx, sy : img 이미지 내 비트맵 좌표 (sx, sy)
> • sWidth, sHeight : 그리기 위해 선택한 img 내의 비트맵 크기, sWidthxsHeight
>
>   img 이미지 내부의 (sx, sy) 위치에서 sWidthxsHeight 영역의 비트맵을, 캔버스의 (dx, dy) 위치에 dWidthxdHeight 크기로 변형하여 그린다.

이미지 그리기 사례

이제 drawImage()를 이용하여 이미지를 그리는 코드 사례를 알아보자.

(20, 20) 위치에 원본 크기로 그리기

캔버스의 (20, 20)에 test.png 이미지를 원본 크기로 그리는 코드는 다음과 같다

```
let img = new Image();
img.onload = function () {  // 이미지 로딩이 완료되면 실행되는 함수
    context.drawImage(img, 20, 20);  // img의 비트맵 이미지를 (20, 20)에 원본 크기로 그린다.
}
img.src = "test.png";  // 이미지 로딩을 시작시킨다.
```

(20, 20) 위치에 100×200 크기로 그리기

캔버스의 (20, 20) 위치에 test.png 이미지를 100×200 크기로 그리는 코드는 다음과 같다.

```
let img = new Image();
img.onload = function () {  // 이미지 로딩이 완료되면 실행되는 함수
    context.drawImage(img, 20, 20, 100, 200);  //  img를 (20, 20)에 100×200 크기로 그린다.
}
img.src = "test.png";  // 이미지 로딩을 시작시킨다.
```

캔버스에 꽉 차게 이미지 그리기

캔버스의 크기는 canvas.width와 canvas.height로 알아낼 수 있다. 이들을 이용하여 캔버스에 꽉 차도록 test.png 이미지를 그리는 코드는 다음과 같다.

```
let img = new Image();
img.onload = function () {  // 이미지 로딩이 완료되면 실행되는 함수
    context.drawImage(img, 0, 0, canvas.width, canvas.height);
}
img.src = "test.png";  // 이미지 로딩을 시작시킨다.
```

이 코드를 이용하면 캔버스 전체의 배경 이미지를 출력할 수 있다.

예제 **11-9** 캔버스의 (20, 20)에서 100×200 크기로 변형하여 이미지 그리기

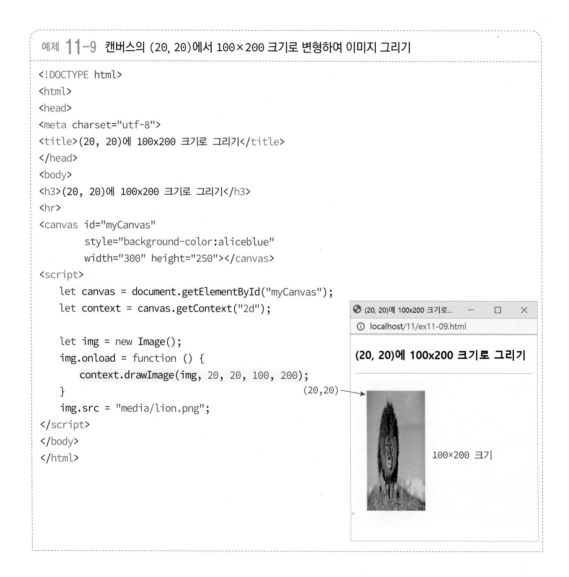

```
<!DOCTYPE html>
<html>
<head>
<meta charset="utf-8">
<title>(20, 20)에 100x200 크기로 그리기</title>
</head>
<body>
<h3>(20, 20)에 100x200 크기로 그리기</h3>
<hr>
<canvas id="myCanvas"
        style="background-color:aliceblue"
        width="300" height="250"></canvas>
<script>
    let canvas = document.getElementById("myCanvas");
    let context = canvas.getContext("2d");

    let img = new Image();
    img.onload = function () {
        context.drawImage(img, 20, 20, 100, 200);
    }
    img.src = "media/lion.png";
</script>
</body>
</html>
```

예제 11-10 캔버스에 꽉 차게 이미지 그리기

```
<!DOCTYPE html>
<html>
<head>
<meta charset="utf-8">
<title>캔버스에 꽉 차게 이미지 그리기</title>
</head>
<body>
<h3>캔버스에 꽉 차게 이미지 그리기</h3>
<hr>
<canvas id="myCanvas"
        style="background-color:aliceblue"
        width="500" height="300"></canvas>
<script>
    let canvas = document.getElementById("myCanvas");
    let context = canvas.getContext("2d");

    let img = new Image();
    img.onload = function () {
        context.drawImage(img, 0, 0,
                canvas.width, canvas.height);  ◁ 캔버스에 꽉 차게 그리기
    }
    img.src = "media/lion.png";
</script>
</body>
</html>
```

캔버스 크기 500×300

4. canvas 객체와 마우스 이벤트 활용

canvas 객체 역시 DOM 객체이므로 이벤트를 처리할 수 있다. 이 절에서는 마우스 이벤트를 이용하여, 다음과 같이 사용자가 마우스로 드래깅하여 캔버스 위에 자유롭게 그림을 그리는 자바스크립트 응용 프로그램을 작성해 보자.

캔버스 태그와 초기화

캔버스 태그
캔버스의 크기는 500×400, 배경색은 aliceblue로 <canvas> 태그를 작성한다.

```
<canvas id="myCanvas" style="background-color:aliceblue" width="500" height="400">
</canvas>
```

캔버스 객체와 컨텍스트 알아내고 초기화
캔버스 객체와 컨텍스트 객체를 알아내고 선의 굵기를 2픽셀, 색을 blue로 지정한다.

```
let canvas, context;
canvas = document.getElementById("myCanvas");
context = canvas.getContext("2d");
context.lineWidth = 2;  // 선 굵기를 2픽셀로 설정
context.strokeStyle = "blue";  // 선 색을 파란색으로 지정
```

마우스 리스너 등록

마우스가 눌러질 때(mousedown), 눌러진 마우스가 놓여 질 때(mouseup), 마우스를 움직이는 동안(mousemove), 마우스가 캔버스 영역을 벗어나는 경우(mouseout)를 처리하는 이벤트 리스너 코드를 작성하고 등록한다.

```
canvas.addEventListener("mousedown", function (e) { down(e) }, false);
canvas.addEventListener("mouseup", function (e) { up(e) }, false);
canvas.addEventListener("mousemove", function (e) { move(e) }, false);
canvas.addEventListener("mouseout", function (e) { out(e) }, false);
```

이벤트가 발생하면 마우스 이벤트 객체가 function (e)의 매개변수 e에 전달된다.

마우스 이벤트 처리

마우스가 눌러질 때, function down(e) 실행

마우스가 눌러지면 down(e) 함수가 실행되며, 이벤트 객체 e의 **e.offsetX**와 **e.offsetY**를 통해 캔버스 내 마우스가 눌러진 위치를 알 수 있다. 마우스가 눌러진 위치에서 드래깅하는 동안 그림을 그리기 때문에 마우스가 눌러진 위치를 전역변수 startX와 startY에 저장한다.

```
startX = e.offsetX;   // 마우스가 눌러진 x 위치 저장
startY = e.offsetY;   // 마우스가 눌러진 y 위치 저장
```

그리고 이제 드래깅을 통해 그림이 그려질 상태를 뜻하는 dragging 변수를 true로 설정한다.

```
dragging = true;
```

마우스가 놓여 질 때, function up(e) 실행

마우스가 놓여지면 드래깅이 끝났으므로 dragging 변수를 false로 설정한다.

```
dragging = false;
```

마우스가 움직일 때, function move(e) 실행

마우스가 움직이는 동안 mousemove 이벤트가 계속 발생하여 move(e) 함수가 계속 호출한다. move(e) 함수는 다음 코드를 이용하여 마우스가 눌러져 있지 않으면 그냥 리턴한다.

```
if(!dragging) return;
```

dragging이 true라면 curX와 curY에 현재 마우스의 위치 값 e.offsetX와 e.offsetY를 저장한다.

```
curX = e.offsetX; curY = e.offsetY;
```

그리고 나서 (startX, startY)에서 (curX, curY) 사이의 선을 그리도록 draw(curX, curY)를 호출한다.

```
draw(curX, curY);
```

(curX, curY)는 드래깅하는 동안 계속 변하는 마우스 커서의 현재 위치이다. startX와 startY를 현재 마우스의 위치로 변경하고 함수를 빠져나온다.

```
startX = curX; startY = curY;
```

마우스가 캔버스를 벗어날 때, function out(e) 실행
마우스가 캔버스를 벗어나면 그림 그리기를 중단시킨다. 이를 위해 out(e) 함수에서는 다음과 같이 dragging 변수 값을 false로 설정한다.

```
dragging = false;
```

다시 캔버스 상에 마우스가 눌러져야 그리기를 시작할 수 있다.

그림 그리기, draw(curX, curY)

캔버스는 점 단위로 그래픽을 수행하는 기능은 없고 기본 단위가 선이다. 그러므로 한 픽셀의 점도 선으로 표현해야 한다. 이 예제에서 그림을 그리는 함수는 draw()이다. 이 함수를 호출하기 전에 선의 시작점은 전역변수인 startX, startY에 저장하고, 끝 점 curX, curY를 매개변수로 하여 draw(curX, curY)를 호출하면 된다. 다음은 (startX, startY)에서 (curX, curY)까지 선을 그리는 draw() 함수 코드이다.

```
context.beginPath();              // 새로운 경로 시작
context.moveTo(startX, startY);   // 경로에 시작점 추가
context.lineTo(curX, curY);       // 경로에 (startX, startY)에서 (curX, curY) 사이의 선 추가
context.stroke();                 // 경로 모두 그리기
```

예제 11-11은 마우스 드래깅으로 그림을 그리는 자바 스크립트 코드 전체를 보여준다.

```html
<!DOCTYPE html>
<html>
<head>
<meta charset="utf-8">
<title>마우스 드래깅으로 캔버스에 그림 그리기</title></head>
<body onload="init()">
<h3>마우스를 누른 채 드래깅하여 그림 그려 보세요</h3>
<hr>
<canvas id="myCanvas" style="background-color:aliceblue" width="400" height="300">
</canvas>
<script>
let canvas, context;
function init() {
    canvas = document.getElementById("myCanvas");
    context = canvas.getContext("2d");

    context.lineWidth = 2;   // 선 굵기 2
    context.strokeStyle = "blue";

    canvas.addEventListener("mousemove", function (e) { move(e) }, false);
    canvas.addEventListener("mousedown", function (e) { down(e) }, false);
    canvas.addEventListener("mouseup", function (e) { up(e) }, false);
    canvas.addEventListener("mouseout", function (e) { out(e) }, false);
}

let startX=0, startY=0;   // 드래깅동안, 처음 마우스가 눌러진 좌표
let dragging=false;
function draw(curX, curY) {
    context.beginPath();
    context.moveTo(startX, startY);
    context.lineTo(curX, curY);
    context.stroke();
}
function down(e) {
    startX = e.offsetX; startY = e.offsetY; dragging = true;
}
function up(e) { dragging = false; }
function move(e) {
    if(!dragging) return;   // 마우스가 눌러지지 않았으면 리턴
    let curX = e.offsetX, curY = e.offsetY;
    draw(curX, curY);
    startX = curX; startY = curY;
}
function out(e) { dragging = false; }
</script>
</body>
</html>
```

> 마우스 리스너 등록.
> e는 MouseEvent 객체

Q 웹 페이지에 그래픽을 하는 방법에는 어떤 것들이 있는가?

A <img>로 이미지를 출력하거나, 자바 애플릿, 플래시와 같은 플러그인 프로그램의 도움을 받거나, HTML5에서 표준화한 캔버스 등이다.

Q HTML5에서는 왜 캔버스를 도입하였는가?

A <img>는 정적인 이미지밖에 출력할 수 없고, 플래시와 같은 플러그인은 브라우저 사이의 호환성이 부족하고 모바일에서는 실행되지 않는 문제가 있다. 이에 HTML5에서는 캔버스 기능을 표준에 삽입하고 기기에 상관없이 모든 브라우저들이 지원하도록 하였다.

Q HTML5 캔버스에는 어떤 그래픽 기능이 있는가?

A 자바스크립트 코드를 이용하여 도형, 이미지, 텍스트를 마음대로 그릴 수 있고, 차트나 게임 등 다양한 그래픽 응용을 만들 수 있다.

Q 캔버스에 도형을 그리는 과정은?

A 자바스크립트 코드로 다음과 같이 <canvas id="myCanvas"> 태그를 찾고 캔버스에 그림을 그리는 메소드를 가진 컨텍스트 객체를 얻는다.

```
let canvas = document.getElementById("myCanvas"); // 캔버스 객체
let context = canvas.getContext("2d");  // 컨텍스트 객체
```

그리고 컨텍스트 객체의 beginPath()를 호출하여 경로를 만들고, moveTo()나 lineTo(), arc(), rect() 등의 메소드로 도형을 경로에 삽입한다. 마지막으로 stroke() 메소드를 호출하면 경로에 만들어진 도형을 한 번에 캔버스에 그린다. stroke() 대신 fill()을 사용하면 도형을 색으로 채워 그린다.

Q 자바스크립트로 도형의 색이나 선 스타일을 꾸밀 수 있는가?

A 컨텍스트 객체의 다음 프로퍼티를 이용하면 된다.

- strokeStyle : 도형의 선 색
- lineWidth : 선의 두께
- fillStyle : 도형의 내부를 칠할 색

Q 텍스트를 그리는데 사용되는 컨텍스트의 프로퍼티나 메소드는 무엇인가?

A 다음 프로퍼티와 메소드를 이용하면 된다.

- font : 텍스트의 서체, 크기 지정
- strokeStyle : 텍스트 외곽선 글자 색
- fillStyle : 텍스트 글자의 내부를 채울 색
- textAlign : 오른쪽 왼쪽 정렬
- strokeText() : 텍스트의 외곽선 그리기
- fillText() : 색으로 채워진 텍스트 그리기 (외곽선 그리지 않음)

Q 캔버스에 이미지를 그리는 과정은?

A 이미지는 컨텍스트 객체의 drawImage() 메소드를 이용하여 이미지 파일을 로딩한 후에 그린다.

```
let img = new Image();   // 빈 이미지 객체를 생성
img.onload = function () { context.drawImage(img, 20, 20); }  // 이미지 로딩 후 그리기
img.src = "test.png";   // 이미지 로딩 시작 시킴
```

Open Challenge 11

파이 차트 그리기

캔버스에 파이 차트를 그려보자. 학점별로 학생 수를 입력하고 버튼을 클릭하면 학점 비율로 파이 차트를 그린다. 난이도 8

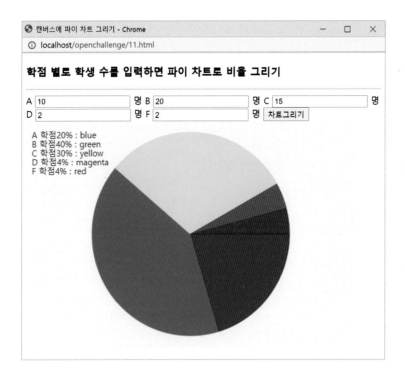

 • 학생 수를 입력받는 창은 <input type="number" value="0">를 사용하라. 그리고 사용자가 입력하는 학생 수는 value 속성 값을 읽으면 된다.

• 예제 11-7의 채운 원호 그리기와 예제 11-8의 텍스트 그리기를 참조하라.

• 차트그리기 버튼을 누를 때마다 캔버스에 그려진 이전 차트를 지워야 한다.

```
context.clearRect(0, 0, canvas.width, canvas.height);
```

• 칠하기 색과 학점 문자열은 다음과 같은 배열에 미리 만들어 둔다.

```
let colors = ["blue", "green", "yellow", "magenta", "red"];
let grades = ["A", "B", "C", "D", "F"];
```

이론문제

1. HTML5에서 웹 페이지에 이미지, 도형 등을 그리는 그래픽 공간을 만드는 태그는?

   ① <div>   ② <canvas>   ③ <graphic>   ④ <iframe>

2. HTML5 캔버스 기능에 대한 설명 중 틀린 것은?

   ① 캔버스는 HTML5의 표준이다.
   ② 하나의 웹 페이지에 여러 개의 캔버스를 둘 수 있다.
   ③ 캔버스는 2차원 그래픽만 지원하고, 3차원은 지원하지 않는다.
   ④ 캔버스도 마우스 이벤트를 처리할 수 있다.

3. 다음과 같은 태그가 있을 때 주석에 맞도록 빈 라인에 자바스크립트 코드를 작성하라.

```
<canvas id="can" width="300" height="300"></canvas>

let canvas = _____;   // (1) 캔버스 DOM 객체를 알아낸다.
let context = canvas._____;   // (2) 그래픽 컨텍스트 객체를 알아낸다.
context._____;        // (3) 경로를 새로 구성한다.
context._____;        // (4) (10, 10)을 시작점으로 입력한다.
context._____;        // (5) (50, 50)까지 직선을 만든다.
context._____;        // (6) 경로에 있는 직선을 캔버스에 그린다.
```

4. 컨텍스트 객체의 경로와 메소드에 대해 잘못 설명한 것은?

   ① beginPath()는 캔버스에 그릴 도형의 경로를 새로 시작한다.
   ② beginPath()는 이전에 만들어진 경로를 모두 지운다.
   ③ 직선, 원호, 사각형 등의 도형은 경로에 먼저 삽입된 후 캔버스에 한 번에 그려진다.
   ④ stroke()는 경로에 있는 도형을 모두 캔버스에 그리고, 그린 도형은 경로에서 삭제한다.

5. 컨텍스트 객체에서 사각형을 그리는 rect() 메소드와 strokeRect()의 차이점은 무엇인가?

6. 캔버스 객체가 canvas이고 컨텍스트가 context일 때, 캔버스를 깨끗히 지우는 메소드는?

① context.fillText(0, 0, canvas.width, canvas.height);
② context.clearRect(0, 0, canvas.width, canvas.height);
③ context.beginPath();
④ context.closePath();

7. 다음 코드는 lion.png 파일의 이미지를 캔버스에 그리는 코드이다. 이 코드를 실행하면 이미지가 출력될 때도 있고, 안될 때로 있다. 이유는 무엇인가? 코드를 올바르게 수정하라.

```
let img = new Image();
img.src = "lion.png";
context.drawImage(img, 10, 10);
```

8. 다음 코드에 어떤 문제가 있는지 설명하라.

```
let img = new Image();
img.src = "lion.png";
img.onload = function f() {
    context.drawImage(img, 10, 10);
}
```

실습문제

1. 다음 HTML 페이지와 출력 결과를 참고하여 원을 그리는 drawCircle() 함수를 작성하라.

```
<!DOCTYPE html>
<html>
<head><meta charset="utf-8">
<title>drawCircle() 만들기</title>
<script>
function drawCircle(ctx, x, y, radius) {
    // 여기를 완성하라.
}
</script></head>
<body>
<h3>drawCircle() 만들기</h3>
<hr>
```

⇨

문제 1 계속

```html
<canvas id="myCanvas" width="300" height="220"
        style="background-color:aliceblue">
</canvas>
<script>
    let canvas = document.getElementById("myCanvas");
    let context = canvas.getContext("2d");
    drawCircle(context, 100, 100, 80);
    drawCircle(context, 150, 150, 30);
</script>
</body>
</html>
```

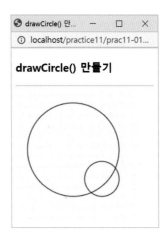

힌트 drawCircle(ctx, x, y, radius) 함수는 중심이 (x, y)이고 반지름이 radius인 원을 그리는 함수이다.

2. 다음 HTML 페이지와 출력 결과를 참고하여 다각형을 그리는 drawPolygon()을 작성하라.

```html
<!DOCTYPE html>
<html>
<head><meta charset="utf-8">
<title>drawPolygon() 만들기</title>
<script>
function drawPolygon(ctx, xArray, yArray) {
    // 여기를 완성하라.
}
</script>
</head>
<body>
<h3>drawPolygon() 만들기</h3>
<hr>
<canvas id="myCanvas" width="220" height="220"
        style="background-color:aliceblue">
</canvas>
<script>
    let canvas = document.getElementById("myCanvas");
    let context = canvas.getContext("2d");
    let xs = [100, 10, 150, 210];
    let ys = [10, 100, 200, 60];
    drawPolygon(context, xs, ys);
</script>
</body>
</html>
```

힌트 xs는 다각형의 x 좌표만을, ys는 y 좌표만을 가지는 배열로 drawPolygon(context, xs, ys)는 (100, 10), (10, 100), (150, 200), (210, 60)의 점을 연결하는 다각형을 그린다.

3. 올림픽 오륜기를 캔버스에 출력하는 웹 페이지를 작성하라.

4. 캔버스를 이용하여 자신의 사진 위에 자신의 이름을 출력하는 웹 페이지를 작성하라.

(1)  (2)

5. 폼으로부터 여러 속성을 입력받아 캔버스에 사각형을 그리는 웹 페이지를 작성하라.

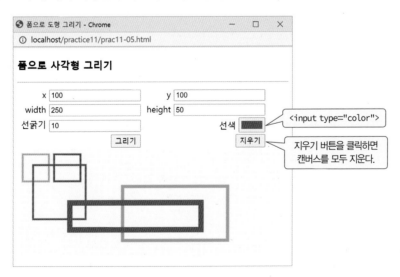

6. 폼으로부터 여러 속성을 입력받아 캔버스에 원호를 그리는 웹 페이지를 작성하라.

7. 캔버스에 마우스를 누르고 드래그하여 마우스를 놓으면 선이 그려지는 웹 페이지를 작성하라. 마우스를 누르면 이전 선은 지워지고 드래그하여 마우스를 놓으면 새 선이 그려진다. 마우스를 드래그하는 동안 선의 모양이 계속 보이도록 하라.

8. 선의 굵기와 선 색을 선택하고 마우스 드래깅으로 캔버스에 그림을 그릴 수 있는 웹 페이지를 작성하라. 예제 11-11을 참고하라.

9. 마우스를 누르지 않고 자유롭게 움직이면서 캔버스에 그림을 그리는 웹 페이지를 작성하라.

힌트 mouseover, mouseout, mousemove 이벤트를 이용하라.

12

HTTP와 쿠키, 웹 스토리지

12 HTTP와 쿠키, 웹 스토리지

1. 웹과 저장 및 통신

웹의 저장소

초기 웹은 HTML 페이지나 이미지, 사용자 데이터, 웹 서비스 중간에 발생하는 일시적인 데이터 등 모든 정보를 웹 서버에 저장해두도록 설계되었다. 그러므로 웹 브라우저는 웹 서버로부터 데이터를 받아 사용자 화면에 출력하는 기능만을 담당하였다. 그 후 웹의 사용이 폭발적으로 늘어나게 되어, 웹 서버의 저장 부담이 커지고 웹 브라우저와 웹 서버 사이의 통신 트래픽도 증가하여 웹 서비스의 효율이 나빠지게 되었다.

이 문제를 해결하기 위해 웹은 진화를 거듭해왔고 궁극적으로 HTML5에서는 웹 브라우저가 실행되는 사용자 컴퓨터에도 데이터를 저장해 두는 다양한 저장 기능을 마련하게 되었다. 현재 웹 저장 기능 브라우저의 저장 기능에는 다음과 같은 종류가 있다.

- 쿠키(Cookie)
- 웹 스토리지(Web Storage)
- 로컬 파일(Local File)
- 인덱스트 데이터베이스(Indexed DB)

HTML5에서 이러한 로컬 컴퓨터의 저장 기능이 있는 또 다른 이유는, 웹 서버와 연결이 끊어진 오프라인(offline) 상태에서도 브라우저 상에서 웹 애플리케이션이 실행될 수 있도록 하기 위해서이다. 이 책에서는 가장 기본적인 저장소인 쿠키와 웹 스토리지에 대해서만 설명한다.

브라우저와 웹 서버의 통신

HTTP 브라우저와 웹 서버 사이에는 HTML 페이지 등 HTML 자원을 주고받는 절차와 형식을 정한 HTTP (HyperText Transfer Protocol) 통신 규칙이 있다. HTTP 통신의 기본 규칙은 그림 12-1처럼 브라우저가 웹 서버에 연결한 뒤(과정 1~2), HTML 페이지나 이미지, CSS 파일, 자바스크립트 파일 등 필요한 자원에 대한 HTTP 요청을 보내면, 웹 서버가 응답하는 식(과정 3~5)이다.

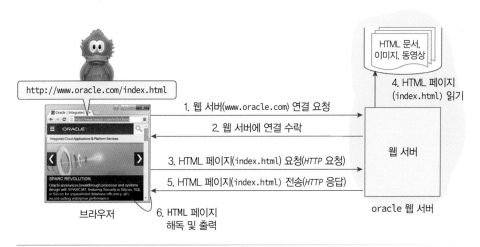

그림 12-1 브라우저가 오라클 웹 서버로부터 HTML 페이지를 받아오는 HTTP 과정

HTTP 통신 규칙은 그림 12-2처럼 HTTP/1.0에서 시작하여 HTTP/1.1 Keep Alive, HTTP/1.1 Persistent Connection으로 진화해왔다. 그림 12-2는 10개의 <img> 태그를 가진 HTML 페이지를 웹 서버로부터 가져오는 과정을 각 통신 프로토콜 별로 비교하여 보여준다.

비연결형 프로토콜(Connectionless Protocol) – HTTP/1.0

HTTP에서 브라우저가 웹 서버로부터 하나의 HTML 자원을 가지고 오는 과정을 **HTTP 세션**이라고 부르며, HTTP 프로토콜에 따라 조금씩 다르게 나타난다. 초기 프로토콜이면서 기본 프로토콜인 HTTP/1.0에서는 그림 12-2(a)와 같이 HTTP 세션 후 브라우저와 웹 서버 사이의 네트워크 연결이 끊어진다.

HTTP 세션

브라우저는 세션마다 웹 서버와 네트워크 연결을 새로 만든다. 브라우저는 처음 세션에서 HTML 페이지를 가지고 온 후, HTML 페이지에서 10개의 <img> 태그를 발견한다. 브라우저는 다시 10개의 HTTP 세션을 통해 10개의 이미지를 가지고 온다. 브라우저가 10개의 이미지를 모두 전송 받고 나서야 온전한 HTML 페이지가 출력된다. HTTP/1.0 방식은 HTML 파일이나 이미지, CSS 파일 등 자원을 가지고 올 때마다 웹 서버와 연결하는 시간 부담의 단점이 있다.

Keep Alive – HTTP/1.0과 HTTP/1.1

자원을 가지고 올 때마다 웹 서버에 연결하는 HTTP/1.0의 문제를 해결하기 위해, HTTP/1.1에서는 그림 12-2(b)와 같이 'Keep Alive' 문자열을 요청 데이터(요청 헤더)와 응답 데이터(응답 헤더)에 담는 방법을 사용하였다. 브라우저가 요청 헤더에 다음 메시지를 포함하면,

요청 헤더
응답 헤더

```
Connection: Keep-Alive
```

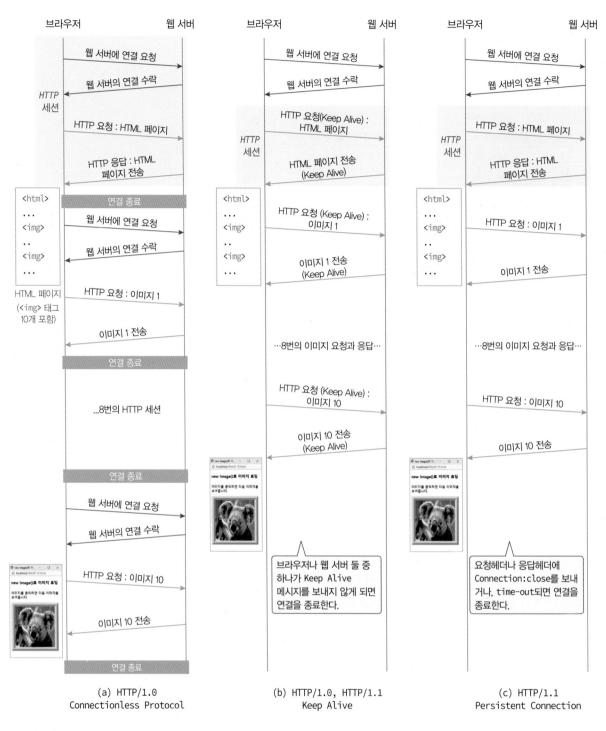

(a) HTTP/1.0
Connectionless Protocol

(b) HTTP/1.0, HTTP/1.1
Keep Alive

(c) HTTP/1.1
Persistent Connection

* 브라우저가 <img> 태그를 10개 가진 HTML 페이지를 웹서버로부터 가지고 와서 출력하는 과정 동안 이루어진 HTTP 통신 과정을 보여준다.

그림 12-2 HTTP 프로토콜들

웹 서버는 브라우저가 연결을 유지하고자 한다고 판단하고 역시 동일한 메시지를 응답 헤더에 삽입하여 보낸다. 둘 중 하나라도 이 메시지를 보내지 않으면 연결은 끊어진다. Keep Alive 방식에서, HTTP 세션에는 브라우저와 웹 서버의 네트워크 연결 과정이 포함되지 않는다.

지속연결형 프로토콜(Persistent Connection) - HTTP/1.1

HTTP/1.1에서는 Keep Alive 방식을 폐기하고, 대신 그림 12-2(c)와 같이 한 번 연결하면 타임아웃 시간 동안, 혹은 요청 헤더나 응답 헤더에 다음 메시지를 보낼 때까지 연결을 유지하는 지속연결형(Persistent Connection) 방식을 표준화하였다.

```
Connection: close
```

타임아웃 시간은 현재 아파치 웹 서버 2.2 이상의 경우 5초이며, 브라우저마다 다르지만 몇 초혹은 몇 십초 수준의 짧은 시간으로 설정한다. 이 정도 시간이면, 웹 페이지에 포함된 모든 자원을 가지고 올 수 있다.

HTTP/1.1은 1997년부터 지금까지 사용되고 있으며 그 사이에 부분적으로 많이 갱신되었다. 하지만 여전히 많은 브라우저나 웹 서버가 폐기된 Keep Alive 방식을 사용하고 있다. 2015년에 HTTP/2의 표준이 출시되었으며 지속 연결 기법(Persistent Connection)을 표준에 포함시켰다.

> **잠깐!** 전화걸기와 HTTP 통신의 유사점 ○──
>
> 친구에게 전화를 걸면, "따르릉" 하는 다이얼링이 가고 친구가 전화를 받으면 연결이 된다. 그 후 둘 중 전화를 끊을 때까지 대화를 주고받을 수 있다. 이것은 HTTP Persistent Connection과 유사하다. 그러나 전화 연결 후, 순서대로 한 마디씩 주고받고 전화가 끊긴다면 이것은 HTTP Connectionless Protocol이며, 이 경우 한 마디씩 할 때마다 전화를 다시 걸 수밖에 없다.

실습 1 : HTTP 통신 과정 보기

브라우저가 웹 페이지를 요청하는 동안 HTTP 통신이 어떻게 진행되는지 직접 보도록 하자. 크롬이나 마이크로소프트의 엣지 둘 다 거의 비슷하지만, 엣지가 HTTP 통신이 진행되는 과정을 잘 보여 주므로 이 실습에서는 엣지를 사용하기로 한다.

마이크로소프트 엣지(Edge)의 개발자 도구 열기

엣지의 개발자 도구는 브라우저와 웹 서버 사이의 HTTP 요청과 응답 전송을 자세히 보여준다. 엣지에서 F12 키를 입력하거나 오른쪽 상단 모서리의 '설정및기타/기타도구/개발자도구' 메뉴를 순서대로 선택하면 그림 12-3과 같이 개발자 도구가 나타난다. 개발자 도구의 우편에 있는 '…' 아이콘을 클릭하면 그림 12-4와 같이 개발자 도구를 별도의 창으로 실행시킬 수 있다.

F12 키

개발자 도구

그림 12-3 마이크로소프트 엣지의 개발자 도구 열기

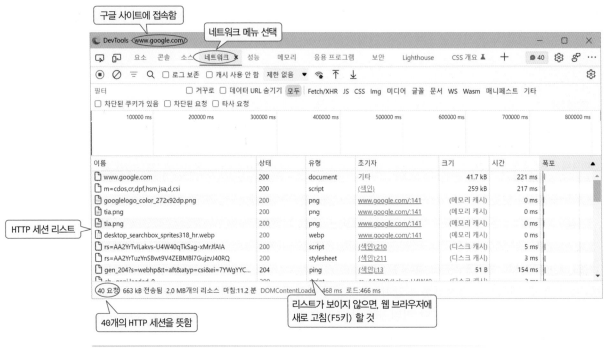

그림 12-4 마이크로소프트 엣지의 개발자 도구 분리 실행

개발자 도구의 네트워크 메뉴 실행

그림 12-4와 같이 개발자 도구에서 '네트워크' 메뉴를 선택하라. 그림 12-4와 같이 나타나지 않으면 네트워크 메뉴를 선택한 다음 새로 고침(F5)을 실행하면 된다.

HTTP 통신 과정 보기

HTTP 통신의 기본 단위를 HTTP 세션이라고 부른다. 하나의 **HTTP 세션**은 브라우저의 요청과 웹 HTTP 세션
서버의 응답으로 구성된다. 그림 12-4는 브라우저가 구글 웹 서버에 접속하여 첫 번째 페이지가
완벽히 출력되는 과정에서 발생한 40개의 HTTP 세션을 순서대로 보여준다.

이제 첫 번째 HTTP 세션을 보자. 다음 한 줄은 브라우저가 www.google.com 웹 서버에 연결하
여 웹 페이지를 요청하고 41.7KB의 웹 페이지(document)를 성공적(200)으로 응답(전달)받았으
며 걸린 세션 시간은 221 밀리 초임을 나타낸다.

3번째 항목을 보자.

이 HTTP 세션은 크롬이 첫 번째 요청으로부터 받은 웹 페이지에 들어 있는 \<img> 태그의 src
속성에 명시된 googlelogo_color_272x92dp.png 이미지 파일을 구글 웹 서버에 다시 요청하여
응답받는 과정이다. 그림에서 (메모리 캐시)로 된 것은 네트워크 전송 없이 '메모리 캐시'에 이
전에 받아둔 이미지를 읽었음을 나타낸다. 이 이미지는 웹 페이지의 전면에 보이는 화려한 색깔
의 Google 이미지이다. 이런 식으로 40번의 HTTP 세션이 진행된 후에야 구글 웹 페이지가 브라
우저에 온전히 출력된다. 구글 사이트의 웹 페이지는 자주 수정되기 때문에 HTTP 세션 수나 내용
이 달라질 수 있다.

HTTP 요청 헤더 보기

이제 HTTP의 세션을 자세히 들여다보자. 그림 12-5에서 첫 번째 세션 항목을 클릭하면 www.
google.com의 요청을 보낸 후 받은 응답 HTML 문서를 보여준다.

그림 12-5 첫 번째 HTTP 세션 항목 클릭

'머리글'을 선택하면 그림 12-6에서 엣지가 www.google.com에 접속할 때, 디폴트 HTML 파일을 요청하기 위해 보낸 요청 헤더를 보여준다.

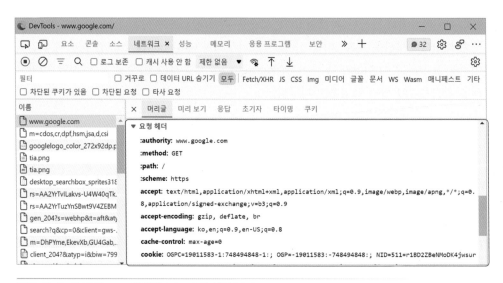

그림 12-6 첫 번째 HTTP 세션의 HTTP 요청 헤더 보기

HTTP 응답 헤더 보기

HTTP 응답 헤더란 웹 서버로부터 받은 응답 데이터의 헤더 부분으로 그림 12-7은 HTTP 응답 헤더를 보여주며, '응답' 탭을 선택하면 응답 데이터의 바디(본문)를 볼 수 있다(그림 12-5). 응답 헤더에서 'content-type:text/html;charset UTF-8'은 응답 바디가 utf-8 코드로 된 HTML 문서임을, content-length:41502는 응답 바디의 길이를 나타낸다. HTTP 요청과 응답 데이터에 관한 것은 스스로 학습하기 바란다.

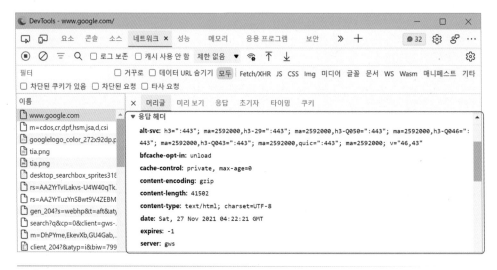

그림 12-7 첫 번째 HTTP 세션의 HTTP 응답 헤더 보기

2. 쿠키

쿠키란?

인터넷 사이트에서 이전에 회원으로 가입한 적이 없는데도, 접속할 때 내 이름과 함께 '환영합니다.'라는 메시지를 보았거나, 언젠가 오래전 검색한 적이 있는 상품이나 책이 보여 놀란 적이 있을 것이다. 이런 정보는 어디에 저장되는 것일까? 웹 서버가 방문한 사용자의 모든 행동을 다 저장해두는 것일까? 그렇다면 웹 서버의 하드 디스크는 얼마 못 가 용량이 부족하게 될 것이고, 용량을 늘리면 그에 따라 검색 시간이 막대하게 늘어날 것인데.

비밀은 바로 쿠키(cookie)에 있다. 쿠키란 웹 서버가 브라우저에게 지시하여 사용자의 로컬 컴퓨터에 저장하는 **4KB 이하**의 작은 데이터이다.

4KB 이하

> **잠깐!** 쿠키? 과자?
>
> 쿠키란 알다시피 우리가 즐겨 먹는 과자다. 과자를 먹다보면 항상 부스러기를 남기게 마련이다. 웹의 쿠키도 이러한 연유에서 이름 지어졌다. 사용자가 웹 사이트를 탐색하는 사이 자신도 모르게 웹 서버가 사용자의 로컬 컴퓨터에 부스러기(쿠키) 정보를 남긴다. 이렇듯 웹 서버는 향상된 서비스를 제공하기 위해 쿠키 정보를 사용자 로컬 컴퓨터에 저장하는 것을 즐겨한다.
>
> 쿠키는 1994년 넷스케이프(Netscape) 사의 직원이었던 루 몬툴리(lou Montulli)의 아이디어로 시작되었고 그 해 Mosaic Netscape 베타 버전에 구현되어 세상에 나오고 1995년 Internet Explorer에 포함되는 등 지금까지 사용되고 있다.

쿠키의 도입

웹에서 쿠키를 도입하게 된 배경을 알아보자. 기본적으로 브라우저와 웹서버 사이의 데이터 통신은 **무상태(stateless)** 프로토콜이다. 예를 들어 사용자가 'C++'를 검색하고 바로 다음 'Java'를 검색할 때, 웹 서버는 'Java'를 지금 검색하고 있는 사용자가 바로 전에 'C++'를 검색하였다는 사실을 모른다. 웹 서버는 각 요청을 개별적으로 처리하기 때문에 연속된 두 요청을 연관시키는 기능이 없는데 이를 무상태(stateless)라고 부른다.

무상태(stateless)

쿠키는 이 문제를 해결하기 위해 도입되었다. 쿠키가 어떤 정보이고 누가 생성하고 어디에 저장되는지 예를 통해 알아보자.

그림 12-8에서 슈렉은 홈 쇼핑 웹 서버 www.shop.com에 처음 접속한다. www.shop.com은 이름이 'ID'이고 값이 '35'인 쿠키를 생성하여 웹 페이지와 함께 브라우저로 전송한다. 브라우저는 받은 쿠키(ID=35)와 웹 서버 주소(www.shop.com)를 로컬 컴퓨터의 쿠키 파일에 저장한다. 그 후 슈렉이 삼성 TV를 주문하면, 브라우저가 주문한 정보 '삼성 TV'를 쿠키(ID=35)와 함께 www.shop.com으로 보낸다. 이로써 www.shop.com 서버는 어떤 ID를 가진 사람이 삼성 TV를 주문하였는지를 알게 된다.

그림 12-8 쿠키의 생성과 활용

　　이제 쿠키를 정확히 정의해보자. 쿠키는 브라우저가 웹 사이트에 접속하면 그 응답으로서 사용자 컴퓨터에 저장하도록 웹 사이트가 브라우저에게 보내는 작은 데이터이며, 브라우저는 그 사이트에 접속할 때마다 쿠키를 함께 보낸다. 앞의 사례를 바탕으로 쿠키에 대해 정리하면 다음과 같다.

- 쿠키는 누가 언제 만드는가? 브라우저가 처음 접속해올 때 웹 서버가 만들어 브라우저에게 보냄
- 쿠키의 기본 구성 정보는? (쿠키 이름, 값)의 쌍
- 쿠키는 누가 어디에 저장하는가? 브라우저가 로컬 컴퓨터에 파일 형태로 저장
- 쿠키는 언제 사용되는가? 브라우저가 웹 서버에게 보내는 모든 요청에 삽입하여 전송
- 쿠키는 누가 어떤 목적으로 사용하는가? 웹 서버가 사용자의 연속된 요청들을 인식하기 위해

쿠키 데이터 구성

로컬 컴퓨터에는 사용자가 접속한 여러 웹 사이트로부터 받은 많은 쿠키들이 저장되어 있다. 브라우저마다 쿠키를 저장하는 위치와 방식이 다르다. 하나의 파일에 모든 쿠키를 저장하기도 하고 쿠키마다 별도의 파일에 저장하기도 한다.

　　어찌되었든 하나의 쿠키는 그림 12-9와 같이 세미콜론(;)으로 구분되는 7개의 속성으로 구성된다. 앞서 그림 12-8에서 웹 서버는 '쿠키이름'과 '값'만 보낸다고 하였지만 그것은 설명을 간략히 하기 위한 것이고, 사실은 그림 12-9와 같이 총 7개의 정보를 보낸다.

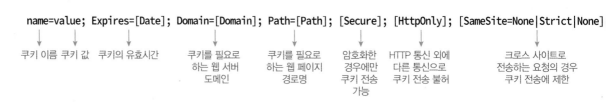

그림 12-9 쿠키 구성

name에는 쿠키 이름이, value에는 값이, Date 부분에는 쿠키의 유효 시간이 지정한다. Domain에는 쿠키가 활용되는 웹서버의 도메인을, Path에는 도메인 내의 폴더(서브도메인)가 지정된다. 이것은 브라우저가 Domain에 지정된 웹 서버의 Path의 폴더에 있는 웹 페이지(웹 자원 포함)를 요청할 때마다, 쿠키(name=value 형태)를 보내야 함을 명시한다. Secure는 쿠키에 있으면 암호화 등 안전한 통신이 사용될 때만 쿠키를 전송할 수 있다는 뜻이며, HttpOnly가 있으면 브라우저가 웹 서버와의 HTTP 통신 외에 다른 방법으로 쿠키를 전송해서는 안 됨을 명시한다. 이 경우 자바스크립트 코드로도 쿠키를 읽을 수 없다. Facebook이나 Google에서는 HttpOnly 속성을 많이 활용하고 있다.

SameSite 속성은 CSRF(교차 사이트 요청 위조 공격)에 대한 웹 사이트의 보호를 위해 2016년 5월 크롬 51에 도입하여 2020년 크롬 80부터 시행을 시작하고 지금은 대부분의 브라우저에서 지원되며 보안이 강화된 HTTPS에서만 사용된다. SameSite=Strict는 쿠키를 받은 브라우저가 쿠키를 발행한 웹 사이트에 직접 요청할 때만 쿠키가 전송됨을 뜻하고, SameSite=Lax는 Strict의 경우 외에 사용자가 다른 사이트에 접속하고 그 곳에서 쿠키를 발행한 사이트로 이동할 때도 쿠키가 전송됨을 뜻한다. None은 이러한 제한은 없지만 반드시 Secure 속성이 함께 설정되어야 한다. SameSite가 생략되면 Lax가 디폴트이다. 쿠키는 그림 12-9와 같이 7개의 속성으로 구성되지만, 브라우저에 의해 쿠키가 웹 서버로 전송될 때는 name=value로만 전송된다.

쿠키 사례

이제, 다음의 쿠키 사례를 통해 쿠키에 대해 알아보자.

```
age=23; expires=Mon, 01-Aug-2022 00:00:01 GMT; Domain=.google.com; Path=/; Secure;
HttpOnly; SameSite=None
```

이 쿠키의 이름은 age이고 값은 23이며, 유효 시간은 2022년 8월 1일까지이다. 브라우저가 google.com 사이트의 / 폴더에 있는 어떤 웹 자원(HTML 페이지, 이미지 등)이라도 요청할 때는 반드시 age=23 형태로 쿠키를 전송해야 한다. Secure가 있으므로 안전한 통신을 사용할 때만 이 쿠키를 전송해야 하며, HttpOnly가 있으므로 브라우저는 HTTP로 구글 사이트와 통신하는 방법 외 어떤 경우라도 이 쿠키를 알려주어서는 안 된다.

쿠키는 웹 페이지 사이의 정보 공유에 활용

쿠키는 구체적으로 웹 사이트에 작성된 여러 웹 페이지들 사이의 정보 공유나 정보 전달이 목적이다. 그림 12-10은 웹 사이트에 구축된 여러 웹 페이지들이 쿠키에 들어 있는 정보를 공유하고 있음을 보여준다. 웹 사이트의 어떤 웹 페이지가 다른 웹 페이지에게 전달할 정보를 쿠키로 만들어 사용자 로컬 컴퓨터에 저장하면, 다른 웹 페이지는 쿠키를 통해 정보를 전달받는다.

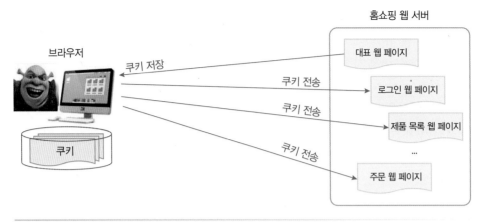

그림 12-10 쿠키는 여러 웹 페이지 사이에 데이터 전달 및 공유에 사용

실습2 : 구글 웹 사이트의 쿠키 보기

지금부터 구글 사이트의 실제 쿠키 사례를 알아보기로 하자.

Set-Cookie: 웹 서버가 쿠키를 보낼 때는 HTTP 응답 헤더의 **Set-Cookie:** 뒤에 쿠키 데이터를 심어 보낸다. **Set-Cookie**는 브라우저에게 쿠키를 저장하라는 지시이다. 그림 12-11은 엣지가 구글 웹 서버 (www.google.com)에 접속할 때 엣지가 받은 응답 헤더를 보여준다.

그림 12-11의 set-cookie: 부분을 보면 다음과 같다.

```
set-cookie: 1P_JAR=2021-11-27-06; expires=Mon, 27-Dec-2021 06:21:38 GMT; path=/;
domain=.google.com; Secure; SameSite=none
```

쿠키 이름이 1P_JAR이고 쿠키 값은 2021-11-27-06이다. 일반적으로 쿠키 값은 웹 사이트만 아는 긴 문자열로 만드는데 여기서는 접속한 날짜인 것 같다. 쿠키의 유효시간은 2021년 12월 27일 6시 21분 38초이며, 브라우저가 google.com 도메인에 속한 웹 자원을 요청할 때마다 쿠키 값을 보내도록 지정하고 있다.

1P_JAR 쿠키 저장

브라우저는 응답 헤더의 set-cookie:에 명시된 1P_JAR 쿠키를 쿠키 파일에 저장한다.

google.com 도메인에 웹 자원 요청시 1P_JAR 쿠키를 함께 보낸다.

브라우저는 www.google.com 사이트 내 어떤 웹 페이지나 이미지 등 웹 자원을 요청하게 되면 1P_JAR 쿠키를 함께 보내야만 한다. 저자는 그림 12-12에서 '캐시 사용 안 함'을 체크하고 '새로 고침(F5)'하여 이미지 등 모든 자원을 구글 웹 서버로부터 받게 하였다. 그 결과 이미지 파일 'googlelogo_color_272x92dp.png'을 받기 위해 www.google.com에 보낸 요청 헤더에서 1P_

JAR 쿠키가 전달되고 있음을 볼 수 있다.

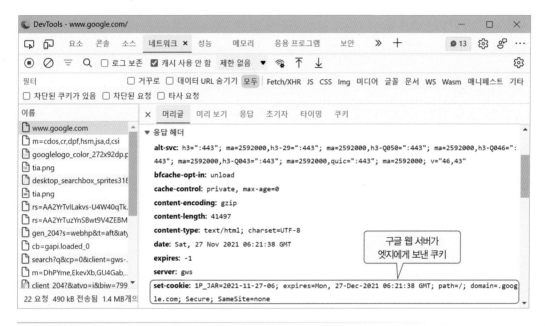

그림 12-11 구글 웹 서버가 브라우저에게 보낸 응답 헤더에 담긴 쿠키

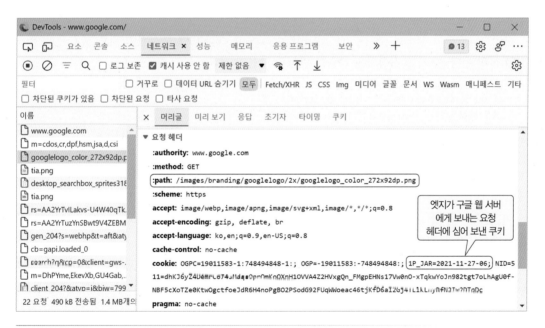

그림 12-12 브라우저는 구글 웹 사이트에 대한 모든 요청 시 요청 헤더에 1P_JAR 쿠키 전송

쿠키 파일

브라우저가 웹 사이트로부터 받은 쿠키를 로컬 컴퓨터의 어느 곳에 저장하는 것은 분명하지만 저장 방식과 위치에 대해서는 표준이 없기 때문에 브라우저마다 다르다. 예를 들어 Windows 10 에서 크롬은 다음 경로명의 Cookies 파일에 모든 쿠키를 저장한다.

```
C:\Users\사용자이름\AppData\Local\Google\Chrome\User Data\Default\Cookies
```

현대의 브라우저들은 거의 모두 쿠키를 암호화하여 하나의 데이터베이스 파일(대부분의 브라우저들은 SQLite 데이터베이스 형식의 하나의 파일에 저장)에 모두 저장하기 때문에 쿠키 파일을 찾아서 연다고 해도 사람이 읽을 수 없다. 쿠키는 오직 그림 12-14와 같이 브라우저의 개발자 도구나 브라우저에서 제공하는 인터페이스를 이용해야만 한다.

자바스크립트로 쿠키 다루기

쿠키는 자바스크립트 코드로 직접 로컬 컴퓨터에 저장하거나 저장된 쿠키를 읽을 수 있다.

쿠키 쓰기

자바스크립트로 쿠키를 저장하는 코드를 작성해보자. 현재 브라우저가 접속한 웹 사이트의 모든

document.cookie   쿠키들은 document.cookie 프로퍼티에 문자열 형태로 연결되어 있다.

자바스크립트로 새로운 쿠키를 저장하려면 document.cookie에 문자열 형태로 쿠키를 달아주기만 하면 된다. 쿠키를 저장하는 함수를 만들면 다음과 같다.

> **주목**
> document.cookie
> =cookieStr;은 현재 저장된 쿠키들에 cookieStr의 새로운 쿠키를 추가하거나 같은 이름의 쿠키 값을 수정하는 연산으로 처리된다.

```javascript
function SetCookie (name, value, expireDate) {
    let cookieStr = name + "=" + escape(value) +
        ((expireDate == null)?"":("; expires=" + expireDate.toUTCString()));
    document.cookie = cookieStr;   // 쿠키를 연결하는 방식으로 저장
}
```

이 함수는 쿠키 이름, 쿠키 값, 유효시간을 매개 변수로 전달받아 document.cookie에 저장한다. 쿠키 문자열은 escape(쿠키문자열) 함수를 통해 인코딩하여 저장하고, 읽을 때는 unescape(인코딩된쿠키문자열) 함수를 통해 디코딩한다. escape() 함수는 문자열을 ISO Latin-1 코드로 변환하는 자바스크립트 함수이고, unescape()은 ISO Latin-1 코드를 원래 데이터로 변환하는 자바스크립트 함수이다.

쿠키 읽기

저장된 쿠키를 읽는 함수를 작성해보자.

```
function GetCookie (name) {
    let pairs = document.cookie.split(";");   // 쿠키문자열을 ";"을 경계로 분할
    for(let i=0; i<pairs.length; i++) {
        let pair = pairs[i].trim();   // 쿠키 앞뒤의 빈칸 제거
        let unit = pair.split("=");
        if(unit[0] == name)
            return unescape(unit[1]);
    }
    return null;
}
```

GetCookie(name) 함수는 읽고자 하는 쿠키 이름을 매개변수로 받고, document.cookie 프로퍼티에서 찾아 쿠키 값을 리턴한다. 쿠키 이름이 없을 경우 null을 리턴한다.

실습 3 : 쿠키 활용 – 자바스크립트로 방문자 이름과 방문 횟수 관리

자바스크립트 코드로 쿠키를 저장하고 활용하는 사례를 보이기 위해서는 '개발자 도구'가 잘 갖춰져 있는 크롬 브라우저를 이용하기로 한다. 쿠키를 저장하거나 읽는 웹 페이지는 반드시 웹 서버로부터 로드되어야 한다.

- 예제 12-1의 ex12-01.html을 웹 서버(부록A 참고, C:/Apache24/12) 폴더에 저장한다.
- 브라우저로 http://localhost/12/ex12-01.html를 로드한다.

그 결과 그림 12-13과 같이 prompt 창이 출력되고 사용자의 이름을 입력받는다. 'kitae'를 입력하고 확인 버튼을 누르면 그림 12-14와 같이 '어서오십시오. kitae님의 1번째 방문을 환영합니다!'가 출력된다. '새로 고침' 버튼을 누를 때마다 증가된 방문 횟수를 출력한다.

이 예제는 그림 12-14에 보이는 것과 같이 방문 횟수를 나타내는 count와 방문자 이름을 나타내는 username의 2개의 쿠키를 만들어 저장한다.

그림 12-13 처음 http://localhost/12/ex12-01.html를 로드할 때

(a) 처음 방문한 경우

(b) 새로 고침을 여러번하여 방문 회수 증가

그림 12-14 개발자 도구를 이용하여 쿠키 보기

잠깐! 쿠키의 문제점

쿠키는 웹의 무상태 프로토콜의 문제점을 해결하는 한 가지 방법으로 사용되고 있다. 하지만 4KB 이하의 소량만 저장 가능하며, 브라우저가 웹 서버에 웹 자원을 요청할 때마다 요청 패킷에 함께 전송되기 때문에 상당한 양의 네트워크 트래픽을 발생시킨다.

예를 들어, 브라우저가 네이버 웹 페이지를 화면에 출력하기 위해, HTML 페이지, 이미지, CSS 파일 등을 포함하여 약 140개의 파일을 네이버로부터 가지고 오며, 조선일보의 경우 약 250~300개의 파일을, 구글 사이트의 경우 약 40개의 자원 파일을 가져온다. 만일 사용자 컴퓨터에 네이버에서 만든 쿠키가 1개 저장되어 있다면, 브라우저가 네이버 웹 페이지 하나 로드하는데 140번의 요청이 이루어지고 그때마다 쿠키를 함께 보내 많은 트래픽이 발생한다.

```html
<!DOCTYPE html>
<html>
<head>
<meta charset="utf-8">
<title>방문 카운트 쿠키</title>
<script>
function GetCookie (name) {
    let pairs = document.cookie.split(";");
    for(let i=0; i<pairs.length; i++) {
        let pair = pairs[i].trim();
        let unit = pair.split("=");
        if(unit[0] == name)
            return unescape(unit[1]);
    }
    return null;
}
function SetCookie (name, value, expireDate) {
    let cookieStr = name + "=" + escape(value) +
        ((expireDate == null)?"":("; expires=" + expireDate.toUTCString()));
    document.cookie = cookieStr;
}
</script>
</head>
<body>
<script>
    let username = GetCookie("username");
    let count = GetCookie("count");
    let expire = new Date ();  // 현재 시간
    if (username == null) {
        count = 0;
        username = prompt("이름을 입력해 주십시오.","");
        if (username == null) {
            alert("이름을 입력하시면 보다 나은 서비스를 제공받을 수 있습니다.");
            username = "아무개";
        } else {
            expire.setTime(expire.getTime() + (365 * 24 * 3600 * 1000));  // 1년후
            SetCookie("username",username,expire);
        }
    }
    count++;
    expire.setTime(expire.getTime() + (365 * 24 * 3600 * 1000));  // 1년후
    SetCookie("count",count,expire);
    document.write("<p>어서오십시오. "+username+"님의 "+count+"번째 방문을 환영합니다!");
</script>
</body>
</html>
```

3. 웹 스토리지(Web Storage)

웹 스토리지의 필요성과 쿠키의 한계

웹은 정보 소통의 수단을 넘어, 웹 애플리케이션의 형태로 진화를 거듭하고 있다. 웹에서 학습을 하고 게임을 하며 그림을 그리고 디자인을 하는 등, 기존의 데스크톱 애플리케이션들이 웹으로 구현되고 있다.

웹 애플리케이션들은 실행 도중 데이터를 저장할 공간을 필요로 한다. 예를 들어 게임 웹 애플리케이션은 사용자 이름, 점수, 최고 점수자의 이름과 점수, 어디까지 게임을 진행하였는지 등의 정보를 저장하며, 쇼핑몰의 경우 사용자가 구입하려고 담은 리스트를 저장하기도 한다.

이런 정보들을 모두 웹 서버에 저장하는 것은 저장 공간의 크기나 네트워크 트래픽 증가 등 여러 문제를 유발하므로, HTML5에서는 사용자의 로컬 컴퓨터에 저장할 수 있는 웹 스토리지(web storage) 기능을 도입하였다.

로컬 컴퓨터에 데이터를 저장하기 위해 쿠키를 사용할 수 있지만 다음과 같은 한계가 있다.

- 쿠키의 크기는 4KB로 제한되어 충분한 양의 정보를 저장할 수 없다.
- 쿠키는 웹 서버에 요청을 보낼 때마다 함께 전송되므로, 많은 트래픽을 발생시킨다.
- 쿠키는 브라우저의 모든 윈도우들이 공유하므로 윈도우마다 독립적인 값을 저장할 수 없다.

HTML5 웹 스토리지는 자바스크립트로만 읽고 쓸 수 있고 대부분의 브라우저가 지원한다.

> **잠깐!** HTML5 웹 스토리지와 클라우드 스토리지
>
> HTML5 웹 스토리지와 클라우드 스토리지를 혼동하지 말기 바란다. HTML5 웹 스토리지는 로컬 컴퓨터를 저장소로 이용하지만, 클라우드 스토리지는 원격의 초대형 저장소를 이용하여 만들어진다.

웹 스토리지 종류

웹 스토리지는 DOM 스토리지라고도 불리며 2가지 종류로 나뉜다.

- 세션 스토리지(Session Storage)
- 로컬 스토리지(Local Storage)

세션 스토리지
로컬 스토리지

이 둘의 차이점은 저장 데이터의 공유 가능성과 수명에 있다. 세션 스토리지는 브라우저 윈도우마다 마련된 독립적인 저장소로서 윈도우가 사라지면 함께 사라지는 일시적인 저장소이고, 로컬 스토리지는 모든 브라우저 윈도우들이 공유하며 윈도우나 브라우저가 닫혀도 사라지지 않는 영구적인 저장소이다.

웹 스토리지의 특징

웹 스토리지의 특징을 몇 가지 정리해보자.

- 웹 스토리지는 <u>문자열</u>만 저장한다. 그러므로 숫자도 문자열로 바꾸어 저장해야 한다. 예를 들어 12.3은 "12.3"으로 바꾸어 저장해야 한다.
- 웹 스토리지에 저장되는 단위는 <u>(키, 값)</u>으로 구성된 아이템이다. 웹 스토리지에는 그림 12-15와 같이 (키, 값)의 아이템 단위로 저장된다. ("손흥민", "1") 아이템의 경우 "손흥민"이 키이고 "1"은 값이다. 아이템 검색은 '키'를 이용하며, "손흥민"으로 검색하면 "1"이 반환된다.
- 동일한 '키'를 가진 아이템은 중복하여 존재할 수 없다.
- '키'와 '값' 문자열은 대소문자를 구분한다.
- 웹 스토리지의 조작(저장, 검색, 삭제 등)은 자바스크립트 코드로만 가능하다.

문자열

(키, 값)

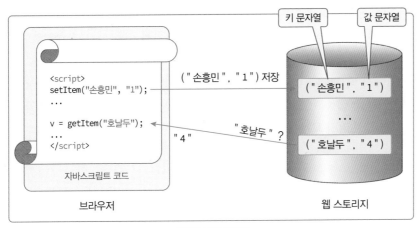

그림 12-15 (키, 값) 아이템 단위로 저장되는 웹 스토리지

세션 스토리지

웹 스토리지 중에서 먼저 세션 스토리지의 개념과 특징에 대해 알아보자.

세션 스토리지의 생성과 소멸

세션 스토리지는 세션이 생길 때 생성되며, 세션 종료 시 소멸되는 저장소이다. <u>세션(session)은 브라우저 윈도우와 웹 사이트가 연결된 상황을 지칭한다.</u> 그림 12-16(a)과 같이 윈도우1에서 구글 사이트에 접속하면 윈도우1과 구글 사이트 사이에 세션이 생성되며, 이 세션에서만 사용할 수 있는 세션 스토리지가 만들어진다. 이 스토리지는 윈도우1에 로드되는 모든 구글 웹 페이지들이 자유롭게 사용할 수 있다. 윈도우가 사라지면 세션 스토리지도 사라진다.

세션은 브라우저 윈도우와 웹 사이트가 연결된 상황을 지칭

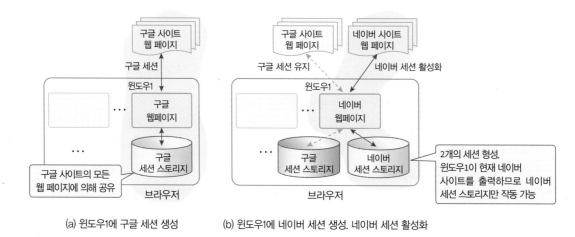

(a) 윈도우1에 구글 세션 생성   (b) 윈도우1에 네이버 세션 생성. 네이버 세션 활성화

그림 12-16 윈도우와 세션, 세션 스토리지의 관계

그 후 사용자가 윈도우1에서 네이버에 접속하면 그림 12-16(b)과 같이 새로운 세션과 함께 네이버 세션 스토리지가 생겨, 윈도우1에는 총 2개의 세션이 만들어지게 된다. 윈도우1에 로드된 네이버 웹 페이지들은 네이버 세션 스토리지를 사용한다.

한편 사용자가 윈도우1에서 백(Back) 버튼을 눌러 구글 사이트에 다시 접속하게 되면 구글 세션 스토리지가 활성화되고 구글 웹 페이지들이 접근할 수 있게 된다. 윈도우1이 닫히면, 구글 세션 스토리지와 네이버 세션 스토리지 모두 소멸된다.

세션 스토리지의 공유 범위

윈도우에 연결된 웹 사이트의 모든 웹 페이지들은 세션 스토리지를 공유한다. 하지만 그림 12-17과 같이 2개의 윈도우가 동일한 웹 사이트에 접속하는 경우, 윈도우마다 세션 스토리지가 별도 생성된다. 그러므로 윈도우1에 로드된 구글 웹 페이지는 세션 스토리지2에 기록한 값을 읽거나 쓸 수 없다.

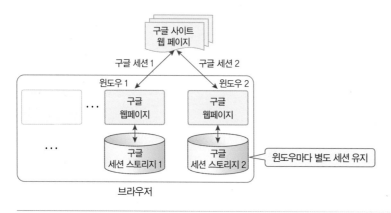

그림 12-17 세션 스토리지 접근과 공유

세션 스토리지의 용도

세션 스토리지는 한 세션 동안, 그러니까 한 윈도우에 연결된 웹 사이트의 웹 페이지들이 주고받는 임시 데이터를 로컬 컴퓨터에 일시적으로 저장하기 위해 사용된다.

로컬 스토리지

로컬 스토리지의 생성과 소멸

로컬 스토리지는 윈도우에 상관없이 웹 서버(웹 사이트) 당 하나씩 생성된다. 그림 12-18을 보자. 윈도우1에서 구글 사이트를 로드하면 로컬 컴퓨터에 구글 로컬 스토리지가 생긴다. 그리고 나서 다른 윈도우에서 다시 구글 사이트를 로드하면 이미 만들어져 있는 구글 로컬 스토리지가 공유된다. 윈도우가 닫히거나, 브라우저가 종료하거나 컴퓨터가 커져도 로컬 스토리지는 없어지지 않는다.

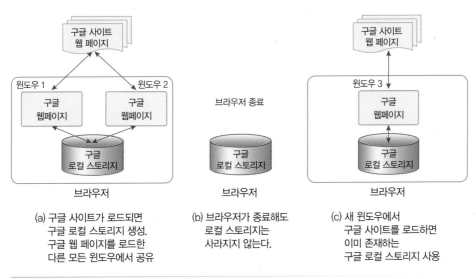

그림 12-18 로컬 스토리지의 생성 및 활용

로컬 스토리지의 공유 범위

그림 12-18(c)처럼 브라우저를 다시 실행하고 구글 사이트를 접속하면 구글 웹 페이지들은 이전에 만들어진 구글 로컬 스토리지를 사용할 수 있다.

이런 특징 때문에, 로컬 스토리지를 이용하면 웹 사이트와 연결하지 않고도 오프라인 상태에서 웹 애플리케이션이 로컬 스토리지를 활용할 수 있으며, 이후 웹 사이트와 연결할 때 데이터를 웹 서버에 저장해 놓을 수도 있다. 로컬 스토리지는 자바스크립트 코드로 아이템을 삭제하지 않는 한 사라지지 않는다. 다음 절에서 다룬다.

자바스크립트로 웹 스토리지 다루기

Storage 인터페이스 개발자는 브라우저가 제공하는 **Storage 인터페이스**를 이용하여 자바스크립트 코드로 웹 스토리지를 읽고 쓸 수 있다. Storage 인터페이스는 표 12-1과 같이 W3C에서 정한 프로퍼티와 메소드로 구성된다. 세션 스토리지나 로컬 스토리지 모두 동일한 Storage 인터페이스로 접근되므로 자바스크립트로 읽고 쓰는 방법 또한 동일하다.

표 12-1 Storage 인터페이스

프로퍼티	설명	r/w
length	스토리지에 저장된 아이템의 개수	r
[]	['키']로 아이템의 '값'을 읽거나 저장하는 연산자	r/w

메소드	설명
key(index)	index 위치에 저장된 아이템의 '키' 문자열 반환
setItem(key, val)	(key, val) 아이템을 스토리지에 저장. key와 val 모두 문자열
getItem(key)	문자열 key의 아이템을 찾아 '값' 문자열 리턴. 아이템 없으면 null 리턴
removeItem(key)	문자열 key의 아이템 삭제
clear()	스토리지의 모든 아이템 삭제

sessionStorage와 localStorage

브라우저 윈도우에 웹 페이지가 로드되면, 로컬 컴퓨터에는 세션 스토리지와 로컬 스토리지가 자동으로 생성되며 이들을 각각 접근할 수 있는 다음 2개의 자바스크립트 객체도 생성된다.

sessionStorage
localStorage

```
sessionStorage, localStorage
```

이들은 Storage 타입이므로 표 12-1의 프로퍼티와 메소드를 가지며, 다음 이름으로 사용하면 된다.

```
sessionStorage, localStorage, window.sessionStorage, window.localStorage
```

브라우저에 따라 웹 스토리지가 지원되지 않을 수도 있기 때문에 확인 과정이 필요하다. W3C 표준에 따르면 세션 스토리지의 경우 다음과 같이 확인하며, 로컬 스토리지도 동일하다.

```
if(!window.sessionStorage) {
    // 브라우저가 세션 스토리지 지원 않음
    alert("세션 스토리지를 지원하지 않습니다.");
}
```

세션 스토리지와 로컬 스토리지를 다루는 방법은 동일하므로, 세션 스토리지를 사용하는 방법에 대해서만 설명한다.

아이템 저장 및 변경

웹 스토리지에 아이템을 저장하기 위해서는 **setItem()**이나 **[] 연산자**를 이용한다. 세션 스토리지에 ("score", "80") 아이템을 저장하면 다음과 같다.

<small>setItem()
[] 연산자</small>

```
sessionStorage.setItem("score", "80"); // 세션 스토리지에 ("score", "80") 아이템 저장
sessionStorage["score"] = "80";         // 위와 동일한 코드
```

setItem()과 [] 연산자는 저장된 아이템의 '값'을 수정하는데도 이용된다.

아이템 읽기

'키'로 **getItem()**이나 **[] 연산자**를 이용하면 아이템의 '값'을 알아낼 수 있다.

<small>getItem()
[] 연산자</small>

```
let myScore = sessionStorage.getItem("score");  // myScore = "80"
let myScore = sessionStorage ["score"];  // myScore = "80"
```

'키' 아이템이 웹 스토리지에 없는 경우, getItem()은 null을 리턴한다. 그러므로 getItem() 호출 후에 리턴 값을 확인해야 한다. 예를 들어 현재 스토리지에 "scor" 키를 가진 아이템이 없기 때문에 다음 코드에서 getItem()은 null을 리턴한다.

```
let myScore = sessionStorage.getItem("scor");  // null 리턴
if(myScore == null) {
    // "scor" 키를 가진 아이템은 세션 스토리지에 없음
}
```

아이템 삭제

removeItem()를 이용하면 아이템을 삭제할 수 있다. 다음은 세션 스토리지에서 "score" 키를 가진 아이템을 삭제한다.

```
sessionStorage.removeItem("score");  // 세션 스토리지에서 키가 "score"인 아이템 삭제
```

모든 아이템 삭제

clear()를 이용하면 세션 스토리지의 아이템을 전부 삭제할 수 있다.

```
sessionStorage.clear();  // 세션 스토리지의 모든 아이템 삭제
```

'키' 알아내기와 전체 웹 스토리지 검색

'키' 없이는 아이템을 검색할 수 없기 때문에, 웹 스토리지에 어떤 아이템들이 들어있는지 알아보려면, 먼저 웹 스토리지에 저장된 모든 키를 알아내야 한다. key(index) 메소드를 이용하면 index 위치에 있는 아이템의 '키'를 알아낼 수 있다. index는 0에서 length-1 사이의 정수이다.

key(index)

다음은 세션 스토리지의 첫 번째 아이템의 '키'를 얻어내서 '값'을 알아내는 코드이다.

```
let key = sessionStorage.key(0);        // 세션 스토리지의 첫 번째 아이템의 '키' 반환
let val = sessionStorage.getItem(key);  // 아이템의 '값' 알아냄
```

아이템은 setItem()이 호출된 순서로 저장되지 않기 때문에, key(index)에서 index는 저장된 순서가 아니다. 세션 스토리지의 모든 아이템은 다음 코드로 알아낼 수 있다.

```
for(let i=0; i<sessionStorage.length; i++) {  // 아이템 개수만큼 반복
    let key = sessionStorage.key(i);
    let val = sessionStorage.getItem(key);
    document.write(key + " " + val + "<br>");
}
```

> **잠깐!** 웹 스토리지 삭제
>
> 웹 스토리지에 들어 있는 모든 아이템은 clear() 메소드를 이용하여 삭제할 수 있다. 하지만 웹 스토리지 자체는 개발자가 어떤 방법으로도 삭제할 수 없다. 이것은 브라우저의 고유 기능이다.

> **잠깐!** 브라우저의 웹 스토리지 지원 여부 검사
>
> W3C 표준에서는 if(window.sessionStorage)로 세션 스토리지의 지원 여부를 검사하도록 하고있지만, 업계에서는 다음 코드로 검사하기도 한다.
>
> ```
> if(typeof(Storage) == "undefined") {
>     alert("지원하지 않습니다");
> }
> ```

실습 4 : 세션 스토리지 응용

크롬 브라우저를 이용하여 세션 스토리지에 아이템을 저장하고 검색해보자.

1. 세션 스토리지를 조작하는 웹 페이지 작성

세션 스토리지에 아이템을 기록하고 검색하는 sessionStorage.html을 작성한다. 이 웹 페이지는 품목명과 개수를 입력받는 폼과 이들을 세션 스토리지에 저장하는 자바스크립트 코드로 이루어져 있다. 그림 12-19는 sessionStorage.html 소스를 보여준다.

```
<!DOCTYPE html>
<html>
<head>
<meta charset="utf-8">
<title>세션 스토리지에 쓰기/읽기</title>
</head>
<body>
<h3>세션 스토리지에 구입 리스트 저장/검색</h3>
<hr>
품목명 : <input id="item" type="text">
개수 : <input id="count" type="text">
        <button type="button" id="save" onclick="store()">저장</button>
        <button type="button" id="retrieve" onclick="retrieve()">검색</button>
<script>
    let item = document.getElementById("item");
    let count = document.getElementById("count");

    function store() {
        if(!window.sessionStorage) {
            alert("세션 스토리지를 지원하지 않습니다.");
            return;
        }
        sessionStorage.setItem(item.value, count.value);
    }
    function retrieve() {
        if(!window.sessionStorage) {
            alert("세션 스토리지를 지원하지 않습니다.");
            return;
        }
        let val = sessionStorage.getItem(item.value);
        if(val == null)
            alert(item.value + "는 구입 리스트에  없습니다.");
        else
            count.value = val;
    }
</script>
</body>
</html>
```

> item.value는 '키'로서 <input id="item"> 창에 입력된 문자열이고, count.value는 '값'으로 <input id="count"> 창에 입력된 문자열임

그림 12-19 sessionStorage.html

2. 크롬 브라우저의 개발자 도구로 세션 스토리지 보기

그림 12-20과 같이 크롬 브라우저의 개발자 도구를 열고 'Resources' 메뉴를 선택하면 현재 윈도우의 로컬 스토리지와 세션 스토리지에 저장된 아이템을 볼 수 있다. 현재 세션 스토리지에 저장된 아이템은 하나도 없다.

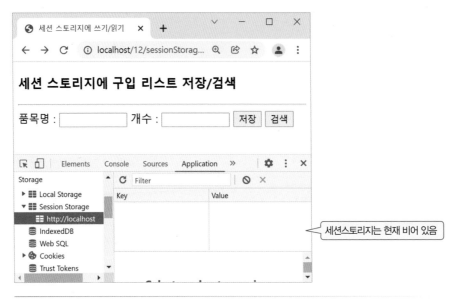

그림 12-20 개발자 도구를 열어 세션 스토리지 내용 보기

3. 세션 스토리지에 아이템 저장

사용자가 브라우저에서 품목명과 개수를 입력하고 '저장' 버튼을 누르면, 다음 store() 함수가
실행되어 (품목명, 개수) 아이템이 세션 스토리지에 저장된다.

```
function store() {
    if (!window.sessionStorage) {
        alert("세션 스토리지를 지원하지 않습니다.");
        return;
    }
    sessionStorage.setItem(item.value, count.value);
}
```

그림 12-21은 4개의 아이템을 저장한 결과이다. 저장된 아이템이 보이지 않으면, 그림 12-21
의 'Refresh' 버튼을 눌러 보라.

> **잠깐!** 브라우저의 웹 스토리지 활용
>
> 크롬이나 엣지 등 대부분의 브라우저들은 웹 서버를 통해 로드한 HTML 페이지나 사용자 컴퓨터에 있는 웹 페이지에 관
> 계 없이 웹 스토리지를 활용할 수 있다.

그림 12-21 세션 스토리지에 4개의 아이템 저장

4. 세션 스토리지에서 아이템 검색

사용자가 브라우저에서 품목을 입력하고 '검색' 버튼을 누르면, 다음 retrieve() 함수가 실행되어 품목명을 '키'로 검색하여 품목 개수를 출력한다.

```
function retrieve() {
    if (!window.sessionStorage) {
        alert("세션 스토리지를 지원하지 않습니다.");
        return;
    }
    let val = sessionStorage.getItem(item.value);
    if(val == null)
        alert(item.value + "는 구입 리스트에  없습니다.");
    else
        count.value = val;
}
```

그림 12-22는 '목걸이'를 검색하여 목걸이 개수 10을 출력한 결과이다.

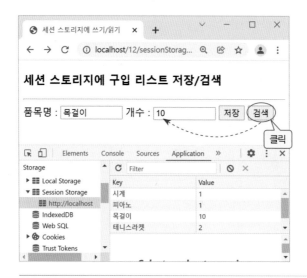

그림 12-22 '목걸이'를 입력하고, '검색' 버튼을 눌러 세션 스토리지에서 검색한 10 출력

5. 다른 웹 사이트 접속 후 돌아와 세션 스토리지 확인

현재 윈도우에서 네이버를 방문하고, 백(Back) 버튼을 눌러 돌아와 세션 스토리지가 그대로 있는지 확인해보자. 그림 12-23(a)는 그림 12-22에서 네이버에 접속한 화면을 보여주며, 그림 12-23(b)는 여기서 백(Back) 버튼을 클릭하여 sessionStorage.html 페이지로 돌아온 화면을 보여준다. 세션 스토리지가 그대로 남아 있는 것을 확인할 수 있다.

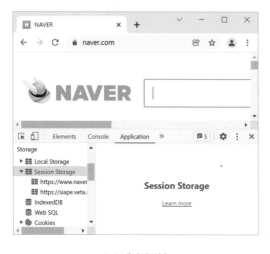
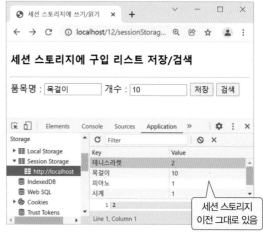

(a) 네이버 접속   (b) Back 버튼(←)을 눌러 이전 페이지로 돌아온 상황

그림 12-23 네이버에 접속 후 돌아온 경우 세션 스토리지는 변함없이 존재

4. 웹 스토리지 이벤트

웹 스토리지에 변화가 생기면 브라우저가 이벤트를 발생시켜 다른 윈도우의 웹 페이지에게 이 사실을 알린다. 지금부터 웹 스토리지 이벤트에 대해 알아보자.

storage 이벤트

세션 스토리지나 로컬 스토리지에 아이템을 추가하거나 삭제, 전체 삭제, 아이템 값 변경 등 스토리지에 변화가 생길 때, 브라우저는 storage 이벤트를 발생시켜 스토리지를 변경한 윈도우를 제외한 다른 모든 윈도우에게 전달한다.

StorageEvent 객체

storage 이벤트가 발생하면 표 12-2의 프로퍼티로 구성되는 StorageEvent 타입의 이벤트 객체가 생성되며, 변경된 아이템의 '키', 변경 이전과 이후의 '값', 이벤트가 발생한 스토리지 객체, 이벤트 발생을 유발한 웹 페이지의 주소 등이 이곳에 저장된다.

storage 이벤트

표 12-2 StorageEvent 객체의 속성

프로퍼티	설명	r/w
key	변화가 발생한 아이템의 키 문자열. clear()의 실행으로 이벤트가 발생한 경우는 null	r
newValue	변화가 발생한 아이템의 새 '값'. clear()의 실행이나 아이템이 삭제되어 이벤트가 발생한 경우는 null	r
oldValue	변화가 발생한 아이템의 이전 '값'. clear() 메소드가 호출되어 발생한 경우나 새로운 아이템이 추가되어 발생한 경우는 null	r
storageArea	이벤트가 발생한 웹 스토리지 객체	r
url	이벤트를 유발한 웹 페이지의 URL	r

storage 이벤트 처리

storage 이벤트를 둔 목적은 한 윈도우에서 웹 스토리지를 변경할 때, 다른 윈도우에 이를 알리기 위함이다. storage 이벤트는 오직 window 객체만 받을 수 있으므로 다음과 같이 이벤트 리스너를 작성하면 된다.

```
window.addEventListener("storage", storageEventListener, false);  // 이벤트 리스너 등록
function storageEventListener(e) {  // e는 StorageEvent 객체
    // 이벤트 처리 코드 작성
}
```

실습 5 : 로컬 스토리지에 storage 이벤트

로컬 스토리지에 대해 storage 이벤트를 처리하는 사례를 알아보자. 한 윈도우에서 로컬 스토리지를 변경하면 동일한 웹 페이지를 로드하고 있는 다른 윈도우에 storage 이벤트가 발생한다. 실습을 통해 확인해보자.

storage 이벤트 실습 코드

그림 12-24는 storage 이벤트 실습을 위해 준비된 storageEvent.html을 보여준다. 다음 storageEventListener(e) 함수는 storage 이벤트 리스너로서 storageEvent 객체를 매개 변수 e로 받아 이벤트 정보를 <textarea> 태그에 출력한다.

```
function storageEventListener(e) {  // e는 StorageEvent 객체
    ...  // StorageEvent 이벤트 정보를 <textarea>에 출력한다.
}
```

```html
<!DOCTYPE html>
<html>
<head>
<meta charset="utf-8">
<title>로컬 스토리지에 StorageEvent</title>
</head>
<body>
<h3>로컬 스토리지에 StorageEvent</h3>
<hr>
품목명 : <input id="item" type="text" size="10">
개수 : <input id="count" type="text" size="10">
<button id="save" onclick="store()">저장</button>
<button id="retrieve" onclick="retrieve()">검색</button><p>
로컬 스토리지의 변경 내용(storage 이벤트):<br>
<textarea id="textarea" cols="60" rows="6"></textarea>

<script>
    window.addEventListener("storage", storageEventListener, false);  // 이벤트 리스너 등록

    function storageEventListener(e) {  // e는 StorageEvent 객체
        let eventDetail = "key:\t\t\t" + e.key + " \n" +
                "oldValue:\t\t" + e.oldValue + " \n" +
                "newValue:\t\t" + e.newValue + " \n" +
                "storageArea:\t" + e.storageArea + " \n" +
                "url:\t\t\t" + e.url;
        document.getElementById("textarea").innerHTML = eventDetail;  // <textarea>에 출력
    }
</script>
```

```
<script>
    let item = document.getElementById("item");
    let count = document.getElementById("count");
    function store() {
        if (!window.localStorage) {
            alert("로컬스토리지를 지원하지 않습니다.");
            return;
        }
        localStorage.setItem(item.value, count.value);
    }

    function retrieve() {
        if (!window.localStorage) {
            alert("로컬스토리지를 지원하지 않습니다.");
            return;
        }
        let val = localStorage.getItem(item.value);
        if(val == null)
            alert(item.value + "는 구입 리스트에  없습니다.");
        else
            count.value = val;
    }
</script>
</body>
</html>
```

그림 12-24 storageEvent.html 소스

실습 환경

브라우저에 따라 웹 서버를 통하지 않고 로컬 컴퓨터의 HTML 파일(file://)을 로드하면, 보안
때문에 storage 이벤트를 발생시키지 않는다. 그러므로 storageEvent.html 파일을 웹 서버에
저장하고 브라우저로 접속하여 실습하는 것이 바람직하다.

실습 과정

1. 크롬 브라우저를 이용하여 두 윈도우에 각각 storageEvent.html를 연다.

http://localhost/12/storageEvent.html

　두 윈도우는 로컬 스토리지를 공유한다. 그림 12-25와 같이 현재 로컬 스토리지는 비어 있는
상태이다.

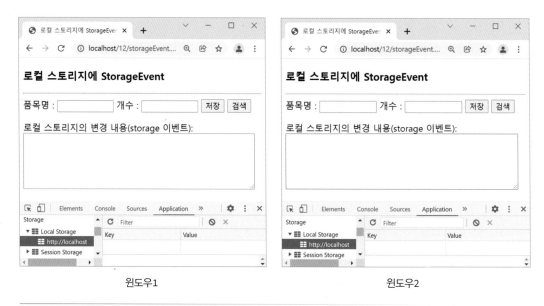

그림 12-25 두 윈도우에 storageEvent.html 로드. 로컬 스토리지는 비어 있음

2. 그림 12-26과 같이 윈도우1에서 ("골뱅이", "200") 아이템을 로컬 스토리지에 저장한다. 그 결과 두 윈도우를 통해 로컬 스토리지에 ("골뱅이", "200") 아이템이 저장된 것을 볼 수 있다. 그리고 윈도우2에 storage 이벤트가 발생하고 StorageEventListener(e) 함수가 실행되어 새로 저장된 아이템에 관한 정보가 <textarea>에 출력된 것을 볼 수 있다.

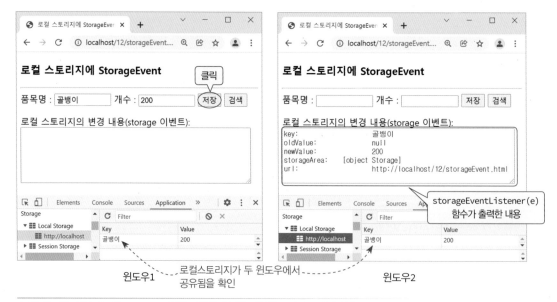

그림 12-26 윈도우2에 storage 이벤트 발생. 두 윈도우의 로컬스토리지 공유

3. 이번에는 아이템의 값을 수정해 보자. 윈도우1에서 ("골뱅이", "200") 아이템에서 200
을 50으로 수정한다. 그 결과 그림 12-27과 같이 윈도우2는 storage 이벤트를 받아
StorageEventListener(e) 함수에서 변경 내용을 <textarea>에 출력하였다.

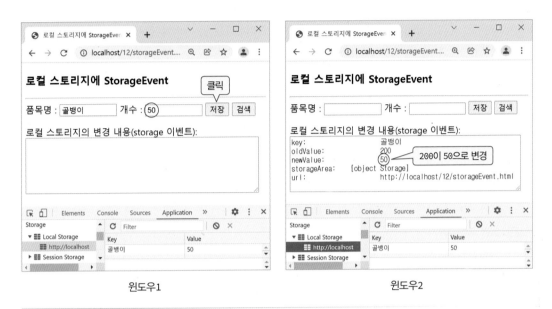

윈도우1　　　　　　　　　　　　　　　　윈도우2

그림 12-27　윈도우1에서 아이템을 변경하면 윈도우2에 storage 이벤트 발생

> **잠깐!**　storage 이벤트와 세션 스토리지
>
> 로컬 스토리지의 경우 여러 윈도우가 하나의 스토리지를 공유하기 때문에 한 윈도우에서 스토리지를 변경하면 다른
> 윈도우에 storage 이벤트가 발생한다. 하지만 세션 스토리지의 경우 윈도우마다 별도로 유지되므로 다른 윈도우에
> storage 이벤트가 발생되지 않는다. 다만 윈도우에 내장된 인라인 프레임 윈도우에 storage 이벤트가 발생한다.

> **잠깐!**　storage 이벤트
>
> 브라우저에 따라 보안 때문에 로컬 컴퓨터의 웹 페이지를 로드한 경우 storage 이벤트를 발생시키지 않기도 한다. 이
> 러한 정책이 지난 몇 년간 수시로 바뀌었기 때문에 독자들이 그때 그때 확인하기 바란다.

Q 웹을 사용할 때 중간에 발생하는 데이터는 어디에 저장하는가?

A HTML5 이전, 쿠키를 제외하고는 웹에서 발생하는 데이터는 보안 때문에 웹 서버 컴퓨터에만 저장하도록 하였다. 하지만 이것은 웹 서버의 통신과 저장 부하를 증가시키고 웹 서버에 접속할 수 없는 경우 브라우저에서 데이터 사용이 불가능한 문제를 노출시켰다. HTML5에서는 로컬 컴퓨터에도 브라우저가 데이터를 저장할 수 있도록, 웹 스토리지, 로컬 파일, 인덱스트 데이터베이스 등의 기능을 표준화하였다.

Q HTTP(HyperText Transfer Protocol)란 도대체 무엇인가?

A 브라우저와 웹 서버 사이에 웹 페이지나 이미지 등을 주고받는 통신 규칙이다.

Q HTTP가 무상태 프로토콜(stateless protocol)이라고 한다. 무슨 뜻인가?

A 조금 전에 찾아와 주문한 사람이 다시 방문하였을 때, 사람들은 당연히 알아보고 물건을 내어준다. 하지만, 웹 서버는 조금 전에 방문한 사용자가 다시 방문하였을 때 알아보지 못한다. 이것은 HTTP 웹 통신을 설계할 때, 두 방문 사이에 연결을 기억해두는 방법을 마련해 놓지 않았기 때문이다.

Q 쿠키란 어떤 것인가?

A 쿠키는 웹의 무상태 프로토콜로 인한 문제를 해결하기 위해, 현재 방문한 사용자가 다음에 방문할 때 알아보기 위해, 웹 서버가 브라우저에게 기록해 두도록 보낸 데이터이다. 쿠키의 크기는 4KB 미만의 작은 정보이며, 사용자가 웹 서버(웹 사이트)를 방문할 때마다 브라우저는 쿠키 데이터를 보내 웹 서버가 이전에 방문한 사용자임을 알게 한다.

Q 세션 스토리지는 어떤 저장소이며 언제 사용하면 적합한가?

A 게임 사이트를 만들었다고 하자. 사용자가 한 윈도우에서 어떤 정보를 로컬 컴퓨터에 기록하였다. 그리고 이 사용자가 다른 윈도우를 열어 같은 게임 사이트에 접속하여 게임을 진행하다가 조금 전에 기억해둔 정보를 변경하면 첫 번째 윈도우에서 저장된 게임 데이터가 손상될 것이다. 이때 세션 스토리지를 사용하면 된다. 웹 사이트와 이 웹 사이트가 로드된 브라우저 윈도우를 묶어 세션이라고 부른다. 세션이 생길 때 세션 스토리지가 브라우저에 생기고 세션에 속한 웹 페이지들이 마음대로 읽고 쓸 수 있다. 하지만 다른 윈도우에 로드된 웹 페이지들은 접근할 수 없다. 세션이 다르기 때문이다.

Q 그러면 로컬 스토리지는 어떤 스토리지이며 언제 사용하면 적합한가?

A 로컬 스토리지는 웹 사이트를 접속하면 브라우저가 자동으로 만드는 저장 공간으로, 이 웹 사이트의 모든 웹 페이지들이 공유한다. 뿐만 아니라, 다른 윈도우를 열어 이 웹 사이트를 로드해도 로컬 스토리지가 공유된다. 그러므로 한 윈도우에서 주문하기 위해 선택한 리스트를 로컬 스토리지에 저장하고, 다른 윈도우를 열어 로컬 스토리지에서 저장된 목록을 확인하는 등에 활용하면 된다.

Q 한 윈도우에서 로컬 스토리지를 변경하면 다른 윈도우에서 이 사실이 알 수 있는가?

A 이 경우 로컬 스토리지를 공유하고 있는 다른 모든 윈도우에 storage 이벤트가 전달된다.

Open Challenge 12

웹 스토리지로 단어장 만들기

나만의 단어장을 로컬 스토리지에 저장하여 두는 웹 페이지를 작성하라. 단어 저장, 영단어 검색, 단어 삭제, 전체 보기의 4가지 기능을 만들어라. **난이도 6**

- 단어 저장: 영어와 한글 단어 저장. 영어 단어가 이미 있으면 confirm() 창으로 물어봄
- 영단어 검색: 영어 단어를 검색하여 한글 단어 출력. 영어 단어가 없으면 경고창 출력
- 단어 삭제: 영어 단어를 입력받고 아이템 삭제. 영어 단어가 없으면 경고창 출력
- 전체 보기: 로컬 스토리지의 모든 단어를 출력하는 별도의 HTML 웹 페이지를 작성하고, 이 웹 페이지를 새 창에 출력

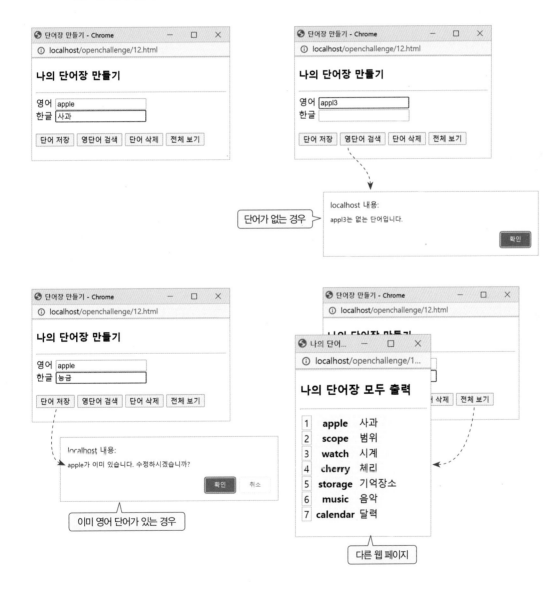

이론문제

1. 웹 시대의 초기에는 모든 정보를 웹 서버에 저장하고 브라우저는 단순히 웹 서버로부터 정보를 받아와서 출력만 하도록 하였다. 하지만 그 후 로컬 컴퓨터에 웹 정보를 저장할 수 있도록 진화하였다. 그 이유가 아닌 것은?

    ① 사용자 컴퓨터의 고성능화 때문
    ② 웹 서버의 저장 용량 부담 때문
    ③ 웹 서버와 브라우저간의 통신 트래픽 증가 때문
    ④ 웹 서버에 연결하지 않고도 웹 애플리케이션 실행하고자

2. 다음 중 브라우저에 의해 정보를 저장되는 로컬 컴퓨터의 저장소가 아닌 것은?

    ① 쿠키   ② 세션 스토리지   ③ 웹하드   ④ 로컬 스토리지

3. HTTP 세션을 정확히 설명한 것은?

    ① 브라우저가 웹 서버로부터 이미지나 웹 페이지 등 하나의 웹 자원을 가져 오는 과정
    ② 브라우저가 하나의 웹 페이지를 출력하기 위해 웹 서버로부터 필요한 모든 자원을 가져오는 과정
    ③ 브라우저가 웹 서버에 네트워크 접속 과정
    ④ 브라우저가 웹 페이지를 화면에 완전히 출력하는 과정

4. 다음 HTML 페이지를 출력하기 위해 브라우저는 웹 서버에 총 몇 번 HTTP 요청을 보내는가?

```
<!DOCTYPE html>
<html>
<head>
<meta charset="utf-8">
<title>How Many</title>
<link href="mystyle.css" type="text/css" rel="stylesheet">
</head>
<body>
    <img src="1.png">
    <img src="2.png">
    <img src="3.png">
</body>
</html>
```

5. 웹 서버는 브라우저로부터 받은 요청을 잘 처리하여 응답을 보낼 때 응답 코드의 값은 얼마인가?

① 0 ② 1 ③ 200 ④ 404

6. 쿠키는 어디에 저장되는가?

① 사용자 로컬 컴퓨터의 파일 ② 사용자 로컬 컴퓨터의 데이터베이스
③ 웹 서버 컴퓨터의 파일 ④ 웹 서버 컴퓨터의 데이터베이스

7. 쿠키로 적당하지 않는 것은?

① 게임 웹 사이트의 게임 사용자 별명
② 음식 주문 사이트에서 사용자가 주로 주문하는 음식
③ 사용자가 주로 보는 동영상 파일
④ 사용자가 최근 웹 사이트를 방문한 시간

8. 쿠키를 사용하는 이유는 무엇인가?

① 한 사이트의 여러 웹 페이지 사이의 정보 공유를 위해
② 사용자가 자신의 비밀스러운 정보를 저장해두기 위해
③ 비디오 파일 등 비교적 큰 데이터를 저장해두어 웹 서버로부터 다운 받는 시간을 줄이기 위해
④ 브라우저를 종료하면 자동으로 없어져서 흔적이 남지 않는 정보를 일시 저장하기 위해

9. 웹 스토리지의 장점에서 거리가 먼 것은?

① 저장 공간 확대 ② 웹 서버와의 통신 트래픽 감소
③ 다양한 형태의 정보 저장 ④ 웹 서버의 저장 부담 감소

10. 다음 경우에 세션스토리지와 로컬스토리지 중 어떤 것을 사용하면 좋을까?

(1) 브라우저 사용자의 입력 패턴을 분석하여 저장할 때
(2) 게임에서 현재 사용자의 이름과 점수를 저장할 때
(3) 게임에서 최고 점수 10명의 이름과 점수를 저장할 때

11. 로컬 스토리지가 변경될 때 발생하는 이벤트는 무엇인가?

① change 이벤트 ② storage 이벤트
③ changestorage 이벤트 ④ localstorage 이벤트

1. 2개의 웹 페이지를 작성하라. 첫 번째 웹 페이지에서는 이름과 학번을 입력받아 세션 스토리지에 저장한다. 그리고 '이름으로 학번 검색 페이지로'의 링크를 클릭하면 두 번째 페이지를 로드한다 이 페이지에서는 이름을 입력받고 버튼을 클릭하면 세션 스토리지에서 검색하여 학번을 출력한다. 이름과 학번은 여러 개 저장 가능하다.

웹 페이지1　　　　　　　　　　　　　　　　웹 페이지2

힌트 이 두 페이지는 동일한 윈도우에 로드되어야 함에 주의하기 바란다.

2. 본문의 '실습 4: 세션 스토리지 응용'절에서 만든 sessionStorage.html을 2개의 페이지로 분할 작성하여 한 페이지에서는 구입 리스트를 저장하고 다른 페이지에서는 구입 리스트에서 품목명을 입력하여 개수를 검색하도록 수정하라.

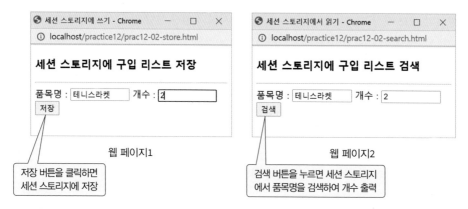

웹 페이지1　　　　　　　　　　　　　　　　웹 페이지2

저장 버튼을 클릭하면　　　　　검색 버튼을 누르면 세션 스토리지
세션 스토리지에 저장　　　　　에서 품목명을 검색하여 개수 출력

힌트 세션 스토리지를 사용하므로 이 두 페이지는 동일한 윈도우에 로드되어한다.

3. 로컬 스토리지를 이용하여 간단한 메모를 기록해두는 포스트잇 웹 페이지를 만들고자 한다. 2개의 웹 페이지를 작성하라. 첫 페이지에서 제목과 메모를 입력받아 '저장' 버튼을 누르면 로컬 스토리지에 저장하며, '보기' 버튼을 누르면 새 윈도우를 열고 두 번째 페이지를 출력한다. 이 페이지에서는 로컬 스토리지에 있는 포스트잇을 모두 출력한다.

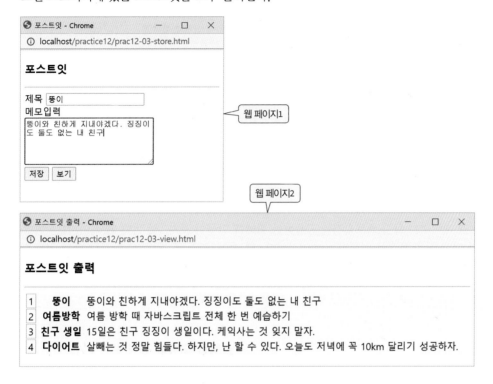

4. 2개의 일기 쓰기 웹 페이지를 작성하라. 첫 페이지에는 오늘 날짜가 자동으로 출력된다. 일기를 작성하고 '저장' 버튼을 누르면 오늘 날짜와 일기 내용을 로컬 스토리지에 저장한다. '보기' 버튼을 누르면 새 윈도우를 열어 일기 보기를 출력하는 두 번째 웹 페이지를 출력하라.

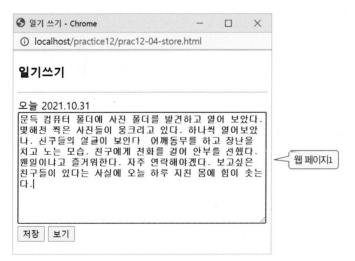

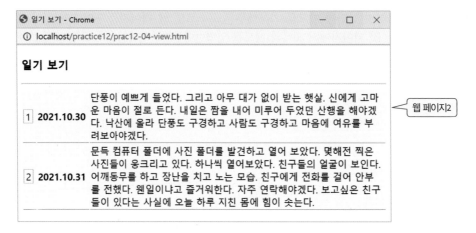

힌트 로컬 스토리지를 이용하라. 그리고 오늘 날짜는 new Date()로 Date 객체를 생성하여 알아낼 수 있다. 7장의 예제
7-5를 참고하라.

5. 2개의 웹 페이지가 로컬 스토리지를 공유하는 사례를 만들어 보자. 첫 번째 웹 페이지1은 여행을 갈
도시와 먹고 싶은 음식을 선택하는 페이지이다. 웹 페이지1과 웹 페이지2를 서로 다른 윈도우에 동
시에 열어놓고, 웹 페이지1에서 도시나 음식을 선택하면 웹 페이지2에 나타나도록 하라.

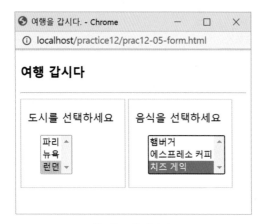

윈도우1-웹 페이지1

윈도우2-웹 페이지2

힌트 웹 페이지1에서 사용자가 도시나 음식을 선택하면, ("city", 선택한도시), ("food", 선택한음식) 아이템을 로컬
스토리지에 저장하라. 도시나 음식을 변경할 때도 마찬가지로 하라. 로컬 스토리지에 변화가 생기면 윈도우2의 웹
페이지2에 storage 이벤트가 전달된다. 그러므로 웹 페이지2에는 storage 이벤트 리스너를 작성하고 이 리스너에
서 로컬 스토리지를 읽어 그림과 같이 city=런던, food=치즈 케익 등으로 출력하면 된다.

13

오디오 비디오 제어 및 위치 정보 서비스, 웹 워커

13 오디오 비디오 제어 및 위치 정보 서비스, 웹 워커

1. 오디오/비디오 제어

〈audio〉와 〈video〉 태그

HTML5는 플러그인의 도움 없이도 <audio>, <video> 태그로 HTML 페이지에 오디오와 비디오를 삽입할 수 있도록 하였다. 뿐만 아니라 자바스크립트 코드로 미디어를 재생시키거나 중단시키는 등 미디어를 제어하는 API를 표준화하였다. 예제 13-1을 통해 <audio>와 <video> 태그를 사용하여 오디오와 비디오를 HTML 페이지에 삽입하는 방법을 잠깐 상기해보자.

표준화

예제 **13-1** 오디오와 비디오를 가진 웹 페이지

이 예제는 <audio>와 <video> 태그를 이용하여 플러그인 없이 오디오와 비디오를 웹 페이지에 포함한 사례를 보여준다.

```
<!DOCTYPE html>
<html>
<head>
<meta charset="utf-8">
<title>오디오와 비디오 내장 페이지</title>
</head>
<body>
<h3>오디오와 비디오 내장하기</h3>
<hr>
<audio id="audio" src="media/EmbraceableYou.mp3"
        loop controls>
    웹 브라우저가 audio 태그를 지원하지 않습니다.
</audio>
<hr>
<video id="video" width="300" height="200"
        controls>
    <source src="media/bear.mp4" type="video/mp4">
    웹 브라우저가 video 태그를 지원하지 않습니다.
</video>
</body></html>
```

<audio>나 <source> 태그의 src 속성에 미디어 파일의 URL을 지정하며, loop는 재생 반복을 지시한다. controls 속성이 있으면 재생, 중단, 음량 제어 버튼 등 제어 콘트롤이 화면에 그려진다. <video> 태그에서 width나 height는 비디오가 브라우저 화면에 출력되는 크기를 나타낸다.

자바스크립트로 오디오 제어

브라우저는 웹 페이지에 내장된 오디오와 비디오를 제어할 수 있는 audio, video DOM 객체를 제공한다. 이들 DOM 객체의 공통 프로퍼티와 메소드는 표 13-1, 13-2와 같다. 우선 오디오를 제어해보자.

오디오 DOM 객체 알아내기

다음 <audio> 태그가 있다고 하자.

```
<audio id="audio" src="media/EmbraceableYou.mp3" loop controls>
</audio>
```

자바스크립트 코드로 다음과 같이 audio DOM 객체를 알아낸다.

```
let audio = document.getElementById("audio");  // id="audio"인 <audio> 알아내기
```

오디오 제어

웹 페이지에서 콘트롤 버튼을 직접 클릭하여 오디오를 제어할 수 있지만, 다음과 같이 자바스크립트 코드로도 오디오를 제어할 수 있다.

```
audio.play();  // 재생
audio.pause();  // 일시 중지
```

재생 중에 **play()** 메소드를 호출하면 현재 재생 위치에서 계속 재생한다. 만일 처음부터 재생하려면, 다음과 같이 **load()**를 호출한 후 play()를 호출해야 한다.

play()

load()

```
audio.load();  // src에 시싱된 오디오 데이터 로드
audio.play();  // 처음부터 재생
```

load()는 현재 재생중인 오디오와 대기 중인 이벤트를 모두 지우고 src에 지정된 오디오를 다시 로드하여 처음 상태로 만든다.

오디오 음량 제어와 음소거

volume 음량은 0.0(들리지 않음)~1.0(최대치) 사이의 실수 값으로서, volume 프로퍼티로 조절한다.
muted   muted 프로퍼티로는 소리를 소거할 수 있다.

```
audio.volume += 0.1;  // 0.1 만큼 음량 증가
audio.muted = true;   // 음소거. 음량(volume) 변경 없음
```

표 13-1 audio/video DOM 객체의 공통 프로퍼티 일부

프로퍼티	설명	r/w
src	미디어 소스 URL 문자열. 자바스크립트로 src를 변경하면 새로운 미디어 재생 가능	r/w
currentTime	현재 재생 위치로서 초 단위의 실수. 재생 위치 변경 가능	r/w
duration	미디어의 전체 길이로 초 단위의 실수	r
paused	재생이 중단되었으면 true, 재생 중이면 false	r
ended	재생이 완료되었으면 true, 아니면 false	r
autoplay	자동 재생 상태를 나타내는 true/false	r/w
loop	반복 재생 여부를 나타내는 true/false	r/w
controls	콘트롤 출력 여부를 나타내는 true/false	r/w
volume	현재 음량 값을 나타내는 0.0~1.0 사이의 실수	r/w
muted	음소거 상태를 나타내는 true/false	r/w

표 13-2 audio/video DOM 객체의 공통 메소드

메소드	설명
load()	재생을 중단하고 src에 지정된 미디어 다시 로드
play()	미디어 재생. 현재 재생 위치에서 재생 시작
pause()	미디어 일시 중지

예제 **13-2** 자바스크립트로 오디오 제어기 만들기

재생/일시중지/음량증감/음소거 버튼을 만들고 자바스크립트를 이용하여 오디오 제어기를 만드는 사례를 보인다.

```
<!DOCTYPE html>
<html>
<head>
<meta charset="utf-8">
<title>자바스크립트로 오디오 제어</title></head>
<body>
```

```
<h3>자바스크립트로 오디오 제어</h3>
<hr>
<audio id="audio" src="media/EmbraceableYou.mp3"></audio>
<div id="msg">이곳에 오디오 제어 메시지 출력</div>
<button type="button" id="play" onclick="control(event)">play</button>
<button type="button" id="pause" onclick="control(event)">pause</button>
<button type="button" id="replay" onclick="control(event)">replay</button>
<button type="button" id="vol-" onclick="control(event)">vol-</button>
<button type="button" id="vol+" onclick="control(event)">vol+</button>
<button type="button" id="mute on/off" onclick="control(event)">mute on/off</button>
<script>
let div = document.getElementById("msg");
let audio = document.getElementById("audio");
function control(e) {
    let id = e.target.id;
    if(id == "play") {  // play 버튼 클릭
        audio.play();  // 재생
        div.innerHTML = "재생중입니다.";
    }
    else if(id == "pause") {  // pause 버튼 클릭
        audio.pause();  // 일시 중지
        div.innerHTML = "일시중지되었습니다.";
    }
    else if(id == "replay") {  // replay 버튼 클릭
        audio.load();  // src에 지정된 미디어 다시 로딩
        audio.play();  // 처음부터 다시 재생
        div.innerHTML = audio.src + "를 처음부터 재생합니다.";
    }
    else if(id == "vol-") {  // vol- 버튼 클릭
        audio.volume -= 0.1;  // 음량 0.1 감소
        if(audio.volume < 0.1) audio.volume = 0;
        div.innerHTML = "음량 0.1 감소." + "현재 " + audio.volume;
    }
    else if(id == "vol+") {  // vol+ 버튼 클릭
        audio.volume += 0.1;  // 음량 0.1 증가
        if(audio.volume > 0.9) audio.volume = 1.0;
        div.innerHTML = "음량 0.1 증가." + "현재 " + audio.volume;
    }
    else if(id == "mute on/off") {  // mute on/off 버튼 클릭
        audio.muted = !audio.muted;  // 음소거 토글
        if(audio.muted) div.innerHTML = "음소거";
        else div.innerHTML = "음소거 해제";
    }
}
</script>
</body>
</html>
```

자바스크립트로 오디오 제어 - Chrome
localhost/13/ex13-02.html

자바스크립트로 오디오 제어

http://localhost/13/media/EmbraceableYou.mp3
재생합니다.

play | pause | replay | vol- | vol+ | mute on/off

재생 버튼을 누른 경우

자바스크립트로 오디오 제어 - Chrome
localhost/13/ex13-02.html

자바스크립트로 오디오 제어

음량 0.1 감소.현재 0.9

play | pause | replay | vol- | vol+ | mute on/off

음량 감소 버튼을 누른 경우

비디오 제어

<video> 태그에 의해 생성된 video DOM 객체는 공통 메소드 외에 표 13-3과 같이 몇 개의 메소드를 더 가진다.

표 13-3 video DOM 객체의 추가적인 프로퍼티

프로퍼티	설명	r/w
width	video 객체가 브라우저에서 차지하는 폭. 픽셀 값	r/w
height	video 객체가 브라우저에서 차지하는 높이. 픽셀 값	r/w
videoWidth	비디오 미디어의 픽셀 폭	r
videoHeight	비디오 미디어의 픽셀 높이	r
poster	비디오 파일이 없을 때 대신 출력할 이미지 파일의 주소 문자열	r/w

비디오 DOM 객체 알아내기

다음 <video> 태그가 있을 때,

```
<video id="video" width="320" height="240" controls>...</video>
```

다음 자바스크립트 코드로 video DOM 객체를 알아낸다.

```
let video = document.getElementById("video");
```

width, height와 videoWidth, videoHeight

표 13-3에서 width, height 프로퍼티는 <video width=".." height=".."> 태그의 속성 값을 반영하며 브라우저 화면상에 할당된 영역의 크기를 나타낸다. 한편 videoWidth와 videoHeight는 비디오의 화면 해상도를 나타낸다.

loadedmetadata 이벤트

예제 13-1의 브라우저 화면을 자세히 보면, bear.mp4를 <video width="300" height="200">로 출력하여, bear.mp4가 300×200 크기로 출력된 것을 알 수 있다. bear.mp4의 실제 크기(해상도)는 얼마일까? 이 크기를 알 수 있다면 <video> 태그를 출력할 크기를 정확히 조절할 수 있을텐데, 방법이 있다. 비디오 파일의 헤드 부분(메타 데이터)에 이 정보가 들어 있다.

<video> 태그의 src 속성에 지정된 비디오 파일이 읽혀지면, <video> 태그는 loadedmetadata 이벤트를 받는다. 그러므로 onloadedmetadata 이벤트 리스너를 다음과 같이 작성하여 현재 로드된 비디오의 해상도를 알아낼 수 있다. 예제 13-3을 통해 온전한 코드를 알아보자.

onloadedmetadata
이벤트 리스너

```
video.onloadedmetadata = function f(e) {
    alert(video.videoWidth + "," + video.videoHeight);
}
```

예제 **13-3** 비디오를 원본 크기로 재생

onloadedmetadata 리스너를 작성하여, 비디오 파일의 해상도를 alert() 창에 출력하고, <video> 태그의 크기를 비디오의 해상도와 동일하게 조절하여 출력하라.

```
<!DOCTYPE html>
<html>
<head>
<meta charset="utf-8">
<title>비디오 원본 크기로 출력</title></head>
<body>
<h3>비디오 원본 크기로 출력</h3>
<hr>
<video id="video" width="0" height="0" autoplay>
    <source src="media/bear.mp4" type="video/mp4">
    웹 브라우저가 video 태그를 지원하지 않습니다.
</video>
<script>
let video = document.getElementById("video");
video.onloadedmetadata = function f(e) {
    alert(video.videoWidth + "x" +
            video.videoHeight);
    video.width = video.videoWidth;
    video.height = video.videoHeight;
}
</script>
</body>
</html>
```

의도적인 0×0 크기

<video> 태그의 크기를 비디오의 원본 크기로 지정

오디오와 비디오의 onended 리스너

ended 이벤트는 오디오나 비디오의 재생이 완료되었을 때 발생하는 이벤트이며, audio나 video 객체에게 전달된다. 다음은 audio 객체에 onended 리스너를 등록하는 코드이다.

onended 리스너

```
<audio id="audio" src="media/EmbraceableYou.mp3" controls></audio>
<script>
let audio = document.getElementById("audio");
audio.onended = function (e) {
    // ended 이벤트 처리 코드
}
</script>
```

다음과 같이 loop 속성이 설정되면 재생이 끝나도 ended 이벤트는 발생하지 않는다.

```
<audio src="..." loop> <!-- loop 속성이 있으면 ended 이벤트 발생하지 않음 -->
```

예제 **13**-4 오디오 재생이 끝나면 웹 페이지를 노란색으로 변경

onended 리스너를 활용하여 오디오 재생이 끝나면 전체 배경을 노란색으로 변경하는 HTML 페이지를 작성하라.

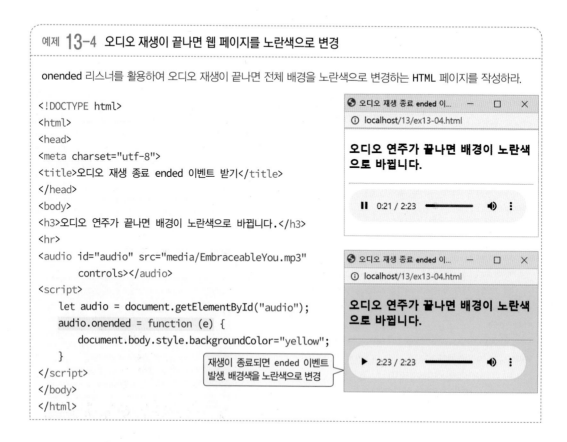

```
<!DOCTYPE html>
<html>
<head>
<meta charset="utf-8">
<title>오디오 재생 종료 ended 이벤트 받기</title>
</head>
<body>
<h3>오디오 연주가 끝나면 배경이 노란색으로 바뀝니다.</h3>
<hr>
<audio id="audio" src="media/EmbraceableYou.mp3"
        controls></audio>
<script>
    let audio = document.getElementById("audio");
    audio.onended = function (e) {
        document.body.style.backgroundColor="yellow";
    }
</script>
</body>
</html>
```

재생이 종료되면 ended 이벤트
발생. 배경색을 노란색으로 변경

미디어 소스 변경/미디어 로드

현재 재생 중인 미디어를 바꾸고자 하면 다음 코드가 순서대로 필요하다. 하지만 라인 2의
load()를 생략해도 된다. play()가 내부적으로 로딩을 수행하기 때문이다.

```
1.  audio.src="media/Aegukga.mp3";        // 새로운 미디어 지정
2.  audio.load();                          // src에 지정된 미디어 새로 로딩
3.  audio.play();                          // 로딩된 미디어 재생
```

> **잠깐!** 오디오나 비디오 파일명 알아내기
>
> <audio src="...">의 경우 audio.src로 간단히 소스 파일명을 알아낼 수 있고 예제 13-2에서 이 방법을 사용하였다.
> 하지만, <audio><source src="..."></audio>와 같이 <source> 태그를 이용하는 경우 src 프로퍼티로 오디오 파일을
> 알아낼 수 없다. 이런 경우 오디오 파일명을 알아내는 방법은 실습문제 13-1의 정답을 통해 익히도록 하라.

2. Geolocation 객체를 이용한 위치 정보 서비스

위치 정보 서비스와 보안

위치 정보 서비스(Geolocation)란 브라우저가 자바스크립트 코드를 통해 위도와 경도로 현재 위치를 제공하는 서비스이다. 하지만, 위치 정보 서비스는 보안이 유지되는 다음 3가지 경우에만 지원된다.

- localhost나 웹 서버 없는 로컬 컴퓨터의 웹 페이지
- https 프로토콜을 사용하는 웹 통신

localhost의 경우 웹서버가 로컬 컴퓨터에서 실행되고 로컬 컴퓨터에서만 브라우저가 접속하는 경우로, 외부의 침입이 배제되어 위치 정보 서비스가 허용된다. 또한 웹 서버 없이 로컬 컴퓨터에 작성된 웹 페이지를 브라우저에서 직접 출력시키는 경우 역시 보안 문제가 없으므로 위치 정보 서비스가 허용된다. 마지막으로 https는 웹 서버와 웹 브라우저 사이의 모든 통신에 암호화 기반 보안 통신(ssl, secure sockets layer)을 사용하므로, 역시 위치 정보 서비스가 허용된다.

> **잠깐!** 위치 정보 서비스 예제를 실행시키는 방법 ○─
>
> 이 책의 학습을 돕는 www.webprogramming.co.kr 사이트는 http를 사용하므로 위치 정보 서비스가 지원되지 않는다. 그러므로 예제 13-5, 13-6, 13-7의 위치 정보 서비스를 실행하려면 독자의 컴퓨터에 아파치 웹 서버를 설치하고 웹 서버의 htdocs 디렉터리에 예제들의 웹 페이지를 두고 localhost로 접속하든지(부록A에 아파치 웹서버를 설치하는 방법이 설명되어 있음), 아니면 웹 서버 설치 없이 독자의 컴퓨터에 예제 웹 페이지를 두고 더블클릭하는 식으로 바로 실행시키면 된다.

geolocation 객체

브라우저는 **geolocation** 이름의 객체를 통해 위치 정보 서비스를 제공한다. 이 객체는 window. navigator 객체의 자식 객체로서 다음 2가지 방법으로 접근할 수 있다.

geolocation

```
navigator.geolocation, window.navigator.geolocation
```

geolocation 객체는 표 13-4의 메소드를 통해 2가지 위치 정보 서비스를 제공한다.
- 컴퓨터나 모바일 장치의 현재 위치를 알려주는 서비스
- 위치가 변경될 때마다 지속적으로 알려주는 반복 위치 서비스

위치 정보 서비스 이용 전에 브라우저가 이 서비스를 제공하는지 다음과 같이 확인할 수 있다.

```
if(navigator.geolocation) {
    // 브라우저가 위치 정보 서비스를 제공한다.
}
```

표 13-4 geolocation 객체의 메소드

메소드	설명
getCurrentPosition()	현재 위치 얻기
watchPosition()	위치가 변경될 때마다 알려주는 반복 위치 서비스 시작
clearWatch()	반복 위치 서비스 중단

현재 위치 얻기

getCurrentPosition()

웹 페이지가 현재 위치를 얻고자 하면 getCurrentPosition() 메소드를 호출한다. 위치 정보는 표 13-5의 Position 타입의 객체로 표현된다. getCurrentPosition()는 호출 즉시 현재 위치를 리턴하는 것이 아니라, 위치가 파악되면 호출될 positionCallback(Position) 함수를 등록한다.

navigator.geolocation.getCurrentPosition(positionCallback, errorCallback, options)

• positionCallback : 현재 위치가 파악되었을 때 호출되는 콜백 함수명
• errorCallback : 위치 파악 중 오류가 발생하였을 때 호출되는 콜백 함수명. 생략 가능
• options : 위치 파악 허용 최대 시간, 대기 시간, 위치에 대한 정확도 등의 정보를 담은 객체. 생략 가능

위치가 파악되면 호출될 positionCallback(Position) 함수를 등록한다.

```
navigator.geolocation.getCurrentPosition(success);  // success() 함수를 콜백 함수로 등록
// 위치가 파악되면 아래 success()가 호출되고, 위치 정보가 들어 있는 position 객체가 매개 변수로 넘어온다.

function success(position) {
    let lat = position.coords.latitude;   // 위도
    let lon = position.coords.longitude;  // 경도
    alert("현재위치(" + lat + ", " + lon + ")");  // 현재 위치 출력
}
```

위치가 파악되면 positionCallback(Position) 함수가 호출되고 Position 타입의 객체가 매개 변수에 넘어온다. Position 타입의 객체 프로퍼티는 표 13-5와 같다. Position 타입의 객체에서 coords 프로퍼티는 위치 정보를 가진 객체로 표 13-6에서 보여준다.

표 13-5 Position 타입 객체(메소드 없음)

프로퍼티	설명	r/w
coords	현재 위치를 나타내는 Coordinates 타입의 객체	r
timestamp	위치가 파악된 시간 정보	r

표 13-6 Coordinates 타입 객체(메소드 없음)

프로퍼티	설명	r/w
latitude	위도의 실수 값	r
longitude	경도의 실수 값	r
accuracy	위도와 경도의 정확도를 표현하는 실수 값. 미터 단위	r
altitude	고도의 실수 값. 미터 단위. 제공하지 않을 때 null	r
altitudeAccuracy	고도의 정확도를 표현하는 실수 값. 미터 단위	r
heading	컴퓨터나 장치가 움직이는 방향 정보의 실수 값. 시계 방향의 각도(0~360)를 뜻하며, 북쪽 방향이 0도. speed 값이 0이면 이 값은 의미 없음. 제공하지 않을 때 null	r
speed	초당 미터 값으로 컴퓨터나 장치가 움직이는 속도. 제공하지 않을 때 null	r

예제 **13-5** getCurrentPosition()으로 현재 위치 알아내기

HTML5 표준 위치 정보 서비스를 활용하여 브라우저의 현재 위치를 알아내자.

```
<!DOCTYPE html>
<html>
<head><meta charset="utf-8"><title>getCurrentPosition()로 현재 위치 파악</title></head>
<body>
<h3>getCurrentPosition()로 현재 위치 파악</h3>
<hr>
<div id="msg">이곳에 위치 정보 출력</div>    ← 현재 시간과 위치를 출력할 <div>
<script>
if(navigator.geolocation)
    navigator.geolocation.getCurrentPosition(success); // 현재 위치 정보 요청
else
    alert("지원하지 않음");

// 위치 파악 시 success() 호출. 위치 정보가 들어 있는 position 객체가 매개 변수로 넘어온다.
function success(position) {
    let lat = position.coords.latitude; // 위도
    let lon = position.coords.longitude; // 경도
    let acc = position.coords.accuracy; // 정확도

    // 위도와 경도의 소수점 이하 자리가 너무 길어 유효 숫자 6자리로 짜름
    lat = lat.toPrecision(6); lon = lon.toPrecision(6);
```

```
        let now = new Date(); // 현재 날짜와 시간
        let text = "현재 시간 " + now.toUTCString() + "<br>";
        text += "현재 위치 (위도 " + lat + "°, 경도 " + lon + "°)<br>";
        text += "정확도 " + acc + "m<br>";
        document.getElementById("msg").innerHTML = text;
    }
</script>
</body></html>
```

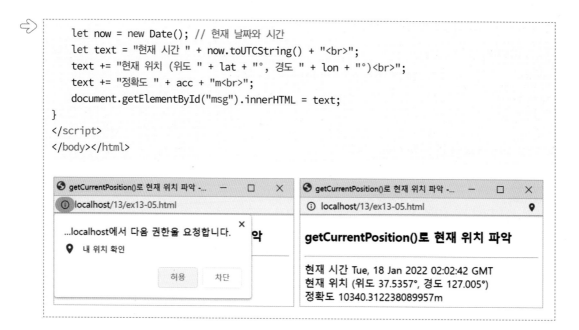

잠깐! . geolocation의 정확도

geolocation 객체가 제공하는 위치 정보의 정확도는 평균적으로 1 feet(32.5cm)내이다. 예제 13-5를 실행할 때마다 위치 정보에 오차가 있으니 확인해보기 바란다.

웹 페이지에 지도 넣기

위치 정보 서비스와 지도 서비스는 별개의 사항이다. 위치 정보 서비스는 HTML5의 표준 기능으로 웹 브라우저의 구현에 달려있지만, 지도는 구글, 네이버, 카카오, 티맵 등 지도를 서비스하는 기업들의 고유한 자산이다. 지도를 활용하기 위해서는 이들 기업으로부터 API key를 발급받고 기업들이 제공하는 특별한 URL을 이용해야 한다.

OpenStreetMap

　최근에 와서 대부분의 지도 서비스가 유료화 되었기 때문에, 이 책에서는 개방형 지도이며 무료로 사용할 수 있는 OpenStreetMap 지도를 사례로 지도를 웹 페이지에 넣는 방법을 다룬다. 구글이나 네이버 등의 지도를 이용하고자 하면 그들 사이트에서 지도 사용 지침을 참고하기 바란다. 이제 OpenStreetMap의 지도 활용에 대해 알아보자.

윈도우 전체에 지도 그리기

OpenStreetMap 지도를 브라우저 전체에 출력하려면 다음 형식의 URL을 이용한다.

```
https://www.openstreetmap.org/#map=줌레벨/위도/경도
```

　다음은 위도와 경도가 (37.5823, 127.0100)인 위치를 중심으로 줌 레벨(zoom level, 확대 수준)을 15로 하여 지도를 출력하는 사례이다(예제 13-6에서 확인).

```
https://www.openstreetmap.org/#map=15/37.5823/127.0100
```

`<iframe>`으로 웹 페이지에 지도 내장하기

웹 페이지에 지도를 내장하는 방법을 알아보자. `<iframe>` 태그를 이용하여 영역을 확보하고 이곳에 지도를 출력하는데, 다음 URL을 사용하며 경도와 위도를 사각형 영역으로 지정한다.

```
https://www.openstreetmap.org/export/embed.html?bbox=박스의작은경도값%2C박스의낮은위도값%2C박스의큰경도값%2C박스의높은위도값
```

여기서, %2C는 콤마(,) 문자를 URL 내에서 사용하기 위해 인코딩한 값이다.

다음은 위도와 경도가 (lat, lon)인 위치를 중심으로 위도와 경도를 아래위로 0.01도씩 범위를 만들어 지도를 출력하는 사례이다.

```
<iframe id="map"></iframe>
...
let map = document.getElementById("map");
map.src = "https://www.openstreetmap.org/export/embed.html?bbox=" + (lon-0.01) +
        "%2C" + (lat-0.01) + "%2C" + (lon+0.01) + "%2C" + (lat + 0.01);
```

예제 **13-6** 현재 위치의 지도 출력하기

위치 정보 서비스를 활용하여 브라우저의 현재 위치에 해당하는 지도를 출력해보자.

```
<!DOCTYPE html>
<html>
<head><meta charset="utf-8"><title>현재 위치와 지도 출력</title></head>
<body>
<h3>현재 위치와 지도 출력</h3>
<hr>
<div id="msg">이곳에  위치 정보 출력</div>
<iframe id="map" width="425" height="350" frameborder="0" scrolling="no"
    marginheight="0" marginwidth="0" ></iframe><br/>
<a id="bigmaplink" target="_blank">새 창에 큰 지도 보기</a>
<script>
if(navigator.geolocation)
    navigator.geolocation.getCurrentPosition(success); // 현재 위치 정보 요청
else
    alert("지원하지 않음");

// 위치 파악 시 success() 호출. 위치 정보가 들어 있는 position 객체가 매개 변수로 넘어온다.
function success(position) {
```

```javascript
    let lat = position.coords.latitude;   // 위도
    let lon = position.coords.longitude;  // 경도
    let acc = position.coords.accuracy;   // 정확도

    // 위도와 경도의 소수점 이하 자리가 너무 길어 유효 숫자 6자리로 짜름
    lat = lat.toPrecision(6); lon = lon.toPrecision(6);

    let now = new Date();
    let text = "현재 시간 " + now.toUTCString() + "<br>";
    text += "현재 위치 (위도 " + lat + "°, 경도 " + lon + "°)<br>";
    text += "정확도 " + acc + "m<br>";
    document.getElementById("msg").innerHTML = text;

    let map = document.getElementById("map");
    map.src ="https://www.openstreetmap.org/export/embed.html?bbox=" +
        (parseFloat(lon)-0.01) + "%2C" + (parseFloat(lat)-0.01) + "%2C" +
        (parseFloat(lon)+0.01) + "%2C" + (parseFloat(lat) + 0.01);
        // lat와 lon은 문자열이므로 숫자로 바꾸기 위해 parseFloat() 사용

    let maplink = document.getElementById("bigmaplink");
    let zoom = 15; // 지도의 줌 레벨. 숫자가 클수록 자세한 지도
    maplink.href = "https://www.openstreetmap.org/#map="+ zoom + "/" + lat + "/" + lon;
}
</script>
</body>
</html>
```

현재 위치와 지도 출력 - Chrome

localhost/13/ex13-06.html

현재 위치와 지도 출력

현재 시간 Wed, 29 Dec 2021 03:04:22 GMT
현재 위치 (위도 37.5882°, 경도 127.009°)
정확도 1257.0585886585352m

이 링크를 클릭하면 새 창에 큰 지도를 출력한다.

새 창에 큰 지도 보기

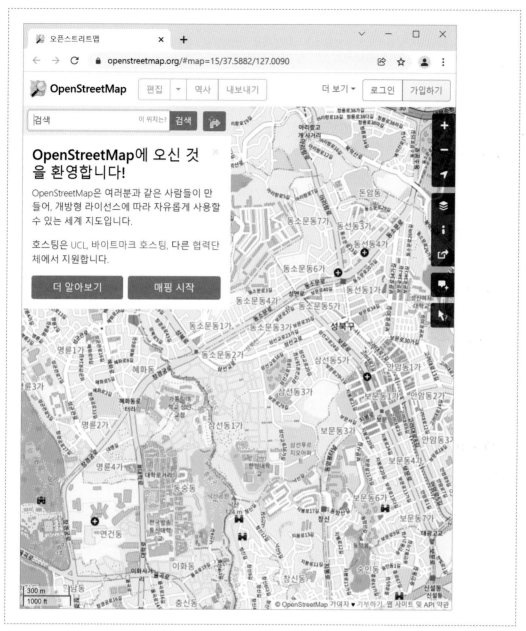

잠깐! 브라우저는 어떻게 PC나 단말기의 위치를 아는가?

브라우저는 GPS, IP 주소, WIFI와 블루투스 MAC 주소 등 여러 정보를 수집하여 PC나 단말기의 위치를 알아낸다. 예를 들어 Firefox의 경우 사용자 컴퓨터의 IP 주소와 주변 무선 공유기의 정보를 모으고 이 정보를 구글의 뷔치 서비스 서버에게 보내 사용자 컴퓨터의 위치를 알아낸다.

예제 13-5와 예제 13-6을 웹서버 없이 로컬 컴퓨터에서 바로 실행해보자. 예제 13-5와 예제 13-6을 각각 독자의 컴퓨터에 ex13-05.html과 ex13-06.html로 각각 저장하고 탐색기에서 더블클릭하여 실행시키면 된다. 저자는 이 파일들을 c:/webprogramming/WebContent/13/ 폴더에 넣고 실행하였다.

(a) 예제 13-5를 로컬 컴퓨터에서 웹브라우저로 바로 실행

(b) 예제 13-6을 로컬 컴퓨터에서 웹브라우저로 바로 실행

반복 위치 서비스

이동 중에 위치가 변경될 때마다 계속 위치 서비스를 받을 수 있다. 이것은 **watchPosition()** 메 소드로 위치가 변경될 때마다 호출되는 콜백 함수를 등록하면 된다.

---

id = navigator.geolocation.watchPosition(positionCallback, errorCallback, options)

- positionCallback : 위치가 변경될 때마다 호출되는 콜백 함수명
- errorCallback : 위치 파악 중 오류가 발생하였을 때 호출되는 콜백 함수명. 생략 가능
- options : 위치 파악 최대 시간, 대기 시간, 위치에 대한 정확도 등의 정보를 담은 객체. 생략 가능
- 리턴값 : 반복 위치 서비스 id

위치가 변경될 때마다 호출될 positionCallback(Position) 함수를 등록한다.

---

watchPosition() 메소드를 사용해보자.

```
let watchID = navigator.geolocation.watchPosition(changed);  // changed()를 콜백
                                        // 함수로 등록하고, 반복 위치 서비스를 시작시킨다.
...
// 위치가 바뀌면 changed()가 호출되고, 위치 정보가 들어 있는 position 객체가 매개 변수로 넘어온다.
function changed(position) {
    let lat = position.coords.latitude;  // 변경된 위도
    let lon = position.coords.longitude  // 변경된 경도
    alert("(" + lat + ", " + lon + ") 위치로 변경됨");
}
```

watchPosition()에 의해 등록된 changed(position) 함수는 컴퓨터나 모바일 장치의 위치가 변경될 때마다 계속 호출되며, 매개 변수 position에는 갱신된 위치 정보가 전달된다.

반복 위치 서비스 중단

watchPosition()은 반복 위치 서비스 id 값을 리턴한다. 이 리턴 값은 다음과 같이 반복 위치 서비스를 해제할 때 사용된다.

```
navigator.geolocation.clearWatch(watchID);  // watchID의 반복 위치 서비스 중단
```

예제 **13-7** 반복 위치 서비스

이 예제는 이동할 때마다 변경된 위치 정보를 수신 받는 사례를 보인다. 노트북 컴퓨터에 이 예제의 웹 페이지를 실행시킨 후 이동을 계속하면, 브라우저는 변경된 위치 정보를 수신하여 지도를 다시 그린다.

---

13. 오디오 비디오 제어 및 위치 정보 서비스, 웹 워커 **571**

```
<!DOCTYPE html>
<html>
<head><meta charset="utf-8"><title>watchPosition()으로 반복 위치 서비스</title></head>
<body>
<h3>watchPosition()으로 반복 위치 서비스</h3>
<hr>
<div id="msg">이곳에 위치 정보 출력</div>
<iframe id="map" width="425" height="350" frameborder="0" scrolling="no"
    marginheight="0" marginwidth="0" ></iframe><br/>
<script>
let options = { // watchPosition()의 마지막 매개 변수로 전달할 객체
    enableHighAccuracy: false,
    timeout: 5000,
    maximumAge: 0
};
let count=0; // 반복 위치 서비스가 호출되는 횟수
let watchID;


if(navigator.geolocation) {
    // changed() 콜백 함수를 등록하고, 반복 위치 서비스 시작
    watchID = navigator.geolocation.watchPosition(changed, null, options);
}
else {
    alert("지원하지 않음");
}


//위치가 바뀌면 changed()가 호출되고, 위치 정보가 들어 있는 position 객체가 매개 변수로 넘어온다.
function changed(position) {
    if(count == 5) { // clearWatch() 테스트를 위해 5번만 서비스
        navigator.geolocation.clearWatch(watchID); // 반복 서비스 종료
        document.getElementById("msg").innerHTML = "위치 서비스 종료";
        return;
    }
    let lat = position.coords.latitude; // 변경된 위도
    let lon = position.coords.longitude // 변경된 경도
    let text = count + ": (위도 " + lat + "°, 경도 " + lon + "°)로 변경됨<br>";
    document.getElementById("msg").innerHTML = text; // 위치 정보 출력

    let map = document.getElementById("map");
    map.src ="https://www.openstreetmap.org/export/embed.html?bbox=" +
        (parseFloat(lon)-0.01) + "%2C" + (parseFloat(lat)-0.01) + "%2C" +
        (parseFloat(lon)+0.01) + "%2C" + (parseFloat(lat) + 0.01);
        // lat와 lon은 문자열이므로 숫자로 바꾸기 위해 parseFloat() 사용함
    count++; // 갱신 회수 증가
}
</script>
</body>
</html>
```

처음 위치

이동 중에 변경된 위치

★ 노트북을 들고 이동하면 위치가 변경되는 것을 볼 수 있다.

3. 웹 워커(Web Workers)

웹 워커란

웹 워커(Web Workers)란 자바스크립트 코드를 백그라운드에서 실행시킬 수 있는 W3C의 HTML5 표준 기능이다. 웹 페이지에 계산 시간이 긴 자바스크립트 코드가 실행되면 마우스나 키보드 입력이 늦게 처리되어 사용자 인터페이스가 원활하지 않게 된다. HTML5의 웹 워커 API를 이용하면 실행 시간이 긴 계산 작업을 별도로 백그라운드에서 실행시켜 사용자 인터페이스를 원활하게 할 수 있다.

HTML5의 웹 워커 API
백그라운드

웹 워커 기능이 작동하는 데는 몇 가지 원칙이 있다.

첫째, 백그라운드에서 실행되는 자바스크립트 코드는 자바스크립트 파일 형태로 만들어져야 한다. 그리고 웹 페이지와 동일한 웹 사이트에 설치되어 있는 자바스크립트 파일에 대해서만 웹 워커 기능이 작동한다. 이를 동일 도메인(same origin) 원칙이라고 부른다.

둘째, 웹 워커 기능은 로컬 컴퓨터에 있는 웹 페이지에서는 작동하지 않는다.

지금부터 웹 워커 API를 이용하여 백그라운드 태스크를 작성해 보자.

워커 객체와 워커 태스크

워커 태스크   웹 워커 기능을 이용하여 만든 백그라운드 태스크를 워커 태스크(Worker Task)라고 부른다.

워커 태스크를 만들기 위한 자바스크립트 코드

워커 태스크를 만드는 과정을 설명하기 위해 그림 13-1과 같이 add1to10.js를 작성하였다. 지금부터 add1to10.js 파일에 들어 있는 자바스크립트 코드를 백그라운드에서 실행하는 워커 태스크를 만들 것이다. add1to10.js는 1에서 10까지 더하고 그림 13-2와 같이 그 결과를 메인 태스크에 전송하는 코드이다.

```
let sum = 0;
for(let i=1; i<=10; i++) {
    sum += i;
}
postMessage(sum); // sum을 메인 태스크에 전송
```

그림 13-1 add1to10.js

워커 태스크와 워커 객체 생성

워커 태스크는 다음 자바스크립트 코드를 실행하여 생성한다. 이 코드의 실행 결과 그림 13-2와
웹 워커 객체   같이 웹 워커 객체 addWorker와 함께 add1to10.js를 실행하는 워커 태스크가 생성된다.

```
let addWorker = new Worker("add1to10.js");
```

이 코드의 실행 결과 생성된 웹 워크 객체(Web Worker)를 줄여 워커 객체라고 부른다. 워커 태스크는 스스로 실행되는 하나의 작업 단위이며, 워커 객체인 addWorker는 워커 태스크와 메시지를 주고받는 객체이다.

워커 태스크가 생성되면 그림 13-2와 같이 브라우저의 메인 태스크와 동시에 실행되는 멀티태스킹 상황이 전개된다. 메인 태스크는 HTML 페이지를 화면에 출력하고 사용자의 마우스나 키 입력을 받는 등 이벤트를 처리하는 브라우저의 주 태스크이다. 반면, 워커 태스크는 태생적으로 키 입력이나 화면 출력과 같은 사용자 인터페이스를 사용할 수 없고 오직 계산 위주의 작업만 가능하다.

워커 객체는 메인 태스크에 존재하며 워크 태스크를 제어하고 워커 태스크와 메시지를 주고받는 데 이용된다.

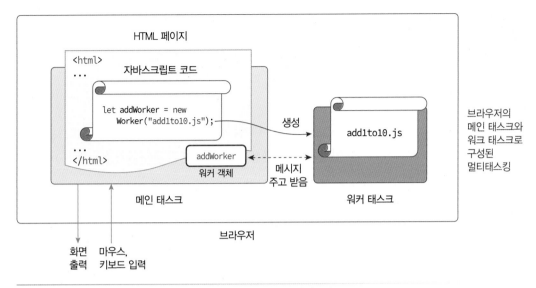

그림 13-2 브라우저의 메인 태스크와 워크 태스크로 구성된 멀티태스킹

워커 객체

워커 객체는 워커 태스크와 메시지를 통해 데이터를 주고받거나 워크 태스크는 중단시키는 등, 워커 태스크를 제어하는 객체이다. 메시지를 보내면 **message 이벤트**가 발생한다. 실제로 앞의 코드에서 생성된 addWorker 워커 객체는 add1to10.js를 실행하는 워커 태스크를 제어할 수 있다. 워커 객체는 표 13-7, 13-8과 같이 W3C 표준에서 정한 메소드와 이벤트 리스너를 가진다.

message 이벤트

표 13-7 Worker 객체의 메소드

메소드	설명
Worker()	워커 태스크 생성
postMessage()	워커 태스크에 메시지 전송. 워커 태스크에는 message 이벤트 발생
terminate()	즉각 워커 태스크의 실행을 종료시킴

표 13-8 Worker 객체의 이벤트 리스너

이벤트 리스너	설명
onmessage	워커 태스크로부터 발생한 message 이벤트를 받는 리스너
onerror	오류가 발생할 때 받는 이벤트 리스너

워커 객체는 그림 13-3과 같이 메인 태스크의 소유이지만, 워커 태스크는 별도의 실행 환경에 의해 소유된다. 워커 태스크는 여러 개 생성될 수 있다.

워커 태스크의 실행 환경

워크 태스크의 실행 환경에 대한 이해 없이 워커 태스크에 실행되는 자바스크립트 코드를 작성하기 어렵다. 지금부터 워크 태스크가 실행되는 환경과 그 특징을 간단히 알아보자.

UI 없는 실행 환경

메인 태스크는 윈도우에 로드된 HTML 문서와 자바스크립트 코드를 실행하는 환경으로서, window 객체와 그 밑의 DOM 객체들로 구성된다. 하지만, 그림 13-3과 같이 워커 태스크는 윈도우가 없는 DedicatedWorkerGlobalScope라고 불리는 실행 환경으로 UI 작업(마우스나 키보드 입력, 스크린 출력)을 전혀 할 수 없다.

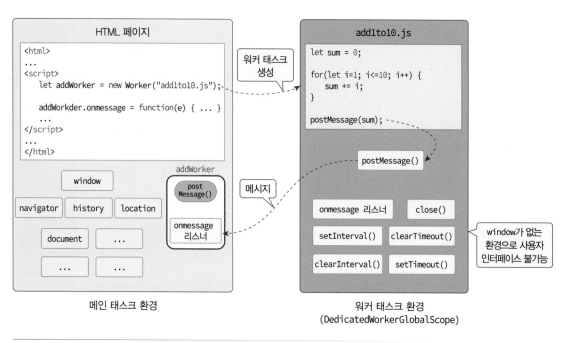

그림 13-3 메인 태스크와 워크 태스크의 실행 환경

워커 태스크가 사용 가능한 API

워커 태스크는 그림 13-3과 같이 postMessage()와 setInterval() 함수, onmessage 리스너 등 DedicatedWorkerGlobalScope 환경에서 제공하는 프로퍼티와 메소드, 이벤트 리스너만 사용할 수 있다. 물론 Date, String, Array 등 자바스크립트 코어 객체들은 사용할 수 있다.

메인 태스크와 워커 태스크 사이의 통신

두 태스크는 분리된 공간에서 실행되므로 변수를 공유하거나 메모리를 공유할 수 없다. 두 태스크는 오직 message 이벤트를 이용하여 서로 정보를 교환한다. 자세한 것은 다음 절에서 알아보자.

> **잠깐!** 워커 태스크에서 window 객체 사용 못함 ○————
>
> 워커 태스크는 윈도우 기반 브라우저 환경(browsing context)이 아니기 때문에, 워커 태스크의 코드에서 window 객체를 사용하면 오류가 발생한다.

워커 태스크에서 워커 객체로 message 이벤트 보내기

워커 태스크와 워커 객체는 서로 message 이벤트를 이용하여 데이터를 주고받는다. 그림 13-4를 보면서 워커 태스크가 워커 객체로 message 이벤트를 보내는 과정을 알아보자.

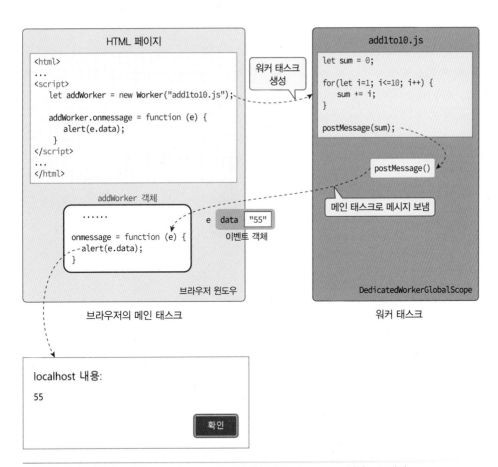

그림 13-4 워커 태스크에서 postMessage()로 메인 태스크에 message 이벤트 보내기

워커 태스크에서 postMessage() 호출

그림 13-4에서 워커 태스크는 다음 코드를 이용하여 1에서 10까지 더한 결과 sum 값을 메인 태스크의 워커 객체로 보낸다

```
postMessage(sum);
```

MessageEvent 객체

postMessage(sum) postMessage(sum)는 워커 객체에게 message 이벤트를 보낸다. 이때 sum 값을 MessageEvent 객체로 만들어 함께 보낸다. MessageEvent 객체는 표 13-9와 같이 data 프로퍼티 하나로 구성되는데 sum 값은 data 프로퍼티를 통해 전달된다. sum 값이 55라면 MessageEvent.data의 값은 문자열 "55"로 전달된다.

표 13-9 MessageEvent 객체의 프로퍼티

프로퍼티	설명	r/w
data	전달되는 값으로서 문자열이거나 객체	r

워커 객체의 onmessage 리스너

onmessage 리스너 워커 객체는 워커 태스크가 보내는 message 이벤트를 받기 위해 onmessage 리스너를 준비해야 한다. 그림 13-4의 HTML 페이지의 자바스크립트 코드에는 워커 태스크로부터 오는 message 이벤트를 받기 위해 다음 리스너가 작성되어 있다.

```
addWorker.onmessage = function (e) {  // e에는 MessageEvent 객체가 넘어온다.
    alert(e.data);  // e.data는 "55"
}
```

onmessage 리스너가 실행되면 그림 13-4와 같이 경고창에 "55"가 출력된다.

예제 **13-8** 1~10까지 더하는 워커 태스크 만들기

1~10까지 더하는 자바스크립트 코드를 add1to10.js 파일로 만들고 백그라운드에서 실행시켜라. 그리고 더한 값을 웹 페이지에 출력하라.

```
<!DOCTYPE html>
<html>
<head>
<meta charset="utf-8">
<title>1~10까지 더하는 워크 태스크 만들기</title>
</head>
<body>
<h3>1~10까지 더하는 워크 태스크 만들기</h3>
```

```
<hr>
<div>1에서 10까지의 합은 <span id="sum"></span></div>
<script>
    // addWorker 워커 객체 생성 및 워커 태스크 시작
    let addWorker = new Worker("add1to10.js");

    // 워크 태스크로부터 message 이벤트 수신
    addWorker.onmessage = function (e) { // e는 MessageEvent 객체
            // 이벤트 객체의 data(합) 출력
        document.getElementById("sum").innerHTML = e.data;
    }
</script>
</body>
</html>
```

add1to10.js

```
// 1~10까지 합 계산
let sum = 0;
for(let i=1; i<=10; i++) {
    sum += i;
}

// 합을 메시지로 전송
postMessage(sum);
```

1~10까지 더하는 워크 태스크 만들기... □ ×

ⓘ localhost/13/ex13-08.html   ⊕

1~10까지 더하는 워크 태스크 만들기

1에서 10까지의 합은 55

그림 13-5는 예제 13-8의 실행과정을 보여 준다. 브라우저의 메인 태스크에서 add1to10.js를 실행하는 워커 태스크를 만든다(❶). 그러고 나서 메인 태스크는 다른 작업을 진행한다. 워커 태스크가 add1to10.js의 코드를 실행하여 합을 구하면(❷), 메인 태스크에 전송한다(❸). 메인 태스크의 워커 객체에 등록된 onmessage 리스너가 실행되고, 이 코드는 id="sum"인 <span> 태그에 워커 태스크로부터 전송받은 합을 출력한다(❹).

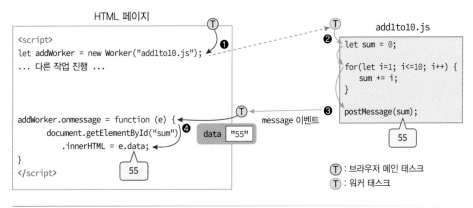

그림 13-5 예제 13-8의 실행 과정

메인 태스크에서 워커 태스크로 message 이벤트 보내기

앞의 코드에서는 워커 태스크가 1에서 10까지만 더하도록 고정되어 있었다. 이 절에서는 메인 태스크가 워커 태스크에 더하는 시작 숫자와 끝 숫자를 전달하고 결과를 받도록 수정해보자.

워커 태스크 자바스크립트 코드

워커 태스크가 실행할 자바스크립트 코드를 그림 13-6의 add.js 파일에 준비하였다.

```
onmessage = function (e) {
    let sum = 0;
    let from = parseInt(e.data.from);   // from은 시작 숫자
    let to = parseInt(e.data.to);   // to는 끝 숫자
    for(let i=from; i<=to; i++)
        sum += i;
    postMessage(sum);
}
```

그림 13-6 add.js

add.js는 워커 객체로부터 시작 숫자와 끝 숫자를 받는 onmessage 리스너로만 구성된다. onmessage 리스너는 합을 구하고 결과를 다시 워커 객체로 전송한다.

워커 태스크 생성

HTML 페이지에서는 다음과 같이 add.js를 실행하는 워커 태스크를 생성한다.

```
let addWorker = new Worker("add.js");
```

이 코드의 실행 결과 그림 13-7과 같이 워커 태스크가 생성된다. 워커 태스크는 message 이벤트를 기다리고 있다.

워커 태스크로 시작 값과 끝 값 전송

사용자로부터 시작 값과 끝 값을 입력받기 위해 다음 두 폼 요소를 HTML 페이지에 삽입한다.

```
<input id="from" type="text">
<input id="to" type="text">
```

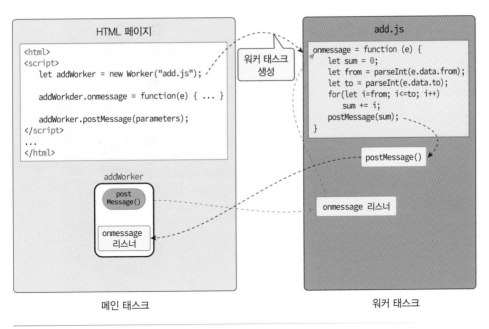

그림 13-7 메인 태스크와 워커 태스크

이 두 입력 창으로부터 정수를 입력받아 다음과 같이 from 프로퍼티와 to 프로퍼티를 가진 parameters 객체를 생성한다(7장의 사용자 객체 만들기 참조).

```
let parameters = {      // 워커 태스크로 보낼 객체
    from : document.getElementById("from").value, // "from" 창에 사용자가 입력한 숫자
    to : document.getElementById("to").value        // "to" 창에 사용자가 입력한 숫자
};
```

이제, addWorker 객체를 이용하여 다음과 같이 워커 태스크로 message 이벤트를 보낸다.

```
addWorker.postMessage(parameters);
```

message 이벤트를 보낼 때 parameters 객체를 전달한다. 그림 13-8은 시작 값으로 20을, 끝 값으로 45를 가진 parameters 객체를 addWorker.postMessage(parameters)를 이용하여 전송 하는 모습(❶)과 워커 태스크에서 20부터 45까지의 합을 구한 845를 워커 객체로 전송하는 모습 을 보여준다.

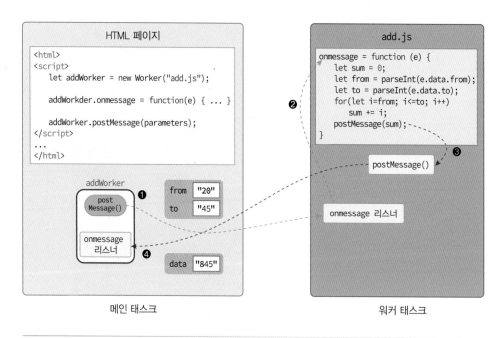

그림 13-8 메인 태스크와 워커 태스크 사이의 데이터 전송

워커 태스크

add.js의 자바스크립트 코드는 onmessage 리스너로만 구성된다(❷). onmessage 리스너는 이벤트 객체 e로부터 전달받은 두 개의 문자열을 다음과 같이 정수로 변환한다.

```
let from = parseInt(e.data.from);
let to = parseInt(e.data.to);
```

그리고 from에서 to까지 합을 구하고, 합한 결과 sum 값을 다음과 같이 message 이벤트를 이용하여 메인 태스크에게 보낸다(❸).

```
postMessage(sum);
```

워커 객체는 워커 태스크로부터 결과를 전송받는다

다음 코드는 워커 태스크로부터 결과를 받기 위한 워커 객체의 onmessage 리스너이다(❹).

```
addWorker.onmessage = function (e) {  // e는 워커 태스크로부터 온 이벤트 객체
    document.getElementById("sum").value = e.data;  // 결과를 텍스트 창에 출력
}
```

이 리스너는 전송받은 값을 <input id="sum" type="text">의 텍스트 창에 출력한다.

시작 숫자에서 끝 숫자까지 더하는 자바스크립트 코드를 **add.js** 파일로 작성하고 워커 태스크로 실행시켜라.
HTML 페이지에는 시작 숫자와 끝 숫자를 입력받아 워커 태스크로 보내고 더한 결과를 전달받아 출력하라.

```
<!DOCTYPE html>
<html>
<head>
<meta charset="utf-8">
<title>시작과 끝 숫자를 전달받아 합을 구하는 워커 태스크</title>
</head>
<body>
<h3>시작과 끝 숫자를 전달받아 합을 구하는 워커 태스크</h3>
<hr>
<input id="from" type="text" size="10"> ~
<input id="to" type="text" size="10"> =
<input id="sum" type="text" size="10">
<button type="button" id="add" onclick="send()">add</button>
<script>
let addWorker = new Worker("add.js");  // 워커 태스크 생성

function send() {  // 워크 태스크에 시작 숫자와 끝 숫자 전송
    let parameters = { // 시작 숫자와 끝 숫자로 구성된 객체
        from: document.getElementById("from").value,
        to: document.getElementById("to").value
    };

    // 시작 숫자와 끝 숫자를 담은 객체를 워커 태스크로 전송
    addWorker.postMessage(parameters);
}

// 워커 태스크로부터 결과를 기다리는 리스너 등록
addWorker.onmessage = function (e) {
    // 워커 태스크로부터 전달받은 합 출력
    document.getElementById("sum").value = e.data;
}
</script>
</body>
</html>
```

> 리터럴 표기법으로 생성된 객체
> (예제 7-10 참고)

```
add.js

onmessage = function (e) {
    let sum = 0;
    let from = parseInt(e.data.from);
    let to = parseInt(e.data.to);
    for(let i=from; i<=to; i++)
        sum += i;
    postMessage(sum);
}
```

끝 숫자가 시작 숫자보다 작은 경우나, 텍스트 창에 숫자가 입력되지 않거나, 문자가 입력된 상황은 고려하지 않았다. 독자들이 완성해보기 바란다.

워커 태스크 종료

terminate()   addWorker에 연결된 워커 태스크를 종료시키려면 **terminate()**를 호출하면 된다.

```
addWorker.terminate(); // addWorker 객체가 생성한 워커 태스크 종료
```

close()   워커 태스크에서 **close()** 함수를 호출하면 태스크 스스로 종료한다.

```
close(); // 워커 태스크 스스로 종료
```

close() 함수는 DedicatedWorkerGlobalScope 환경에 의해 지원되는 함수이다. 워커 태스크가 종료하면 워커 객체는 더 이상 워커 태스크와 message 이벤트를 주고받을 수 없다.

예제 **13-10** 타이머를 가진 워커 태스크 만들기

메인 태스크에게 1초 단위로 초 값을 전송하는 **timer.js**를 작성하여 워커 태스크로 실행시키라. HTML 페이지에서 **start** 버튼을 클릭하면 워커 태스크에 message 이벤트를 보내 타이머를 작동시키고, 워커 태스크로부터 오는 타이머 값을 받아 출력하라. HTML 페이지에 **stop** 버튼을 클릭하면 워커 태스크를 종료시켜라.

```html
<!DOCTYPE html>
<html>
<head>
<meta charset="utf-8">
<title>타이머를 가진 웹 워커 만들기</title>
</head>
```

```
<body>
<h3>타이머를 가진 웹 워커 만들기</h3>
<hr>
<div>
<span id="timer">타이머카운트</span>
</div>
<button type="button" id="start" onclick="start()">start</button>
<button type="button" id="stop" onclick="stop()">stop</button>
<script>
let addWorker = new Worker("timer.js"); // 워커 태스크 생성

addWorker.onmessage = function (e) {
    document.getElementById("timer").innerHTML = e.data;
}

function start() {
    addWorker.postMessage("start");
}

function stop() {
    addWorker.postMessage("stop");
}
</script>
</body></html>
```

초기 화면

start 버튼을 누르면 한 번만 타이머 작동

stop 버튼을 누르면 타이머 중지와 더불어 워커 태스크 종료

`timer.js`

```
let count = 0;  // 1초마다 증가하는 카운트 값
let timerID = null;      // 타이머 ID

onmessage = function (e) {  // 워커 객체로부터 메시지 수신
    if(e.data == "start") {  // 카운트 시작
        if(timerID != null)
            return;  // 타이머 작동중이면 리턴
        timerID = setInterval(myCallback, 1000); // 1초 간격 myCallback() 호출
    }
    else if(e.data == "stop") {  // 카운트 중지
        if(timerID == null)
            return;  // 타이머 작동하지 않으면 리턴
        clearInterval(timerID);
        close();   // 워커 태스크 종료. 더 이상 메시지 받지 못함
    }
}

function myCallback() {  // 1초 간격으로 호출. count 값을 1 증가시키고 워커 객체로 전송
    count++;   // 카운트 값 증가
    postMessage(count);  // 카운트 값을 워커 객체로 전송
}
```

Q <audio>와 <video>에 의해 재생되는 오디오/비디오를 자바스크립트로도 제어할 수 있는가?

A 당연하다. 자바스크립트 코드로 재생, 중단, 음량 조절, 음소거, 미디어 바꾸기 등 오디오와 비디오의 재생을 전반적으로 제어할 수 있다.

Q 오디오나 비디오의 재생이 끝나는 시점을 자바스크립트 코드에서 알 수 있는가?

A 오디오나 비디오가 재생을 완료하면 <audio>나 <video> 객체의 onended 리스너가 호출된다. 이 리스너를 이용하면 미디어의 재생이 끝난 뒤 다음 미디어를 재생하도록 만들 수 있다.

Q HTML5에서는 어떤 종류의 위치 정보 서비스를 제공하는가?

A 브라우저는 웹 페이지에게 2가지 위치 정보 서비스를 제공하는데, 현재 위치(위도, 경도) 서비스와 위치가 바뀔 때마다 알려주는 반복 위치 서비스이다. 브라우저는 자바스크립트에 사용할 수 있는 geolocation 객체를 통해 이 정보를 제공한다. HTML5에서는 위치 정보 서비스를 표준으로 정하였기 때문에, 기기에 관계없이 HTML5 표준을 따르는 브라우저는 모두 동일한 위치 정보 서비스를 제공한다.

Q 웹 페이지에서도 멀티태스킹 작업을 만들 수 있는가?

A 그렇다. HTML5에서는 웹 페이지에 작성한 자바스크립트 코드 외에 별도의 자바스크립트 코드를 실행하는 백그라운드 태스크를 만들 수 있다. 이 기능을 웹 워커(Web Workers)라고 부르며, 백그라운드 태스크를 워커 태스크라고 부른다. 웹 페이지에 작성된 자바스크립트 코드를 실행하는 태스크를 메인 태스크라고 부르는데, 메인 태스크가 워커 태스크와 정보를 주고받으면서 동시에 실행되는 멀티태스킹이 가능하다.

Q 웹 워커, 웹 워커 객체란 무엇인가?

A 웹 워커 객체는 워커 태스크(백그라운드 태스크)를 생성할 때 워커 태스크와 통신하기 위해 메인 태스크에 생성된 객체이다. 워커 태스크가 보낸 데이터는 항상 웹 워커에 도착하며, 웹 워커 객체만이 워커 태스크로 데이터를 전송한다. 웹 워커 객체를 줄여 웹 워커라고 부르기도 한다.

Q 워커 태스크(백그라운드 태스크)에는 특별한 제약사항이 있는가?

A 워커 태스크가 실행되는 환경은 윈도우가 제공되는 환경이 아니다. 그러므로 window 객체를 사용할 수 없고, 키나 마우스 입력 등 사용자와의 인터페이스도 불가능하다.

Q 워커 태스크는 어떤 용도에 이용되는가?

A 워커 태스크는 시간이 많이 걸리고 사용자 인터페이스가 필요 없는 계산 중심 작업에 이용된다.

Q 웹 페이지에 작성된 자바스크립트 코드와 워커 태스크의 자바스크립트 코드 사이의 데이터 전송은 어떤 방식으로 이루어지는가?

A 두 자바스크립트 코드 모두 postMessage("메시지") 함수를 호출하여 상대에게 데이터를 전달한다. 메인 태스크에서 웹 워커 객체의 postMessage("메시지") 메소드가 실행되면 워커 태스크에 onmessage 리스너 코드가 호출되고, 워커 태스크에서 postMessage("메시지") 함수를 실행하면 웹 워커 객체에 등록된 onmessage 리스너가 실행된다. onmessage 리스너에서 상대가 보내온 메시지 데이터를 알 수 있다.

Open 13
Challenge

오디오 리스트 연속 재생

오디오 재생 리스트를 가진 웹 페이지를 만들고 순서대로 오디오를 재생하도록 하라. 다음 화면은 예시로서, <select> 태그와 <option> 태그를 이용하여 오디오 재생 리스트를 만들었다. play 버튼을 누르면 리스트의 처음부터 곡을 재생하기 시작하며 한 곡이 끝나면 자동으로 다음 곡을 재생하고 마지막 곡이 끝나면 처음부터 다시 시작한다. next 버튼을 클릭하면 현재 곡을 중단하고 다음 곡으로 넘어간다. 또한 리스트에서 마우스로 선택해도 곡을 연주할 수 있다. 난이도 7

초기 화면

마우스로 곡을 선택한 경우

 • 한곡이 끝날 때 다음 곡으로 넘어가기 위해서는 onended 이벤트 리스너를 이용하라.

• 리스트는 다음과 같이 <select> 태그로 구성하면 된다.

```
<select id="select" size="3">
    <option value="media/EmbraceableYou.mp3">EmbraceableYou</option>
    <option value="media/MoonGlow.mp3">MoonGlow</option>
    ...
</select>
```

• 옵션의 개수는 select 객체의 length 프로퍼티에 나타난다. 현재 리스트에서 선택된 오디오 파일은 select. options[select.selectedIndex].value로 알 수 있다.

이론문제

1. 다음 태그를 가진 웹 페이지가 있을 때 물음에 답하여라.

```
<audio id="pop" src="media/happy.mp3" loop>
    웹 브라우저가 audio 태그를 지원하지 않습니다.
</audio>
```

(1) happy.mp3는 1회 재생되는가 반복 재생되는가?
(2) 브라우저 화면에 오디오 재생 중지, 음량 조절 등의 제어 버튼이 출력되는가?
(3) 주석문과 일치하도록 빈 칸에 자바스크립트 코드를 채워라.

    let song = _____ // audio DOM 객체 알아내기
    _____ // 오디오 일시 중지
    _____ // 음량 0.1 만큼 줄이기
    _____ // birthday.mp3로 오디오 소스 바꾸기
    _____ // 바꾼 오디오 재생 시작
    _____ // 음 소거하여 들리지 않게 하기

3. 오디오의 재생이 끝났을 때 호출되는 이벤트 리스너는 무엇인가?

① oncompleted   ② onended   ③ onrefreshed   ④ onfinished

4. 다음 <audio> 태그에 대해 happy.mp3의 재생이 끝나면 바로 birthday.mp3를 한 번만 재생하도록 자바스크립트 코드를 작성하라.

```
<audio id="audio" src="media/happy.mp3" controls></audio>
```

_____
_____
_____
_____
_____
_____

5. geolocation 객체가 제공하는 위치 정보 서비스에 대해 틀리게 말한 것은?

① 모바일 장치에서는 작동하지 않는다.
② HTML5의 표준 기능이다.
③ 위도와 경도 정보를 알려준다.
④ 위치가 바뀔 때마다 바뀐 위치를 통보해준다.

6. 다음 빈칸에 적절한 단어를 기입하라.

HTML5에서는 (   )를 통해 위치 정보 서비스를 제공하며, 현재 위치를 알아내기 위해 (   ) 메소드를 호출하고, 이동 중인 경우 위치가 바뀔 때마다 위치를 통보받고자 하면 (   ) 메소드를 호출한다.

location, navigator, geolocation, wifilocation, getCurrentPosition(), getLocation(), getPosition(), watchPosition(), repeatPosition(), getChangePosition()

7. HTML5의 워커 태스크는 다음 어떤 경우에 보다 유용한가?

① 미분이나 적분 등 계산 중심적인 자바스크립트 코드를 실행할 때
② 키보드 입력을 기다리는 자바스크립트 코드를 실행할 때
③ 마우스 버튼이 눌러진 위치에 메뉴를 출력하는 자바스크립트 코드를 실행할 때
④ 곡선을 캔버스에 그리는 자바스크립트 코드를 실행할 때

8. 워커 태스크와 브라우저의 메인 태스크가 정보를 주고받기 위해 사용하는 이벤트 리스너는?

① onpost   ② onmessage   ③ onsocket   ④ oncommunicate

9. 워커 태스크와 이벤트를 주고 받는 메인 태스크의 객체는?

① 워커 객체   ② window   ③ document   ④ Dome

10. 다음 빈칸에 적절한 코드를 삽입하라.

(1) 워커 태스크를 생성하는 다음 코드를 작성하라. 워커 태스크가 실행할 자바스크립트 파일은 increment.js이다.

```
let w = _____  _____   // 워커 태스크를 만든다.
_____   // 워커 태스크에게 숫자 100을 보낸다.
_____   // 워커 태스크를 강제로 종료시킨다.
```

(2) increment.js 코드를 작성하라. increment.js는 전달받은 받은 정수에 1을 더한 값을 전송한다.

```
_____ = function (e) {
  let n = parseInt(e.data);
  n++;
  _____
}
```

(3) 워커 태스크로부터 오는 계산 결과를 받아 alert()로 출력하는 자바스크립트 코드를 작성하라. w는 워커 객체이다.

```
w._____ = function (e) {
  let m = _____
  alert(m);
}
```

실습문제

1. 자바스크립트로 비디오 재생, 일시 중지, 음량 제어, 음소거 제어 등 기능을 갖춘 웹 페이지를 작성하라.

2. <table> 태그로 곡목을 출력하고 재생 버튼과 중지 버튼으로 연주를 제어할 수 있는 웹 페이지를 작성하라(할 수 있으면 재생 중인 곡 제목에 색을 입혀보라.).

3. 오디오 연주가 끝나면, confirm() 메소드를 이용하여 '다시할까요'를 묻고 사용자의 선택에 따라 다시 연주하는 웹 페이지를 작성하라.

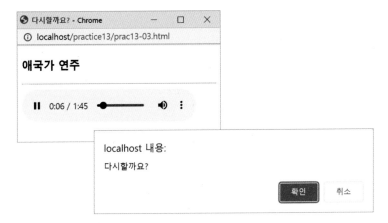

4. 체크 박스에 체크된 오디오를 자동으로 연속 연주하는 웹 페이지를 작성하라.

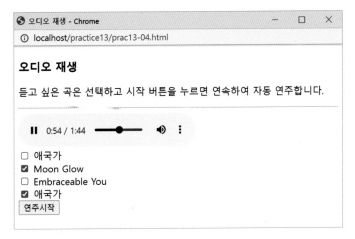

5. 워커 태스크를 활용하는 문제이다. 웹 페이지에서는 0에서 100까지 점수를 입력받아 워커 태스크로 넘겨준다. 워커 태스크는 점수를 기반으로 90~100 사이는 "A", 80~89 사이는 "B", 70~79 사이는 "C", 60~69 사이는 "D", 0~59 사이는 "F" 값을 워커 객체로 전송한다. 워커 객체는 워커 태스크로부터 전달받은 학점 문자열을 출력한다.

6. 워커 태스크를 활용하는 문제이다. 사용자로부터 숫자를 2개 입력받는 폼을 만들고 버튼을 클릭하면 두 수를 곱한 수를 출력하는 웹 페이지를 작성하라. 워커 태스크의 임무는 2개의 수를 전달받아 곱셈을 수행하고 결과를 돌려주는 것이다.

힌트 <form> 태그 안에 버튼을 만드는 경우 <input type="button">으로 만드는 것이 바람직하다.

14

웹 프로그래밍 응용 과제

14 웹 프로그래밍 응용 과제

이 장에서는 HTML5, CSS3, Javascript 코드를 종합적으로 활용하여 웹 브라우저에서 할 수 있는 간단한 애플리케이션을 만드는 2개의 과제를 설명한다. 과제는 지금까지 배운 지식을 기반으로 독자들이 스스로 해보기 바란다.

1. 그림판 웹 페이지

애플리케이션 개요

첫 번째 과제는 그림 14-1과 같이 마우스로 그림을 그리는 그림판 웹 페이지 애플리케이션이다. 이 애플리케이션의 작성에는 HTML 태그, 4, 5장에서 배운 CSS3 스타일 시트, 그리고 11장에서 학습한 <canvas>와 예제 11-11의 그래픽 자바스크립트 코드가 모두 활용된다.

애플리케이션 과제는 HTML 파일, CSS3 파일, 자바스크립트 파일로 나누어 작성할 것을 권한다.

그림판 웹 페이지 애플리케이션의 기능을 구체적으로 나열하면 다음과 같다.

1. 그림판에는 선만 그릴 수 있다.
2. 마우스 드래깅으로 그림을 그린다.
3. 마우스가 움직이는 동안 마우스 포인터의 좌표를 출력한다.
4. 그림판에는 마우스로 선택 가능한 16개 색을 가진 팔레트와 컬러 다이얼로그를 출력하여 사용자로부터 색을 선택하도록 하는 <input type="color"> 요소를 두어 사용자가 색을 쉽게 선택하도록 한다. 그리고 그 오른편에는 현재 선택된 색을 표시한다.
5. 선의 굵기를 선택하는 기능을 둔다.
6. 그래픽 이미지를 저장하기나 읽어 들이는 기능은 없다.

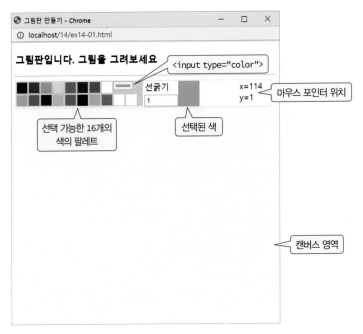

(a) 그림판 웹 페이지의 구성

(b) 그림판 웹 페이지에 그림을 그린 사례

그림 14-1 그림판 웹 페이지 애플리케이션

2. 숨어 있는 강아지 찾기

애플리케이션 개요

두 번째 과제는 기억력을 테스트하는 게임 애플리케이션을 웹 페이지로 작성하는 것이다. 이 게임은 24개의 달걀 이미지 중에서 강아지가 숨어 있는 위치를 보여주고, 그 위치를 다시 찾는 게임이다. 이 게임은 앞의 그림판 웹 페이지보다는 조금 더 난이도가 높다.

게임이 진행되는 과정은 그림 14-2와 동일하고 게임에 대한 개요는 다음과 같다.

1. 총 24개의 달걀 중 강아지가 숨은 달걀은 8개로 한다.
2. 게임 시작 메뉴를 누르면 게임이 진행된다.

- 게임이 진행되면 게임 시작 메뉴를 보이지 않게 숨긴다.
- 숨은 강아지를 가진 달걀의 위치를 10초 동안 보여주고 사용자가 기억하도록 한다.
- 강아지를 찾는 시간은 20초이다.
- 달걀을 클릭하여 숨은 강아지를 찾으면 강아지를 출력하고, 실패하면 실패수가 증가된다.

3. 8개의 숨은 강아지를 모두 찾으면 승리하며 승리를 출력한다. 그리고 게임 시작 메뉴를 다시 보이게 하여 게임을 계속할 수 있도록 한다.
4. 20초의 시간이 다 되거나 틀린 개수를 5개 초과하면 실패로 끝나며 찾지 못한 강아지를 출력한다. 이 경우에도 게임 시작 메뉴를 다시 보이게 하여 게임을 계속할 수 있게 한다.

다음은 과제의 추가 옵션으로, 게임이 진행되는 동안 효과음을 출력해보라.

- 웹 페이지가 로드되자마자 게임하는 동안 내내 배경 음악을 연주한다.
- 게임 시작 메뉴를 선택하면 특별한 소리를 출력하여 게임이 시작되었음을 알린다.
- 달걀의 위치를 보여주는 10초 중 마지막 5초는 똑딱 똑딱하는 음을 재생하여 시간이 가고 있음을 알려준다.
- 숨은 강아지를 찾고자 마우스를 클릭할 때 틀린 경우 경고음을, 맞은 경우 축하음을 울린다.
- 게임에서 승리한 순간 빵빠레를 울린다.

이 애플리케이션을 작성하는 데는 10장 window 객체의 타이머, 13장의 오디오 제어, onclick 리스너, 이미지 다루기 등 이 책에서 학습한 다양한 지식이 종합적으로 필요하다. 이 애플리케이션 역시 HTML 파일, CSS3 파일, 자바스크립트 파일로 나누어 작성할 것을 권한다.

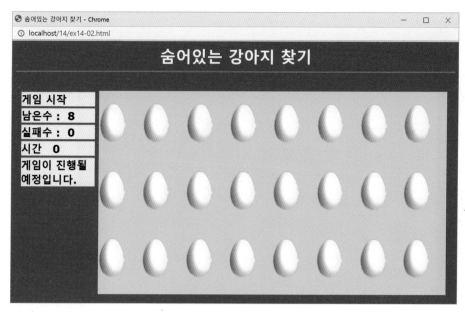

(a) 게임 초기 화면

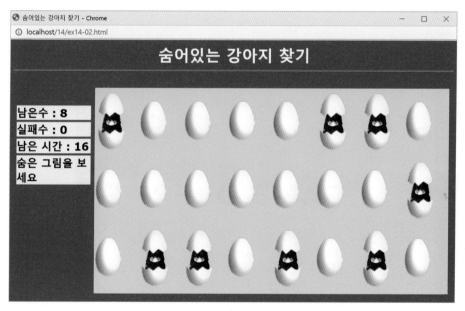

(b) 게임 시작 메뉴를 눌러 게임이 시작되고 숨은 강아지의 위치를 보여주는 화면

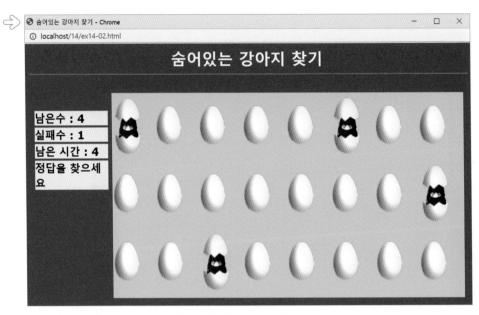

(c) 사용자가 마우스를 클릭하여 숨은 강아지를 찾고 있는 모습

(d) 제한 시간 동안 찾지 못해 실패한 경우. 숨은 강아지 보여줌

그림 14-3 숨어 있는 강아지 찾기 게임 애플리케이션

찾아보기

HTML5 + CSS3 + Javascript 웹 프로그래밍